中國倫理思想研究文叢

二 編

王 澤 應 主編

第 1 冊

大德敦化・小德川流
——中國倫理思想論集

王 澤 應 著

花木蘭文化出版社

國家圖書館出版品預行編目資料

大德敦化，小德川流──中國倫理思想論集／王澤應 著 ── 初
版 ── 新北市：花木蘭文化出版社，2014〔民 103〕
目 2+296 面；19×26 公分
（中國倫理思想研究文叢 二編；第 1 冊）
ISBN：978-986-322-751-9（精裝）
1. 倫理學 2. 中國
190.9208   103012562

中國倫理思想研究文叢
二 編 第 一 冊   ISBN：978-986-322-751-9

大德敦化，小德川流──中國倫理思想論集

作　　者　王澤應
主　　編　王澤應
總 編 輯　杜潔祥
副總編輯　楊嘉樂
編　　輯　許郁翎
出　　版　花木蘭文化出版社
負 責 人　高小娟
聯絡地址　新北市中和區中安街七二號十三樓
　　　　　電話：02-2923-1455／傳真：02-2923-1452
網　　址　http://www.huamulan.tw 信箱 hml810518@gmail.com
印　　刷　普羅文化出版廣告事業
初　　版　2014 年 9 月
定　　價　二編 5 冊（精裝）新台幣 9,000 元

大德敦化，小德川流
——中國倫理思想論集

王澤應　著

作者簡介

王澤應，男，1956 年 11 月生，湖南祁東人，漢族，哲學博士，現爲湖南師範大學倫理學研究所所長，教授，博士研究生導師，中國倫理學會會刊《倫理學研究》副主編。兼任中國倫理學會常務理事，中國經濟倫理學會副會長，中國教育倫理學會副會長。已出版學術專著（獨著）11 部，合著 3 部，外文譯著 1 部，古文今譯類 2 部，主編教材 4 部，發表學術論文 220 餘篇，獨立主持國家社會科學基金重點項目 1 項，一般項目 3 項，教育部重點課題 2 項，湖南省社會科學基金重點項目 1 項，一般項目 4 項。獲湖南省社會科學研究成果二等獎、一等獎等多項科研獎勵，獲湖南省教學成果一等獎（主持）和第五屆國家級教學成果二等獎（主要參加者，排名第三）等多項教學獎勵，1998 年被評爲湖南省思想品德系列優秀教師，2002 年 5 月獲湖南省首屆優秀青年社會科學專家稱號。2008 年入選中央馬克思主義理論研究與建設工程《倫理學》首席專家。

提　　要

　　中國倫理思想博大精深，卓爾不群，構成世界倫理思想的重要一脈。中國文化本質上是一種趨善求治的倫理型文化。中國傳統倫理思想，著眼於道德生活的精神建構與價值追求，凝結著對倫理教育和美德的重視與智慧，並通過公忠體國的愛國主義、辨析義利的義利觀與中庸之道等表現出來，彰顯著獨特的中華神韻和精神魅力。本著對中國傳統倫理思想史某些重大理論問題予以研究，內容涉及中國道德生活史研究，中國傳統德育思想研究，中華民族愛國主義發展史研究，中國傳統義利思想研究，中庸之道研究，道家倫理思想研究等領域或方面，提出了一些頗具啓迪性的理論命題和觀點。

目次

第一篇　中華民族道德生活史研究

中華民族道德生活史基本價值旨趣和特質探論

　　中華民族道德生活史是中華民族物質文化生活的集中體現，凝聚著中華民族對倫理道德的深刻認識和現實感受，反映著中華民族立身處世和律己待人的哲學智慧和精神風範，是中華民族關於做人和怎樣做人以及做一個什麼樣的人才有價值等一系列重大問題的理性思考和行為實踐的總和，積澱著中華民族最深層的價值追求、行為準則和目標指向。中華民族道德生活史萌發於傳說中的伏羲時代，炎黃時期曙光初露，唐虞時期進入到有意識的教化和早期成熟或早熟的階段。而後經歷夏商周三代，在其規模和典章文物制度方面初定基調，到春秋戰國時期因為社會的轉型發生重大的變革，精神的反思和理性的自覺愈發凸顯，奠定了被後世稱之為「軸心時代」的價值基礎和倫理規模。秦漢之際，倫理道德在百家爭鳴中趨向綜合統一，道德生活呈現出統一化與制度化的特點，主流道德價值系統的確立以及以孝治天下傳統的形成，揭開了中華民族道德生活史的嶄新一頁。魏晉南北朝至隋唐時期道德生活經歷了一個從多種道德觀念長期鬥爭、衝突到融合、統一的發展過程。漢代被定於一尊的儒家倫理道德受到玄學、道教和佛教的倫理道德的攻擊，道德生活領域出現了名教與自然、出世與入世、正統與異端之爭，民族衝突與融合過程中道德生活產生了前所未有的震盪、混亂與重組，隋唐統一時道德生活呈現出開明、活潑及多元一體的趨向，儒佛道三教在長期的鬥爭磨合中趨於統一，儒家道統觀念重新得以恢復。宋元明清時期是中國封建社會由繁榮至衰朽的歷史時期，倫理思想出現了理學與反理學的鬥爭，中華民族的道

德生活一方面在理學的精神統治和統治階級對理學的表彰下呈現出某種過分絕對化和極端化的發展色彩，另一方面由於對理學倫理思想的批判出現了為市民和下層人民欲望和生存辯護的功利主義風習，呈現出某種「由聖入凡」和向近代過渡的特色。

立於中西道德生活比較的視野和中華民族道德生活的實際，從宏大與精微相互結合的意義上，我們認為中華民族道德生活史具有多元一體與和而不同的發展格局，家國同構與忠孝一體的價值追求，修身立德與成人成聖的人生目標，天下為公與仁民愛物的倫理情懷，廣大精微與中庸之道的實踐智慧，自強不息與厚德載物的精神品質等基本特徵。

一、多元一體與和而不同的發展格局

西方社會和民族道德生活史的基本特質是二元對立，鬥爭性與衝突性成為道德生活的基本格調或主旋律。古希臘道德生活充滿著內在的緊張與衝突，感性與理性、德行與幸福、生命與羅各斯，時時處處都表現出它的對抗性和悲劇性。中世紀的理性與信仰、上帝之城與世俗之城、神道與人道，無不處於一種嚴重的衝突與鬥爭中。近代以來，西方道德生活的二元對立格局更加突出，其鬥爭也無所不在。理性主義與非理性主義，絕對主義與相對主義，樂觀主義與悲觀主義，科學主義與人本主義，相互指責頡頑，構成道德生活史的一道奇觀。

與西方社會和民族道德生活史二元對立的發展格局有別，中華民族的道德生活史具有多元一體與和而不同的特徵。中華民族既是一體的又是多元的，其民族的構成呈現出多元一體的特徵。與此相關，其道德生活也彰顯出多元一體與和而不同的特徵。中華民族的道德生活在形成和發展過程中始終充滿著多樣性和豐富性，並在多樣性和豐富性的基礎上崇尚和追求和諧統一的價值目標並因之成為一個有機統一的整體，它以一多關係的辯證理解和把握創造了整體性的中華道德文化，這一道德文化具有多元一統、萬河歸海的價值特質，既母性又多重，是多樣態、多層次、多變化的倫理道德系統彼此學習、認同的產物。這一道德文化崇尚「和而不同」，強調「萬物並育而不相害，道並行而不相悖，」〔註 1〕正因為推崇「和而不同」，肯定「道並行而不相悖」，所以顯示出多元一體而又包容大度的精神特質。

〔註 1〕《中庸》第三十章。

　　中華民族道德生活多元一體格局的形成，是以中國地域道德文化的多元特徵爲起點，在多元的地域道德文化的交融和彙集過程中，逐漸形成一些基本的價值共識和倫理準則，再通過教育、宣傳和推擴的方式，強化先進道德價值的統貫性和普遍性，使其與各地和各族的道德生活情景結合起來，最終形成了既有統一的倫理原則和價值共識又有各自特色和豐富內涵的道德生活格局。在中華民族多元一體的道德生活格局中，各民族都有著強烈的自我意識，發展和保持著鮮明的倫理個性，同時又相互學習，取長補短，形成一些基本的倫理共識和道德準則，創造出了一種長期共生共存、榮辱與共的道德生活局面。落實到倫理價值觀領域，在先秦是儒墨道法百家爭鳴，在秦漢以後是儒佛道三教並存。就整個中華民族道德生活的結構而言，也形成了一個多元立體和多層次的體系，其中「小德川流，大德敦化」，廣大精微和高明中庸集於一身。與此相關，整個社會的道德生活結構也呈現出多層次互補相容的開放共振畫面。依傳統道德生活架構而言，其上層是以孔子、老子、墨子爲代表的，並爲歷代思想家所承繼和發揚的內容形式完備的道德哲學。它設定了中國人的道德理想、道德價值、道德關係、人倫秩序和行爲規範，並通過制度和非制度多種形式，滲透和影響著下層的道德文化。中層是制度化、規範化的倫理道德體系，包括各種同典章文物制度相關的禮儀制度、禮儀規範，以及官方所宣傳的道德觀念、倫理榜樣、道德教科書等等，下層則是以潛藏到人們深層心理結構的道德意識、道德信念、道德思維和道德心態爲基礎而形成的道德倫理實踐和具體化的道德生活，包括風土人情、鄉規民約、婚喪嫁娶、接物應對等顯性的道德行爲方式。上層面的道德精神和價值系統可謂中華民族道德生活的大傳統，中層面的道德制度和禮儀規範，可謂中華民族道德生活的中傳統或者說聯繫大傳統與小傳統之間的橋梁，下層面的道德行爲實踐及普通百姓日常的道德生活可謂中華民族道德生活的小傳統，它們三者是一個相互聯繫、相輔相成的道德價值體系。「大傳統」從作爲民間道德生活的「小傳統」中吸取生活的道德智慧，又把其道德哲學的基本原則經由「中傳統」貫徹到民間道德生活的「小傳統」中。「大傳統」與「中傳統」、「小傳統」的高度同構，是中華民族道德生活與道德文化發展的一個重要特點。它們共同建構了中華民族的倫理精神和道德品質。

　　由於多元一體，使得中華民族道德生活在歷史和現實的展現上具有「和而不同」的特質。和，即是各種要素的相互依賴與相互補充，它在大方向和

基本精神上是一致的，但是在具體風格和表現形式上又是各有千秋的。各個民族都有自己獨自的倫理道德風格和表現樣式，然而各個民族在總的價值目標和觀念上又有基本的價值認同和倫理共識。中華民族道德生活，作爲一個統一體來考察，它的形成本質上是多元融合的產物，具有多元性與包融性的鮮明特點，它不是一般意義上的集合與組合，而是一種各民族倫理文化的化合，是一種融「小我」於「大我」之中，「大我」之中有「小我」的倫理文化。中華倫理文化的結構體系呈現出兼容並蓄和開放包容的特點，故其「內聚」和「外兼」並重，體現出了「道並行而不相悖」的價值特質。中華倫理文化的發展在不同區域是不平衡的，這種不平衡性導致了不同區域間的互補關係，是中華倫理文化產生彙聚和向一體發展的動力因素。

中華民族的道德生活在總的結構層面是既講究協調統一又置重個性自由發展的，把尊重差異與包容多樣有機地整合起來，體現了嚴於律己與寬以待人的氣度與胸襟。中華民族道德生活既建立於一體多元價值的基礎之上，又在生活和實踐的層面推動和提升著多元一體與和而不同的精神建構，這種一體多元的倫理文化復合體既使中華文化內部保存了源於多樣性的活力和互補性，又有助於中華倫理文化的長期穩定發展和延續，避免了由於文化衝突可能造成的災難性毀滅和悲劇性衰落。

二、家國同構與忠孝一體的價值追求

與西方社會和民族以個人爲道德生活本位的價值取向不同，中國傳統道德生活取向是建立在以家族爲本位的「家國同構」的原則基礎上的。西方社會進入文明的路徑是通過對氏族勢力的革命方式而實現的，它斬斷了血緣氏族的臍帶，用地域性的國家代替了血緣性的氏族，個體觀念和私產製度均得到相當的發展，從而爲個人本位的確立奠定了基礎。而中國進入文明的路徑走的是一條「維新」或改良的路線，直接由氏族制進化爲國家，「國家混合在家族裏面」〔註2〕，血緣關係被保留下來，並成爲整個社會關係的原型。家國同構實質是這種文明路徑的必然產物。

所謂家國同構是指家庭、家族和國家在組織機構方面具有一致性和共同性。家庭的建構與國家的建構原理相同，意義相近。「家」成爲「國」的

〔註2〕 侯外廬：《中國古代社會史論》，石家莊：河北教育出版社 2003 年版，第 24 頁。

原型、母體與基礎，「國」建立在「家」的基礎上並成為「家」的擴充與放大。國家，國家，國就是家，家就是國，國家相連，家國不分，對待國家講究忠誠，對待家庭講究孝道，家庭成為社會的基本組織形式和國家的最小單元，而國家則如同一個大家庭。誠如黑格爾所說，中國純粹建築在一種「道德的結合上」，「國家的特性便是客觀的家庭孝敬。中國人把自己看作是屬於他們家庭的，而同時又是國家的兒女。」〔註3〕「家國同構」以血緣關係為基礎，定位在以家為本，家國一體的整體結構上，強調個人、家庭、國家有機的結合性，倡導公忠為國、愛民愛國、以身許國，強調個人要秉公去私，以公克私，崇德重義，修身為本。反映在國家、社會的層面上，表現出對德政、德治與德教為主的訴求；反映在個體層面上，則強調個體修身為本和對理想道德人格的追求。其結果是構成了以倫理道德維繫社會穩定的差序格局。國家是家族的擴大。君王就是「大族長」，「普天之下，莫非王土；率土之濱，莫非王臣」。周代的宗法制度，從上層的政治意識形態領域，初步奠定了中國傳統社會「家國一體」或「家國同構」的大格局。春秋時期孔子的孝悌思想則從親情倫理道德的角度為其打下了堅實的民間基礎。漢代董仲舒用「天人感應」、「君權神授」的幌子，又把人道和王道糅合在一起，構建了一套「天不變，道亦不變」的綱常規範，大大強化了宗法制度的合理性和道德權威性。幾千年來，直到辛亥革命以前，忠和孝一直是中國封建文化的兩大精神支柱。

在多民族封建集權的格局下，忠孝既是哲學、倫理準則，又是宗教、信仰準則，既是思想保證，又是組織保證。忠是對一國的最高統治者的服從原則，孝是一家一戶小農經濟下對家長絕對權力的服從原則。在家庭或家族中，父親是核心，在國家中，君王是核心，在道德生活方面則特別強調忠孝一體，適應與家庭倫理的孝同樣適用於治理國家，教忠教孝成為歷代統治階級治國平天下的不二法門。自古以「忠」、「孝」為尊。忠於國家，忠於明主，不做有損其利益的任何事。孝順父母，珍惜親情，方可做謙謙君子，磊落男兒。漢代以孝治天下，皇帝的諡號都有一「孝」字，如「孝文」、「孝武」、「孝景」等。趙宋以降直到明清，不斷加強中央政府權力，忠的地位逐漸高於孝。當國家需要臣子在忠孝兩者選取其一時，「移孝作忠」被認為合理，並得到鼓勵。

〔註3〕 （德）黑格爾：《歷史哲學》，王造時譯，上海：上海世紀出版集團2006年版，第114頁。

國君代表國家，君主即國家。忠君與愛國混而為一。移孝作忠，即是將家庭倫理的孝道引入政治生活領域，因此，不忠君、不敬官，都成了不孝的行為。父子關係與君臣關係具有同構的性質，適用於齊家的倫理道德同樣適用於治國平天下，這就使家族制度成為政治統治的手段，血緣倫理與政治倫理合而為一。宗法原則、孝悌思想和綱常觀念，像一組牢不可破的遺傳密碼一樣，成為中國超穩定的社會政治結構的遺傳基因，無論怎樣改朝換代，它的功能卻歷久彌新。

近代以來，忠孝倫理受到一定程度的批判，但也有相當一些人士主張予以創造性的轉化。近代很多民主人士如譚嗣同、嚴復、梁啓超、孫中山均主張恢復忠孝道德的本來含義，或者對之作現代轉化，使之成為現代倫理道德的重要內容。譚嗣同認為，忠是以實心誠意待人的一種品德和精神，絕不僅僅只是臣子對待君主的一種道德規範，它同樣也應當成為君主對待臣子的一種倫理原則。嚴復把忠解釋為一種含義甚廣、涉及面較寬的一種對待國家的德性，忠的精神決不會因為專制國家的廢除而消失。孫中山先生指出：「在國家之內，君主可以不要，忠字是不能不要的……我們在民國之內，照道理上還是要盡忠，不忠於君，要忠於國，要忠於民，要為四萬萬人去效忠。」〔註4〕他把「忠」從「事君以忠」的狹隘內涵中解放出來，代之以事國以忠、事民以忠，以適應民主革命這個現實社會的需要。「講到孝字，我們中國尤為特長，尤其比各國進步得多。……國民在民國之內，要能夠把忠孝二字講到極點，國家才自然可以強盛。」〔註5〕在孫中山看來，國是合計幾千萬的家庭而成，是大眾的一個大家庭，家是最小的國，家國的原理是一致的。孫中山主張恢復中華民族忠孝、仁愛、信義、和平的道德，認為要恢復中華民族固有的地位，必先恢復固有的道德。這是個窮本極源之舉。以毛澤東為代表的中國共產黨人用馬克思主義改造中國傳統道德，把忠於理想、忠於祖國、忠於共產主義作為革命戰士的價值目標，主張改造傳統孝道，建立新型的父子和家庭倫理。在新中國 60 年的發展史上，人們立於新的時代，用新的精神和時代內涵詮釋了「國是最大家，家是最小國」，「有國才有家」的道理。

〔註4〕 孫中山：《三民主義·民族主義》，《孫中山選集》下卷，北京：人民出版社 1956 年版，第 649～650 頁。

〔註5〕 同上註。

三、修身立德與成人成聖的人生目標

　　中華民族道德生活在價值目標上確立了「立德、立功、立言」的「三不朽」價值體系，崇尚「內聖外王」，主張把「正德」與「利用、厚生」有機地結合起來，把個人擔當的社會責任與個人道德的自我完善統一起來，主張以修身的精神而齊家、治國、平天下，實現內聖與外王的有機統一。儒家強調內聖與外王的有機統一，既肯定道德化的自我，同時又肯定個人是屬於家族和群體的，特別強調個人對家庭和國家的責任，認為個人只有把自己同家族和國家有機地聯繫起來才能確證自己的道德化的自我，才能實現人的本質規定性。中國人的道德生活在內聖外王並重的基礎上尤其重視個人的修身養性，《大學》提出了「修身為本」的主張，強調個人自我的道德改造和提升，注重喚醒主體的道德自覺。中國傳統道德教化思想很少他律性的道德壓迫和制裁，它尤其重視個人德性的自我培養，注重氣節與操守，把崇高的精神境界和完善的道德人格看得無比重要，使其內聖的一面發展得極為完善。

　　如果說西方人的道德生活重心在於教人明理和成己，那麼中國人道德生活重心則在於教人成人和成聖。學做聖賢是中國人道德生活的一貫主張和基本精神。聖賢是道德的楷模和理想的人格，是人們學習的榜樣和師法的目標。強調道德教育和道德修養一直是中華民族道德生活的價值取向和精神關懷。人們常把中國傳統文化稱道德核心文化，足見重道、尚德的程度。「中國文化在西周已形成『德感』的基因，在大傳統的形態上，對事物的道德評價格外重視，顯示出德感文化的醒目色彩。」〔註6〕《左傳·襄公二十四年》記載了春秋時期魯國大夫叔孫豹與晉國貴族范宣子的談話。范宣子問：「古人有言曰，『死而不朽』，何謂也？」叔孫豹沒有回答。宣子又說：「昔匄之祖，自虞以上，為陶唐氏，在夏為御龍氏，在商為豕韋氏，在周為唐杜氏，晉主夏盟為范氏，其是之謂乎？」叔孫豹對曰；「以豹所聞，此之為世祿，非不朽也。魯有先大夫曰臧文仲，既沒，其言立，其是之謂乎？豹聞之，太上有立德，其次有立功，其次有立言。雖久不廢，此之謂不朽。若夫保姓受氏，以守宗祊，世不絕祀，無國無之。祿之大者，不可謂不朽。」「立德、立功、立言」的價值目標決定了中華民族有首重道德價值的精神取向，對整個中華民族的道德生活產生了十分重大而深刻的影響。

〔註6〕陳來：《古代宗教與倫理》，北京：三聯書店 2009 年版，第 9 頁。

《左傳‧宣公三年》王孫滿對楚子「問鼎之大小輕重」說了一段很有名的話。在王孫滿看來，國家的真正力量「在德不在鼎。」沒有崇高的德行，鼎是保不住的，江山必定異姓。因此，治國必須有明德才能確保天下太平。吳起曾對魏武侯以山河之固為「魏國之寶」也說了一段類似於王孫滿對楚子說的話，強調國家最可寶貴的財富「在德」而不在「山河之險」。儒家孟子在總結三代興亡教訓時指出：「三代之所以得天下以仁，之所以失天下也以不仁。國之所以興廢存亡者亦然。」這種認識強化了道德在國家政治生活和歷史進化發展中的作用，凸顯了修身立德的內在意義和社會價值。這種貴德的價值觀落實到德與才的關係對待上，堅持認為「德者，才之帥也；才者，德之資也」。視「德」為第一位的或主導性的，「才」是第二位的或從屬性的。正可謂「聰明用於正路，愈聰明愈好，而文學功名益成其美；聰明用於邪路，愈聰明愈謬，而文學功名適濟其奸」。

在中國共產黨領導人民進行的新民主主義革命過程中，這種尊道貴德的倫理價值觀被納入共產主義道德的統系內得到了極大的活化和提升。在毛澤東思想和馬克思主義的指導下，湧現了一批又一批共產主義的先鋒戰士，他們胸懷共產主義的遠大理想，為了民族的獨立和人民的解放，拋頭顱，灑熱血，在所不惜。正是由於中華民族赴湯蹈火、前赴後繼的英勇鬥爭，才使得「帝國主義不能滅亡中國，也永遠不能滅亡中國」。不僅如此，中華民族還能夠以這種精神在和平的年代創造奇迹，推動中國社會和歷史不斷前進。

四、天下為公與仁民愛物的倫理價值情懷

西方倫理文化，在漫長的社會歷史發展進程中，其社會價值觀念複雜多樣，但是西方倫理文化是以個人為本位，所追求的價值目標是個人權益的實現，並且認為它們是神聖不可侵犯的，是與生既來的，是天賦的。趨利避苦是個體的本能，事功求利是生存的目的，故此，功利主義始終在西方社會中佔據主流地位，起主導作用。西方道德生活，肯定並強調個體的自由，注重個體的奮鬥，個人的權利，私人的權利與財產神聖不可侵犯，成為道德生活的主旋律。儘管西方也有國家主義、民族主義和整體主義的倫理思想，但即便是這些理論最後也不得不向個人主義和自由主義靠攏，並以補充和完善個人主義和自由主義為旨歸。

中華民族道德生活在處理人我己群關係問題上總的趨向是崇尚人我和

諧、己群諸重。在群己合一的基礎上，中國思想家更置重群體的利益和尊嚴，要求人們以群體為最高價值取向，競相提出了「天下為公」、「貴和樂群」、「大公無私」等理論，使群體的價值在中國社會道德生活中獲得了高度的認同。中華民族的道德生活凸顯出一種整體或群體主義的價值導向，一個與眾人格格不入的人在中國是沒有出路的。中國人的行為注重的是以大局為重，不以自我的私利而去損害國家集體的利益，強調集體至上的原則，在個人利益與國家利益、集體利益發生衝突時，犧牲個人利益而維護國家、集體的利益。

儒家《禮記‧禮運》提出「大道之行也，天下為公」的道德理想目標，並主張人不能只愛自己的親人和孩子，而且也要關愛別人的親人和孩子。法家管子也十分強調「明於公私之分」，在親親宗法制盛行的條件下，他鮮明地提出「社稷先於親戚」的道德價值目標，主張「愛民無私」，要求君主「不以祿爵私所愛」，「不為親戚故舊易其法」。〔註7〕墨家倡導「興天下之利，除天下之害」，主張「利人乎即為，不利人乎即止」，把「國家人民之利」當作判斷善惡是非的標準。可以說，置重群體和公共利益是先秦時代基本的道德價值取向。而這種道德價值取向也深深地影響了後來中國道德觀的發展和走向。宋代思想家范仲淹在《岳陽樓記》寫下了「不以物喜，不以己悲，居廟堂之高則憂其民，處江湖之遠則憂其君。是進亦憂，退亦憂，然則何時而樂耶？其必曰先天下之憂而憂，後天下之樂而樂」的壯志豪言，深刻揭示了以國家民族利益為重的公忠體國精神。中國人特別欣賞與眾人同樂，強調獨樂樂不如眾樂樂，與民同快樂才能得到真正的快樂。宋代張載提出「民胞物與」的觀點，認為天地是人和萬物的父母，人與萬物渾然共處於天地之間。充滿於天地之間的氣體構成了我的身體，統帥天地之間的自然之性，構成了我的本性。人民是我的同胞兄弟，萬物是我的同伴儕輩，因此，我應當愛一切的人民和世間的萬物，培養起一種仁民愛物的倫理情懷。

在中國歷史上，「雖也不乏功利主義，但始終沒有佔據主導地位」。〔註8〕作為支配幾千年中國封建社會的主流意識形態的儒家思想，其基本主張是「重義輕利」、「見利思義」、「以義制利」，當著義利發生矛盾時，堅持「先義後利」，「不以一人疑天下」，「不以天下私一人」和「公者重，私者輕」的

〔註7〕《管子‧禁藏》。
〔註8〕朱貽庭主編：《中國傳統倫理思想史》，上海：華東師範大學出版社1989年版，第28頁。

原則，自覺地使個人利益服從於社會公共利益。從大禹治水「三過家門而不入」到孫中山的「天下爲公」，到毛澤東的「全心全意爲人民服務」，到胡錦濤的「情爲民所繫，利爲民所謀，權爲民所用」，貫穿其中的一條主線乃是大公無私和先公後私。在中華民族道德生活史上，絕大多數的庶民百姓基本上都能正確處理個人利益與國家利益和社會公共利益的關係，能夠顧全大局，「捨小家爲大家」。更別說那些具有高潔志向和濟世情懷的仁人志士和有爲君子了。中華民族道德生活史的主脈「就是強調爲社會、爲民族、爲國家、爲人民的整體主義思想」〔註9〕及其所生發的道德實踐。這種整體主義思想陶鑄了中國人的道德心靈，形成著中華民族的道德性格，不斷提升著中華民族的凝聚力和向心力，是造就「連續性道德文化」的動力源泉。

五、廣大精微與中庸之道的實踐智慧

「致廣大而盡精微，極高明而道中庸」，是《中庸》一書裏兩句經典名言，也反映了中華民族道德生活的基本特點。中華民族的道德生活強調立乎其大而不忘其小，崇尚高明而落腳在平凡生活的中庸之道。它是一種將偉大的目標與點滴的行爲聯繫起來的從大處著眼從小處努力的倫理智慧。中國人的道德生活與中庸之道有著一種內在的確證關係，中庸之道是中國道德文化的一以貫之之道和中華民族道德智慧的核心。林語堂在《中國人》一著中直截了當地指出：「中國人如此看重中庸之道以至於把自己的國家也叫『中國』。這不僅是指地理而言，中國人的處世方式亦然。這是執中的，正常的，基本符合人之常情的方式。」〔註10〕中庸之道強調在做人和道德生活方面把握中正適度的原則並力求在行爲上一以貫之，避免過激的行爲和不及的行爲。中國人厭惡做人和道德生活方面的「過與不及」兩種極端，欣賞處世中正平和適宜合度。「被稱之爲『中國人』的這一族群，在其歷史過程中形成的特有的生活方式，不是由『存在』（being, Sein）、由『上帝』、由『自由』，而是由『中庸』來規定的，這是歷史過程中形成的天命。」〔註11〕中國人的道德生活是在中庸之道的指導和追求中展現出自己的特色和優勢的，中庸之道向人們「打開了一個生存的視域：

〔註 9〕 羅國傑：《中華民族傳統道德與社會主義道德建設》，《羅國傑自選集》，北京：學習出版社 2003 年版，第 404 頁。

〔註10〕 林語堂：《中國人》，上海：學林出版社 2001 年版，第 100 頁。

〔註11〕 （法）弗朗索瓦·于連、狄艾里·馬爾塞斯：《（經由中國）從外部反思歐洲——遠西對話》，張放譯，北京：大象出版社 2006 年版，第 17 頁。

天下或天地之間——它構成了中國人生存世界的境域總體。」〔註12〕中庸之
道教人們在天地之間堂堂正正、頂天立地地做人，以中正適宜的方式得以無愧
地立於天地之間，進而一群己、合內外、貫本末、通聖凡。

從歷史上看，中正平和與行為適度的思想在孔子之前就有人提倡了，堯
在讓位於舜時就對其提出治理社會要公正、執中，千萬不要走極端。舜時皋
陶在談論統治者應該具有的美德時肯定了九種美德，即「寬而栗，柔而立，
願而恭，亂而敬，擾而毅，直而溫，簡而廉，剛而塞，強而義」，〔註13〕這九
種美德無疑具有中庸之道的蘊涵。西周初年箕子向武王進言，要求統治者以
不偏不黨為行為的美德。他說：「無偏無陂，遵王之義；無有作好，遵王之道；
無有作惡，遵王之路。無偏無黨，王道蕩蕩；無黨無偏，王道平平；無反無
側，王道正直。」〔註14〕王道是不偏不黨，無過無不及的，它正直、平坦而
又恰到好處，所以是統治者必須努力踐行的。孔子對中庸作了高度的肯定，
並認為中庸是一種「至德」，它要求人們從內外諸方面深刻地把握道德的本質
和特性，努力去達到無過無不及的道德生活境界。「中庸」之道是儒家道德哲
學中的核心理論，「不偏不倚」、「以和為貴」正是「中庸」之道的「極高明」
處。「中庸」之道並非不講原則的一味作老好人，而是「極高明」的處世哲學，
是營造和諧的人際關係，創造和諧的人文環境，避免和克服片面性與極端主
義的基本原則。孔子向往的道德生活是符合中庸之道的，並認為避免了狂狷
（狂者進取，狷者有所不為也）兩個極端的君子總是能夠做到恰到好處，「君
子惠而不費，勞而不怨，欲而不貪，泰而不驕，威而不猛。」〔註15〕在孔子
看來，中庸不僅是道德生活應當追求的目標和境界，而且也是實行道德生活
的最好方法。中庸之道，以「過猶不及」為核心，做人處事追求適宜、守度、
得當，不偏不倚為宜，越位和缺位都不合適。即便是各種道德品質，也有一
個相互調適相互補充的問題。中庸之道的主題思想是教育人們自覺地進行自
我修養、自我監督、自我教育、自我完善，把自己培養成為具有理想人格，
達到至善、至仁、至誠、至道、至德、至聖、合外內之道的理想人物，共創
「致中和天地位焉萬物育焉」的「太平和合」境界。

〔註12〕陳贇：《中庸的思想》，北京：生活・讀書・新知三聯書店 2007 年版，第 12
　　　　頁。
〔註13〕《尚書・皋陶謨》。
〔註14〕《尚書・洪範》。
〔註15〕《論語・堯曰》。

六、自強不息與厚德載物的精神品質

中華民族的道德生活，包含著十分豐富的內容，是一個由多方面因素組合起來的價值系統。這一價值系統以自強不息和厚德載物為基本精神，體現和反映著中華民族「舊邦新命」的內在基質。自強不息，就是永遠努力向上，永不停止地改造自然、社會和人生，它表現了中華民族蓬勃向上的生命力，不斷進取的拼搏精神和不向惡勢力屈服的鬥爭勇氣。自強不息，是《周易》裏講的話。《周易·上經》論述乾卦時有「象曰：天行健，君子以自強不息。」乾卦象天道一樣永恒的運行不休，所以君子應當效法乾道，自己堅強起來，不斷地求進步，永遠不停止不休息的去努力。孔子的學生曾子說：「士不可不弘毅，任重而道遠。仁以為己任，不亦重乎？死而後已，不亦遠乎？」〔註16〕志士不可以不具備強勁的力量和堅韌的意志。因為他所肩負的責任重大，他所要趨達的目標遙遠。以實行仁愛道德於天下為自己的己任，這一責任難道不重大嗎？永遠為這一理想而奮鬥，至死方休，這一路程難道不遙遠嗎？三國時傑出的政治家曹操作《龜雖壽》，其中有：「老驥伏櫪，志在千里；烈士暮年，壯心不已」的名句，凸顯出了自強不息和發奮向上的精神氣概。北宋張載所立下的宏偉志向就是「為天地立心，為生民立命，為往聖繼絕學，為萬世開太平」，凸顯出的是一種自強不息的優秀品質。

中華民族依憑自強不息的品質艱苦創業，創造著中華民族的歷史和文化。在中華文明初曙的時代，我們民族的先祖就開始了艱苦創業、利用厚生的偉大歷程。史載炎帝神農氏教民稼穡，始製醫藥。「古者，民茹草飲水，採樹木之實，食蠃蚌之肉，時多疾病毒傷之害。於是，神農氏乃始教民播種五穀，相土地宜燥濕、肥磽、高下；嘗百草之滋味，水泉之甘苦，令民知所辟就。當此之時，一日而遇七十毒。」〔註17〕大禹治水，勞身焦思，在外十三年，三過家門而不入。孔子「樂以忘憂，發憤忘食，不知老之將至」的品格是自強不息精神的深刻詮釋。誠如毛澤東所說：「在中華民族的開化史上，有素稱發達的農業和手工業，有許多偉大的思想家、科學家、發明家、政治家、軍事家、文學家和藝術家，有豐富的文化典籍。在很早的時候，中國就有了指南針的發明。還在一千八百年前，已經發明了造紙法。在一千三百年前，已經發明了刻板印刷。在八百年前，更發明了活字印刷。火藥的應用，也在

〔註16〕 《論語·泰伯》。
〔註17〕 《淮南子·脩務訓》。

歐洲人之前。所以，中國是世界文明發達最早的國家之一，中國已有了將近四千年的有文字可考的歷史。」〔註18〕中華五千年創造的物質文明和精神文明，曾對世界做出過偉大的貢獻，也是中華民族自強不息、艱苦奮鬥的結果，是無數華夏兒女創業、守業和擴大、發展事業的生動體現。

厚德載物，就是具有寬容精神和開放大度的視野和膽識，能夠包容各個方面的人，容納不同的意見，不輕易否定他人、他國的長處和成果，不去侵犯他人和其他國家，始終與他人、他國和睦相處，共同發展。《周易·坤卦》有言：「至哉坤元，萬物資生，乃順承天。坤厚載物，德合無疆。含弘光大，品物咸亨。」「地勢坤，君子以厚德載物」。厚德載物是一個德量涵養的過程，包含著虛懷若谷、豁達大度、謙虛謹慎等多方面的內容。老子認爲，「上德若谷」，真正有道德的人「敦兮其若樸，曠兮其若谷」，〔註19〕他爲人處事胸襟寬廣，豁達大度，就好像幽深的山谷一樣，能夠包容人世間的一切。莊子推崇容納江河百川的海洋襟懷，《秋水》描寫的河神見到海若「望洋興歎」，含有面對廣闊無垠的海洋所生發出的一種對博大浩瀚和寬厚大度的無限驚羨和讚美，中心意思是教人們超越自身的局限，去認識宇宙或自然的永恒或無限。謙虛慎獨是一個人應該有的生活態度和美德。人非生而知之者，而是學而知之者，因此只有謙虛向學才能夠有所進步有所發展。《荀子·勸學篇》開宗明義地告誡人們：「學不可以已」，意味學習應持之以恒，從不中輟，永無終止。荀子認爲，學習的成效來源於辛勤地積累，「不積跬步，無以至千里；不積小流，無以成江海。」宋代文學家歐陽修在《伶官傳序》中從總結歷史的高度深刻闡發了「謙受益，滿招損」的道理，他說：「《書》曰：『滿招損，謙受益』。憂勞可以興國，逸豫可以亡身，自然之理也。故方其盛也，舉天下之豪傑莫能與之爭；及其衰也，數十伶人困之而身死國滅，爲天下笑。夫禍患常積於忽微，而智勇多困於所溺，豈獨伶人也哉？」無數歷史事實證明了謙虛使人進步，驕傲使人落後的道理。

如果說自強不息表現了中華民族的奮鬥或嚴於律己的精神與品質，那麼厚德載物則表現了中華民族的寬容或寬以待人的精神與品質。二者相輔相成，共同架構起中華民族精神和傳統美德的大廈。

〔註18〕毛澤東：《中國革命與中國共產黨》，《毛澤東選集》第2卷，北京：人民出版
　　　　社1991年版，第623頁。
〔註19〕《老子》第十五章。

　　總體來說，與西方天人相抗、人我二分的倫理致思趨勢有別，中華民族的道德生活以天人合一、人我和諧、貴和樂群爲核心，充滿著對家庭和睦、社會和諧、世界和平的向往和肯定，有所謂的「家和萬事興」，「一家之計在於和」，「和氣生財」，「協和萬邦」之說。中華民族道德生活豐富多彩、博大精深，其核心理念則可以一個「和」字來表示。「和」作爲中華民族倫理文化的精華，乃是古代中國社會的共識，「和實生物」則是其理論總結。中國人崇尚「天時不如地利，地利不如人和」，主張「和氣生財」，認爲「禮之用，和爲貴」。同時，中華民族的道德生活特別強調團結友善，認爲團結是力量的源泉。個人應當與他人團結才能形成力量。友善，是人對人應有的態度和品質。中國歷史上，儒家總是主張與人爲善，倡導君子成人之美，不成人之惡，並把與人方便看作是對自己的方便。道家也強調「生而不有，爲而不恃，長而不宰，功成而勿居」，提出了「既以爲人己愈有，既以與人己愈多」的命題，並且主張以德報怨，極大地表彰了與人爲善的價值。在處理人與自然關係問題上，中國傳統道德強調尊重自然，遵循自然規律，追求人與自然的和諧，認爲「獲罪於天，無可禱也」。不僅不把人從人際關係中孤立出來，而且也不把人同自然對立起來，構成了中國傳統倫理文化的顯著特色。中國傳統倫理文化始終把謀求人與自然、社會的和諧統一作爲人生理想的主旋律。對外來文化，中國倫理文化抱著一種「親仁善鄰」、寬容兼包的和平主義態度。誠如孫中山所說「中國人幾千年酷愛和平，都是出於天性」。「說到和平的道德，更是駕乎外國人。這種特別好的道德，便是我們民族的精神。」〔註 20〕而這直到今天還在發揮作用，效力於和諧社會的建設與和平世界的構建。

　　（原載《湖南大學學報》2013 年第 3 期，中國人民大學報刊複印資料《倫理學》2013 年第 8 期全文複印。）

〔註 20〕孫中山：《三民主義·民族主義》，《孫中山選集》下卷，北京：人民出版社 1956 年版，第 651 頁。

論中華民族道德生活史研究
的應有視角

　　中國自古以來就以文明古國、禮儀之邦著稱於世。重視倫理秩序、道德教化和成人成聖一直是中華民族文化的傳統。在悠遠久長的中華文化發展史上，倫理道德的發展最爲充分，也最有特色。相當一部分學者在中西文化的比較中傾向於把中華文化視爲一種注重人與人關係處理和對待的倫理型文化，藉以區別於注重人與自然關係處理和對待的科學型文化。儘管各個民族都有注重倫理道德的傳統，但像中國人那樣把倫理道德視爲文化的精髓和核心，把道德生活視爲最有意義和值得過的生活來追求，並形成一整套倫理化的經濟、政治、文化生活規範以此來要求所有的社會成員，卻是非常罕見的。社會結構、民族文化、個性心理同倫理道德的緊密結合，既造就了中國文化的豐富內涵和獨具特色的持久魅力，也形成了中國文化和中國社會歷史的獨特問題。在人類倫理文明經過了由近代的「拔根」而向當代的「紮根」的特定轉型之後，科學、理性地研究中華民族的道德生活發生發展的歷史，自會使我們完整而深刻地認識中國社會的歷史和文化、民族與性格、價值與智慧，發掘到許多在過去那種「情緒偏激」狀況下無法平心靜氣地去認識、去把握、去研究的素材和內容，重建「原道」意義上的價值理性和德性系統，以爲中華民族倫理文化的偉大復興奠定應有的價值基礎。

　　研究視角的拓展與理性抉擇，決定著對研究對象的整體把握以及所能達到的水平。研究中華民族道德生活史，需要我們從宏觀總體與微觀具體多向度用功，眞正體現「致廣大而盡精微」的研究範式，實現大德與小德的共同

彰顯，才能使其符合中華民族道德生活的原初狀貌，使研究成果真正有益於當代人的道德認識，並成為當代新道德建設的寶貴資源。

一、致廣大而盡精微

　　中華民族的道德生活發展史縱貫五千年，涉及的領域和層面，不僅博大繁複，而且精深厚重，在不同的時代和不同的社會階級階層或成員身上均有不同的表現。中華民族素以崇尚道德的禮儀之邦而著稱於世，中國傳統道德精神是中國文化傳統的核心，也是華夏五千年文明積澱而形成的一種內在精神，中華民族現代的道德生活是從傳統的道德生活發展變革而來的，對傳統道德生活多有損益性的轉化與改造。研究中華民族道德生活發生發展的歷史，需要堅持正確的方法，在視角上也應當小大兼備，做到「致廣大而盡精微」。

　　《中庸》有「致廣大而盡精微」之說。「致廣大而盡精微」，既可以指主體的道德行為和道德追求，也可以指認識事物和科學研究的方法。作為科學研究方法的「廣大」是指全景或全局，即對自己研究對象歷史和未來有比較清醒的認識，較為全面的瞭解，深知源自何處，流向何方。所謂「精微」是指具體和細節，即對自己研究對象的個案有比較深入的把握，做到極致。「盡精微」的目的是為了「致廣大」，而「致廣大」的結果又促進了「盡精微」。明清之際的王夫之認為，理論研究必須既有一定的深度又有一定的廣度，不能只深不廣，也不能只廣不深，深度和廣度必須互相結合。「或極思之深而不能致思之大，或致思之大而不能極思之深。……深者大以廣之，大者深以致之，而抑以學輔之，以善其用，而後心之官乃盡也。」〔註1〕因此「廣大」與「精微」並非是相反相剋的，而是相輔相成的。這種小大結合實質就是宏觀整體研究與微觀具體研究相結合。

　　美國芝加哥大學人類學教授羅伯特・雷德菲爾德（robert redfield）在對墨西哥鄉村地區研究時，開創性地使用大傳統與小傳統的二元分析框架，並於一九五六年出版了《農民社會與文化》，首次提出「大傳統」（great tradition）與「小傳統」（little tradition）這一對概念，用以說明在複雜社會中存在的兩個不同層次的文化傳統。所謂大傳統是指以都市為中心，以士紳階層為發明者

〔註1〕王夫之：《讀四書大全說》卷十，北京：中華書局1975年版，第704～705頁。

和支撐力量的文化。而小傳統指的是鄉民社會中一般民眾尤其是農民的文化。〔註2〕大傳統體現了社會上層生活和知識階層代表的文化，多半是由思想家、宗教家經過深入思考所產生的精英文化，或是精雅文化，而小傳統一般是社會大眾的下層文化或民間文化。大小傳統的關係，是互動互補的關係。沒有大傳統，小傳統得不到禮儀習俗的思想資源；沒有小傳統，大傳統會失去輻射全社會的功能，主流文化的根基會不牢固。一般地說，大傳統和小傳統之間一方面固然相互獨立，另一方面也不斷地相互交流。所以大傳統中的偉大思想或優美詩歌往往起於民間；而大傳統既形成之後也通過種種管道再回到民間，並且在意義上發生種種始料不及的改變。

　　中國文化很早出現了「雅」和「俗」兩個層次，恰好相當於羅伯特·雷德菲爾德的大、小傳統或兩種文化的分野。「雅」，表現的是精英文化，彰顯的是超越世俗或草根的上層或統治階級文化意向，包含了「雅文」、「雅言」、「雅行」諸方面的內容。中國歷史上的「雅言」一般是指士大夫或上流社會的標準語，以有別於各地的方言。但是「雅言」並不是單純的語言問題，而必然涉及一定的文化和道德生活內容。孔子「《詩》、《書》、執禮，皆雅言也」，而禮、樂、詩、書在古代則是完全屬於統治階級的文化。中國的「雅言」傳統不但起源極早，而且一脈相承，延續不斷，因此才能在歷史上發揮了文化統一的重大效用。這在世界文化史上可以說是獨步的。即使在政治分裂的時代，中國的大傳統仍然繼續維繫著一種共同的文化意識。中國人很早便已自覺到大、小傳統之間是一種共同成長、互為影響的關係。余英時指出：「中國古人不但早已自覺到大傳統與小傳統之間的密切關係，而且自始至終即致力於加強這兩個傳統之間的聯繫。」〔註3〕大傳統是從許多小傳統中逐漸提煉出來的，後者是前者的源頭活水。不但大傳統（如禮樂）源自民間，而且最後又回到民間，並在民間得到較長久的保存。「中國古人也自覺地要把大傳統貫注到民間，以改造小傳統，這便是歷史上所常提到的禮樂教化與移風易俗。」〔註4〕中國傳統文化模式具有生活方式、倫理道德、等級序列一體化的結構，精英文化通過以禮俗的過程，把觀念形態推向平民百姓，從而使世俗生活理

〔註2〕 Robert Redfeild, Peasant Society and Culture, Chicago：Chicago University Press, 1956.
〔註3〕 余英時：《從史學看傳統》，《史學、史家與時代》，桂林：廣西師範大學出版社 2004 年版，第 102 頁。
〔註4〕 同上註，第 103 頁。

性化，形成百姓日用之學。在這種文化模式中，禮和俗相互依存、膠著，雙向地增強了上層文化和下層文化的滲透，使得大小傳統的價值差異縮小到最小限度，極大地增強了各民族、各地區的人群對倫理價值的認同，也培育了生活方式在「立乎其大」視域下注重細節講求精緻的倫理價值心態。

中國古代社會的大傳統表現為禮的意識形態和社會制度，這是古人用以定親疏，別尊卑，辨是非的準則，是起源最早而又發展最完備的社會制度和規範。歷代王朝都以「會典」、「律例」、「典章」，或「車服志」、「輿服志」等各式法制條文和律令，管理和統制人們的物質生活和精神生活。大傳統是精英文化的主流。小傳統在古代表述為「俗」，「俗」在《說文解字》中訓為「習也」。鄭玄在《周禮注》中解釋說：「土地所生，習也。」這是從生活經驗中自發形成的風俗習慣，具有地方性和多樣性。有生活才有規範生活的禮，由此可見俗先於禮，禮本於俗，所以有「禮從俗」、「禮失求諸野」之說。俗一旦形成為禮，上昇為典章制度，就具有規範化的功能，要求對俗進行教化和整合。《尚書》有天子「觀民風俗」的記載。秦始皇統一中原伊始，就施行以禮節俗，即所謂行同倫的方針，多次出巡，在會稽山刻石祭大禹，宣告用嚴刑峻法禁止男女淫佚，把中原倫理推廣到全國。這種文化模式決定了大傳統對小傳統的規範和教化並不僅僅依靠行政指令，士大夫在教化方面突出的使命感，對增強小傳統對大傳統的認同起了重要的作用，所以中國的官僚、士大夫對世俗生活有特別關注的情結。各家各派莫不重視對民風的教化，致力於「以禮化俗」，「敦風化俗」，引導民眾習俗遵守禮的規範，把國運盛衰、名教興亡的審視點下移到生活領域去考察。禮俗文化的特點就在於，大傳統和小傳統的相互依存、膠著，雙向地增強了上層文化與下層文化的滲透。透過中華民族道德文化發展史可以看出，小傳統的存在樣態並非單純表現為民俗事象，也表現為文獻典籍的形式，小傳統的考察視域應是相對開放的。大小傳統之間存在複雜的互動交融關係，兩者兼有進步和保守的雙重功能和作用。文化傳統的健康維繫與合乎理性的發展，有賴於文化大傳統與小傳統之間的良性互動和同步完善。由文化精英提煉的思想體系或制度化的意識形態的大傳統，高於現實的道德生活又指導現實的道德生活，具有系統性、導向性和穩定性，成為傳統倫理文化中的主體；小傳統由於植根民眾現實的道德生活，貼近社會道德生活的實際，富有多樣性、易變性和自發性，而與大傳統持有一定的距離，從而又有相對的獨立性。道德生活傳統不僅是上層的，

也涵有下層的風俗民情，以及上層與下層相互制動的關係。大傳統是以文本的形式，長垂青史，歷歷可考。但是不見經傳的小傳統又往往是以非文本的形式，融入社會道德生活，而又無處不在。

在中華民族道德生活發展史上，歷代的鴻儒碩學無不從日常生活即小傳統中闡揚此中的道德理性和倫理精神，從具體的器物層面，上升到抽象的道德理念，從而創造出中國倫理史的一系列概念，如道器、理欲、義利、志功、王霸、文質、才性等等。其實質就是將倫理觀念寓入日用器物之中，將有形可見的器物內化為理性的東西，使之秩序化、信仰化，在這內化的過程中，器物已超越它的使用價值，成為人們溝通道體的媒介。因此形上有外在的形下表現，形下有內在的形上寓義，道器有分，而又無分，促使人們達到道器合一，即道即器的境界，這是具有中國特色的實踐的道德形上學。在這實踐的道德形上學中，概念的形成不是依靠思辨演繹，而是基於人人可以感受的生活經驗，這是中國道德生活史一系列概念的特徵，也是禮和俗進行整合的哲學基礎，所以禮俗文化是與西方倫理思想史相區別的顯著特徵也是其重要成果。禮俗文化及其百姓日用之學，為後代留下了寶貴的思想資源，也為中國的思想啟蒙往往要從生活方式發端留下了歷史因緣。據此我們不難理解，何以清兵入關強制推行滿人服裝，引起軒然大波；太平軍一進入南京就掀起「蓄髮易服」的旋風；戊戌維新是從康有為上書剪辮、易服發難；辛亥革命成功立即頒布新服制，推行移風易俗的內在緣由。禮俗文化使人們從日常生活中接受倫理思想的影響，世世代代相沿為習，積澱到民族倫理心理的最深層，成為群體道德無意識的自發傾向。奔流動蕩的歷史變幻，此消彼長的政治紛爭，不斷地改變著時代的精神走向和社會關係的圖譜，但卻很難改變民眾的傳統習慣和生活風俗，很難改變積澱在他們生活深處的內在價值。

堅持大傳統與小傳統的有機統一，真正做到「致廣大而盡精微」，要求我們既要關注宏觀整體，又要關注微觀具體，將宏觀整體與微觀具體辯證結合起來。首先應從總體上把握中華民族道德生活的基本精神、主要內容和發展態勢，把握中華民族道德生活的基本規律和主要特徵；其次是中觀研究，即從比較宏觀的角度弄清某一時期或某一領域的道德生活狀況，對其發展狀貌有比較清楚的瞭解；再次是微觀具體的研究，即對某些具體的史料、人物和事件的深度研究與把握。小德川流，大德敦化。大德與小德正如「群與獨」、「公與私」的關係一樣，其實也是二而一的。不獨無以群，群以獨成，同理，

小德不修，大德亦子虛；大德以小德積，所謂見微知著也，亦所謂「不積硅步，無以至千里；不積小流，無以成江河！」

以「致廣大而盡精微」的視角審視中華民族道德生活史，實質上亦是唯物辯證法的基本要求。它使我們認識到中華民族的道德生活史是一個有機發展的系統，不僅具有整體性、結構性，而且具有層次性和開放性。每一個時代的道德生活發展是一個有機的整體，它由不同的部分構成，整體具有各部分所不具有的性質或功能，道德生活的部分依賴其整體，脫離其整體的道德生活部分就失去它原有的性質和功能，如黑格爾所說，離開人體的手就失去其原來的意義。同時，道德生活的整體和部分可以相互作用、相互滲透、互相轉化。整體性觀點要求我們在考察和論述中華民族道德生活發展史時要著眼於有機整體，整體的功能和效益是認識和解決道德生活問題的出發點和歸宿，同時在總攬全局的前提下，認識和處理好局部性的問題，以實現系統的最佳功能。中華民族的道德生活發展史又是一個包含著各要素的嚴謹的結構系統，各要素之間相互聯繫、相互作用，組成一個有機結合的比例、秩序、形式等。在中華民族道德生活史的結構系統中又包含著不同的層次，依次體現爲由低到高或由低級到高級的發展序列。中華民族的道德生活史作爲一個有機聯繫的系統，在發展過程中始終是開放的，具有開放性，它既不斷地向外輸出各種先進的因素和優雅的禮儀，又不斷地吸收來自外部或異域民族的優秀道德品質和精緻道德理論，眞正體現了「內得於己，外得於人」的內在精神。

二、微顯相次而顯察於微

與「致廣大而盡精微」的視角相輔助的應該是對顯性道德文化與隱性道德文化的綜合把握。英國哲學家邁克爾‧波蘭尼（Michael Polanyi）於 1958年提出了隱性知識（Tacit Knowledge）的概念，藉以區分於顯性知識（Explicit Knowledge）的概念。他在對人類知識的哪些方面依賴於信仰的考查中，偶然地發現這樣一個事實，即這種信仰的因素是知識的隱性部分所固有的。波蘭尼認爲，人類的知識可分爲顯性知識和隱性知識兩類。顯性知識是能以書、文字、圖表和數學公式加以表述的知識，它能夠組合、儲存、再次尋找以及通過不同的機制，轉化到相關的實踐中，易於溝通和共享；隱性知識則是深植於個體及其心智模式中，難以編碼及溝通的知識，是屬於技巧性的、由情

景限定的、個人獨自體驗但「知而不能言者眾」的知識，其共享只能源於需求者對隱性知識擁有者的模仿或雙方之間的共同探討、交流與實踐。顯性知識主要是事實和原理的知識，屬於是什麼，為什麼層次。它可以用文本的形式進行傳遞，具有邏輯性、共享性和批評性等特點。隱性知識或者說默會的知識（亦稱「緘默的知識」），主要是相對於顯性知識而言的，它是一種只可意會不可言傳的知識，是一種經常使用卻又不能通過語言文字符號予以清晰表達或直接傳遞的知識。如我們在做某事的行動中所擁有的知識，這種知識即是所謂的「行動中的知識」（knowledge in action），或者「內在於行動中的知識」（action-inherent knowledge）。隱性知識本質上是理解力和領悟，屬於怎麼想，怎麼做的層次，它不能系統表述和言傳，具有個體性和情境性等特點。與顯性知識與隱性知識的區分相對應，文化亦可區分為顯性文化和隱性文化。顯性文化是有據可查、有史可考並為大家所知曉或者說知曉不難的文化，是屬於物化、客觀化包括文字化、圖表化的可以感覺並加以評價的文化，隱性文化是隱藏在文字、語言、圖表或物象背後的需要借助於理性思維和深入探討才能把握的文化，包括發生在人的心理空間的各種變化，以及那些不為人知的情緒情感體驗等等。

　　借用弗洛伊德的意識理論，如果說顯性文化對應的是意識，那麼隱性文化對應的則是前意識和潛意識。奧地利著名精神分析學專家弗洛伊德認為，人的心理包括意識和無意識現象，無意識現象又可以劃分為前意識和潛意識。所謂前意識，是指能夠進入意識中的經驗；潛意識則是指根本不能進入或很難進入意識中的經驗，它包括原始的本能衝動和欲望，特別是性的欲望。意識、前意識和潛意識的關係是：意識只是前意識的一部分；前意識位於意識和潛意識之間，扮演著「稽查者」的角色，嚴密防守潛意識中的本能欲望闖入意識中；潛意識始終在積極活動著，當「稽查者」放鬆警惕時，就通過偽裝伺機滲入到意識中。而且，他認為，潛意識的心理雖然不為人們所覺察，但卻支配著人的一生。他指出：「心理過程主要是潛意識的，至於意識的心理過程則僅僅是整個心靈的分離的部分和動作。」〔註5〕人的心理則可以看作是浮在海水中的一個冰山，露出海面的山尖可以看作是意識，而在海面下面的冰山的大部分可以看作是無意識區，在無意識區中包括下意識（前意識）和

〔註5〕　（奧）弗洛伊德：《精神分析學引論》，高覺敷譯，北京：商務印書館1984年版，第8頁。

潛意識兩個密切聯繫著的部分。弗洛伊德最主要的貢獻在於揭示了潛意識活動的存在，從而將潛意識作為心理學研究的對象。這就擴大了意識研究的範圍，把傳統心理學所忽視的潛意識、夢、過失與錯誤等納入意識研究的領域，開拓了精神世界的這個奇異領域。弗洛伊德認為，精神活動，不管是正常的或變態的、外在的或內在的、高級的或初級的、複雜的或簡單的、過去的、現在的、將來的，都不過是這種潛意識的演變結果。每種意識活動都在潛意識的心中深深地伏有其根株。人們要認識心理生活，要治療變態心理，就必須探索意識行為及其潛意識的源頭之間的聯繫。在弗洛伊德看來，無意識的「心」，或「潛意識」，並不是被動的收容所。它卻像蓄電池儲存電能一樣，隨時可以發洩出去，可以主動地產生衝突。潛意識在本質上是原動的。它那不斷爭取表露或昇華為意識的內容，乃是精神活動背後的原動力量。歸根結底，意識不過是由深藏的潛意識伏流所產生的心理生活的表面微波罷了。潛意識雖然受到壓制，但它們永不斷地為得到自我滿足而鬥爭。弗洛伊德精神分析學的任務就是考查這種被壓制的東西的活動方式及規律，考察它們尋求滿足時所採取的方法和途徑，藉以探索人的心理深層的神秘世界。弗洛伊德對意識和潛意識的探討可以為我們研究中華民族道德生活史提供方法的借鑒和視角的參考。

　　《易傳‧繫辭上》有「探賾索隱，鈎深致遠」的說法。孔穎達《周易正義》對這兩句話的解釋是：「探，謂窺探求取；賾，謂幽深難見；索，謂求索；隱，謂隱藏。」探賾索隱，鈎深致遠，即探求繁雜的物象，索求幽隱的事理，鈎求深遠的道術，達致廣遠的境界。《易傳‧繫辭上》中說：「夫《易》，聖人之所以極深而研幾也。唯深也，故能通天下之志；唯幾也，故能成天下之務；唯神也，故不疾而速，不行而至。」這段話的意思是說：「《易》是聖人用來窺探隱藏於事物內部幽深艱見的內在本質與求索事物內在本質呈現的細微徵兆的寶典。只有窺探事物的內在本質，才能通達天下的事理；只有求索呈現出的細微徵兆，才能成就天下的事務。明清之際的王夫之主張「學成於聚，新故相資而新其故；思得於永，微顯相次而顯察於微」，〔註6〕學成於聚是說學問源於積小而大、積微而著的量的積累，思得於永是說思想來自於持之以恒的堅持認識和實踐。新故相資而新其故，是對孔子「溫故而知新」思想的改造和發揮，強調從新故相資中去引申發揮出新的「精義」，含有「推陳出新」

〔註6〕 王夫之：《周易外傳》卷五，北京：中華書局1977年版，第183頁。

的意思。顯微相次而顯察於微，強調在顯著與隱蔽的事物中去作深刻的觀察，力圖通過細微之處的觀察來彰顯事物的內在本質。顯，指具體事物及其現象，微，指事物內在隱微的本質和規律。「形而上者隱也，形而下者顯也」，在認識過程中，由現象到本質有一定的、必然的發展程序，而且要透過現象才能認識和把握本質。「求之於顯，以知其隱，則隱者自顯。」〔註7〕「顯察於微」意即「因顯以察微」，通過認識事物的現象去把握事物的本質。這是對《易傳》「探賾索隱」、「鈎深致遠」的闡釋論說與發展。

　　研究中華民族的道德生活史要求我們區分顯性的倫理文化和隱性的倫理文化。顯性的倫理文化是冰山浮出水面的部分，隱性的倫理文化是水面以下的部分。顯性的倫理文化很醒目，人們很容易看見。隱性的倫理文化卻不易被人發現。在觀念和行爲的倫理文化中，對人們實際行爲制約作用大的，恰恰是隱性的倫理文化部分。顯性的倫理文化主要以精英文化、典籍文化的形式出現，處於意識形態的表層或話語中心，是各個歷史時期官方宣傳倡導的主流倫理文化。隱性的倫理文化主要以世俗文化、民間文化的形式出現，更多地表現爲習俗或實際行爲中體現出來的觀念，往往不引人注意，甚至被研究者所忽略。在中華民族道德生活史上，始終存在著道德生活的現實性和道德生活的理想性或曰「現有」與「應有」的關係問題。雖然這兩者存在著相互轉化、相互依存的關係，但是在相對靜態的現實層面上，往往存在著脫節乃至背反的因素。以孔孟爲代表的儒家倫理文化倡言修身治國平天下，崇尚內聖外王，撐起了道德理想主義的大旗，積極引領著社會的道德風尚，使得中華民族產生了許多民族英雄和仁人志士，其歷史作用無疑應該得到充分肯定。但是儒家道德的理想主義對仁人志士和民族英雄可以實現比較理想的精神內化和生活化，而對於芸芸眾生往往只能實現一部分或者是比較容易實現部分的精神內化和生活化，他們的道德生活還受到其他諸多方面特別是現實利益考慮的影響，因此他們不可能成爲「醇儒」，也許還沒有必要成爲「醇儒」。如果說在相對靜態意義上儒家倫理文化屬於顯性倫理文化的中心和主流，道家和佛家倫理文化處於顯性文化的次中心地位，法家倫理處於顯性文化的邊緣地位，那麼在隱性倫理文化的格局中則可以說適得其反，法家倫理文化實質上處於中心的地位，儒家倫理文化反倒成了邊緣文化。有人說中國傳統倫理文化表面的主導是儒家倫理文化，是道德理想主義；實際的核心是法家倫

〔註7〕王夫之：《讀四書大全說》卷二，北京：中華書局1975年版，第101頁。

理文化，是專制主義加上功利主義。此即「外儒而內法」、「陽儒而陰法」。這一點對習慣於僅從顯性倫理文化認識道德生活史的人來說，也許難以接受，儘管冷酷，但卻是道德生活的事實。道德主義浮在上面，功利主義沉在下面，社會的發展主要靠不顯山露水的利益驅動在起作用。重義輕利，殺身成仁，舍生取義，是那些聖賢豪傑和志士仁人的選擇。聖賢豪傑和志士仁人畢竟很少。大多數普通人往往重利而輕義。《史記・廉頗藺相如列傳》：「廉頗之免長平歸也，失勢之時，故客盡去。及復用爲將，客又復至。廉頗曰：『客退矣！』客曰『吁！君何見之晚也！夫天下以市道交，君有勢，我則從君；君無勢，則去。此故其理也，有何怨乎！』」《史記・汲鄭列傳贊》：「下邳翟公爲廷尉，賓客闐門。及廢，門外可設雀羅。翟公復爲廷尉，賓客欲往。翟公乃大署其門曰：『一死一生，乃知交情；一貧一富，乃知交態；一貴一賤，交情乃見』。」廉頗與翟公的遭遇令人歎息。這種世態炎涼，人情冷暖具有相當的典型性。廉頗門客的坦率表白，說明人與人的關係中利益占著十分重要的地位。戰國時期的蘇秦，在出遊數歲落魄而回到家裏時，「兄弟嫂妹妻妾竊皆笑之」，認爲他不務正業，實在是沒用。等到他佩六國相印，途徑洛陽時，「昆弟妻嫂側目不敢仰視，俯伏侍取食。」蘇秦笑謂其嫂曰：「何前倨而後恭也？」嫂委蛇蒲服，以面掩地而謝曰：「見季子位高金多也。」蘇秦喟然歎曰：「此一人之身，富貴則親戚畏懼之，貧賤則輕易之，況眾人乎！」〔註8〕蘇秦的昆弟妻嫂，還有廉頗的門人，翟公的朋友，不是儒家推崇的志士仁人或君子，屬於那種「喻於利」的「小人」，但是我們不能將他們視爲道德上的壞人和惡人，他們表現出的只是普通人的道德心態和價值取向，即「利在則親，利盡則疏」。我們可以教育，但是不能過多譴責。應當譴責乃至表示某種道德上的仇視、憤恨的，是那些損公肥私、損人利己的不道德行爲，是那些出賣國家民族利益的竊國大盜和害群之馬。在中華民族道德生活史上，像文天祥《正氣歌》裏肯定的那些忠臣義士、民族英雄，是我們民族共仰的道德典範和偉大人物，是代表著民族道德發展方向和趨勢的歷史性人物，是前瞻性道德和理想性道德的化身。而處於道德生活構架中的芸芸眾生往往是現實主義和功利主義的，他們講道德往往是同自己的利益考慮和物質生活滿足緊密聯繫在一起的。處於社會底層的農民、手工業者、商人，他們極少受教育，儒家倫理文化正面價值對他們的直接影響很小。他們一生忙忙碌碌，爲生計而奔波，主

〔註8〕《史記・蘇秦列傳》。

要考慮的是怎樣維持溫飽，滿足基本的物質生活需要。他們遵循習慣形成的道德規範，勤勞節儉、安分守己地過日子。生活的現實性決定了他們按照功利主義而行為，接受儒家倫理，那只是在教化和修養的層面，是他們未來的價值追求而不是現實考慮。所以他們的道德生活境界是不那麼高尚的，動機也是不那麼純粹的，但是他們也有可能在某種主流道德的激勵和教育下成為理想道德生活的崇尚者和一定意義的實踐者。他們身上所表現出來的道德生活是一種世俗的道德生活和一種常人的道德生活，既不怎麼偉大，也不怎麼渺小，既有走向偉大的因素，也可能含有走向渺小的因素。他們的人性整體上看是善惡雜陳的，既有善亦有惡，這就為社會的道德教育和個體的道德修養提供了很大的發展空間。他們是可以被教育、被改造和被修養的人，同時亦有渴望教育和自我提升的潛質和能量。

研究中華民族道德生活史，必須正視那些比較一般人群甚至包括那些在道德生活上有瑕疵的人群的道德面貌，理性再現他們道德生活的真實場景或圖譜，因為道德生活史不是我們隨意挑選和裁剪的結果，而是歷史上的道德生活現實，具有不以我們意志為轉移的客觀性。冷靜地審視中華民族的道德生活歷史，我們會發現生活型的功利主義才是許多芸芸眾生事實上的價值取向。即便上流社會的貴族和統治階級，甚至包括相當一部分知識分子，也存在著如同韓非說的「陰為厚利而顯為名高」的現象，他們既要實利，又要虛名。在他們的心目中，利益實惠而不動聽，道德動聽而不實惠。他們在千方百計維護擴大自身利益的同時，也要製造輿論，收買人心，盡力提倡儒家仁義體智和道義論，希望人們能夠超越功利主義的考慮而多一些對他人利益的尊重和對國家利益的維護。他們把要求別人講道德視為維繫自己社會地位和整體利益的一種手段，凸顯了道德功利主義或道德工具主義的性能和效用。

當然，瞭解這些，並不意味著從整體上否定芸芸眾生的道德價值追求特別是在道德品質上的淳樸與高尚，事實上關注個人自身利益和現實生活考慮的人們也有在道德生活上的可愛與可敬之處。馬克思主義認為，人們奮鬥所爭取到的一切，都同他們的利益相關。道德一旦離開利益，就會使自己出醜。道德本質上是一種由經濟關係決定的特殊的上層建築和社會意識形態，反映了人們在一定經濟基礎上的利益關係。社會經濟關係及其集中表現的利益決定道德的體系及其性質，由一定社會的經濟基礎所產生的人們之間的利益關係，構成全部社會道德生活的本質。因此，利益問題即成為全部道德生活的

主題。中國歷史上大多數人的道德生活狀況是義利兼顧或者說利己不損人的，他們對利益的追求大多是正當合理的。對這種正當合理的個人利益，先進的倫理學理論應當予以肯定並加以辯護。

三、執經行權與執常迎變

道德生活有自己的經與權和常與變問題，並且總是在經常與權變的矛盾對待中得以展開和不斷向前發展的。「經」與「權」，「常」與「變」之辯，是儒家倫理文化中極富辯證色彩的一個命題。怎樣掌握「守經」與「行權」的臨界點，一直是儒學在論道德生活中不斷探討的一個問題。經權關係或常變關係，涉及到道德生活原則性和靈活性如何統一的問題。

孔子在論及人生閱歷、交友之道時，就人的品格境界列述了由低到高的幾個層次：「可與共學，未可與適道；可與適道，未可與立；可與立，未可與權」〔註9〕。有知識，並不一定代表能夠付諸實踐；能夠付諸實踐，並不一定能夠獲得做人的成功；即使做人非常成功了，也還難以保證在任何特殊的情況下都能夠具體地處理好所遭遇的每一件事情。這樣看來，「權」，既不是一種理論化的教條，也不是一種定型了的實踐模式。「權者，聖人之大用。未能立而言權，猶人未能立而欲行，鮮不僕矣。」在孔子心目中，能通權達變者是最難能可貴的。先秦儒家已注意到「權」在道德實踐中的意義，孟子指出：「執中無權，猶執一，所惡執一者，為其賊道也，舉一而廢百也。」〔註10〕並舉例作了解釋：「男女授受不親，禮也；嫂溺援之以手者，權也。」〔註11〕按當時的普遍規範（禮），男女之間不能直接以手接觸，但在某些特定的情景之下（如嫂不慎落水），則可以不受這一規定的限制。在這裡，具體的情景分析，即構成了對規範作變通、調整的根據。如果缺乏通權達變的靈活性，偏面地強調「執中」守經，實際上是對道德原則的嚴重損害，於道德生活毫無益處。權，超越於禮，但又不離開禮。權，是在禮的原則與事的實情之間尋找出一種適度的「中」，亦即一種合理的張力。權仍是禮的權，而不是無原則、無根據、無來源的權。孟子還說過：「權，然後知輕重；度，然後知長短。」〔註12〕

〔註 9〕《論語・子罕》。
〔註10〕《孟子・盡心上》。
〔註11〕《孟子・離婁上》。
〔註12〕《孟子・梁惠王上》。

　　縱觀儒學「經」「權」理論的基本特徵，在於承認客觀事實有普遍和特殊的區別，主張在特殊狀態下，應該通權達變，不能從僵死的教條去規範變化萬端的現實；但同時又強調，「行權」僅僅是在某種特殊條件下，對「守經」的隨機變通和補充，必須具備善良的動機，並最終能取得合乎「常道」的結果，這是對行權範圍的嚴格限定。以確定性、穩定性為特點，經主要從形式的方面體現了道德原則的普遍規範作用；與具體的境遇相聯繫，權則更多地從實質的層面涉及了道德原則規範作用的條件性。常變關係是一對聯通經權關係並對經權關係有所充實與補充的哲學範疇。王夫之指出：「天地固有其變，而存之於人以為常。……執常以迎變，要變以執常。」「聖人以常治變，於變有常，夫乃與時偕行，以待憂患。」〔註13〕「以常治變」、「於變有常」即在遵循常道的前提下來解決變動不居的問題，在對變動不居問題的分析中應用常道的原則和智慧。只有執常迎變，才能不為世所顛倒，「歷乎無窮之險阻而皆不喪其所依」。只有「於變有常」，才能「參其變而知其常，以立一成純之局，而酌所以自處。」〔註14〕經權、常變關係觸及了形式的道德與實質的道德以及道德生活的恒定性與變動性的關聯性問題。不特如此，它還涉及道德理念與道德境遇的關係問題，道德理念以超越特定時空關係的一般本質和普遍關係為其根據，是對道德生活現實的一種抽象，它來源於道德生活的現實又高於或超越於道德生活的現實，道德境遇則反映了道德生活存在的歷史性、特殊性，在道德境遇的對待和處理中既需要道德理念的指導又需要對道德理念作出某種修正性的補充或匡正，而這即是理念與境遇、或理念倫理與境遇倫理之間的互動。這種追求原則與境遇相統一而達到「合宜」、「至善」的經權智慧，既是對中庸之道的適中、中的、時中等境界和目標的追求，也是對情理精神的實現，它既是對普遍性、形式化的「理」的固守，也是對客觀境遇、主體情感、人倫關係等「情」的考量，並且努力把兩者結合起來而選擇一個最合宜的中道，因此，我們說中庸之道和中庸之德均是依對經權關係的正確處理而實現的。中國道德哲學智慧的真蘊和魅力就在於以中庸為至高的人生和道德境界，以情理精神為達致中庸的實質內含，而以經權關係的正確解決為中庸的實現之道。掌握這一玄機和奧妙並努力按此實踐的人必將是中國倫理文化所塑造出來的一個極高明而道中庸的君子。

<hr>

〔註13〕王夫之：《周易外傳》卷六，北京：中華書局1977年版，第231頁。
〔註14〕王夫之：《俟解》，《思問錄 俟解 黃書 噩夢》，北京：中華書局2009年版，第88頁。

以執經達權或通權達變的視域去認識中華民族的道德生活，要求我們反對形而上學的「不變論」與「激變論」，堅持階段論，反對超階段論，堅持道德生活是常與變的辯證統一觀。中華民族道德生活史是連續性與階段性、相對的恒定性與變動性的矛盾統一。常中有變，貫通古今的道有一個自古至今的發展過程，變而不失其常，雖然道的形式和內容在不同的時代有不同的表現或變化，但道之為道的共通性卻在變化的過程中不斷得到彰顯和充實。道德生活發展是前進性和曲折性的辯證統一。人類道德生活發展的總趨勢是前進的和不斷進步的。儘管有種種暫時的倒退，前進的發展終究會實現。道德生活運動通過「種種表面的偶然性」為必然發展開闢道路。道德生活的發展是有限性和無限性的統一；就一個人或一個團體的具體道德生活而言是有始有終，有邊有際的，就整個中華民族道德生活的發展過程而言是無始無終、無邊無際的，一切過程的常住性是相對的，但是一種過程轉化為他種過程的這種變動性是絕對的。

德國著名哲學家倫理學家馬克斯·韋伯在《民族國家與經濟政策》的演講中動情地講到：「一個偉大的民族並不會因為數千年光輝歷史的重負就變得蒼老！只要它有能力有勇氣保持對自己的信心，保持自己歷來具有的偉大本能，這個民族就能永遠年輕。」〔註15〕我國是一個有著輝煌歷史和獨特文化的國家，我們要想在國際競爭中立於不敗之地，就有必要進一步弘揚中華文化，增強中華文化的國際競爭力和影響力，建設中華民族精神家園，維護我們中華文化的核心價值理念，增強民族文化凝聚力和文化自信心。而深入系統地研究中華民族道德生活發生發展的歷史，確實可以使我們增加對民族文化的理解與熱愛，增強對民族共有精神家園的理性認識和自覺維護。我們可以從道德生活史中發見一大批民族英雄的豐功偉績，感受到一系列做人處事的生動典範和許多廣大精微的經典言論與觀點。中華民族的道德生活史是我們民族五千年道德實踐和道德行為的生動再現和集中體現，而那些影響歷史和影響後人的道德言行凝聚為民族精神，內化為精神家園的核心價值，是我們在新的歷史時期需要好好繼承並發揚光大的精神財富。

（選自《中華民族道德生活史》先秦卷，上海東方出版社 2014 年版）

〔註15〕 （德）馬克斯·韋伯：《民族國家與經濟政策》，甘陽譯，北京：三聯書店 1997年版，第 108 頁。

論先秦道德生活對
中華文明的深刻影響

　　先秦是中華民族形成和發展的早期，也是中國文化和倫理道德的奠基和初步形成時期。先秦時期的道德生活是中華民族道德生活發展的第一階段，也是中華民族道德觀念魅力四射、道德實踐活動豐富多彩、道德傳統初步形成的時期，它的博大的氣概和豐富的蘊藉為中華文明的古代輝煌作出了巨大貢獻。先秦時期的道德生活奠定了中華民族道德生活的基礎，為後世道德生活提供了可資借鑒的範本和開發的不竭資源。猶如黑格爾所說的古希臘思想是西方人的精神家園一樣，先秦時期的道德生活也是中華民族道德生活的精神來源，是民族的文化慧根和不斷追索的無盡寶藏。

一、軸心時期鍛造的價值觀奠定中華道德生活的基礎

　　先秦時期，是中華民族思想文化和倫理文明發展的「黃金時代」或「軸心時代」，有人稱之為「哲學的突破」（philosophic breakthrough），也有人稱之為「超越的突破」（transcendent breakthrough）。孔子被視為中華民族的聖人。老子、莊子、墨子，也被後人視為思想文化和道德生活的聖人。諸子百家的學說和氣象是中華文明畫卷的文化原型。

　　「軸心時代」的觀念或命題是由德國著名哲學家雅斯貝斯在 1949 年出版的《歷史的起源與目標》一書中最先提出來的。在雅思貝斯看來，公元前 800 至公元前 200 年之間，在我們這個星球上，不同的民族同時產生了他們的精神領袖和精神導師，古希臘有蘇格拉底、柏拉圖，以色列有猶太教的先知們，印

度有釋迦牟尼，中國有孔子、老子……這是人類文明精神的重大突破時期，「這一時期首次將後來稱爲理智與個性的人性揭示出來。」〔註1〕故稱之爲是人類文明的「軸心時代」。「這個時代的新特點是，世界上所有三個地區的人類全部都開始意識到整體的存在」〔註2〕，邁出了走向普遍性的步伐。軸心期雖然在一定的空間限度裏開始，但它在歷史上卻逐漸包羅萬象。在這一時期內，中國、印度和西方在互不知曉的情況下，幾乎同時發展起來，建立了人類進行自爲理解的普遍框架，時至今日，「人類一直靠軸心時代所產生的思考和創造的一切而生存，每一次新的飛躍都回顧這一時期，並被它重燃火焰，自那以後，情況就是這樣，軸心期潛力的蘇醒和對軸心期潛力的回歸，或者說復興，總是提供了精神的動力」〔註3〕。當代美國學者詹姆斯·D.·懷特海，和伊夫林·伊頓·懷特海在《從意識到良知──對軸心時代的思考》的演講中講到：在被雅斯貝斯稱之爲的「軸心時代」，在地理位置迥異的中國文化，印度文化和地中海文化地區，都產生了對人類生活意義的迫切疑問。從中國的孔子到希臘的蘇格拉底，從印度的釋迦牟尼佛到以色列的先知耶米利，先哲們都不約而同地思考生命的意義和價值，諸如活著的目的是什麼？我們的生命是否不僅僅是由命運安排著？我們對什麼負有責任呢？我們如何得出痛苦與死亡的意義？這一時期在藝術、宗教和哲學領域，創造性的響應不斷湧現，已經達到了人類最大的潛力和能力。而且新的向往也躁動起來：企盼知道使人類免受那些頑固的周而復始的疾病與創傷侵擾的良方；渴望找到那些證明是值得爲之活一番的價值觀，而且還包括爲之去赴死的價值觀。這些激發人興趣的企盼觸發了人類理解事物的新策略。〔註4〕人類歷史的這一時期觸發了一種對未來實際而又新穎畫面的至關重要的反思性的疑問，「在精神、理智和倫理上引起了新的反響」。〔註5〕「軸心時代」所產生的偉大人物對自己的文明所產生的影響，是其後沒有任何人可以望其項背的，他們基本奠定了這三種文化的精神脊梁。

〔註1〕 Karl Jaspers, The Origin and Goal of History, New Have, CT：Yale University Press, 1953, P.1.

〔註2〕 （德）雅斯貝斯：《歷史的起源與目標》，北京：華夏出版社1989年版，第8頁。

〔註3〕 同上註，第14頁。

〔註4〕 詹姆斯·D.·懷特海、伊夫林·伊頓·懷特海：《從意識到良知──對軸心時代的思考》，《復旦學報》社會科學版2001年第1期。

〔註5〕 Benjamin Schwartz, The Age of Transcendence, Introduction to the Spring, 1975 issue of Daedalus Journal, dedicated to the axial age：Volume 104, P.3.

　　雅思貝斯所講的軸心時代，其具體內涵和時間界定是可以討論的，但他所講三大文明發端期對後世的影響卻是不容置疑的。中國的軸心時代是中國文化和價值觀奠基的關鍵時期，並且不間斷地滋養著中國文化和社會歷史的發展。中國的軸心時代，有著自己獨特的文化和價值個性，它不僅在時間上或許要提前到西周周公的制禮作樂，即不是公元前 800 年，而是公元前 1000 年左右。標誌著中國軸心時代到來的第一個關鍵人物應該是周公〔註6〕。周朝的興起，特別是周公的制禮作樂，開啓了中國軸心時代的大幕，王國維在《殷周制度論》一文中指出：「中國政治與文化之變革，莫劇於殷周之際；」「周人制度之大異於商者，一曰立嫡之制，由是而生宗法及喪服之制，並由是而有封建子弟之制，君天子諸侯之制。二曰廟數之制。三曰同姓不婚之制。此數者皆周所以綱紀天下。其旨則在納上下於道德，而合天子、諸侯、卿、大夫、士、庶民以成一道德之團體。」〔註7〕孔子在中國軸心時代，確實是一個非常重要的人物，但孔子的思想，在很大程度上受西周思想和周公思想的影響，可以說，孔子是繼承周公思想的積極因素的最傑出的代表。孔子說：「周監於二代，郁郁乎文哉，吾從周。」（《論語・八佾》）周公對孔子的影響是極為深刻的，傚仿周公是孔子一生的追求目標。所以人們把儒家倫理文化稱之為周孔文化。同時，中國軸心時代實現觀念的突破或「哲學的突破」（philosophical breakthrough，帕森斯語）或「超越的突破」（史華慈語）與西方、印度、埃及有所不同，它不是傳統的斷裂或再造，而是「損益」和「維新」，是革故鼎新和推陳出新。周公在由前軸心時代向軸心時代轉變的過程中，不是通常所謂的突變或斷裂，而是既有繼承又有發展，即孔子所謂的「損益」關係。〔註8〕中國在軸心時代期間或此後，都著重於歷史的連續性。「突破」是出現了，但是並非與突破前的傳統完全斷裂。〔註9〕

　　中國軸心時代所取得的卓越成就，集中反映在對人的發現和人的價值的讚美中，反映在對人的德性的肯定和對君子、聖賢等理想人格的建構中。郭

〔註6〕　參見馮友蘭：《中國哲學史新編》第一冊，北京：人民出版社，1982 年版，第
　　　　63 頁。
〔註7〕　王國維：《殷周制度論》，《王國維儒學論集》，成都：四川大學出版社，1984
　　　　年版，第 242 頁。
〔註8〕　參見陳來：《古代宗教與倫理——儒家思想的根源》，北京：三聯書店，1996
　　　　年版，第 1～5 頁。
〔註9〕　余英時：《軸心時代與禮樂傳統》，香港《二十一世紀》總第 58 期。

沫若指出：「在奴隸制昌盛的時候，人是失掉了他的獨立的存在，宇宙內的事情一切都是天帝作主，社會上的事情一切都是人王作主。『天子作民父母以爲天下王』，所以一切的人是人王的兒子，是天帝的兒子的兒子。人完全是物品。」〔註10〕但是，隨著軸心時代的到來，人的存在便擡起了頭，人被發現了，郭沫若把人的發現概括爲以下四個方面的表現：「（一）被否定的人，否定自己的被否定。」「（二）從消極一面不歸罪於天，而歸罪於人。」「（三）……秦穆公死的時候使子車氏三子奄息、仲行、鍼虎殉葬，秦國的人哀悼這三良，大家都呼天哭泣，不惜以一百人來掉換他們每個人的生命。」「（四）、……周書差不多每篇都是神道設教的教典；而獨於秦誓這一篇沒有一點兒氣味沾到天上來。全篇的重心是放在人上。差不多沒有一句不是說人的問題。」〔註11〕在周初至春秋戰國的整個軸心時代中，不論儒家還是道家、墨家，都已意識到人的生命的價值和尊嚴，主張愛惜人的生命，把人當人看。老子提出「道大、天大、地大、人亦大」〔註12〕的四大之說，把人與道、天、地並舉，挺立了人的形象，確立了人在宇宙中的崇高地位，這是對人的價值和地位的極大的肯定，也是對人的極高的讚美。在儒家思想中，把天、地、人並稱爲「三才」，給人賦予了老子所賦予人的同樣的性質。荀子說：「水火有氣而無生，草木有生而無知，禽獸有知而無義，人有氣、有生、有知亦且有義，故最爲天下貴也。」〔註13〕所以，人可以「與天地參」，可以贊天地之化育，爲天下之最珍貴者。這種重視人的價值和尊嚴的思想觀念，爲後世人本主義道德價值觀的發展和挺立提供了精神文化的動原。

以孔、孟、荀爲代表的儒家學者，在軸心時代所作出的巨大建樹，即是彰顯了道德的內在價值，將之與人存在的意義聯繫起來，視人爲有道德的動物，從群體與個體的角度突出道德生活的主體性和自爲性。不特如此，他們還將倫理道德上昇爲價值目標和社會總目標，賦予其在整個社會生活價值系統中的至上地位，表達了爲後世所稱道的「道統」思想，並主張實現「德治」、「仁政」和「禮治」。這種道德價值的彰顯，如同一把火炬，照亮了中華民族道德生活的天空，也不斷激勵著人們的道德心靈，使之煥發出「殺身成仁」、

〔註10〕郭沫若：《中國古代社會研究》，北京：人民出版社，1964年版，第130頁。
〔註11〕同上註，第130～131頁。
〔註12〕《老子》第二十五章。
〔註13〕《荀子・王制》。

「舍生取義」的生命律動和精神追求，從而奠定了中華「倫理型」文化的基本格調和價值取向。他們依據上古史而提出的「德治」思想，既表達了中國人民的道德理想，又成為了中國歷史文化中的重要傳統。儒家盛讚「湯武革命」，認為君主若「德不稱位」，甚至殘虐臣民，臣民即有革命的權利。《孟子·梁惠王下》記：齊宣王問曰：「湯放桀，武王伐紂，有諸？」對曰：「於傳有之。」曰：「臣弒其君，可乎？」曰：「賊仁者謂之賊，賊義者謂之殘。殘賊之人，謂之一夫。聞誅一夫紂矣，未聞弒君也。」孟子還說：「桀、紂之失天下也，失其民也；失其民者，失其心也。得天下有道：得其民，斯得天下矣；得其民有道：得其心，斯得民矣。」〔註14〕荀子也有與之相似的看法，他說：「世俗之為說者曰：『桀之有天下，湯、武篡而得之。』是不然。……湯、武非取天下也，修其道、行其義，興天下之同利、除天下之同害，而天下歸之也。桀、紂非去天下也，反禹、湯之德，亂禮儀之分，禽獸之行，積其凶，全其惡，而天下去之也。天下歸之之謂王，天下去之之謂亡。……湯、武者，民之父母也；桀、紂者，民之怨賊也。」〔註15〕儒家民本化的「德治」思想，其影響綿延至近世，成為啟蒙思想家批判封建君主專制主義的利器，如戊戌年間「專代天下苦人立言」的宋恕即說：「儒家宗旨有二：尊堯舜以明君之宜公舉也；稱湯武以明臣之可廢君也。」〔註16〕

辜鴻銘在《在德不在辮》一文中，他指出：「洋人絕不會因為我們割去髮辮，穿上西裝，就會對我們稍加尊敬的。我完全可以肯定，當我們中國人變成西化者洋鬼子時，歐美人只能對我們更加蔑視。事實上，只有當歐美人瞭解到真正的中國人——一種有著與他們截然不同卻毫不遜色於他們文明的人民時，他們才會對我們有所尊重。」〔註17〕制止一種社會和政治罪惡、以及改革世界的有效辦法，應當基於理性和道德的考慮，只有道德，才能喚起人們真正的尊重和精神向往，才能贏得人們發自內心的尊重。孔子說：「君子篤恭而天下平。」君子因為擁有道德而顯得非常有力量，中華民族因為崇尚君子而使自己變得文雅而有涵養。所以，保全自己的道德價值理念和核心價值，是一個民族的文化之根和價值之魂。

〔註14〕　《孟子·離婁上》。
〔註15〕　《荀子·正論》。
〔註16〕　參見孫寶瑄：《望山廬日記·丁酉九月九日》。
〔註17〕　辜鴻銘：《在德不在辮》，《辜鴻銘文集》，海口：海南出版社1996年版，第464頁。

先秦諸子生活於中國的軸心時代，孔子孟子老子莊子等諸子百家提出的關於人的德行的價值的論述，塑造了中華民族的文化傳統，也一直影響著中華民族的精神文化和道德生活。

二、先秦創制的禮樂文化奠定了中華禮儀文明的基本架構

先秦時期所形成的禮樂文化是中國古代文明的重要成果，它表現為中國古代特有的政治制度、法律規範，形成為典章文物制度，規定著中華禮制的發展方向，還深入到人的性情以及道德意識當中，表現為日常生活中普遍通行的倫理規範和道德實踐。「它不但從外在的制度上維繫著整個社會的整合，而且還以倫理道德的形式對人的思想意識進行指導，從觀念上制約人。因此，禮對人的控制是全面的、深入的。」〔註18〕禮作為一種內在化的社會控制和精神模塑，內化於人的性情和價值趨赴之中，使人從內心接受禮的指導、調節與化育，從而使人成為講求禮儀和禮貌的文明人。

清代學者淩廷堪說過：「上古聖王所以治民者，後世聖賢之所以教民者，一禮字而已」上古聖王治理民眾的方針，以及後世聖賢教育民眾的方法，都可以最終歸納為「禮」這一個字。聖賢教民，是要讓百姓懂得禮、遵守禮。太古時代，人與禽獸為伍，《禮記·曲禮》說，為了讓人們懂得「自別於禽獸」，有聖人起來，「為禮以教人，使人以有禮」。「為禮以教人」，就是制定了禮來教人。禮使人自覺地區別於禽獸、走向了文明。而聖人的歷史功績正是在於「為禮」和「教人」。西周開國之初，周公制禮作樂，奠定了中國傳統文化的基調。《周禮·地官司徒》指出「施十有二教」，即「一曰以祀禮教敬，則民不苟；二曰以陽禮教讓，則民不爭；三曰以陰禮教親，則民不怨；四曰以樂禮教和，則民不乖；五曰以儀辨等，則民不越；六曰以俗教安，則民不偷；七曰以刑教中，則民不虣；八曰以誓教恤，則民不怠；九曰以度教節，則民知足；十曰以世事教能，則民不失職；十有一曰以賢制爵，則民慎德；十有二曰以庸制祿，則民興功。」如同周禮是「損益」夏商之禮而來那樣，周禮對後世中國封建政治的影響可謂既深且遠。春秋時期，出現了「禮崩樂壞」的局面。孔子以克己復禮為使命，決心挽狂瀾於既倒，扶大廈之將傾。孔子向往周公之禮，既是他對春秋亂世的不滿，也是他對西周道德禮制的向往。

〔註18〕劉豐：《先秦禮學思想與社會的整合》，北京：中國人民大學出版社2003年版，第102頁。

孔子所說的禮，是指以道德爲內涵的國家典制，是德與仁的具體表現，也是修身的法則。孔子納仁於禮，賦予禮以內在自覺的德性品質，爲禮制的理性發展和健康運行開闢了通途。荀子對孔孟儒家的禮制思想予以全面的總結和發揮，以禮作爲學術致思的中心，對禮的功能和作用予以特別的強調：「人無禮則不生，事無禮則不成，國家無禮則不寧。」〔註 19〕「禮者，法之大分，類之綱紀也。故學至乎禮而止矣。夫是之謂道德之極。」〔註 20〕他將禮提到治國安邦的高度加以強調，確立了隆禮貴義的價值目標和價值觀念。荀子指出：「國無禮則不正，禮所以正國也；譬之猶衡之於輕重也，猶繩墨之於曲直也，猶規矩之於方圓也。……爲之則存，不爲則亡，此之謂也。」〔註 21〕荀子創設的「禮制」思想，就是要以禮義爲內涵，設計出一套制度，進而進行制度創新；其終極目標在於通過禮義來制約和規範人們的各種行爲活動，從而達到「天下大治」，即「起禮義，製法度；」「得禮義然後治。」荀子的思想在日後兩千多年的封建社會裏影響極其深遠，以致清末一些思想家認爲兩千多年中國封建社會的學術思想即是一部荀學發展傳播的歷史。

秦以後，雖然禮制多有「損益」和變遷，但萬變不離其宗，這個宗旨都是如《尚書·無逸》中周公所說「用咸和萬民」。禮樂文明成爲中國傳統文明的基石和特色。辜鴻銘認爲，中國的禮、樂傳統，使中國人以心靈情感生活（soul and motion），而不像西方人以頭腦（head）生活，中國人永遠生活在和諧和富有詩意的境界，不像西方人總是發生理智與情感、宗教與哲學的衝突，從而一次次導致精神文化的危機〔註22〕。美國學者赫爾波特·芬加瑞特（Herbert Fingarette）在關於中國儒家學派的有關論述中指出，中國古代人的生活是以禮儀爲中介的生活，「人是儀式的存在」（man as aceremoninal being）〔註23〕。中國古代的禮儀文明作爲一種具有彌散性的文化模式，滲透在社會生活的方方面面，它猶如一張巨大的社會之網，使個人成爲網上的紐結。「禮連接起了人與人之間的關係，而個人則處於各種禮儀關係之中。因

〔註 19〕《荀子·修身》。
〔註 20〕《荀子·勸學》。
〔註 21〕《荀子·王霸》。
〔註 22〕辜鴻銘：《春秋大義》第一章，參閱《中國人的精神》，陝西師範大學出版社，2011 年版，第 24～25 頁。
〔註 23〕Herbert Fingarette, Confucius —— The Secular as Sacred, p.15, Harper&Row, Publishers, 1972.

此，人與他人的關係是通過禮聯繫起來的，人是處於各種禮儀關係中的社會之人。〔註24〕

先秦所形成的禮制和發展起來的禮樂文化，貫穿此後的中華民族道德生活史和倫理史。「從一定意義上說，一部中國文化史，即是一部『禮』的發生、發展史。重禮儀，講禮貌，禮尚往來，是中華民族的傳統美德。它不僅培養了炎黃子孫高尚文雅、彬彬有禮的精神氣質，而且使我國贏得了『禮儀之邦』的美稱。」〔註25〕禮儀文明作為中國傳統文化的一個重要組成部分，對中國社會歷史發展起了廣泛深遠的影響。在秦漢以後的漫長時期，禮一直是建構典章制度、規範鄉風民俗、施行道德教化的根據。可以說，自秦漢以來，中國選擇的基本上是以禮治國、以德治國的道路。禮不僅造就了中華禮儀之邦，同時也是一種凝聚力和向心力，它使中華民族能夠經受住無數次自然和社會的困難，克服了分裂危機，凝結為一個團結和諧統一的整體。正是禮儀文明孕育了中華民族崇尚團結、熱愛和平、寬容豁達的胸懷，也正是禮儀文明使中華民族雖然經過千百年的政權更迭，歷盡滄桑飽經磨難，但卻維護了統一的多民族國家的發展模式，並且使各民族能夠團結統一、和睦相處，創造了燦爛的中華文明，從而使中華文明傳承不輟，成為世界上唯一沒有中斷的文明，為世界文明做出了獨特的貢獻。它不但塑造了中國封建社會的道德人格，也極大地影響了中國人的道德生活，形成了悠遠厚重的道德文化傳統。禮在中國曾發揮過巨大的作用，是中國乃至世界的重要的文化遺產。許多傳統禮儀，經過改造以後，仍能為我們所借鑒，如果拋棄其中的等級觀念、束縛個性的因素、重禮輕法的傾向和不合時宜的繁縟儀節，使禮制更符合國情、合乎世情，這對於社會主義的精神文明建設必將起到巨大的推動作用。

三、先秦崇尚的倫理品質成為民族精神的源頭活水

先秦時期所開啟的中華民族道德生活，以對德性的崇尚、對人格的追求、對倫理的向往著稱於世。叔孫豹提出了「立德、立功、立言」三不朽的價值

〔註24〕劉豐：《先秦禮學思想與社會的整合》，北京：中國人民大學出版社2003年版，第137頁。

〔註25〕《中國人的美德——仁義禮智信》，北京：中國人民大學出版社2006年版，第104頁。

理念，孔孟儒家提出了成仁取義的道德理想，墨家提出了「兼愛」、「貴義」的倫理主張，道家提出了「尊道貴德」的思想理論，在實踐的層面上，也產生了一批民族的仁人志士，他們以自己的實際行為乃至生命譜寫了一曲曲道德生活的正氣之歌，將浩然正氣長留中華民族的歷史天空。劉向的《說苑》和司馬光的《資治通鑒》都記載有戰國時魏文侯之子魏武侯與吳起的一段對話：武侯浮西河而下，中流顧謂吳起曰：「美哉山河之固，此魏國之寶也！」對曰：「在德不在險。昔三苗氏，左洞庭，右彭蠡，德義不修，禹滅之；夏桀之居，左河濟，右泰華，伊闕在其南，羊腸在其北，修政不仁，湯放之；商紂之國，左孟門，右太行，常山在其北，大河經其南，修政不德，武王殺之。由此觀之，在德不在險。若君不修德，舟中之人皆敵國也。」武侯曰：「善。」魏武侯能夠對吳起「在德不在險」的觀點說善，表明他已經意識到道德在國家政治生活中的突出地位。「山河之固」不能成為江山永葆的理由，只有崇尚道德才能夠使天下太平。《左傳·襄公十五年》載，宋人或得玉，獻諸子罕。子罕弗受。獻玉者曰：「以示玉人，玉人以為寶也，故敢獻之。」子罕曰：「我以不貪為寶；爾以玉為寶，若以與我，皆喪寶也，不若人有其寶。」子罕時任宋國的司空，專門掌管建築、車馬、器械製造等事務，面對那個給他送玉並以玉為寶的人，他理直氣壯地表達了自己以德為寶的觀念，贏得了送玉之人發自內心的敬重。這就是道德的力量。十九世紀英國著名的道德學家斯邁爾斯在《品格的力量》一書中說道：「品格是世界上最強大的動力之一。高尚的品格，是人性的最高形式的體現，它能最大限度地展現出人的價值。每一種真正的美德，如勤勞、正直、自律、誠實，都自然而然地得到人類的尊敬。具備這些美德的人值得信賴、信任和倣仿，這也是自然的事情。在這個世界上，他們弘揚了正氣，他們的出現使世界變得更美好、更可愛。」〔註 26〕斯邁爾斯在該書中一再強調，品格就是財富，而且是最寶貴的財富，一個沒有品格的人難於得到別人的敬重，一個沒有品格的民族是一個注定要滅亡的民族。

　　源遠流長的中華道德文化，彰顯了品格和美德的力量，並以自己尊道貴德的價值追求鑄就了中華民族的偉大精神。它以對江山社稷的關注和對國家民族整體利益的關心（古代愛國主義）為核心，主張顧全大局、公而忘私，

〔註26〕　（英）塞繆爾·斯邁爾斯：《品格的力量》，宋景堂等譯，北京圖書館出版社
　　　　　1999 年版，第 1～2 頁。

自覺地將個人的身家性命與江山社稷的發展維護、國家民族的繁榮興旺有機地聯繫起來，於個人人生主張進德不已，剛健有爲、奮發進取，在社會上扶正揚善、恪守正義，崇尚和諧和睦的人際和群際關係，充滿對和平的熱愛，並在歷史的發展中不斷地拓展厚德載物的精神空間，使寬容、仁愛的道德規範不斷內化爲人們的道德品質。這種廣大博厚、高明悠遠的民族精神，構成了中華倫理文化的思想內核，築起了中華民族雄奇天下的精神長城，使中華民族雖歷經磨難而不衰，飽嘗艱辛而不屈，千錘百鍊而愈加堅強，是中華民族世代相傳的寶貴財富。魯哀公十一年，齊國侵略魯國。魯國人在郎（今山東兗州）地進行抵抗。郎在國都附近，魯國處在危急之中。魯國前國君魯昭公的兒子公叔禺人，在前線遇見士兵扛著兵器，疲乏不堪地來到堡壘休息。公叔禺人感慨地說：「徭役儘管使得百姓勞累到了極點，賦稅儘管使得百姓難以負擔，但是，一旦國家危亡，百姓還是挺身而出，爲保衛國家戰鬥著，做官的不能謀劃拯救國家，士人不能爲保衛國家而英勇獻身，這怎麼可以呢！」於是，就同他的鄰居，一個名叫汪踦的孩子，一起奔赴戰場，投入戰鬥。最後兩人都光榮地獻出了生命。這種以身殉國的生動事例，在先秦乃至在中華民族歷史上，真可謂前赴後繼，代不乏人，永遠激勵著後人「留取丹心照汗青」，推動著中國歷史和社會不斷前進！

自遠古至秦統一時期的中華民族的道德生活孕育了剛健有爲、奮發進取的自強精神。古代先哲通過觀察宇宙萬物的變動不居，提出了「天行健，君子以自強不息」的思想，成爲中華民族生存、繁衍、發展的不竭動力，激勵無數中華兒女變革創新，不息奮鬥。從古代神話中的「夸父追日」、「精衛填海」、「愚公移山」，到大禹治水「三過家門而不入」，從周公「一飯三吐哺，一沐三捉髮」，到孔子「發憤忘食，樂以忘憂」，無不體現了中華民族剛毅的民族品格和積極進取的人生態度。這種自強不息、發奮向上的崇高品德，尤其在艱難困苦的情境下愈發顯得凸出，並呈現出「愈挫愈奮，愈戰愈強」的特點。司馬遷在《太史公自序》中就坦陳自己在遭受宮刑後正是中華民族那些傑出人物身上所彰顯出來的崇高美德給他以活下去的力量，致使他決心「究天人之際，通古今之變，成一家之言」，完成《史記》的寫作。他充滿深情地寫道：「夫詩書隱約者，欲遂其志之思也。昔西伯拘羑里，演周易；孔子戹陳蔡，作春秋；屈原放逐，著離騷；左丘失明，厥有國語；孫子臏腳，而論兵法；不韋遷蜀，世傳呂覽；韓非囚秦，說難、孤憤；詩三百篇，大抵賢聖發

憤之所爲作也。此人皆意有所鬱結，不得通其道也，故述往事，思來者。」司馬遷從文王拘而演《周易》、屈原逐而賦《離騷》等人物事例受到激勵，於是終於下定決心記述陶唐以來直到武帝時期的歷史，爲後世留下了一部千古不朽的歷史巨著。而司馬遷此處尚未提到的先秦自強不息、奮發向上的典型還有很多，如臥薪嘗膽的越王句踐，立志改革的秦相商鞅，等等，他們各以自己的進取精神和不屈不撓的意志抒寫了中華民族德性倫理的光輝篇章。

自遠古至秦統一時期的中華民族的道德生活孕育了扶正揚善、恪守信義的社會美德。中華民族自古就講是非、善惡、榮辱，把個人「修身」視作齊家、治國、平天下的基礎。在先秦道德生活發展史上，有「舍生取義」的氣節操守，有「富貴不能淫，威武不能屈，貧賤不能移」的凜然正氣，有「助人爲樂」、「見義勇爲」的高尚情操，有「言必行，行必果」的處世準則，並湧現出無數重名節、講正氣的道德楷模，如忠貞信義的叔孫豹、臨死不變其節的晏子，英勇無畏的解張，大義凜然的藺相如，孤身闖敵營的華元，威武不屈的唐雎，等等，他們爲追求眞善美，弘揚社會正氣，不惜披肝瀝膽，殫精竭慮，其高尚人格和優良品德，體現了中華優秀兒女情感之眞誠、襟懷之博大、氣節之剛烈。南宋末年，民族英雄文天祥抗擊元兵入侵，兵敗被俘，拒降不屈，殉難於燕京。就義前在衣服上留下這樣的絕筆：「孔曰成仁，孟曰取義，惟其義盡，所以仁至。而今而後，庶幾無愧。」可見儒家倫理精神對其影響之深刻。文天祥用自己「留取丹心照汗青」的義舉，詮釋了中華民族成仁取義之德操的內在價值。他的《正氣歌》謳歌了從先秦至隋唐的許多仁人志士。這些是中華民族幾千年來保持自立自尊的精神源泉，也使得中國能夠始終以「禮儀之邦」、「文明古國」揚名於世。

自遠古至秦統一時期的中華民族的道德生活孕育了崇尚和諧、愛好和平的民族品格。「和合」思想是中華民族歷來具有的理想追求。唐堯時期，即有「協和萬邦，平章百姓」的盛舉，以孔孟儒家爲代表的先哲們提出「和爲貴」的價值目標，認爲「天時不如地利，地利不如人和」，和氣不僅能夠「生財」，更能夠凝聚人心，壯大力量。廣大庶民百姓在日常生活中也總結出了「家和萬事興」的古訓。「和而不同」的理念，「和爲貴」的價值觀念，貫穿於中華民族道德生活史的整個發展進程，滲透於中華民族道德思想和道德實踐的各個方面。幾千年來，中國人始終與人爲善，推己及人，建立了和諧友愛的人際關係；中華各民族始終互相交融，和衷共濟，形成了團結和睦的大家庭；

中華民族始終親仁善鄰、協和萬邦，與世界其他民族在平等相待、互相尊重的基礎上發展友好合作關係。孫中山說：「中國人幾千年酷愛和平，都是出於天性」，「愛和平就是中國人的一個大道德，中國人才是世界上最愛和平的人」。胡錦濤在美國耶魯大學發表的著名演說中講到，中華文明歷來注重社會和諧，強調團結互助。中國人早就提出了「和為貴」的思想，追求天人和諧、人際和諧、身心和諧，向往「人人相親，人人平等，天下為公」的理想社會。中華文明歷來注重親仁善鄰，講求和睦相處。中華民族歷來愛好和平。中國人在對外關係中始終秉承「強不執弱」、「富不侮貧」的精神，主張「協和萬邦」。中國人提倡「海納百川，有容乃大」，主張吸納百家優長、兼集八方精義。〔註 27〕這些都是中華民族的優秀傳統，應該加以發揚光大，才會使社會更加發展，文明更加進步。可以說，中華民族「和為貴」的價值觀念以及熱愛和平、崇尚和諧的美德，已經深深融入中華兒女的血液裏。今天的中國已由積貧積弱走向繁榮富強，並將始終高舉和平、發展、合作的旗幟，堅定不移地走和平發展道路，致力於建設和諧社會與和諧世界。

先秦道德生活是中華民族道德生活史的開端和母體，在後來長達 2000 多年的道德生活發展史上，先秦道德生活不僅時常被提起，被當做觀念變革和道德革命的源頭活水，而且不斷地被賦予新的涵義，加以創造性地理解和闡發，成為舊邦新命的價值基礎和力量源泉。它是西方的古希臘，是中華民族原初的精神家園和道德生活之根。儘管先秦時代，作為中華民族的童年，其道德生活在頗富天真爛漫和人文理想的同時，也充滿著它的酸辛和無奈。過於緊張的壓力，過分尖銳的矛盾，還有因此而產生的種種國家、人民、家庭和個人的悲劇，無不叫人扼腕常歎，令人深思。但總體上看，它以自己對倫理道德的由衷向往和追求，挺立起了中華民族「文明古國，禮儀之邦」的精神架構，奠定了五千年文明的基本框架，並彌漫到社會生活的方方面面，成就一種倫理型的文化類型。「中國傳統的倫理文化之所以豐富、發達，重要原因是因為它有充沛的源頭活水。」〔註 28〕「在後來長達兩千多年的封建社會歷史長河中，各式各樣的思想差不多都可以從先秦諸子百家思想庫裏找到原

〔註 27〕 胡錦濤：《在美國耶魯大學的演講》（2006 年 4 月 21 日），《十六大以來重要文獻選編》（下），北京：中央文獻出版社 2008 年版，第 429～430 頁。

〔註 28〕 張錫勤、柴文華主編：《中國倫理道德變遷史稿》上卷，北京：人民出版社 2008年版，第 2 頁。

型或雛形。直到今天，社會科學中的許多問題，或多或少地還可以從諸子中找到相應的命題或源頭。」〔註 29〕先秦時期的道德生活成為中華民族五千年道德生活的源頭活水，不僅預制了中華民族道德生活的發展格局和趨向，而且為後來的發展輸送源源不斷的精神資源和價值營養。它對後世道德生活的影響也許超過了歷史上任何一個時代。

（原載《華中科技大學學報》（社會科學版）2010 年第 1 期）

〔註 29〕劉澤華主編：《中國古代政治思想史》，天津：南開大學出版社 1992 年版，第 42 頁。

宋代道德理想主義的重建與道德價值的高標

有宋一代，隨著文官政治的推進，士大夫精神的高漲，「致君堯舜上，再使風俗純」，「爲天地立心，爲生民立命，爲往聖繼絕學，爲萬世開天平」以及「不以物喜，不以己悲，居廟堂之高則憂其民，處湖山之遠則憂其君」的道德理想主義得以正式確立，並使儒學發展到一個新的階段，深深地影響著中國封建社會後期倫理文化發展的格局和走向。宋不同於魏晉隋唐，在於士大夫有一種重建道德理想、匡正世風的道德使命和責任擔當意識。置重個體的道德自律，推崇以天下爲己任的闊大胸襟，強烈的憂患意識，與渴望在政治和社會生活中建功立業、創業垂統，成爲有宋一代諸多士大夫的價值追求和人生理想。《宋史》卷三《太祖本紀》讚語：「三代而降，考論聲明文物之治、道德仁義之風，宋於漢、唐蓋無讓焉。」〔註 1〕崇尚「道德文章」，精研「道德性命」，涵養道德品質，完善道德人格，成爲有宋一代士大夫道德生活的基本價值追求。

一、唐末五代道德生活經驗教訓的深刻總結

宋之前的唐末五代，中國大地分裂割據、戰亂不已，封建倫理綱常慘遭嚴重破壞、禮樂約束力大爲失效。其中君爲臣綱這一基本綱常破壞得尤其嚴重。在此期間，最高統治集團內部不斷上演臣弒君、子弒父，骨肉相殘的惡

〔註 1〕 《宋史・太祖本紀》。

行、醜劇，「犯上作亂」的「亂臣賊子」更是層出不窮，朝秦暮楚的政客比比皆是。倫理綱常的大破壞既是唐末五代大亂局的表現，同時也可視爲是造成亂局的重要原因，兩者實互爲因果。

宋代士大夫對於道德秩序和道德理想的強調，產生於對唐末五代世衰道降、道德生活亂象叢生教訓的總結之中。「五代，干戈賊亂之世也，禮樂崩壞，三綱五常之道絕，而先王之制度文章掃地而盡於是矣」〔註2〕！前朝的社會動盪、道德淪喪使得北宋政權在建立之初就面臨著重整道德秩序、重建道德生活的重任。歐陽修在《新五代史》卷三四《一行傳（序）》中慨歎道：「嗚呼，五代之亂極矣！……當此之時，臣弒其君，子弒其父，而縉紳之士安其祿而立其朝，充然無復廉恥之色者皆是也。五代之亂，君不君，臣不臣，父不父，子不子，至於兄弟、夫婦人倫之際，無不大壞，而天理幾乎其滅矣。」〔註3〕歐陽修作《伶官傳序》，通過總結後唐莊宗得天下、失天下的歷史教訓，說明「憂勞可以興國，逸豫可以亡身」，指出國家的盛衰主要取決於道德性命的挺立與堅守與否。

宋朝建立後的幾代君主以及統治者都十分注重總結唐末五代十國天下紛爭、道德淪喪的教訓，不特確立了重文抑武的立國方略，而且在儒道佛諸家的比較中選擇以儒治國的路徑，渴望能夠建立穩定有序的政治秩序和倫理文明。宋太祖趙匡胤認爲「王者雖以武功克定，終須用文德致治」〔註4〕。進而推崇儒家宣傳的倫理道德，力圖通過弘揚儒家倫理來整頓吏治，建構長治久安的社會秩序。趙匡胤竭力襃揚孔子和儒學，登基伊始，就下令增修國子監學舍，修飾先聖十哲像，畫七十二賢及先儒二十一人像，並親自爲孔子、顏淵撰寫贊辭，命宰臣分撰餘贊，車駕一再臨幸焉。開寶元年，他下詔云：「人倫以孝慈爲先，家道以敦睦爲美，矧犬馬而有養，豈父子之異居？傷敗風俗，莫此爲甚。應百姓祖父母、父母在者，子孫無得別籍異財，長吏其申戒之。」〔註5〕趙匡胤多次下詔，對封建倫常三令五申，且用最重的刑罰懲治不忠不孝之徒，目的無他，就是企圖通過重振綱常，移風易俗，使趙宋政權得以建築在更加牢固的社會和思想基礎上。

〔註2〕《新五代史》卷一十七：「晉家人傳第五」。
〔註3〕《新五代史》卷三四《一行傳（序）》。
〔註4〕《皇宋通鑒記事本末》卷十四。
〔註5〕王稱：《東都事略》。

　　北宋以「祖宗立法」的特殊權威確立了「偃武修文」、重視發揮儒者士大夫作用的治國方略：「自古創業垂統之君，即其一時之好尚，而一代之規模可以豫知矣。藝祖革命，首用文吏而奪武臣之權，宋之尚文，端本乎此。太宗、真宗其在藩邸，已有好學之名，作其即位，彌文日增。自時厥後，子孫相承。上之為人君者，無不典學；下之為人臣者，自宰相以至令錄，無不擢科。海內文士，彬彬輩出焉。」〔註6〕在這樣一種重文抑武、以儒治國的大背景下，士大夫階層充分發揮其道德主體性和個體創造性，「以天下為己任」成為有宋一代文人士大夫的群體意識或共同價值目標。從范仲淹《岳陽樓記》表達出來的「先憂後樂」情懷，到王安石上萬言書中的「矯世變俗之志」，再到胡宏「道學衰微，風教大頹，吾徒當以死自擔」〔註7〕之使命，充分表明士大夫對於「儒者在本朝則美政，在下位則美俗」〔註8〕傳統的秉承與實踐。與皇帝「同治」或「共治」天下成為儒士堅持的原則，甚至逐漸形成為君臣上下的共識：「列聖傳心，至仁宗而德化隆洽，至於朝廷之上，恥言人遇，謂本朝之治與三代同風。此則祖宗之家法也。」〔註9〕在與君王「同治」或「共治」天下的價值目標激勵和鼓舞下，宋代的儒者文士多熱衷並積極投入到現實的社會政治生活之中，以期實現其社會理想和道德理想。

二、重建道德理想主義的價值運思和精神努力

　　宋代士大夫階層始終充滿著重建道德理想主義的願望和熱情，他們渴望通過修齊治平的努力，以期杜絕唐末五代「禮崩樂壞」局面的再度發生。對宋代士大夫階層來說，「致君堯舜上，再使風俗淳」，重建符合「三代之治」的人間秩序，是貫穿他們畢生的夢想。宋代士大夫為重建道德理想主義作出了不懈的奮鬥和努力，他們「注重在已有的東西間去發掘其有意義的內涵，從而附與新的價值，使其漸變而不自覺」。〔註10〕對程頤等理學家來說，如果

〔註6〕　《宋史》卷四三九《文苑傳・序》。
〔註7〕　參閱侯外廬等主編：《宋明理學史》，北京：人民出版社，1984年版，第135頁。
〔註8〕　《荀子・儒效》。
〔註9〕　李心傳：《建炎以來朝野雜記》，北京：中華書局2000年版，第545頁。
〔註10〕　徐復觀：《儒家精神的基本性格及其限定與新生》，載楊春梅主編：《儒家文化思想研究》，北京：中華書局，2003年版，第281頁。

不得隆遇賢君，則以其他方式如講學布道來擔戴起社會責任，激發人心，樹立新風氣，形成健康向上的社會風氣，也是他們所孜孜以求或心靈的冀望。他們渴望能夠對世道人心有所補益，並且賦予學術和立言以強烈的救世色彩。誠如范仲淹對張載所說的「儒者自有名教可樂，何事於兵」〔註11〕。

1、道德性命的關注與探究

辛棄疾《漁家傲‧為余伯熙察院壽》：「道德文章傳幾世，到君合上三臺位」，就是以「道德文章」盛譽筆下人物的。張載說：「道德性命是長在不死之物也，己身則死，此則常在。」〔註12〕

周敦頤以承繼儒家道統，闡發心性義理道德性命之學，開啟理學主旨。《宋元學案‧濂溪學案》指出：「孔孟而後漢儒止有傳經之學。性道微言之絕久矣。元公（周敦頤）崛起，二程（程顥、程頤）嗣之，又復橫渠（張載）諸大儒輩出，聖學大昌。胡安定（胡瑗）、徂徠（石介）卓乎有儒者之矩範，然僅可謂有開之必先。若論闡發心性義理之精微，端數元公之破暗也。」受周敦頤影響，二程兄弟致力於道德性命主題的探討，進一步弘揚並發展了儒家倫理學說。儒家學說究其實質是一種成德之學，是一種道德性命學說。它重視實踐，重視行為，主張學行合一、知行合一。因為重視實踐，對於實踐主體──生命就極端重視。人的生命分為內在的德性生命和外在的氣質生命。德性生命需要涵養、充實、發展、圓滿，這是儒家道德性命理論的最終目的。氣質生命需要克制、修養以符合內在德性生命之要求。而為了達到德性生命的圓滿就需要積極向德性主體的內在之心、內在的道德心用功，這個道德心就是心體，就是孔子所說的「仁」，孟子所說的「善性」。這個心體既是內在的又是超越的。

二程、朱熹創設的理學從宇宙論的高度論證現實世界和人間秩序的真實性和合理性，為儒家倫理道德提供形上學的論證。在理學家那裡，宇宙論不是目的，是一種工具論的需要，其根本的目的是要論證道德秩序的權威性、道德心體的最終根據。只有證明了道德心體的合法性之後，才有可能構建追求此心體的路徑，才有可能構建整個道德性命之說。由宇宙論到人間秩序，是道德心體在人性、人心、人命等方面的展開，人間秩序的合理性根源於宇

〔註11〕 《張載傳》，《宋史》卷四百二十七。
〔註12〕 張載：《理學窟》，《張載集》，北京：中華書局，1978 年版，第 275 頁。

宙秩序的合理性，其核心邏輯環節就是來源於宇宙至善性的心性本體。而格物致知、窮理盡性則是為求道德本心，此種追尋過程集中體現在人倫秩序的構建和道德功夫論上。因此，向內用功，追求這種既內在又超越的道德心體就成為理學倫理的重要特徵。

王安石的新學表現了宋學以關心道德性命之理的價值取向。「由漢迄唐，源流浸深。宋興，文物盛矣，然不知道德性命之理。安石奮乎百世之下，追堯舜三代，通乎晝夜陰陽所不能測而入於神。初著《雜說》數萬言，世謂其言與孟軻相上下。於是天下之士，始原道德之意，窺性命之端。」〔註13〕反對王安石的人，也不否認其學為「性理之學」。如當時的陳瓘為攻擊王安石的《日錄》是誣偽之書而作的《尊堯集》，其序中云：「臣聞『先王所謂道德者，性命之理而已矣』，此安石之精義也。有《三經》焉，有《字說》焉，有《日錄》焉，皆性命之理也。蔡卞、鸑序辰、鄧洵武等，用心純一，主行其教，所謂『大有為』者，亦性命之理而已矣；其所謂『繼述』者，亦性命之理而已矣；其所謂『一道德』者，亦以性命之理而一之也；其所謂『同風俗』者，亦以性命之理而同之也。不習性命之理謂之流俗，黜流俗則竄其人，怒曲學則火其書，故自卞等用事以來，其所謂國是者皆出性命之理；不可得而動搖也。」〔註14〕陳瓘把王安石及其後學蔡卞等的思想學說，統統說成是「性命之理」。又如金朝的趙秉文也說：「自王（安石）氏之學興，士大夫非道德性命不談，而不知篤厚力行之實，其蔽至以世教為『俗學』。而『道學』之蔽，亦有以中為正位，仁為種姓，流為佛老而不自知，其蔽反有甚於傳注之學。此又不可不知也。」〔註15〕不僅揭示了安石之學汲取佛老思想性的實質，而且直接把它與「道學」聯繫在一起，以與傳統的訓詁傳注之學「俗學」相對舉。無論是蔡氏對王安石的褒獎，還是陳氏、趙氏對王安石的貶損，可以看到其中的共同一點，那就是都認為王安石的「新學」是以發明「道德性命」為旨歸的。侯外廬在其《中國思想通史》中把二程的「洛學」名之為「道統心傳式的理學」，而把王安石的「新學」名之為「新義式的理學」〔註16〕。

〔註13〕《郡齋讀書記‧後志二》。
〔註14〕《邵氏聞見後錄》卷二十三。
〔註15〕《滏水文集》卷一《性道教說》。
〔註16〕侯外廬主編：《中國思想通史》，第四卷上冊，北京：人民出版社，1959年版，第441、436頁。

王安石讚賞孟子、韓愈在「窮苦顛跌」的狀態下獨立不移、厲行素志、崇尚王道的精神，不僅提出文章爲禮教政治服務的文道觀，繼承發展了儒家道統理論，而且強調繼承聖人必須以聖人爲榜樣，善於革故鼎新，「因時之偏而救之」，「可以速則速，可以久則久，可以仕則仕，可以處則處」〔註17〕，表現了他胸懷社稷、以天下爲己任和敢於擔當的精神品質。

曾鞏極重「載道」、「明理」，其於《上歐陽學士第一書》中云：「嘗自謂於聖人之道，有絲髮之見焉，周遊當世，常斐然有扶衰救缺之心，非徒嗜皮膚、隨波流、搴枝葉而已」，於《南齊書目錄序》中又云：「其明必足以明萬事之理，其道必足以適天下之用，其智必足以通難知之意，其文必足以發難顯之情」，視「理」、「道」爲文學第一要義，其所作文即以窮盡事理、純古潔淨爲最主要特徵。在曾鞏看來，「道者，所以立本也，不可不一，此理之不易者也。」〔註18〕他主張文章必須建立在道德的基礎之上，提出了「畜道德而能文章」的命題，要求立言必以「立德」爲基準、爲目標。

2、先憂後樂精神的形成及傳播

宋代道德理想主義的建構和價值追求，在於它提出並彰顯了「先憂後樂」的精神，使得士大夫道德成爲社會道德重建的領頭羊和風向標。以范仲淹、歐陽修爲代表的一批士大夫出於對國家前途命運的深切憂慮，提出了「先天下之憂而憂，後天下之樂而樂」的士大夫道德命題和精神，引領並開創了北宋中期的良好士風。

作爲慶曆新政的重要人物，范仲淹是一位既有遠大抱負又能克己自律的儒者。他十分重視自我道德修養，認爲學者應以仁義道德爲先，出仕應以利國利民爲重。范仲淹從小就有成爲「良相」或者「良醫」以利國利民的遠大抱負，所以在他爲官期間，不計個人得失，即使多次被貶，仍然恪盡職守，積極作爲。他極力主張改革吏治，裁剪冗員，任用賢能。雖然范仲淹領導的慶曆新政不到一年就失敗了，他受到排擠不得不離開京師，輾轉地方任職，但他憂國憂民的淑世情懷和「有犯無隱」、狂直敢諫的作風反而更加突顯。慶曆五年，范仲淹同榜進士和好友、巴陵郡守滕子京重修岳陽樓，邀請范仲淹爲其作記，范仲淹欣然應允，寫出了一篇可以代表宋代士大夫精神境界和人生追求、令後世歎爲觀止的千古名篇《岳陽樓記》。《岳陽樓記》的點睛之筆

〔註17〕王安石：《三聖人》，見《臨川文集》。
〔註18〕曾鞏：《戰國策目錄序》。

不在狀物寫景，而在於抒發了士大夫階層的先憂後樂情懷，其中「不以物喜，不以己悲。居廟堂之高，則憂其民；處江湖之遠，則憂其君。是進亦憂，退亦憂，然則何時能樂耶？其必曰先天下之憂而憂，後天下之樂而樂」一段話，可謂氣岸高標、意境深遠，催人奮發，令人欽佩。這種以利國利民爲己任、追求自我道德完善的崇高道德精神，是對孟子「樂民之樂者，民亦樂其樂；憂民之憂者，民亦憂其憂」思想和中國古代士大夫精神傳統的繼承發展，開啓了宋代士大夫新的精神風貌和道德價值追求。在宋代歷史上，范仲淹是以剛健有爲、獨立不懼著稱的。宋人對此多有評價，如歐陽修評論他「登朝與國論，每顧是與非，不顧自身安危。」富弼在《范文正公仲淹墓誌銘》中稱讚他「立朝益務徑雅，事有不安者，極意論辯，不畏權倖，不蹙憂患，故屢亦見用，然每用必黜之；黜則忻然而去，人未始見其有悔色。或唁之，公曰：『我道則然，苟尚未遂棄，假百用百黜亦不悔。』」韓琦在《文正范公奏議集序》中稱論范仲淹「竭忠盡瘁，知無不爲，故由小官擢諫任，危言鯁論，建明規益，身雖可絀，義則難奪。」即使遭到朝廷的冷遇，他也不以個人榮辱爲懷，時時不忘國家大事，表現出心憂天下，志濟蒼生的高尚的仁者情懷。宋人和《宋史》的這些評論，無疑是對范仲淹憂國憂民、不懼權勢、剛健有爲、清正自律人格的概括和總結。

3、聖賢氣象和人格的仰慕與追求

追求聖賢人格是宋儒道德重建的重要內容。王禹稱說：「古君子之爲學也，不在乎祿位而在乎道義而已，用之則從政而惠民，舍之則修身而垂教，死而後已，弗知其他。」張載提出四句教「爲天地立心，爲生民立命，爲往聖繼絕學，爲萬世開太平」的決心。史載，張載少年時喜歡研讀兵書，結交各路英雄豪傑，志在疆場建功殺敵。二十一歲的時候，以兵書求見范仲淹，范仲淹見到張載，「知其遠器」，故「警之曰：儒者自有名教可樂，何事於兵！」〔註19〕後來，他接受范仲淹的建議，孜孜以求聖賢之道。他的《西銘》、《東銘》，被視爲理學的經典作品。《西銘》原名《訂頑》，本是張載書於學堂西牆的一篇短文，在很大程度上帶有座石銘性質。後程頤以爲《訂頑》之名另起爭端，遂改定《西銘》。由於此文立意高遠，意蘊無窮，因而極受後世理學家的推崇。《西銘》提出了「民胞物與」的道德理想，將儒家仁愛進行推擴，納

〔註19〕《張載傳》，《宋史》卷四百二十七。

宇宙萬物於儒家家族主義的仁愛體系內，彰顯了一幅天人合一的倫理畫面。求學於周敦頤的程顥程頤兄弟，志在光大弘揚聖人之道。二程在教授弟子讀儒家經典時，強調要在孔子的人文關懷與道義承擔的精神中尋找「聖賢氣象」，他說：孔子曰：「老者安之，朋友信之，少者懷之。」觀此數句，便見聖賢氣象大段不同。他們堅定地認爲成爲「聖賢」並不是一個遙不可及的夢想，認定自己通過努力完全有成爲「聖賢」的可能。《宋史‧程顥傳》有言「得不傳之學於遺經，以興起斯文爲己任，辨異端，辟邪說，使聖人之道煥然復明於世。」《程頤傳》有言：「動止語默，一以聖人爲師，其不至乎聖人不止也。張載稱其兄弟從十四五時，便脫然欲學聖人，故卒得孔孟不傳之學，以爲諸儒倡。」二程自覺體練出「理」或「天理」這一核心概念，並認爲「理」是天下萬物都要遵循的普遍原則，是永恒存在的絕對觀念或最高法則。朱熹繼承和發展了二程的思想，使道德理想主義更加精緻完善。《宋史‧道學傳》有言，「迄宋南渡，新安朱熹得程氏正傳，其學加親切焉。大抵以格物致知爲先，明善誠身爲要，凡《詩》、《書》，六藝之文，與夫孔孟之遺言，顛錯於秦火，支離於漢儒，幽沉於魏晉六朝者，至是皆煥然而大明，秩然而各得其所。此宋儒之學所以度越諸子，而上接孟氏者與。其於世代之污隆，氣化之榮悴，有所關係也甚大。」他與呂祖謙合編的《近思錄》有專論「聖賢氣象」一篇，從多方面論述聖賢具有的道德品質和道德風範，給當時和後世學者提供了道德理想追求和效法的價值譜系。宋儒希望「聖賢氣象」的理想人格在承擔社會責任的同時又有個人的身心自在，在具有深切憂患意識的同時又不能放棄閒適的心態，在堅守道義情懷的同時又具有灑落胸襟。〔註 20〕聖賢氣象不僅包含和體現出士大夫的群體價值意識的覺醒，故而表現出他們憂患天下的人文關懷、經世濟民的社會責任；同時包含著士大夫的個體價值意識的兼容，從而表現出對個體心靈愉悅的追求，對自我精神安頓的關注。

三、士大夫精神對道德價值的高標

在兩宋道德生活發展史上，士大夫精神在重建道德理想主義過程中得到了長足的發展，並深刻地影響到政治、經濟、文化諸方面，成爲推動整個社會發展的一股道德清風。重建儒家倡導的「禮義廉恥」之道德準則，既出於

〔註 20〕參閱朱漢民：《從名士風度到聖賢氣象》，《光明日報》2007 年 12 月 20 日。

維護和鞏固「大一統」的中央集權的現實政治需要，又是儒者文士成爲社會政治生活主體後的社會理想和價值意識的體現。

《宋史‧忠義傳序》云：「士大夫忠義之氣，至於五季，變化殆盡。……眞、仁之世，田錫、王禹偁、范仲淹、歐陽修、唐介諸賢，以直言讜論倡於朝，於是中外縉紳，知以名節相高，廉恥相尙，盡去五季之陋矣」。源自孔、孟、屈原的士大夫精神與宋代君主右文尙言的開明政治相互激勵，在宋代孕育出了一批批富於淑世理想、勇於直言進諫的士大夫群體。他們秉承仁義忠孝的道德準則，從爲國爲民的宗旨出發，向皇帝上萬言書，提出這種救世安民之策，將傳統士大夫精神發展到一個新的階段和水平。

率先將這一理想和意識付諸實踐而成爲儒士典範的是范仲淹，史稱：范仲淹「每感激論天下事，奮不顧身，一時士大夫矯厲尙風節，自仲淹倡之。」范仲淹主張重振士風，並作《四民詩士篇》，其中有「前主詔多士，咸以德爲先。道從仁義廣，名由忠孝全。美祿報爾功，好爵縻爾賢。黜陟金鑒下，昭昭嬋與妍」等詩句，肯定士大夫尊道貴德、崇仁尙義之精神操守，同時也批評士風不振和士大夫精神失卻，「學者忽其本，仕者浮於職。節義爲空言，功名思苟得。天下無所勸，賞罰幾乎息。」主張端正士風，整飭吏治，建立「明體達用之學」，使進入仕途的士階層目的不是爲了考取功名、達身富貴，而是爲了把儒家之道「舉而措之天下，能潤澤其民」。這種儒家之士即孔門弟子曾參所謂「仁以爲己任」者，他們把個人的禍福得失、富貴貧賤置之度外，「不以物喜，不以己悲」，仕途的進退沉浮不能改變其志向。《岳陽樓記》所表述的「先天下之憂而憂，後大下之樂而樂」的獻身精神，激勵、感染了一代士風，高度張揚了儒者「士不可以不弘毅，任重而道遠。仁以爲己任，不亦重乎？死而後已，不亦遠乎」的當世之志和人格情懷。朱熹稱頌范仲淹：「本朝惟范文正公振作士大夫之功爲多。」「范公平日胸襟豁達，毅然以天下國家爲己任，無一事不理會過。一旦仁宗大用之，便做出許多事業。」「至范文正時便大厲名節，振作士氣。」〔註21〕

在宋代，像范仲淹這種胸懷天下的儒者甚多，如「君爲社稷死，我則同其歸。顧命有治亂，臣子得從違」〔註22〕的蘇軾；「爲天地立心，爲生民立命，爲往聖繼絕學，爲萬世開太平」的張載等。太宗、眞宗朝名臣田錫，「慕魏徵、

〔註21〕（宋）黎靖德：《朱子語類》卷129，《本朝三》，北京：中華書局，1986年版，
　　　　第3086頁。

〔註22〕（宋）蘇軾：《蘇軾全集》，上海：上海古籍出版社，2000年版，第496頁。

李絳之爲人，以盡規獻替爲己任」。「好言時務」，「直言時政得失」。眞宗稱他「得爭臣之體」，數予擢拔。及其病卒，猶「遺表勸上」。眞宗「覽之惻然，謂宰相李沆曰：『田錫，直臣也。朝廷少有闕失，方在思慮，錫之章奏已至矣。若此諫官，亦不可得』。嗟歎久之，特贈工部侍郎」。

歐陽修也是道德理想主義的踐行著和高揚者。蘇軾說：「宋興七十餘年……士亦因陋守舊，論卑而氣弱。自歐陽子出，天下爭自濯磨，以通經學古爲高，以救時行道爲賢，以犯顏納說爲忠」。「自歐陽子」之說有所不確，但歐陽修開風振氣的作用亦不可低估。王安石在《祭歐陽文忠公文》中指出：「自公仕宦四十年，上下往復，感世路之崎嶇，雖屯邅困躓、竄斥流離，而終不可掩者，以其公議論之是非。既壓復起，遂顯於世，果敢之氣、剛正之節，至晚而不衰。」王安石還盛讚歐陽修「功成名就，不居而去，其出處進退，又庶乎英魄靈氣，不隨異物腐散」，可以與山川同在，與日月齊輝。

在范仲淹、歐陽修等的引領和激勵下，宋代士大夫形成了一種特立獨行、憂國憂民不憂私的精神傳統。「中外搢紳，知以名節相高、廉恥相尙，盡去五季之陋」〔註23〕。張載、司馬光、王安石、程顥、程頤、蘇軾等人心繫天下蒼生和百姓冷暖，有一種爲民請命、爲國代言的使命情懷。雖然其政治主張各不相同，甚至互相對立，但是他們對於北宋政權「積貧積弱」的局面都十分不滿，從而主張實行變革，以圖實現富國強兵之目的。〔註24〕因此，這一時期的思想家、政治家都致力於修齊治平之道。熙寧二年（1069），蘇軾在《上神宗皇帝書》中指出：「歷觀秦漢以及五代，諫諍而死蓋數百人。而自建隆以來，未嘗罪一言者。縱有薄責，旋即超昇。許以風聞，而無長官，風采所繫，不問尊卑。言及乘輿，則天子改容；事關廊廟，則宰相待罪。」由於宋初趙匡胤制定的「不得殺士大夫及上書言事人」以及制定的以儒治國等方略，必然激發士人狂熱的淑世情懷和直言勇諫的人文正氣。宋代士大夫因直諫而得罪皇帝或權臣，雖被貶謫，卻無死罪，因此還能獲得剛正不阿、忠直敢諫的美譽，一有機會就可能重獲陞遷。許多名臣都有這種經歷。可見當時朝野人心對文人士大夫的尊重與推崇。像這些敢於堅持正義的士大夫雖然動輒被貶，但卻能贏得人心和美譽。在宋代的政治環境中，往往還能很快得到重用。皇帝也樂於啓用這類「直臣」、「諫臣」。這就是蘇軾所說「縱有薄責，旋即超昇」之意。

〔註23〕 《宋史‧忠義傳》。
〔註24〕 潘富恩、徐餘慶：《程顥程頤理學思想研究》，上海：復旦大學出版社，1988年版，第174頁。

　　南宋時期儘管朝廷軟弱，士大夫精神還是得到了一定程度的發展，一批忠義狂直之臣在國難當前的情況下，盡傾於抗敵復國之理想，以忠義之心而狂直忠諫者，前赴後繼。如戰亂中砥柱中流的李綱、宗澤、趙鼎，皆有狂直之名。孝宗朝名臣張栻，「爲人表裏洞然，勇於從義，無毫髮滯吝。每進對，必自盟於心：不可以人主意悅輒有所隨順。孝宗嘗言伏節死主之臣難得，栻對：『當於犯言敢諫中求之。若平時不能犯顏敢諫，他日何望其伏節死義？』……前後奏對忤上旨雖多，而上每念之未嘗加怒」。名儒周必大，官至將相，立朝剛直敢言。孝宗曾對他說：「意卿止能文，不謂剛正如此」。「卿不迎合，無附麗，朕所倚重」。光宗朝中書舍人樓鑰「持論堅正」，「繳奏無所迴避。禁中或私請，上曰：『樓舍人朕亦憚之，不如且已』」。

　　宋代的士大夫階層因憑道德理想主義展現出一種與其它時代迥然不同的精神風貌。他們往往懷有以天下爲己任的抱負和志向，具有高尚的道德情操、博大的道德胸懷，以一種廣闊的心胸探索著安身立命的哲理，又以一種浩然正氣追求著高尚其事、激揚蹈厲、重氣節、尚志操的獨立精神，將中國傳統士大夫精神發展到一個新的階段，書寫了士大夫道德生活的新的篇章。

　　「在宋代，道德的要求變得第一重要，提倡修習氣質、超越際遇。先天的才氣剛柔，後天的際遇坎坷，都可以通過道德的固守來填平，而理想的道德都是一樣的。」〔註25〕然而，當道德理想主義膨脹到無以復加地步的時候，它轉向倫理中心主義和道德權威主義，於是其負面因素開始顯示出來，造成了對人正當物質生活欲求的忽視甚或嫌憎，產生了相當的偏弊和負面效應，教訓尤當汲取。

　　然而，就道德生活的發展需要和精神建構而言，道德理想主義又是不能缺失的。缺失了道德理想主義，就只能導致道德功利主義和實用主義，進而消減道德，造成道德生活的沉淪和墮落。正常的道德生活既需要立根於道德現實，更需要在立根現實的基礎上崇尚和追求道德理想，以道德理想來改造和提升道德現實，進而實現道德理想向道德現實的轉化。道德生活作為一種既自然既超越的生活，本質上是理想性與現實性、價值性與存在性的辯證統一，捨棄了道德理想的道德生活，就是一種不完整和不正常的道德生活，它極有可能陷入無魂和無方向的深淵不能自拔。當然，一味追求道德理想而不

〔註25〕楊挺：《宋代心性中和詩學研究》，成都：四川出版集團巴蜀書社，2008年版，
　　　　第104頁。

注重道德現實的生活，也是一種不健康和不人性的道德生活，極有可能導致對人性的壓抑和摧殘。這是我們研究道德理想主義或道德現實主義需要時刻銘記的道德生活之重要哲理和道理。

（原載《南通大學學報》(社會科學版) 2014 年第 1 期）

第二篇　中華傳統德育思想

論中國傳統德育思想的基本特徵

　　在數千年源遠流長的倫理文化發展史上，我國逐漸形成了一個長遠而深厚的德育教育傳統，上啓孔孟老莊，中經佛教禪宗，下迄宋明理學，都特別注重道德教育與自我修養，重視啓發學生的道德自覺性、主動性，立志有恒、克己內省，改過遷善、身體力行，潛移默化、防微杜漸……逐漸形成了一系列具有獨特風格的道德教育和道德修養的原則觀念體系。中國古代教育家重視德性培養，樹立道德風範和榜樣，以成人成聖激勵廣大求學的弟子，其影響力是不可低估的。這種源遠流長的德育傳統感染、薰陶了一代又一代仁人志士，推動了中國社會的進步和發展，促進了中華文明的繁榮，陶冶了我們民族的精神與智慧。

　　中國是一個文明古國，素稱禮儀之邦，重視德育是中國文化的傳統。早在遠古時期，中華先民們就開始了對道德的思考，並自覺地將道德教育納入整個社會教育的系統，作爲人才培養的重要內容。在夏商周三代，重視教育蔚然成風，德育思想傳統開始正式形成，出現了以德化育和德教爲先的教育思想，儒家、墨家、道家、法家，百家爭鳴，競相提出了自己的德育主張和觀點，並在以後的發展中互相吸納與補充，構成中國文化史上的一大奇觀。中國傳統德育思想源遠流長，博大深邃，是中國教育思想和倫理道德思想中一份寶貴的遺產。

　　關於中國德育思想的基本特徵問題，羅國傑主編的《中國倫理學百科全書‧德育倫理學卷》指出，中國德育思想最具特色的內容，首先是注重內心的自我修養，強調道德的自覺；其次是強調知和行的統一，爲學和踐履的一致；再次，德育與宗法政治融爲一體；第四，教人如何做人是中國德育思想又一顯著特點。江萬秀、李春秋著的《中國德育思想史》將中國德育思想的

基本特徵概括爲「濃厚的宗法封建倫理本位」、「明人倫、求聖賢的道德意境」、
「德育過程的實踐理性品格」、「注重自我修養及其方法論特徵」四個方面。
王正平在其所著的《中國傳統道德論探微》一書中認爲，中國傳統道德教育
思想具有三大特徵，即德教與修身合一，知道與躬行合一，言教與身教合一。
這些關於中國傳統德育思想基本特徵的看法無疑是頗有啓發性的，它們從一
定角度和層面拓展出了中國傳統德育思想的基本性質，有助於我們對中國傳
統德育思想的整體性把握。我們從以上這些關於中國傳統德育思想基本特徵
的看法出發，結合自己對中國傳統德育思想的理解與研究，認爲中國傳統德
育思想主要具有以下四大特徵。

一、合知行基礎上的以行爲旨歸

張岱年先生在《中國哲學大綱》中認爲中國哲學具有「合知行」的特徵，
指出：「中國哲學在本質上是知行合一的。思想學說與生活實踐，融成一片。
中國哲人研究宇宙人生的大問題，常從生活實踐出發，以反省自己的身心實踐
爲入手處，最後又歸於實踐，將理論在實踐上加以驗證。即是，先在身心經驗
上切己體驗，而得到一種了悟；了悟所至，又驗之以實踐。要之，學說乃以生
活行動爲依歸。」〔註1〕張先生對中國哲學的這一看法同樣適用於中國傳統德
育思想。這是因爲，中國傳統哲學本質上是倫理型的哲學或人生型的哲學，倫
理型的哲學把德育或道德教育視爲建構倫理社會和健康人格的重要內容。

總體上考察中國古代教育，我們可以說它本質上是人文主義的教育，它
以做人爲教育的至上目標，注重教人以德行與智慧，而不只是單純的知識。
與西方「知識即美德」、「智慧即至善」的思想大異其趣，中國傳統道德不太
重視知識、智慧在德育和育德中的作用，強調的是踐履即美德，把道德行爲
看得比道德知識更爲根本。無數聖賢先哲莫不強調道德實踐在道德修養和道
德教育中的作用，不僅將道德實踐看作修德的起點，而且將其視作修德的終
點。孔子說：「蓋有不知而作之者，我無是也。多聞，擇其善者而從之，多見
而識之，知之次也。」〔註2〕把「多聞」、「多見」並「擇善而從」作爲獲得知
識的重要途徑，是符合知行規律的。儒家認爲研究學問的目的在於自得於道，
在於以理論來改造行爲和爲道德的提高服務。正可謂「知之者不如好之者，

〔註 1〕 張岱年：《中國哲學大綱》，北京：中國社會科學出版社1982年版，第5頁。
〔註 2〕 《論語·述而》。

好之者不如樂之者」，〔註3〕「君子深造之以道，欲其自得之也。自得之則居
之安，居之安則資之深，資之深則取其左右逢其原，故君子欲其自得之也。」
〔註4〕荀子指出：「不聞不若聞之，聞之不若見之，見之不若知之，知之不若
行之；學至於行之而止矣。行之明也，明之爲聖人。聖人也者，本仁義，當
是非，齊言行，不失毫釐，無它道焉，已乎行之矣。……故聞之而不見，雖
博必謬；見之而不知，雖識必妄；知之而不行，雖敦必困。」〔註5〕荀子不僅
把「行」看作認識的來源，而且也看作是認識的目的。從道德學習的全過程
來看，「知」和「行」成爲人們認識客觀道德原則和禮儀規範的兩個主要環節。
他在知行相須的基礎上，始終強調「行」的更重要性。荀子認爲，掌握事物
的規律性，既要從思想上明察，又要在行動上去實行，親身體驗。宋明理家
家非常強調「行」在道德教育與道德修養中的重要作用。二程說：「君子之學，
貴乎行，行則明，明則有功。」〔註6〕朱熹認爲：「知行常相須，如目無足不
行，足無目不見。論先後，知爲先；論輕重，行爲重。」〔註7〕這裡提出了知
行相須的觀點，道德知識的學習是不能離開道德實踐的。因此朱熹說：「聖賢
教人必以窮理爲先，而力行以終之。」〔註8〕明清之際大思想家王夫之在破舊
立新的基礎上提出了「知行相資以爲用」、「並進而有功」的知行統一觀。他
說：「知行相資以爲用，惟其各有致功而亦各有其效，故相資以互用，則於其
相互，益知其必分矣。同者不相爲用，資於異者乃和同而起功，此定理也。」
〔註9〕肯定知與行各有功效，不容混同，同時又認爲正因爲知與行互相區別，
所以相資互用，在人們具體的認識活動中，知和行不可截然分割，知中有行，
行中有知，「知行始終不相離」「知而後行之，行之爲貴，而非但知也。」「君
子之學，未嘗離行以爲知也必矣。」〔註10〕以學習知識、修養身心爲宗旨的
爲學之道，其終極目的還是要落實在人們的實踐活動與道德行爲之上。在這
裡，「學習」和「修養」都是爲「行動」服務的，是爲了「行動」而進行「學

〔註3〕《論語·雍也》。
〔註4〕《孟子·離婁》。
〔註5〕《荀子·儒效》。
〔註6〕《伊川易傳》卷四。
〔註7〕《朱子語類》卷九，北京：中華書局1986年版，第148頁。
〔註8〕《朱文公文集》卷五十四。
〔註9〕《禮記章句》卷三十一，《船山全書》第4冊，長沙：嶽麓書社2011年版，
　　　第1256頁。
〔註10〕《讀四書大全說》卷三。

習」和「修養」，而不是相反。這正如我們常說的學和用之間的關係：學是手段，用是目的；學是爲了用。黃宗羲十分注重經驗的作用，注意「實行」。他認爲人們的學問都是人從踏踏實實的學習過程中得來的，人們的道德品質也靠後天的刻苦磨煉。他說：「規矩熟則巧生，巧即在規矩之中，猶上達即在下學之中。學者離卻人倫日用，求之人生以上，是離規矩以求巧也。」〔註 11〕總之，重知尚行與知行相須是中國古代德育思想方法論的一個重要內容，無論是帶有唯物主義觀點的思想家還是帶有唯心主義的思想家都既強調道德認知的重要性又強調道德實踐的重要性，這種方法值得我們今天在德育過程中啓發學生自主地運用所學的道德認識應用於社會實踐具有重要的意義。

總之，中國古代的哲學、倫理學和道德教育思想莫不強調生活實踐和道德行爲的價值，並認爲「行是知之始，亦是知之終。研究的目的在行，研究的方法亦在行。過去中國之所謂學，本不專指知識的研究，而實亦兼指身心的修養。」〔註 12〕中國傳統德育思想在整體上具有推崇道德實踐更甚於推崇道德認識，認爲一個人是否有道德不在於他懂得多少道德知識和擁有多少道德智慧，而在於他能否依據一定的道德準則誠心誠意地進行道德踐履。因此，判斷一個人是否有道德的標準在於行爲而不在於認識。誠如王夫之所指出的，「何以謂之德？行焉而得之謂也。何以謂之善？處焉而宜之謂也。何以謂之至善？皆得咸宜之謂也。不行胡得？不處胡宜？」〔註 13〕只有通過道德實踐而有得於心，才可謂之爲德。這種觀點與西方自蘇格拉底以來就一直占主導地位的「知識即美德」、「智慧即至善」的德育思想形成明顯的對照。

二、合內外基礎上的以內爲根本。

中國傳統德育思想的第二個特點，是把個人擔當的社會責任與個人道德的自我完善統一起來，主張以修身的精神而齊家、治國、平天下，實現內聖與外王的有機統一。中國傳統德育思想在人我己群的關係問題上既主張有我和肯定道德化的自我，同時又肯定個人是屬於家族和群體的，特別強調個人對家庭和國家的責任，認爲個人只有把自己同家族和國家有機地聯繫起來才能獲得自己

〔註 11〕《孟子師説・梓匠輪輿章》。
〔註 12〕張岱年：《中國哲學大綱》，北京：中國社會科學出版社 1982 年版，第 6 頁。
〔註 13〕王夫之：《禮記章句・大學補傳衍》，《船山全書》第 4 冊，長沙：嶽麓書社 2011 年版，第 1483 頁。

的道德化的自我，才能實現人的本質規定性。孔子最先提出「修己以敬，修己以安人，修己以安百姓」的思想，初步奠定了儒家內聖外王的理論基調。而後，孟子側重發展了「盡心、知性」等內聖方面的思想，荀子側重發展了隆禮貴義的外王方面，至《大學》則以孔子思想為基礎，綜合孟荀兩家思想，著重闡述了個人道德修養與社會治亂的關係，提出了內聖外王的理論，以「明明德」、「親民」、「止於至善」為修養的目標（亦稱三綱領），又提出實現天下大治的八個步驟（亦稱八條目），即格物、致知、正心、誠意、修身、齊家、治國、平天下，其中前四個步驟被視為內聖之學，後四個步驟被視為外王之學。「三綱領」、「八條目」的有機統一，構成《大學》的基本內容。宋代理學大師張載以「為天地立心，為生民立命，為往聖繼絕學，為萬世開太平」自許，向往在內聖的基礎上開出外王的局面，造福於天下蒼生。清代顏元指出；「人必能斡旋乾坤，利濟蒼生方是聖賢。不然雖矯語性天，真見定靜，終是釋迦、莊周也。」〔註14〕「凡讀聖人書，便要為轉世之人，不要為世轉之人。」〔註15〕聖人是真正有高尚道德的人，他不能僅僅停留在獨善其身的層面上，他必須而且應當兼善天下，完全可以說化民成俗、利濟蒼生是聖人之為聖人的本質規定性。因此，向聖人學習的士君子也不能不將立德與立功、立言有機地結合起來。「士不可以不弘毅，任重而道遠。仁以為己任，不亦重乎？死而後已，不亦遠乎？」〔註16〕東林黨人「風聲雨聲讀書聲聲聲入耳，家事國事天下事事事關心」的精神代表了中國傳統德育的這一基本特點。

　　比較而言，中國傳統德育思想在內聖外王並重的基礎上尤其重視個人的修身養性，《大學》提出了「修身為本」的主張，強調個人自我的道德改造和提升，注重喚醒主體的道德自覺。中國傳統德育思想很少他律性的道德壓迫和制裁，它尤其重視個人德性的自我培養，注重氣節與操守，把崇高的精神境界和完善的道德人格看得無比重要，使其內聖的一面發展得極為完善。孔子說：「三軍可奪帥，匹夫不可奪志也。」又說：「君子無終食之間違仁，造次必於是，顛沛必於是」，〔註17〕「志士仁人，無求生以害人，有殺身以成仁。」〔註18〕孟子發

〔註14〕　《顏習齋言行錄》卷下。
〔註15〕　《顏習齋言行錄》卷上。
〔註16〕　《論語・泰伯》。
〔註17〕　《論語・里仁》。
〔註18〕　《論語・衛靈公》。

展了孔子的思想，提出了大丈夫的人格和舍生取義的思想，指出：「居天下之廣居，立天下之正位，行天下之大道，得志與民由之，不得志獨行其道。富貴不能淫，貧賤不能移，威武不能屈，此之謂大丈夫。」〔註19〕「生我所欲也，義亦我所欲也，二者不可得兼，舍生而取義者也。」〔註20〕孟子還主張養浩然之氣，認爲實行仁義以達到生活之最高境界時便有所謂浩然之氣。浩然之氣，至大至剛，充塞於天地之間，它內化爲大丈夫的人格和舍生取義的精神，永遠激勵著人們在道德上去不斷地修養和奮鬥。南宋英雄文天祥在獄中作《正氣歌》，指出：「天地有正氣，雜然賦流行。下則爲河嶽，上則爲日星；於人曰浩然，沛乎塞蒼冥。皇路當清夷，含和吐明庭。時窮節乃見，一一垂丹青：在齊太史簡，在晉董狐筆，在秦張良椎，在漢蘇武節；爲嚴將軍頭，爲嵇侍中血，爲張睢陽齒，爲顏常山舌；或爲遼東帽，清操厲冰雪；或爲出師表，鬼神泣壯烈；或爲渡江楫，慷慨吞胡羯；或爲擊賊笏，逆豎頭破裂。是氣所磅礴，凜烈萬古存……」文天祥的《正氣歌》深沉而熱烈地讚頌了中華文明史上無數志士仁人的光輝業績，謳歌了他們堅持眞理和正義，爲正義事業敢於犧牲的浩然之氣。如果說西方德育思想重心在於教人明理和成己，那麼中國傳統德育思想重心則在於教人成人和成聖。學做聖賢是中國傳統德育的一貫主張和基本精神。聖賢是道德的楷模和理想的人格，是人們學習的榜樣和師法的目標。二程指出：「言學便以道爲志，言人便以聖爲志」，「人皆可以至聖人，而君子之學必至於聖人而後已。不至於聖人而後已者，皆自棄也。孝其所當孝，弟其所當弟，自是而推之，則亦聖人而已矣。」〔註21〕爲了培養眞正的聖賢君子，他們提出了一整套與之相關的道德教育和道德修養的路徑與方法，諸如「居敬」、「窮理」、「格物」、「致知」、「反躬內求」、「省察克治」等等。

三、同眞善基礎上的以善爲核心

張岱年先生認爲中國哲學具有「同眞善」的特徵，「中國哲人認爲眞理即是至善，求眞乃即求善。眞善非二，至眞的道理即是至善的準則。即眞即善，即善即眞。從不離開善而求眞，並認爲離開求善而專求眞，結果只能得妄，不能得眞。爲求知而求知的態度，在中國哲學家甚爲少有。中國思想家總認

〔註19〕《孟子·滕文公下》。
〔註20〕《孟子·告子上》。
〔註21〕《程氏遺書》卷二十五，《二程集》上，北京：中華書局 2004 年版，第 318 頁。

爲致知與修養乃不可分；宇宙眞際的探求，與人生至善之達到，是一事之兩面。窮理即是盡性，崇德亦即致知。」〔註22〕

西方文化有眞善二分的傳統，對眞與善作分別的深入探討。亞里士多德最先區分了理論理性和實踐理性，康德對理論理性和實踐理性之間的差異作了十分深入的探討分析，他把主體進行價值判斷的理性叫做實踐理性，把主體進行事實判斷的理性稱之爲純粹理性或理論理性，並認爲事實判斷作爲人類的求眞活動訴諸人的先天綜合形式，價值判斷作爲人類的求善活動訴諸人的自由意志。從求眞的意義上講，人類根本不需要上帝、靈魂不死和意志自由，然而從求善的意義上講，人類則需要上帝、靈魂不死和意志自由的假設。在西方歷史上，雖然也有人主張或提出了「眞善美合一」，但他們的眞善美合一或「眞善合一」是合於眞或以眞爲根本的，以蘇格拉底爲代表的理性主義直截了當地提出了「知識即美德」的命題，認爲一切善行均來源於認識和知識，因此善德即是有知，敗德即是無知，沒有人知道善而偏偏不去行善，也沒有人知道惡而偏偏要去故意作惡。柏拉圖總結概括了古希臘的德行，發展了蘇格拉底的思想，明顯地把智慧置於第一美德的地位，強調所有的美德都應當以智慧爲依歸。近代英國思想家培根提出「知識就是力量」的命題，認爲德行必須以知識爲基礎和根本，掌握知識乃是達到善德或良好德行的重要途徑。人們愈是追求知識，其德行愈是高尚。在《學術的進步》中，培根指出：「眞理與善的區別，有如印章與它的印痕的區別。因爲眞理就是道德和善的印章。」斯賓諾莎認爲「心靈最高的善是對神的知識，心靈最高的德性是認識神。」〔註23〕他所謂的神不僅指上帝，也指自然和理性。在斯賓諾莎看來，只有對神或理性有充分的認識和瞭解，才能眞正擁有善行和美德。

在中國德育思想史上，大多數思想家均主張眞善合一，強調「仁且智」。孔子提出「仁且智」的命題，孟子繼承並發揮了孔子的思想，不僅在《公孫丑上》篇中主張「仁且智」，而且在《離婁上》篇把「智之實」解釋爲明白侍奉父母和順從兄長的道理並能堅持下去。荀子在《君道》篇中說：「故知而不仁不可，仁而不知不可，既智且仁，是人主之寶也。」漢儒董仲舒在《必仁且智》中認爲，一個人修德「莫近於仁，莫急於智。……仁而不智，則愛而不別也；智而不仁，則知而不爲也。」因此，只有仁智結合才能眞正成爲正

〔註22〕　張岱年：《中國哲學大綱》，北京：中國社會科學出版社1982年版，第7頁。
〔註23〕　（荷蘭）斯賓諾莎：《倫理學》，賀麟譯，北京：商務印書館1983年版，第189頁。

人君子。宋代理學家張載在《正蒙·至當》篇裏說：「『大德敦化』，仁智合一，厚且化也；『小德川流』，淵泉時出之也。」

在眞善合一的基礎上，中國思想家大多強調善高於眞和優於眞。儒家《中庸》提出了「誠明合一」的理論，主張「尊德性而道問學」，同時又指出：「自誠明，謂之性；自明誠，謂之教」，並認爲性高於教，教以盡性爲根本。此所謂「天命之謂性，率性之謂道，修道之謂教」是也。「誠」是本性所固有的一種先天的道德意識和道德境界，「明」則是人們認識和把握天道性命的一種知性活動和覺悟。《中庸》認爲，由誠而明善，這是天性，是聖人境界；由明善而達到道德上的誠實信用，這離不開教育，是賢人和君子境界。所以《中庸》盛讚「至誠」，認爲「唯天下至誠，爲能盡其性；能盡其性，則能盡人之性；能盡人之性，則能盡物之性；能盡物之性，則可以贊天地之化育；可以贊天地之化育，則可以與天地參矣。」《二程遺書》卷二十五從才與德的關係論述了眞善問題，指出：「君子不欲才過德，不欲名過實，不欲文過質。才過德者不祥，名過實者有殃，文過質者莫之與長。」司馬光在《資治通鑒·周紀一》中認爲：「才者，德之資也；德者，才之帥也。……是故才德全盡謂之聖人，才德兼亡謂之愚人，德勝才謂之君子，才勝德謂之小人。凡取人之術，苟不得聖人、君子而與之，與其得小人，不若得愚人。何則？君子挾才以爲善，小人挾才以爲惡；挾才以爲善者，善無不至矣；挾才以爲惡者，惡亦無不至矣。愚者雖欲爲不善，智不能周，力不能勝，譬如乳狗搏人，人得而制之。小人智足以遂其奸，勇足以決其暴，是虎而翼者也，其爲害豈不多哉！……自古今以來，國之亂臣、家之敗子，才有餘而德不足，以至於顚覆者多矣。」司馬光的這一段話，生動而深刻地揭示了在德與才、仁與智關係問題上的德高於才和優於才的內在機理，說明了崇德比求眞更爲根本，道德比知識更爲重要。

四、一群己基礎上的以群體爲最高價值取向

中國傳統德育思想中的人我己群關係總體上是崇尚人我和諧、己群諸重。儒家的仁學強調「己欲立而立人，己欲達而達人」，「己所不欲，勿施於人」，強調融己於群，群己合一。墨家的「兼愛」之學崇尚人與社會群體的和諧，主張「兼相愛，交相利」，要求人們「視人之國若視其國，視人之家若視其家，視人之身若視其身」，這與西方文化中人我對抗、人群二分形成鮮明的對照。

在群己合一的基礎上，中國思想家更置重群體的利益和尊嚴，要求人們

以群體爲最高價值取向，競相提出了「公忠體國」、「貴和樂群」、「大公無私」等理論，使群體的價值在中國社會獲得了高度的認同。荀子發展了孔孟「樂以天下，憂以天下」以及「與民同憂樂」的觀點，從「明分使群」的認識出發，認爲人和動物的本質區別就在於人能夠過群居的生活，而動物不能群，他說：人「力不若牛，走不若馬，而牛馬爲用，何也？曰：人能群，彼不能群也。」〔註24〕漢代名將霍去病一生以維護國家利益爲己任，留下了「匈奴不滅，無以家爲」的傳世名言，表達了公忠體國的志向和抱負。宋代思想家范仲淹在《岳陽樓記》寫下了「不以物喜，不以己悲，居廟堂之高則憂其民，處江湖之遠則憂其君。是進亦憂，退亦憂，然則何時而樂耶？其必曰先天下之憂而憂，後天下之樂而樂」的壯志豪言，深刻揭示了以國家民族利益爲重的公忠體國精神。張載的「民胞物與」從哲學的意義上凸顯了天人之間以及群己之間的連帶性和相關性，使小我在大我的懷中獲得了溫馨而充實的存在。明清之際的王船山將義區分爲「一人之正義」、「一時之大義」和「古今之通義」，認爲這三個層次的義因其適用的範圍、時空的限制有輕重的差異、公私的區別，「以一人之義，視一時之大義，而一人之義私矣；以一時之義，視古今之通義，而一時之義私矣。公者重，私者輕，權衡之所自定也。」〔註25〕在船山看來，義的三個層次，在一定的歷史條件下，可能是統一的，統一的前提必須是使一人之正義既能反映一時之大義，也能合乎古今之通義。統一是極爲理想的狀態，也是人們應當努力爲之奮鬥的。當著三者發生矛盾的時候，就應當堅持「古今之通義」的價值取向，「不可以一時廢千古，不可以一人廢天下。」〔註26〕這就是說，無論是一人之正義，還是一時之大義，都必須服從於古今之通義。否則，「執其一義以求伸，其義雖伸，而非萬事不易之公理，是非愈嚴，而義愈病。」王夫之以君臣關係和國家民族關係來對義的這三個層次加以說明，認爲「事是君而爲是君死，食焉不避其難，義之正也。」一時之大義則比一般的事君境界要高，它要求臣子所忠於的君主應該是天下所共奉的君主，「非天下共奉以宜爲主者也，則一人之私也；」「君非天下之君，一時之人心不屬焉，則義徙矣；此一人之義，不可廢天下之公也。」〔註27〕即使所事者是天下所共奉之君，也還有比君臣之義更高的大義所在，

〔註24〕《荀子·王制》。
〔註25〕王船山：《讀通鑒論》卷十四，《船山全書》第10冊，第535頁。
〔註26〕同上註。
〔註27〕王船山：《讀通鑒論》卷十四，《船山全書》第10冊，第536頁。

這就是夷夏之辨，「而夷夏者，義之尤嚴者也。」因此，對於不能保中夏、衛社稷的昏暗之君，決不應當無條件地服從，而應當堅決反對，此所謂「不以一時之君臣，廢古今夷夏之通義也」。〔註28〕古今之通義也就是國家民族之大義，它高於並優於君臣之義。船山還把古今之通義與「生民之生死」聯繫起來，肯定「生民之生死」爲「公」，而「一姓之興亡」爲「私」，強調循公廢私，故顯示出了走向近代的啓蒙意義。

此外，中國傳統德育思想強調學校德育與家庭德育、社會德育的密切聯繫，往往持「生活即德育」的大德育觀，認爲要搞好德育必須堅持個人、家庭、學校和社會共同努力、共同參與，把各方面的積極性充分地調動起來，多管齊下，所以有「十年樹木，百年樹人」之說。中國傳統德育強調道德教育要從胎教開始，並通過幼教、正規的學校教育以及職業教育、社會教育等教育環節來完成，把培養人的道德習慣和道德品質看成是一個社會的系統工程。胎教是中國傳統德育的重要內容和有機組成部分，體現了對生命一開始時的道德關懷和重視。據說周文王之母太任在懷周文王時就開始實行胎教。《大戴禮記·保傳》有「古者胎教，王后腹之七月，而就宴室」的話語，賈誼指出：「周妃后妊成王於身，立而不跛，坐而不差，笑而不宣，獨處不倨，雖怒不罵，胎教之謂也。」〔註29〕顏之推說：「古者聖王有胎教之法：懷子三月，出居別宮，目不斜視，耳不妄聽，音聲滋味，以禮節之。」〔註30〕中國傳統德育不特重視胎教，而且十分重視幼教和蒙教，主張從小孩一生下來就開始進行道德教育，「子孫孩提，師保固明孝仁禮義導習之矣。凡庶縱不能爾，當及嬰稚，識人顏色，知人喜怒，便加教誨，使爲則爲，使止則止。」〔註31〕蒙教是在幼教基礎上的一種系統化教育。還有，重視身教與言教的統一併把身教看得比言教更爲根本，也是中國傳統德育思想的基本特徵。

（原載《湖南師範大學社會科學學報》2005 年第 3 期，中國人民大學書報資料中心《倫理學文摘》2005 年第 3 期摘登；《新華文摘》2005 年第 21 期全文轉載。）

〔註28〕 王船山：《讀通鑒論》卷十四，《船山全書》第 10 冊，第 536 頁。
〔註29〕 《新書·胎教》。
〔註30〕 《顏氏家訓·教子》。
〔註31〕 《顏氏家訓·教子》。

中華傳統美德通論

　　傳統美德是傳統道德中的精華，是傳統道德中那些比較好地反映了人與人之間、人與社會集體之間以及人與天地萬物之間關係的本質要求的優秀道德原則、規範、範疇和道德品質等的總和。在當代社會，承繼傳統美德無疑有助於開掘歷史的資源，爲當代道德文明提供更多的歷史養料，以使其顯得更加厚重、更加有底蘊。社會主義道德建設並沒有也不可能離開人類道德文明發展的大道，它比其他道德文明更加優越和先進的地方恰恰在於它批判繼承了人類數千年以來道德文明的有益成果，並對之作了創造性的轉化。

一、中華傳統美德是中國道德文明的優秀成果

　　中華民族是一個有著優良道德傳統的國家，是一個以文明古國和禮儀之邦屹立於世界民族之林的東方大國。在漫長的歲月中，中華民族雖然屢經曲折磨難，甚至幾臨傾覆的厄運，然而卻一次又一次地衰而復興，蹶而復振，轉危爲安，巍然屹立。這充分地表現了中華民族的偉大精神和傳統美德。十八世紀德國哲學家沃爾夫在《關於中國人道德學的演講》中講道，中國人既沒有自然的敬神，也沒有受到神靈啓示的敬神，他們從不注重外在的根據。「中國人時刻銘記著，在改造自身和他人的過程中，不達到至高的完善決不停步。因此，人永遠不應當停下腳步，要堅持不懈地努力奮進，只有這樣，我們還有他人才能達到較高程度的完善。中國人所有的行爲都以自身的和他人的最高的完善爲最終目的」。因此，在道德方面，「沒有哪國人民比古代中國人在

這方面做過更好的嘗試」。〔註1〕應該說，沃爾夫對中國道德文化上注重自我完善特徵的把握是比較確當的。中國的民族精神和傳統美德對中國和世界都做出了自己獨特的貢獻。

毛澤東說：「中華民族不但以刻苦耐勞著稱於世，同時又是酷愛自由、富於革命傳統的民族。……中華民族的各族人民都反對外來民族的壓迫，都要用反抗的手段解除這種壓迫。他們贊成平等的聯合，而不贊成互相壓迫。在中華民族的幾千年的歷史中，產生了很多的民族英雄和革命領袖。所以，中華民族又是個有光榮的革命傳統和優秀的歷史遺產的民族」。〔註2〕又說：「我們這個民族有數千年的歷史，有它的特點，有它的許多珍貴品。對於這些，我們還是小學生。今天的中國是歷史的中國的一個發展；我們是馬克思主義的歷史主義者，我們不應當割斷歷史。從孔夫子到孫中山，我們應當給以總結，承繼這一份珍貴的遺產。這對於指導當前的偉大的運動，是有重要的幫助的。」〔註3〕鄧小平、江澤民等在新的歷史條件下對中華民族的偉大傳統和革命精神作了深入的闡發和論述，主張好好地繼承中華民族的偉大傳統和革命精神。江澤民指出：「中華民族是具有優良傳統和獨創精神的偉大民族，是善於吸收人類社會進步中一切文明成果的偉大民族，又是經得起任何風浪考驗的偉大民族」。〔註4〕在為《中國傳統道德》一書題詞時，江澤民寫道：「弘揚中國古代優良道德傳統和革命道德傳統，吸取人類一切優秀道德成就，努力創建人類先進的精神文明」。在 1998 年抗洪搶險總結表彰大會上，江澤民由抗洪精神而綜論中華民族的精神，充滿深情地說道：「中華民族有著自己的偉大民族精神。這個民族精神，積千年之精華，博大精深，根深蒂固，是中華民族生命機體中不可分割的重要成分。中華民族在五千年的發展中，歷經磨難而信念愈堅，飽嘗艱辛而鬥志更強，開發建設了祖國的大好河山，創造了燦爛的中華文明，為人類文明進步作出了不可磨滅的貢獻。」〔註5〕1997

〔註1〕　（德）沃爾夫：《關於中國人道德學的演講》，《世界名人論中國文化》，武漢：湖北人民出版社，1991 年版，第 162 頁。

〔註2〕　毛澤東：《中國革命與中國共產黨》，《毛澤東選集》第 2 卷，北京：人民出版社 1991 年版，第 623 頁。

〔註3〕　毛澤東：《中國共產黨在民族戰爭中的地位》，《毛澤東選集》第 2 卷，北京：人民出版社 1991 年版，第 534 頁。

〔註4〕　江澤民：《在全國政協新年茶話會上的講話》，《人民日報》1992 年 1 月 1 日。

〔註5〕　江澤民：《在全國抗洪搶險總結表彰大會上的講話》，《江澤民文選》第 2 卷，北京：人民出版社 2006 年版，第 231 頁。

年 11 月江澤民在美國哈佛大學發表了題爲《增進相互瞭解，加強友好合作》
的演講，向美國和全世界友人介紹了中華文明的優良傳統，指出中國古代有
許多發明，這些發明體現了人與自然協調發展、科學精神與道德理想相結合
的理性光輝；中國人在自己發展的長河中，形成了優良的歷史文化傳統，團
結統一、獨立自主、愛好和平、自強不息等傳統，對今天中國人的價值觀念、
生活方式和中國的發展道路，具有深刻的影響。江澤民論述的民族精神和歷
史文化傳統，內在地包含著傳統美德，有些就是以傳統美德的方式表現出來
的。以至我們完全可以說，中華傳統美德是中華民族道德文明的優秀成果，
集中表徵著中國道德文明的精華和智慧。從某種意義上說，中華民族的形成
和發展，中華民族的團結和統一，中國歷史和文化的一脈相傳，都可以說是
同中華民族的傳統美德息息相關，有著最爲密切的聯繫。

　　5000 多年以來，中國作爲一個東方大國，之所以能夠克服多次的分裂局
面走向統一且長期保持著自身的統一和各民族的團結，一個重要的原因就是
由於中華民族有著自身所獨具的傳統美德，有著代代相傳並不斷發揚光大的
傳統美德。中華民族在數千年改造自然和改造社會、改造自身的過程中所形
成並不斷發展的傳統美德，不僅是一種調整人們利益關係的行爲準則，是人
們所認同並自覺加以維護的優秀品質和德性情操，而且更是一種維護民族團
結和國家統一的強大的精神力量，是人們用以立身處世或安身立命的動力源
泉。傳統美德是傳統道德中最具有精神震撼力和民族凝聚力向心力的價值內
核，是傳統道德中不斷大浪淘沙所留下的寶貴財富，是傳統道德中那些代表
了人民整體利益和願望，代表了文明發展未來方向的活性基元。

二、中華傳統美德的主要內容

　　中華傳統美德博大精深，包含著十分豐富的內容，是一個由多方面因素
組合起來的價值系統。這一價值系統以自強不息和厚德載物爲核心，體現和
反映著中華民族「舊邦新命」的內在基質。中華民族傳統美德的精神實質和
價值核心是《周易》所提出的天地之德的人文化彰顯和集結，是效法天地之
道的有爲君子內在精神和品質的凝聚與弘揚。「天行健，君子以自強不息」，
「地勢坤，君子以厚德載物」。自強不息，是《周易·乾卦》裏講的話。《周
易·上經》論述乾卦時有「象曰：天行健，君子以自強不息。」乾卦象天道
一樣永恒的運行不休，所以君子應當效法乾道，自己堅強起來，不斷地求進

步，永遠不停止不休息的去努力。孔子的學生曾子說：「士不可不弘毅，任重而道遠。仁以爲己任，不亦重乎？死而後已，不亦遠乎？」〔註6〕士不可以不具備弘大的志向和堅韌的意志。因爲他所肩負的責任重大，他所要趨達的目標遙遠。以實行仁愛道德於天下爲自己的己任，這一責任難道不重大嗎？永遠爲這一理想而奮鬥，至死方休，這一路程難道不遙遠嗎？三國時傑出的政治家曹操作《龜雖壽》，其中有：「老驥伏櫪，志在千里；烈士暮年，壯心不已」的名句，凸顯出了自強不息和奮發向上的精神氣慨。自強不息，就是永遠努力向上，永不停止地改造自然、社會和人生，它表現了中華民族蓬勃向上的生命力，不斷進取的拼搏精神和不向惡勢力屈服的鬥爭勇氣。「厚德載物」語出《周易‧坤卦》，其中有「至哉坤元，萬物資生，乃順承天。坤厚載物，德合無疆。含弘光大，品物咸亨」等論斷，是說大地的德性深厚而廣博無疆，它含藏有弘博、光明、遠大的因素，能夠使各種品類的事物都因它而咸通成長。所以，「地勢坤，君子以厚德載物」。老子認爲，「上德若谷」，眞正有道德的人「敦兮其若樸，曠兮其若谷」，〔註7〕他爲人處事胸襟寬廣，豁達大度，就好像幽深的山谷一樣，能夠包容人世間的一切。莊子推崇容納江河百川的海洋襟懷，《秋水》描寫的河神見到海若「望洋興歎」，含有面對廣闊無垠的海洋所生發出的一種對博大浩瀚和寬厚大度的無限驚羨和讚美，中心意思是教人們超越自身的局限，去認識宇宙或自然的永恒或無限。厚德載物，就是具有寬容精神和開放大度的視野和膽識，能夠包容各個方面的人，容納不同的意見，不輕易否定他人、他國的長處和成果，不去侵犯他人和其他國家，始終與他人、他國和睦相處，共同發展。如果說自強不息表現了中華民族的奮鬥或嚴於律己的精神與品質，那麼厚德載物則表現了中華民族的寬容或寬以待人的精神與品質。二者相輔相戚，共同架構起中華民族精神和傳統美德的大廈。

具體來說，中華傳統美德有個人處世美德、家庭生活美德、職業生活美德、公共生活美德、國家民族生活美德等。

個人美德主要是針對自我如何立身處世而言的，是人與自身道德關係的集中反映。個人美德主要有立志高遠；知恥自重；謙虛向學；躬行實踐；注重人格等。立志高遠，是個體進行道德修養的起點，也是其內在目標和精神

〔註6〕 《論語‧泰伯》。
〔註7〕 《老子》第十五章。

動力之所在。諸葛亮在《誡外甥書》中寫道：「志當存高遠。」宋代張載指出：「學者大不宜於志小氣輕。志小則易足，易足則無由進；氣輕則虛而爲盈，約而爲泰。」〔註8〕他所立下的宏偉志向就是「爲天地立心，爲生民立命，爲往聖繼絕學，爲萬世開太平」。知恥自重，改過自新，素來被中國人所推崇，被認爲是個人不斷完善自己的優秀道德品質。孔孟儒家均強調「行己有恥」和「恥於人大矣」，認爲人非聖賢，孰能無過，過而能改，人皆仰之。因此，「人不可以無恥，無恥之恥，無恥矣」。〔註9〕宋代朱熹發展了這一思想，指出：「恥者，吾所固有羞惡之心也。存之則進於聖賢，失之則入於禽獸。故所繫爲甚大。」〔註10〕清初顧炎武在論及管仲「禮儀廉恥，國之四維」時指出：「四者之中，恥爲要。」他還說：「士大夫之無恥，是謂國恥。」〔註11〕顧炎武將聖人之道概括爲「博學於文」和「行己有恥」兩個方面，指出：「自一身以至於天下國家，皆學之事也。自子臣弟友以至出入往來、辭受取與之間，皆有恥之事也。恥之於人大矣。不恥惡衣惡食，而恥匹夫匹婦之不被其澤……嗚呼！士不先言恥，則爲無本之人。」〔註12〕知恥或有恥之人，必定能夠聞過則喜，改過自新。德量涵養本身就是一個「聞過」、「改過」、「補過」的過程，「過而能改，善莫大焉」。謙虛向學，是一個人應該有的生活態度和美德。人非生而知者，而是學而知之者，因此只有謙虛向學才能夠有所進步有所發展。《荀子·勸學篇》開宗明義地告誡人們：「學不可以已」，意味學習應持之以恒，從不中輟，永無終止。荀子認爲，學習的成效來源於辛勤地積累，「不積跬步，無以至千里；不積小流，無以成江海」。宋代文學家歐陽修在《伶官傳序》中從總結歷史的高度深刻闡發了「謙受益，滿招損」的道理，他說：「《書》曰『滿招損，謙受益』。憂勞可以興國，逸豫可以亡身，自然之理也。故方其盛也，舉天下之豪傑莫能與之爭；及其衰也，數十伶人困之而身死國滅，爲天下笑。夫禍患常積於忽微，而智勇多困於所溺，豈獨伶人也哉？」無數歷史事實證明了謙虛使人進步，驕傲使人落後的道理。躬行實踐，強調道德認

〔註8〕　張載：《經學理窟·學大原下》，《張載集》，北京：中華書局1978年版，第287頁。

〔註9〕　《孟子·公孫丑上》。

〔註10〕　朱熹：《孟子集注》卷十三，《四書章句集注》，北京：中華書局1983年版，第351頁。

〔註11〕　顧炎武：《日知錄·廉恥》。

〔註12〕　《亭林文集·與友人論學書》。

識只有落實到人的行爲中去，才能發揮規範人和引導人的作用，在實踐過程中要求眞務實。先秦儒家非常重視道德實踐，主張「愼言力行」。孔子說：「君子欲訥於言而敏於行」〔註13〕。反對言過其行或誇誇其談。宋代思想家朱熹繼承並發展了這種思想，強調「善在哪裏，自家卻去行也。行之久，則與自家爲一；爲一，則得之在我。未能行，善自善，我自我」。〔註14〕在朱熹看來，優良的品德，只有自己在道德實踐中才能獲得，長期進行道德實踐，優良品德就會鎔鑄在自己身上。如果不能努力進行道德實踐，優良的道德品質是無法獲得的。注重人格，更是中國人所廣泛認同的傳統美德。孔子說：「三軍可奪帥，匹夫不可奪志也。」孟子提出「大丈夫」的人格，把「富貴不能淫，貧賤不能移，威武不能屈」視之爲「大丈夫」人格的基本內容。荀子發展了孔孟的思想，提出「德操」的範疇，指出：「權利不能傾也，群眾不能移也，天下不能蕩也，生乎由是，死乎由是，夫是之謂德操。」〔註15〕他主張面對權利不屈服，面對眾議不附和，面對流俗不動搖，爲眞理和正義而生，爲眞理和正義而死，這樣就會擁有「德操」。宋代李清照「生當做人傑，死亦爲鬼雄」，明代于謙「粉身碎骨全不怕，要留清白在人間」的詩句蕩氣迴腸，充分揭示了中國人注重氣節和人格的高貴品質。

　　家庭生活美德是中華傳統美德的重要內容和有機組成部分。中國傳統的家庭美德主要有勤儉持家，勞動致富；孝敬父母，慈愛子女；夫義婦順，相敬如賓；兄友弟恭，妯娌和睦；親善鄰里，注重家教。在中華民族的傳統美德中，勤儉持家，勞動致富一直是普及最廣、傳播最久的美德之一，是中華民族勤勞儉樸的優良傳統在家庭生活中的具體體現。勤儉持家是興家之本、富家之路和強家之根。《左傳》指出：「民生在勤，勤則不匱。」〔註16〕百姓的生活在於勤勞，勤勞才能保證家庭成員物質生活需要的滿足。節儉，指的是對所創造的勞動成果或物質財富的珍惜、愛護與節約。《左傳》提出：「儉，德之共也；侈，惡之大也。」〔註17〕李紳的《憫農》詩是中國家喻戶曉的教人愛情勞動成果的名詩，「鋤禾日當午，汗滴禾下土；誰知盤中餐，粒粒皆辛苦」。唐太宗李世民告誡自己的子女們「每一食，便念稼穡之艱難；每一衣，

〔註13〕　《論語・里仁》。
〔註14〕　《朱子語類》卷十三，北京：中華書局1986年版，第222頁。
〔註15〕　《荀子・勸學》。
〔註16〕　《左傳・宣公十二年》。
〔註17〕　《左傳・莊公二十四年》。

則思紡績之辛苦」。〔註18〕唐代詩人李商隱的詩句「歷覽前朝國與家，成由勤儉敗由奢」，可謂至理名言，深入而生動地揭示了勤儉美德的至上價值。孝敬父母，慈愛子女，是中國傳統家庭美德的重要內容。《管子·五輔》有「為人父者，慈惠以教；為人子者，孝悌以肅」的說法，儒家《大學》有「為人子，止於孝；為人父，止於慈」的說法，較好地揭示了父子之間關係的倫理要求和道德規範。父慈即親代對子代的關懷、照顧和教育，子孝即子代對親代的敬重、孝順和贍養。儒家在家庭美德上十分注重父慈子孝，並認為這是家庭關係中最基本的道德規範和品質要求。後世儒家片面強調孝，雖有鞏固封建家庭和國家統治的功用，但也產生了嚴重的偏弊。夫義婦順，相敬如賓，一直是夫妻關係的倫理美德，它要求夫妻之間應相互愛慕、相互關心，彼此互相忠誠，患難與共。《管子·五輔》指出：「為人夫者，敦懞以固；為人妻者，勸勉以貞」，男女雙方應忠貞專一，琴瑟和鳴。白居易《贈內》詩寫道：「生為同室親，死為同穴塵。他人尚相勉，而況我與君？黔婁固窮士，妻賢忘其貧。冀缺一農夫，妻敬儼如賓。陶潛不營生，理氏自爨薪。梁鴻不肯仕，孟光甘布裙……人生未死間，不能忘其身。所須者衣食，不過飽與溫。蔬食足充饑，何必膏粱珍。繒絮足禦寒，何必錦繡文。君家有貽訓，清白遺子孫。我亦貞苦士，與君新結婚。庶保貧與素，偕老同欣欣。」後世儒家講「夫為妻綱」，甚至提出婦女「餓死事極小，失節事極大」，明顯地具有男尊女卑和男女不平等的因素，我們應當給以深刻的批判。兄友弟恭，妯娌和睦，也是傳統中國家庭美德的有機組成部分。兄弟團結友愛是家庭和睦、家道昌盛的重要標誌。《詩經·小雅·棠棣》中說：「凡今之人，莫如兄弟。」把兄弟比作棠棣花的花萼和花蒂，形容其相互依存，榮辱與共。《顏氏家訓·兄弟》篇中指出：「兄弟者，分形連氣之人也，方其幼也，父母左提右挈，前襟後裾，食則同案，衣則傳服，學則連業，遊則共方，雖有悖亂之人，不能不相愛也。」兄弟是家庭共同體的成員，同胞之間共同的血緣關係和從小的共同生活，培養了他們相互認同和相互依戀的心理意識，結成了榮辱與共、休戚相關的親密感情。兄弟之間相互關心、相互愛護，被視為是做人的基本準則。傳統倫理還把這種關心與愛護向社會推擴，提出了「四海之內皆兄弟」的主張。鄰里關係與家庭關係密切相關，妥善地處理鄰里關係，對於維護家庭的和諧，提升家庭生活的質量，有著非常重要的意義。傳統美德一向主張親善鄰里，

〔註18〕　《貞觀政要·教誡太子諸王》。

提出了「遠親不如近鄰」等觀點，把處理好鄰里關係視爲家庭幸福的要件。唐代詩人王梵志有詩云：「鄰並須來往，借取共交通；急緩相憑仗，人生莫不從。」〔註19〕朱柏廬《治家格言》有「與肩挑貿易，勿佔便宜；見窮苦親鄰，須多溫恤」的話語，深入地揭示了處理好鄰里關係的要義。注重家教，整肅門風也是中華傳統美德的重要內容。古人認爲，教育子女是父母的天職，「養子不教如養豬，養女不教如養驢」，「養不教，父之過」，並認爲教子即是愛子，不教則是害子。「愛而不教，尤饑而食之以毒，適足以害之也。」〔註20〕在中國歷史上，留下了許多精心教子的佳話，如周公誡子、孟母教子等。

職業生活美德是人們在職業生活中形成的並代代相傳的美德。中國傳統職業美德，其主要內容有愛崗敬業，忠於職守；勤業精業，精益求精；誠信爲本，義重於利；艱苦創業，利用厚生。愛崗敬業，忠於職守，就是樹立正確的職業理想和職業價值觀，眞正做到熱愛自己所從事的工作崗位，敬重自己所獻身的職業，幹一行，愛一行；幹一行，敬一行，並自始至終忠於自己的工作。古人有「三百六十行，行行出狀元」之說，每一種職業都有自己的可敬可愛之處，不同職業的人都可以對社會做出自己的貢獻。明代思想家王陽明指出：「古者四民異業而同道，其盡心焉，一也。士以修治，農以具養，工以利器，商以通貨，各就其資之所近，力之所及而業焉，以求盡其心。其歸要在於有益於生人之道，則一而已。士農以其盡心於修治具養者，而利器通貨，猶其士與農也；工商以其盡心於利器通貨者，而修治具養，猶其士與農也。」〔註21〕士農工商之存在是適應社會生存和發展之所需，每一種職業都爲社會所需要，沒有什麼貴賤之分。北宋詩人張耒專門寫詩稱頌每天上街賣餅的小孩：「城頭月落霜如雪，樓頭五更聲欲絕。捧盤出戶歌一聲，市樓東西人未行。」「北風吹衣射我餅，不憂衣單憂餅冷。業無高卑志當堅，男兒有求安得閒。」人的職業沒有什麼高低貴賤之分，關鍵在於志向堅定，敬業愛崗。勤業精業，精益求精，是愛崗敬業的拓展和具體化，它要求人們在深刻認識自己職業和崗位意義的前提下，刻苦鑽研業務，精通本職工作，對工作認眞負責，精益求精。唐代韓愈在《進學解》一文中提出了「業精於勤荒於

〔註19〕 《全唐詩外編》卷二。
〔註20〕 申涵煜：《省心短語》，參閱《中國傳統道德·德行卷》第 461 頁，中國人民大學出版社 1995 年版。
〔註21〕 《王陽明全集》卷二十五，上海古籍出版社 1992 年版，第 941 頁。

嬉，行成於思毀於隨」的著名論斷，告誡人們應當認眞對待自己所從事的工作，千萬不能不負責任，馬虎對待。中國歷史上多精益求精之士，如書法家王羲之，文學家白居易、賈島，醫學家扁鵲、張仲景，藥物學家李時珍，科學家張衡等。史載東漢名醫郭玉精心鑽研醫術，達到非常高的醫術水平。東漢和帝感到奇怪，決意檢測他的醫術，「令嬖臣美手腕者與女子雜處幃中，使玉各診一手，問所疾苦。玉曰：『左陰右陽，脈有男女，狀若異人，臣疑其故。』帝歎息稱善。」〔註22〕誠信爲本，義重於利也是中國傳統職業美德的重要內容。誠信即誠實信用，表現在職業生活中就是說老實話，辦老實事，做老實人，一言既出，馹馬難追，敢於並善於對自己的言行負責。《中庸》較爲詳細地論證了君子「以誠爲貴」的思想，《孟子》則提出「誠身有道」，認爲「誠」作爲一種道德意識，是對善的堅定信念和眞情實感，以此行德就能達到完善自我和感化他人的目的。宋代二程指出：「學者不可以不誠，不誠無以爲善，不誠無以爲君子。修學不以誠，則學雜；爲事不以誠，則事敗；自謀不以誠，則是欺其心而自棄其忠；與人不以誠，則是喪其德而增人之怨。」〔註23〕誠不僅是德、善的基礎和根本，也是一切事業得以成功的保證。「信」與誠相關，許愼的《說文解字》指出：「信，誠也，從人言。」信的最基本含義就是誠心實意，就是言行一致，說話算數。孔子貴信，把說話算數、言而有信看作是人們立身行世的基點和最基本的道德要求，認爲「人而無信，不知其可。」《呂氏春秋》有《貴信》篇，把信當作人立身處世的根本，並主張人生以信爲貴，認爲人際關係缺少了信任勢必導致其緊張和衝突，結果陷入人人自危的狀態。「君臣不信，則百姓譭謗，社稷不守；處官不信，則少不畏長，貴賤相輕；賞罰不信，則民易犯法，不可使令；交友不信，則離散鬱怨，不能相親；百工不信，則器械苦僞，丹漆染色不貞。」如果人人都能講求誠信，則不僅可以建立良好的人際關係，而且還可以使人內心世界充實，擁有最健康的心態和精神生活，獲得人生的幸福。道德建設重在培養眞誠的品德，遵奉信用的規範，只有眞誠品德的挺立和形成才能夠眞正成就一番事業，只有信用規範的形成和推擴才能眞正建構良好的社會秩序。義重於利，主張在道義與功利的關係問題上將道義放在第一位，「君子愛財，取之有道」。孔子指出：「富與

〔註22〕　《後漢書》卷八十二，《郭玉傳》。
〔註23〕　《河南程氏遺書》卷二十五，《二程集》上，北京：中華書局 2004 年版，第326頁。

貴，人之所欲也，不以其道得之，吾不處也」〔註24〕，又說：「不義而富且貴，於我如浮雲，」〔註25〕主張「見利思義」、「義然後取」。荀子指出：「義與利者，人之所兩有也。雖堯舜不能去民之欲利，然而能使其欲利不克其好義也。雖桀紂不能去民之好義，然而能使其好義不勝其欲利也。」〔註26〕無論是義還是利，都是人類生活所不可或缺的，利不能去，義更不能丟。君子與小人的區別就在於君子能夠先義後利，義重於利，而小人往往是先利後義，利高於義。荀子主張先義後利，反對先利後義，認爲「先義後利者榮，先利後義者辱」。〔註27〕歷代儒家所主張的政德、士德、武德、商德、師德、醫德等職業道德，都把講誠信、重道義視爲最主要的內容，強調在職業活動中正心誠意、信譽至上，反對弄虛作假、欺詐僞飾；強調買賣公平、童叟無欺，反對欺行霸市、魚肉百姓；強調見利思義、和氣生財，反對損人利己、損公肥私。艱苦創業，利用厚生，也是傳統職業美德的重要內容。艱苦創業是指人們在職業生活中克服一切困難去創造物質財富和精神財富，以向社會提供更多更好的物質和精神產品。利用厚生，通俗地說，就是利用和開發自然資源以滿足人們生活的需要，使人們得以生存和發展。它是艱苦創業的中心內容，又是其指向目標，它從一個側面體現了我們民族勤勞勇敢、厚德載物的傳統美德。在中華文明初曙的時代，我們民族的先祖就開始了艱苦創業、利用厚生的偉大歷程。史載炎帝神農氏教民稼穡，始製醫藥。「古者，民茹草飲水，採樹木之實，食蠃蚌之肉，時多疾病毒傷之害。於是，神農氏乃始教民播種五穀，相土地宜燥濕、肥磽、高下；嘗百草之滋味，水泉之甘苦，令民知所辟就。當此之時，一日而遇七十毒。」〔註28〕大禹治水，勞身焦思，在外十三年，三過家門而不入。「薄衣食，致孝於鬼神。卑宮室，致費於溝淢。陸行乘車，水行乘船，泥行乘橇，山行乘檋。左準繩，右規矩，載四時，以開九州，通九道，陂九澤，度九山。令益予眾庶稻，可種卑濕。命后稷予眾庶難得之貨。食少，調有餘相給，以均諸侯。禹乃行相地宜所有以貢，及山川之便利。」〔註29〕誠如毛澤東所說：「在中華民族的開化史上，有素稱發達的農業和手工

〔註24〕 《論語・里仁》。
〔註25〕 《論語・述而》。
〔註26〕 《荀子・大略》。
〔註27〕 《荀子・榮辱》。
〔註28〕 《淮南子・脩務訓》。
〔註29〕 《史記・夏本紀》。

業，有許多偉大的思想家、科學家、發明家、政治家、軍事家、文學家和藝術家，有豐富的文化典籍。在很早的時候，中國就有了指南針的發明。還在一千八百年前，已經發明了造紙法。在一千三百年前，已經發明了刻板印刷。在八百年前，更發明了活字印刷。火藥的應用，也在歐洲人之前。所以，中國是世界文明發達最早的國家之一，中國已有了將近四千年的有文字可考的歷史。」〔註30〕中國古代創造的物質文明和精神文明，曾對世界做出過偉大的貢獻，也是中華民族艱苦奮鬥、改天換地和自強不息、厚德載物的結果，是無數先民創業、守業和擴大、發展事業的生動體現。

　　公共生活美德是中華民族在社會公共生活中所形成和發展起來的美德，主要內容有尊老愛幼，謙恭禮讓，扶危濟困，見義勇爲，貴和樂群，團結友善等。尊老愛幼是傳統家庭美德在社會公共生活中的延伸和體現。孔子曾經把「老者安之」、「少者懷之」作爲自己爲社會建功立業的主要內容，孟子強調「老吾老以及人之老，幼吾幼以及人之幼」，《禮記・禮運》篇提出：「大道之行也，天下爲公，選賢與能，講信修睦。故人不獨親其親，不獨子其子；使老有所終，壯有所用，幼有所長，鰥寡孤獨廢疾者皆有所養……」尊老愛幼的必要性和重要性是人們不難體驗到的，因爲任何人都是父母所生，都要生兒育女，任何人也都有一個從幼而長、而老的生命發展過程。尊老愛幼，既是對社會歷史經驗的珍視和對未來發展責任的自覺，又是個人對自身成長發展的肯定和尊重，它是一個生活於社會群體中的人應當具有的起碼的道德情感和所必須踐行的行爲準則。謙恭禮讓，是群體和諧所要求的重要德行。謙恭是以對他人的尊敬爲前提和重要內容的，禮讓則來源於熱愛他人的道德情感。謙恭是禮讓的心理基礎和價值內核，禮讓是謙恭的外在形式和表現。古人把謙恭分爲三類：有聲名而不自滿，謂之「鳴謙」；有功勞而不驕傲，謂之「勞謙」；施惠於人而不自居，謂之「撝謙」。〔註31〕與上述三種謙恭相聯繫，禮讓也包含著三種含義：一是讓賢，二是讓功，三是讓利。中國歷史上「齊桓公禮見小臣稷」，「范宣子重德讓賢」等可以視作爲第一種類型，「范文子循禮讓功」、「張良不受三萬戶」等可以視作爲第二種類型，「吾公子季札讓位」等屬於第三種類型。謙恭禮讓造成了人際關係的和諧，也給整個社會生

〔註30〕毛澤東：《中國革命與中國共產黨》，《毛澤東選集》第2卷，北京：人民出版社1991年版，第622～623頁。

〔註31〕參閱《周易・謙》。

活注入了一種彬彬有禮的秩序。扶危濟困，一直是中華民族待人接物的傳統美德，自古以來就受到人們的推崇。中國歷史上湧現了一大批扶危濟困的道德之士，他們在他人需要的時候能夠伸出援助之手，行雪中送炭之義舉，或解人之難，或接濟災民，或助人歡聚，或救助孤貧，留下了許多感人至深的道德佳話。元代義士徐師顏以救人之難而聞名於當時。元世祖至元十四年，江南瘟疫流行，病死的人很多。徐師顏拿出自己家中的糧食招募民工，讓他們擡屍、挖坑、掩埋屍體；對還有可能挽救其性命的，他親自撫慰看望，給食給藥，設法救活他們的性命。有一次，遇見一個倒臥的女子，已經奄奄一息了。他把她攙扶起來，問她是哪裏人，那女子回答說：「我是衢州一個讀書人的女兒。」徐師顏用車把她拉回家，給予精心治療。這個女子的病好以後，徐師顏還給她生活接濟，直到後來她嫁給一個讀書人為妻。像徐師顏這樣的扶危濟困之士，在中國歷史上可謂很多。正是他們，挺立和光大了中華美德，使中華美德在無數人的心中生根、開花、結果。見義勇為是一種敢於擔當道義、一往無前、無所畏懼的道德品質，主要表現在三個方面；一是在壞人壞事面前敢於挺身而出，同邪惡勢力作鬥爭；二是在事關公眾利益、他人安危的情況下，仗義而為，甘冒風險，甚至不惜犧牲自己的一切；三是在大是大非面前敢于堅持真理、伸張正義，撥亂反正，變亂為治。貴和樂群，是中華民族的一貫精神和品德。中國人崇尚「天時不如地利，地利不如人和」，主張「和氣生財」，認為「禮之用，和為貴」。同時，中國人特別欣賞與眾人同樂，強調獨樂樂不如眾樂樂，與民同快樂才能得到真正的快樂。宋代張載提出「民胞物與」的觀點，指出：「乾稱父，坤稱母；予茲藐焉，乃混然中處。故天地之塞，吾其體；天地之帥，吾其性。民吾同胞，物吾與也。」〔註32〕天地是人和萬物的父母，人與萬物渾然共處於天地之間。充滿於天地之間的氣體構成了我的身體，統帥天地之間的自然之性，構成了我的本性。人民是我的同胞兄弟，萬物是我的同伴儕輩，「凡天下疲癃殘疾、惸獨鰥寡，皆吾兄弟之顛連而無告者也。」〔註33〕因此，我應當愛一切人，與大家同歡樂。范仲淹著《岳陽樓記》，提出「先天下之憂而憂，後天下之樂而樂」，更加凸顯了群體的意義和價值。與此相關，中華傳統美德特別強調團結友善，認為團結是力量的源泉。個人的力量是有限的，「雖有堯之智而無眾人之助，大功不立。」

〔註32〕 張載：《正蒙·乾稱上》，《張載集》，北京：中華書局1978年版，第62頁。
〔註33〕 同上註。

〔註34〕因此，「人之生，不能無群」〔註35〕。個人應當與他人團結才能形成力量。南北朝時，吐谷渾國君長阿豺是鮮卑族人，有20個兒子。有一天，阿豺對他的兒子們說：「你們各自給我送上一隻箭，然後在地下玩耍。」一會兒，阿豺命令同母弟慕利延說：「你取一隻箭把它折斷。」慕利延取過箭，輕輕一折，箭就斷了。阿豺又說：「你再取十九隻箭把它折斷。」慕利延取過箭，折啊折，折了半天也折不斷。阿豺對在場觀看的兒子們說：「你們知道不知道？單隻箭容易折斷，好幾隻箭合在一起就難以折斷了。把這個道理用在治理國事上，只要齊心協力，國家就可以固若金湯。」友善，是人對人應有的態度和品質。中國歷史上，儒家總是主張與人為善，倡導君子成人之美，不成人之惡，並把與人方便看作是對自己的方便。道家也強調「生而不有，為而不恃，長而不宰，功成而勿居」，提出了「既以為人己愈有，既以與人己愈多」的命題，並且主張以德報怨，極大地表彰了與人為善的價值。

　　國家民族美德是人們處理國家民族關係所應該具有的美德。中華民族在此一方面的關注尤多，提出了許多精湛的觀點，無數仁人志士將其化為自身的實踐，彙成了中華民族國家民族美德的滾滾江河。就其大體而言，中華民族在處理國家民族關係方面的美德主要有：憂國憂民，情繫故土；公忠體國，精忠報國；抗暴禦侮，堅持正義；維護統一，反對分裂；民族和睦，協和萬邦，等。憂國憂民，情繫故土，是中華民族愛國主義的重要內容，也是傳統國家民族美德的有機組成部分。憂國憂民的意識和情感植根於對國家和人民無比的愛，本質上是個人對祖國和人民高度負責，把一己的命運同國家、人民利益和命運緊密聯繫起來的道德情感和心理。中國歷史上的憂國憂民，既有像屈原那樣在國運衰微時「哀民生之多艱」、「恐皇輿之敗績」，也有像賈誼那樣在天下安定時居安思危；既有像曹劌、申包胥那樣面對著國家的危難挺身而出，馬援那樣的請戰赴纓，也有像卜式那樣的急國家之所急基礎上的慷慨解囊；既有祖逖式的中流擊楫，也有宗澤、陸游式的臨終「呼過河」與盼統一。他們憂國憂民的襟懷和氣節構成中華民族的「脊梁」和「國魂」，是維繫中華民族團結統一的內在精神動能。情繫故土是指對故土和故鄉的熱愛。故土、故鄉、故國是無數中華兒女魂繫夢牽的信念大廈和精神家園。「舉頭望明月，低頭思故鄉」。故鄉的一山一水、一草一木，不僅同自己的生長養育息

〔註34〕　《韓非子・觀行》。
〔註35〕　《荀子・富國》。

息相關，而且寄託著自己的理想、信念和希望。「遙望中原懷故土，靜觀落葉總歸根」，是那些離家游子懷戀故土、寄情祖國的愛國深情的眞切體現。正是對故土、故國的無比思戀以及對故土、故國的滿腔忠誠支持著蘇武北海牧羊飲雪吞氈而堅貞不屈，支持著蔡文姬強忍著割捨親生骨肉的劇痛而棄子歸漢，支持著土部同胞在移居異國百年之後又決心不惜一切犧牲重返自己的家園。即便是不能重返故土、落葉歸根、報效桑梓，他們那份從小就形成的對故鄉、故土的愛也絲毫不會減弱，相反歷久而彌新，深沉而濃烈。公忠體國即是將國家利益與大公無私的精神有機地結合起來，全心全意地爲國家利益而奮鬥，把維護國家人民利益作爲自己的神聖使命和職責，並願意犧牲自己的一切。精忠報國是公忠體國精神的具體體現，表達了人們精誠地忠於國家和報效國家的心意與願望。同時，精忠報國也是一種具體的行爲和實踐。古人說：「一身報國有萬死」，「苟利國家，生死以之」。中國歷史上的公忠體國、精忠報國的典範人物很多，其行爲大體上有以下幾種類型：一是自覺地把祖國和人民的利益置於至高無上的地位，爲此殫精竭慮，獻計獻策，甚至不惜犧牲身家性命，衛石碏、漢晁錯即是這方面的典型；二是爲了維護國家的穩定和民族的和睦，不惜一切，挺身而出，請戰報國，趙充國、馬援等人雖年事已高仍願意爲國請戰就體現了這種精神，令人欽佩；三是以盡忠報國爲職志，赴湯蹈火，在所不惜，楊業、岳飛的行爲即屬此類。抗暴禦侮，弘揚正義，是中華民族愛國主義傳統的重要方面，它突出地表現在中國人民不甘忍受外來的侵略和壓迫，英勇地抗擊外族的入侵和抵禦外族的侵略上。明嘉靖、隆慶年間，由日本內戰中潰逃出來的殘兵敗將和海盜奸商組成的倭寇，不斷地對我國東南沿海侵略騷擾，屠殺我沿海人民，無惡不作。愛國志士、民族英雄戚繼光等英勇抗擊倭寇，終於使沿海人民得以安居樂業。1604 年以後，西方殖民主義開始東來，荷蘭殖民軍侵佔臺灣，殘酷掠奪和奴役臺灣人民。爲了驅除外侮，收復臺灣，鄭成功帶領所屬部隊英勇殺敵，將荷蘭殖民軍趕出臺灣。這些抗暴禦侮的英勇壯舉，成爲近代以來中國人民不屈不饒地同帝國主義展開殊死搏鬥的動力源泉。維護統一，反對分裂是民族團結的基礎，也是中華民族愛國主義的重要內容。在中國，不僅漢族和中原地區的人們向往統一，周邊地區和少數民族也不希望分裂。各民族人民在長期的社會實踐中深感國家的統一乃是民族生存和發展的重要條件，都用自己的實際行動譜寫了一曲又一曲維護統一、反對分裂的頌歌。漢代周亞夫面對吳楚七國之亂

毅然挺身而出平定內亂，唐代郭子儀平定安史之亂，清代康熙皇帝戡定三藩
之亂，用自己的實際行動維護了國家的統一。南朝時南越首領洗夫人面臨當
時的「嶺表大亂」及歐陽紇謀反，採取斷然措施，懷集百越，平定內亂，留
下了「我爲忠貞，經近兩代，不能惜汝負國」的名言。民族和睦，協和萬邦，
是中華民族處理民族關係和國家關係的基本準則，也是中華民族最優秀的傳
統美德。在中華民族的歷史上，兄弟民族的關係一直是以和睦相處爲主流，「各
安其所，我爾不侵」，「不貪其功，不貪其利」（王夫之語），數千年來逐漸成
爲各民族的共識。中華民族的主體漢族文化昌達、經濟繁榮，卻不因此而蔑
視兄弟民族、窮兵黷武、欺侮弱小，反而專注於文化的傳播和道德的感染，
將寬厚仁愛看得無比重要。只要能有助於和睦相處，願意付出任何努力和代
價。其他兄弟民族的優秀代表也能夠以和爲貴，關心漢民族的政治經濟發展，
爲中華民族大家庭的鞏固、團結作出自己的貢獻。在他們看來，只有和睦相
處，才能既有利於本民族經濟文化的發展，又有利於中華民族的繁榮昌盛。
歷史證明，中華民族之所以能夠一次次地衰而復振、轉危爲安，傲然屹立於
世界的東方，完全是同各民族和睦相處、患難與共的精神聯繫在一起的。「協
和萬邦」是中華民族和睦相處精神在對外關係上的反映，是中國人民同世界
人民友好相處、互助平等關係的體現。在幾千年的歷史進化發展中，中華民
族總是以自己博大開放的胸襟，平和而大度地吸納外來文化，採擷異域的文
明之果，同時也將中華文明傳播到世界的四面八方。早在公元前二世紀，被
譽爲東方哥倫布的張騫開通了經西域通往中東、歐洲的絲綢之路，拓展了中
國同西方諸國的經濟文化聯繫。之後，玄奘印度取經，鑒眞東渡日本，鄭和
七下西洋，中華民族的使者走出國門，走向世界，掀起了一次次中外經濟文
化交流的熱潮。爲了弘揚、光大中華民族和睦相處、四海一家的優良傳統和
民族精神，中國各族人民都十分注意同那些製造民族分裂、破壞民族團結的
民族敗類，同民族沙文主義和狹隘民族主義的思想與行爲進行堅決的鬥爭。
唐太宗李世民就曾對「貴華夏」、「賤夷狄」的觀念和行爲給予了嚴厲的批評，
強調對於華夏和夷狄必須愛之如一。唐玄宗指出：「止戈爲武，國之大猷；懷
遠以德，朕之本意。中外無隔，夷夏混齊，託聲教於殊方，躋含靈於神壽，
朕之深旨。」〔註36〕中華民族和睦相處、協和萬邦的美德受到世界的稱譽。
早在十三世紀末葉，客居中國的意大利人馬可‧波羅就曾爲中華民族的和平

─────────────────

〔註36〕《全唐文》卷四十。

主義精神發出由衷的慨歎。十六世紀西方傳教士利瑪竇在自己的著作中無限感慨卻又不無敬佩地指出：「在這樣一個幾乎具有無數人員和無限幅員的國家，而各種物產又極爲豐富，雖然他們有裝備精良的陸軍和海軍，很容易征服鄰近的國家，但他們的皇上和人民卻從未想過要發動侵略戰爭。他們很滿足於自己已有的東西，沒有征服的野心。在這方面，他們和歐洲人很不相同，歐洲人常常不滿意自己的政府，並貪求別人所享有的東西。」〔註 37〕這些評價，比較眞實地反映了中國歷史的發展狀況，揭示了中華民族崇尚和平、協和萬邦的傳統美德。

三、中華傳統美德的功能與作用

中華民族的傳統美德，作爲中華民族精神和價值的集中體現，在中國古代社會的長期發展中，產生了十分深遠的影響，發揮著重要的功能與作用。這些功能與作用，概括地說起來，主要有以下幾個方面：

首先，中華民族傳統美德的一個重大功能即是民族凝聚和民族團結的功能，爲形成中華民族的合力、凝聚力和戰鬥力發揮了巨大的作用。一般地說，傳統美德集中體現了我們民族的共性，反映了我們民族在立身處世、待人接物、治生理財、治國安邦等方面的智慧與思維成果，具有相對的普遍性和永恒的價值。有些德目雖然在歷史上曾被統治階級所提倡和利用，但是我們在把傳統美德與統治階級所提倡的道德相區分的同時也要看到，統治階級之所以利用和提倡傳統美德恰恰在於傳統美德是深入人心并獲得了高度的社會認同的，統治階級也不得不利用傳統美德來整合道德資源和安頓人心。假如傳統美德沒有得到各族人民和各階層人民的高度認同，統治階級就不可能去加以利用。因此，我們可以說傳統美德有著巨大的思想統攝性和價值共同性，它可以在一定程度或意義上超越地域、階級、種族和時代的局限，上昇到普遍理性和價值目標的層次，成爲凝聚各階層和各民族意志和願望的道德沾合劑、倫理原動力。用中華民族傳統美德哺育和培養每一個中華兒女，使其凝聚爲一個整體，同心同德地爲中華民族的整體利益和長遠利益而奮鬥。正因爲如此，每當歷史上出現外敵入侵之時，中華民族都能夠萬眾一心地抵禦外侮，同侵略者展開殊死的搏鬥，直到取得勝利爲止；每當內亂出現之時，人

〔註37〕利瑪竇、金尼閣：《利瑪竇中國札記》，北京：中華書局 2010 年版，第 58～59頁。

們往往又可以在「中華一體」的民族認同基礎上，捐棄前嫌，團結一致，變分為合，轉亂為治。凡此種種，都是與中華民族傳統美德的陶養與哺育是密切聯繫在一起的。傳統美德以和為貴的精神，還滋養出了崇尚和諧統一的博大胸懷。堅持和而不同的矛盾統一觀，反對片面求同或亂鬥一氣；堅持統一，反對分裂。把家庭鄰里和民族的和諧、國家的統一看作天經地義的事情。這種傳統美德，對於中華一體、國家一統的民族文化心理的形成，對於我們國家、社會的長期穩定發展，曾經起了十分重要的價值聚合和力量整合的作用。中華民族的傳統美德，是民族凝聚力形成並發揮作用的道德基礎，也是它的價值核心。民族凝聚力作為一種思想整合力量，作為民族文化對其全體成員的吸引力，作為統攝人心、團結族類的精神紐帶，邏輯地要以傳統美德作為其道德精神的依託。沒有傳統美德的存在，沒有它的感召力量和凝聚功能，就沒有真正的民族凝聚力。不特如此，傳統美德還是增強並推動民族凝聚力更新的精神力量。因為，傳統美德基本內核的自強不息精神必然會不斷地促進中華民族力量的釋放，促進中華民族凝聚力的不斷更新和發展。

其次，中華民族的傳統美德對於中華民族的每一個具體成員，有著強烈而積極的精神激勵功能。傳統美德代表著民族精神，中華民族的傳統美德是中華民族優秀文化傳統的集中體現。因此，它應該而且必然反映中華民族優秀文化的發展方向，成為激發民族自尊心、自信心和民族自豪感的價值動原，成為維繫全民族共同心理、共同價值追求的思想或精神紐帶，成為煥發人們為民族統一、社會進步而英勇奮鬥的精神源泉。中華民族傳統美德中自強不息的精神，在數千年的歷史發展中，一直激勵著人們奮發向上，不斷前進，堅持與內部的惡劣勢力和外來的侵略壓迫作不屈不饒的鬥爭。儒家倫理中重視道德修養和大公無私精神，講求獨立人格和民族氣節等觀念，培育了一代又一代仁人志士。南宋英雄文天祥在《正氣歌》中高度讚揚孔孟儒家殺身成仁、舍生取義思想的巨大作用，對因傳統美德形成的民族正氣極其代表人物作了深情的謳歌：「天地有正氣，雜然賦流行。下則為河嶽，上則為日星。於人曰浩然，沛乎塞蒼冥。皇路當清夷，含和吐明庭。時窮節乃見，一一垂丹青：在齊太史簡，在晉董孤筆，在秦張良椎，在江蘇武節；為嚴將軍頭，為嵇侍中血，為張睢陽齒，為顏常山舌；或為遼東帽，清操厲冰雪；或為出師表，鬼神泣壯烈；或為渡江槽，慷慨吞胡羯；或為擊賊笏，逆豎頭破裂。是氣所磅薄，凜冽萬古存……」傳統美德在歷史上造就了各種道德人格，這些

道德人格按照其體現道德理想的不同程度可分爲聖人、賢人、仁人、大人、君子、義士、成人、善人等。正是這些理想人格的存在，架起了中國倫理精神的大廈，支撐起中華民族文化信念的空間，使中華倫理文化在歷史的發展長河中雖歷經曲折仍能一往無前，顯示出宏闊的發展前景。中華民族的傳統美德爲炎黃子孫的安身立命、律己做人提供了價值目標和行爲指南，是中華民族「愈挫愈奮，愈戰愈強」的精神動能，也是中華民族「雖則縱橫，源終不竭」的精神源泉。

再次，中華民族的傳統美德具有價值整合和價值導向的功能。整合不同的價值，使其在中華一體的文化格局中鎔鑄成爲一個有機的統一整體，「爲天地立心，爲生民立命，爲往聖繼絕學，爲萬事開太平」，是中華民族傳統美德的又一重要功能。中華民族的傳統美德是整個中華版圖意義上的傳統美德，是整合了各個民族倫理道德精華的傳統美德，它具有兼收並蓄、精神宏闊的基本特徵。中華民族的傳統美德系統有如黃河、長江吞吐百川、陶鈞萬物之勢，有巨龍般的靈活應變及自我調整能力，是善於創造也善於吸收融合的美德系統。中國人向來被譽爲「龍的傳人」。龍本身是一種中國文化觀念的集結，代表著中國文化的幽深莫測、靈活而不失其氣勢、大度而不失其尊嚴的品格。龍身上蘊藏著巨大的潛能和頑強的生命力，它能剛能柔，能靜能動，能攻能守，集眾多動物的特長與優勢於一體。龍這種創造性的想像物早在原始社會末期就已成爲中華民族的共同尊神，是華夏炎黃子孫的精神文化象徵。龍的精神品格與《易經》中坤之德性相結合，形成了中華民族「厚德載物」的博大胸襟。坤之德性爲深厚，所以能承載各種不同的品類事物，蘊藏豐富，它有如壯健的母馬，既能順著天道的法則奔騰不息，又能繁殖滋養小馬。大地因地勢坤厚含弘，故能使萬物滋生發育。有道德的人應該效法大地的德性，像大地一樣包容萬物，兼收並蓄，以寬廣的胸襟、博大的胸懷善待世界上的萬事萬物。中華民族的傳統美德，既強調維護國家和民族的整體利益，又主張善待其他國家和民族，尊重他們的利益。它從「和爲貴」的價值觀念出發，主張「協和萬邦」，維護世界和平，並虛心向其他國家和民族學習。中華民族的傳統美德，不僅具有「天下之寶，一爲我用」的明智，而且也具有「中國失禮，求之四夷」的坦然。中國是一個多民族的國家。中華民族的歷史是一部以華夏（漢族）爲主體，各兄弟民族團結合作、互相支持、共同創造、攜手發展的歷史。中國古代文化本質上也是在多元一體的格局下發展起來的，

融合了各個地區、各個民族文化的精華。在中華大地上形成和發展起來的齊魯文化、燕趙文化、巴蜀文化、吳越文化、荊楚文化、南粵文化等，都是古代中國人在艱苦的實踐中，在特定的地域裏，通過長期堅苦卓絕的努力，而創造出來的反映該地域人民文明發展程度的文化。這些地域文化，各有其自然環境特色和社會人文特色，反映著不同的價值觀念，彼此之間不能等同替代。但是，這些特色各異的地域文化，在中華民族走向統一的過程中，又都成爲其豐富的組成部分。即便是在統一以後的漫長歲月裏，這些特色各異的地域文化仍然保持著自身的完整性和相對獨立性。中華民族的傳統美德，作爲全民族的共同精神成果，在其演進的過程中，逐漸形成了道德文化的大傳統，成爲中華各民族的道德價值共識。自強不息，厚德載物及表現在個人修身、婚姻家庭生活、職業生活、社會公共生活和國家生活等領域的具體美德，成爲全社會廣泛認同的道德觀念，它超越了地域和階層，成爲各民族牢固的道德心理，代代相傳，不爲外來的力量所打破、所改變，維繫著中華民族的團結統一。這種傳統美德，是奠基於道德豐富性基礎之上的道德統一性，是根源於價值多元論基礎之上的價值一元論，是對多種價值取向的一種價值導向。中國傳統美德造了中國人博大、精進、寬厚、務實的道德心靈和精神風貌，是中國文明對於世界的偉大貢獻。

（原載《南通大學學報》2005 年第 3 期）

論儒家倫理教育思想及其現代價值

　　人類已經進入一個知識經濟和全球化的時代。新的科技競爭和綜合國力競爭日趨激烈，也使教育面臨著前所未有的挑戰。道德教育在整個教育體系中的地位日益凸顯，它不僅決定著素質教育的性質及其發展方向，而且也決定著知識經濟時代所需要的創新精神和倫理品質，決定著一代新人的培育和造就。新的時代，道德不僅是一種崇高的目的性價值，而且已成為一種無形資產或資本。通過道德教育提升組織行為，培養團隊精神，鑄造個人的合作品質和工作素質，對組織和個人的成功也許具有特別重要的意義。而這種倫理教育既立根於知識經濟時代和人類道德實踐發展的內在要求，也需要對歷史上的倫理教育思想和實踐作出科學的總結和批判地繼承。儒家是一個十分注重倫理教育的學派，其倫理教育思想在中國乃至整個東亞地區都具有十分深遠而深刻的影響。弘揚儒家注重倫理教育的思想，對於發展和充實新時代的倫理教育，無疑具有重大的意義和價值。

一、儒家關於倫理教育地位和作用的認識視角

　　儒家是十分注重倫理教育並以倫理教育為教育之根本內容和最終目的的學派。儒家對倫理教育地位和作用的認識，就其大者而言，主要通過以下三個方面表現出來：

　　第一，倫理教育是使人（自然的人）成為真正的名副其實的人（社會的人）的必由之路。儒家主張明人禽之辨，把教育看作是人區別於動物的一個重要方面，認為倫理教育是學習做人和培養人的德性的教育，是人之所以為人的根本需要，「不學禮，無以立」，只有強化道德教育，才能使人成為真正

意義上的社會人和健全人。孟子說：「人之有道也，飽食、暖衣、逸居而無教，則近於禽獸。」〔註1〕孟子這裡所說的教，即是指的倫理教育。宋明時期的儒家也十分強調倫理教育的極端重要性，認爲倫理教育能夠變化和改造人的氣質，使人去掉「氣質之偏」，恢復「天命之性」，成爲一個堂堂正正的人。朱熹說：「古者聖王，設爲學校，以教天下之人，使自王世子、王子、公侯、卿大夫、元士之適子，以至庶人，皆以八歲而入小學，十有五而入大學。必皆有以去其氣質之偏，物欲之蔽，以復其性，以盡其倫而後已焉。」〔註2〕在朱熹看來，要想使人成爲一個眞正的人，就必需借助和通過道德教育。

第二，倫理教育事關社會的安定與治理，是社會實現有序運行的重要條件。在儒家看來，倫理教育不僅事關人之所以爲人的內在需要，而且事關治國安民、經邦濟世的大局，事關社會的長治久安和敦風化俗。政治需要道德的教化，爲政以德才能治理好天下國家。「道之以政，齊之以刑，民免而無恥；道之以德，齊之以禮，有恥且格。」〔註3〕孟子比較了善政與善教的關係，肯定地指出：「善政不如善教之得民也。善政，民畏之；善教，民愛之。善政得民財，善教得民心。」〔註4〕漢儒董仲舒把道德教育視作人君或國家統治者的首要任務，他在《舉賢良對策》中說道：「是故南面而治天下，莫不以教化爲大務；立太學以教於國，設庠序以化於邑，漸民以仁，摩民以義，節民以禮，故其刑罰甚輕而禁不犯者，教化行而習俗美也。」在董仲舒看來，道德教化是治國安民的主要手段，它既可以協調統治階級內部的上下左右關係，使其「敬順以禮」；也可以化解百姓之間的矛盾，使其「力其孝悌」，「教化之功」可謂大矣〔註5〕。清代推崇儒家學說的康熙皇帝在《學校論》一文中指出：「治天下者，莫亟於正人心，厚風俗，其道在尙教化以先之……教化者爲治之本，學校者教化之源。」教化即道德教化。康熙認爲，只有道德教化，才能夠「務其本而不求其末」，「尙其實而不務其華」，才能夠移風易俗，匡正人心，使天下達到大治。漢儒賈誼在總結秦亡漢興的經驗教訓中比較了刑法與德教在治理天下過程中的地位與作用。他說：「道之以德教者，德教洽而民氣樂；驅之以法令者，法令極而民風哀。哀樂之感，禍福之應也。」

〔註1〕 《孟子·滕文公上》。
〔註2〕 《朱子文集·經筵講義》。
〔註3〕 《論語·爲政》。
〔註4〕 《孟子·盡心上》。
〔註5〕 《春秋繁露·爲人者天》。

〔註6〕為此，賈誼把秦代滅亡的原因追溯到商鞅對德教的廢棄。鑒於秦二世而亡的教訓，賈誼在漢初十分強調道德教化的作用，提出「教者，政之本也；道者，教之本也。有道，然後教也；有教，然後政治也；政治，然後民勸之；民勸之，然後國豐富也」〔註7〕。道德教育對國家的安定和風俗的整頓，都有著非同一般的作用。「故夫士民者，率之以道，然後士民道也；率之以義，然後士民義也；率之以忠，然後士民忠也；率之以信，然後士民信也」〔註8〕。賈誼還強調，道德教化是一個上行下效的過程，不能把民的不善歸罪於民。一般地說，「君能為善，而吏必能為善矣；吏能為善，則民必能為善矣」〔註9〕。

第三，德教重於並高於文教，德育為智育之目的和方向。以孔子為代表的儒家認識到教育包含了德育、智育和體育等方面的內容，主張培養仁智合一德才兼備的優秀人才，但在德育與智育的關係問題上卻十分強調德育的地位和作用，認為：「才者，德之資也；德者，才之帥也」，德育為智育的根本和統帥，智育為德育的依託和表現，要求以德統才，以德御才。宋代司馬光在《資治通鑒》中指出：「才德全盡謂之聖人，才德兼亡謂之愚人，德勝才謂之君子，才勝德謂之小人。」最理想的人才應該是德才兼備的優秀人才，其次是德勝才的君子，如果不能得到德才兼備的聖人和德高於才的君子，只能在才德兼亡的愚人和才高於德的小人中進行選擇，儒家總體上的趨向是「與其得小人，不若得愚人」。為什麼這麼說呢？司馬光指出，「君子挾才以為善，小人挾才以為惡。挾才以為善者，善無不至矣；挾才以為惡者，惡亦無不至矣。愚者雖欲為不善，智不能周，力不能勝，譬如乳狗搏人，人得而制之。小人智足以遂其奸，勇足以決其暴，是虎而翼者也，其為害豈不多哉！」〔註10〕這就清楚地說明沒有德性作基礎和指導的才能只會給人類造成更大的危害，因此，儒家主張把德育放在第一位，提出「德教為先」的理論。孔子說：「弟子入則孝，出則弟，謹而信，泛愛眾而親仁。行有餘力，則以學文。」〔註11〕這即是把倫理道德放在學習文化知識之上。

總之，儒家十分強調德育的地位與作用，把道德教育視為人之所以為人

〔註6〕　賈誼：《治安策》，《賈誼集》，天津古籍出版社2010年版，第364頁。
〔註7〕　賈誼：《大政下》，《賈誼集》，天津古籍出版社2010年版，第279頁。
〔註8〕　賈誼：《大政上》，《賈誼集》，天津古籍出版社2010年版，第270頁。
〔註9〕　賈誼：《大政下》，《賈誼集》，天津古籍出版社2010年版，第278頁。
〔註10〕　司馬光：《資治通鑒·周紀一》，長沙：嶽麓書社1990年版，第4頁。
〔註11〕　《論語·學而》。

的第一需要，視爲治理天下、移風易俗的根本，視爲教育的根本宗旨和目的，從人的成長與完善、社會的安定與和諧以及人類文明的化育與推進諸方面肯定了道德教育的無上價值。

二、儒家關於倫理教育內容的思想

儒家關於倫理教育內容的認識，所涉甚廣，包含著極爲豐富的內容，幾乎涵蓋倫理道德的方方面面。我們認爲，最能反映儒家倫理教育內容思想實質的當以孔子的「行忠信」、孟子的「明人倫」和荀子的「隆禮貴義」爲代表。

第一，孔子的「行忠信」。「子以四教：文、行、忠、信。」〔註12〕「文」，指的是以詩、書、禮、樂爲內容的文化知識教育，而「行、忠、信」則主要是一個道德教育的問題。行，主要指培養一種道德實踐的能力，能夠把學到的道德知識見之於自己的道德行爲，在實踐中加深對道德知識的理解與把握。在道德教育的問題上，孔子強調道德踐履、身體力行的重要性。他要求學生「敏於事而愼於言」〔註13〕。孔子的學生子夏說：「賢賢易色；事父母，能竭其力；事君，能致其身；與朋友交，言而有信。雖曰未學，吾必謂之學矣。」〔註14〕道德知識一定要體現在道德行爲上，而如果有相當優秀的行爲表現，雖然沒有正式或嚴格的學習經歷，也不能否認他有學問。忠、信是道德教育的中心環節和內容。忠，上中下心，是中和心的組成，指人心應中正平直，無所偏私。忠的根本要求是眞心實意、盡心竭力地積極爲人、爲事。信，左人右言，係人與言的組成，意指人在與人相處的時候不失言，說話算數。孔子主張以忠信立教，以培育學生的人品和健康的道德心靈爲教育的宗旨。孔子說：「人而無信，不知其可也。大車無輗，小車無軏，其何以行之哉？」〔註15〕做人如果不講信譽，那他還有什麼可以肯定的呢？他還能在這個世界生活嗎？又說：「主忠信，毋友不如己者，過則勿憚改。」〔註16〕「主忠信，行篤敬，雖蠻貊之邦，行矣。言不忠信，行不篤敬，雖州里，行乎哉？」〔註17〕忠信之教，就其實質而言，即是仁道之教。

〔註12〕《論語·述而》。
〔註13〕《論語·學而》。
〔註14〕《論語·學而》。
〔註15〕《論語·爲政》。
〔註16〕《論語·子罕》。
〔註17〕《論語·衛靈公》。

　　第二，孟子的「明人倫」。孟子發展了孔子的思想，對倫理教育問題非常重視，並提出了以「明人倫」為宗旨的倫理教育論。他說：「謹庠序之教，申之以孝悌之義。」〔註 18〕庠序，古代鄉學，原指地方設立的學校。孟子解釋說：「設為庠、序、學、校以教之。庠者，養也；校者，教也；序者，射也。夏曰校，殷曰序，周曰庠，學則三代共之，皆所以明人倫也。」〔註 19〕興辦各類學校，對學生實施教育的目的在於「明人倫」，即使人懂得人與人的關係和做人必須遵循的道理，以成為一個名副其實意義上的人。在孟子看來，人倫是人之所以為人的內在規定性，它包括五種最基本的倫常關係，即父子有親，君臣有義，夫婦有別，長幼有序，朋友有信。在五倫關係中，父子、君臣二倫最重要，「內則父子，外則君臣，人之大倫也」〔註20〕。在父子、君臣二倫中，做兒子的孝敬父親，做臣子的忠順君主，尤其重要，否則就談不上做人了。正是從這一角度，孟子批判了楊朱和墨翟的思想，指出：「楊氏為我，是無君也；墨氏兼愛，是無父也。無父無君，是禽獸也。」〔註 21〕不講愛父事君，就是違反了最基本的人倫，這樣的人同動物就沒有什麼區別。孟子提倡的仁義，同愛父事君密切相關。仁的基本要求就是「親親」，即兒女孝敬父母，「仁之實，事親是也」。義主要是一種君臣之間的合道義關係，包含著君惠臣忠等內容，要求「欲為君盡君道，欲為臣盡臣道」。孟子認為，愛親是愛人的起點，愛人是從愛親擴展出來的。君子對於萬物，愛惜它，卻不對它講仁德；對於百姓，用仁德對待他，卻不親愛他。君子親愛親人，進而仁愛百姓；仁愛百姓，進而愛惜萬物。此即「親親而仁民，仁民而愛物。」〔註 22〕教育就是要培養人的人倫觀念，使人「察於人倫，由仁義行」，成為一個有道德的人。

　　第三，荀子的「隆禮重義」。在荀子看來，人類群體是靠禮義來維繫其生存和發展的，禮義是使人成為人的本質規定性，人是不能沒有禮義的社會動物；「在天者莫明於日月，在地者莫明於水火，在物者莫明於珠玉，在人者莫明於禮義」〔註23〕。禮義是一種「養人之欲，給人以求」的道德原則和規範，

〔註 18〕　《孟子‧梁惠王上》。
〔註 19〕　《孟子‧滕文公上》。
〔註 20〕　《孟子‧公孫丑下》。
〔註 21〕　《孟子‧滕文公下》。
〔註 22〕　《孟子‧盡心上》。
〔註 23〕　《荀子‧天論》。

也是人們所應具備的道德品質。「禮也者，貴者敬焉，老者孝焉，長者弟焉，幼者慈焉，賤者惠焉」〔註24〕。這是以「禮」爲全德之名，諸德之綱，認爲禮不僅包含其他德目，而且統率其他德目。「夫義者，內節於人而外節於萬物者也，上安於主而下調於民者也。內外上下節者，義之情也。」〔註25〕這是說，人和萬物以及君臣上下的關係都十分得當，或者說使人的行爲各有其節度，不超過自己的分位，即是義。禮義是社會的道德秩序和人的道德品質的合一，講求禮義既有助於維護等級制度的社會規範和人類社會生活的完整性，也有助於實現人的本質及其價值。是故「隆禮貴義者，其國治；簡禮賤義者，其國亂」〔註26〕；「禮及身而行修，義及國而政明」〔註27〕。故禮義不僅是道德教育的重要內容，而且也是道德教育所要達到的目的，「故學至乎禮而止矣」〔註28〕。

此外，《周禮》還主張以三德、三行教育「國子」和人民。所謂三德是指「至德」、「敏德」、「孝德」，「一曰至德以爲道本，二曰敏德以爲行本，三曰孝德以知逆惡」。所謂三行是指「孝行」、「友行」和「順行」。「一曰孝行以親父母，二曰友行以尊賢良，三曰順行以事師長」〔註29〕。三德三行的倫理教育觀強調道德意識與道德行爲的合一，是儒家知行合一思想在倫理教育內容上的深刻表現。

儒家所提出的倫理教育內容學說同其倫理教育目的的理論是密切聯繫在一起的，或者說倫理教育目的的理論是其倫理教育內容學說的有機組成部分。儒家主張從社會的道德原則規範和個人的道德品質兩個方面加強倫理教育，使倫理教育眞正有助於個人的完善和社會的進步，實現《大學》中所提出的「明明德」、「新民」和「止於至善」的倫理目的。「明明德」即是發揮人自身光明的德性，在自我道德教育和道德修養上下工夫，使自己的內在道德心靈日趨豐富和完善。「新民」即是指不僅要完善自己，實現內聖或自我完善，而且要在幫助和完善他人上下工夫，使他人也能得到完善。「止於至善」是內聖與外王的統一，亦即使「明明德」和「新民」二者臻於完美境地，這是倫理教育的最高目標，也是儒家倫理教育內容所要達到的最高境界。

〔註24〕《荀子·大略》。
〔註25〕《荀子·強國》。
〔註26〕《荀子·議兵》。
〔註27〕《荀子·致士》。
〔註28〕《荀子·勸學》。
〔註29〕《周禮·師氏》。

三、儒家關於倫理教育方法的理論

在倫理教育的方法問題上，儒家創造性地提出了一系列行之有效的觀點，並建構起了頗具特色的倫理教育方法論體系。總體上考察儒家的倫理教育方法論體系，我們發現它是一個有機聯繫的整體，各種具體的方法既互相滲透互相融合又互相支持互相促進。

第一，因材施教。因材施教是儒家倫理教育一種最基本也是最重要的方法。進行倫理教育首先要求弄清教育的對象或客體，進行有針對性的教育。孔子認爲，「中人以上，可以語上也；中人以下，不可以語上也」〔註30〕，因此，必須仔細地觀察道德教育的對象，「視其所以，觀其所由，察其所安」〔註31〕，以提高道德教育的針對性。孔子本人對學生進行道德教育時非常注重因材施教。子路問：「聞斯行諸？」孔子回答說：有父兄在，你怎麼能夠聽到就去做呢？冉求問：「聞斯行諸？」孔子回答說：你聽到了就去做吧！公西華困惑不解，便問孔子：爲什麼他們兩個人提同樣問題，而夫子你卻給以不同的回答？孔子說：「求也退，故進之；由也兼人，故退之。」〔註32〕意即冉求爲人退縮，所以我鼓勵他進取；子路爲人過人，所以我抑制他一下。根據不同的教育對象，採取不同的教育方式，這就是孔子的因材施教。

第二，教養結合。儒家既強調社會的道德教育，又強調自我的道德教育和修養，主張教養結合，使社會的道德教育內化爲個人的道德修養，以鞏固道德教育的成果。荀子認爲，禮義教化與修身自強是辯證統一的，二者互相聯繫互相促進，禮義教化必以修身養性爲基礎，修身養性也需以禮義教化爲動力。他說：「夫人雖有性質美而心辨知，必將求賢師而事之，擇良友而友之。得賢師而事之，則所聞者堯舜禹湯之道也；得良友而友之，則所見者忠信敬讓之行也，身日進於仁義而不自知也者，靡使然也。」〔註33〕良師益友對於自己的道德修養具有潛移默化的作用，「故君子隆師而親友」，通過道德教育和虛心向他人學習來加強自己的道德修養，「君子博學而日參省乎己，則知明而行無過矣」〔註34〕。君子只有不斷地接受社會的道德教育和不斷地學習，並在此基礎上加強自身的道德修養，才能成爲眞正有道德的人。

〔註30〕《論語・雍也》。
〔註31〕《論語・爲政》。
〔註32〕《論語・先進》。
〔註33〕《荀子・性惡》。
〔註34〕《荀子・勸學》。

　　第三，慎言敏行。在倫理教育中，儒家特別強調知行合一，主張慎言敏行、言行一致。為了防止言行不一或言行脫節的現象，孔子提出了「敏於事而慎於言」的思想，要求學生們行動敏捷而說話謹慎。他說：「君子恥其言而過其行。」〔註35〕又說：「古者言之不出，恥躬之不逮也。」〔註36〕「故君子名之必可言也，言之必可行也，君子於其言，無所苟而已矣。」〔註37〕孔子教育學生特別注意言行一致，強調少說多做，敏事躬行，「言必信，行必果」，並認為對一個人的觀察必須看他的行為，「聽其言而觀其行」〔註38〕，將行為作為判斷善惡是非的標準。此後的儒家學者繼承了孔子的思想，在道德教育中也十分強調知行合一，注重在事上磨練。

　　第四，寓情於理。儒家認為，培養學生的道德品質，首先要曉之以理，使學生形成道德倫理的概念和信念，形成理性化的道德意識，這是道德教育的起點和重要內容。孔子要求學生「知德」、「知仁」、「知禮」，並說「不學禮，無以立」。荀子作《勸學》，提出「吾嘗終日而思矣，不如須臾之所學也」。並認為要使學生有道德，必先讓他們對道德規範有所認識。同時，儒家也特別強調啟動學生的道德情感，在道德教育中動之以情。儒家認為，任何道德品質都包含道德認識和道德情感兩種因素，只有道德認識而沒有道德情感，或只有道德情感而沒有道德認識，都不能構成某種真正的道德品質。孔子納仁於禮，主張仁禮結合，一方面用仁來充實禮，「禮云禮云，玉帛云乎哉？樂云樂云，鐘鼓云乎哉？」〔註39〕認為禮以仁為內容，只有做到仁，才能真正遵守禮樂制度。因此，孔子說：「人而不仁，如禮何？人而不仁，如樂何？」〔註40〕另一方面又用禮來規定仁，提出「克己復禮為仁」，強調「非禮勿視，非禮勿聽，非禮勿言，非禮勿動」〔註41〕。孔子的仁禮結合，表現了道德規範與道德情感的統一。

　　此外，儒家還提出了「身教重於言教」、「學思結合」以及「家教、校教與社教相結合」等方法，重視道德教育的針對性、層次性、連續性和實踐性，

〔註35〕《論語‧憲問》。
〔註36〕《論語‧里仁》。
〔註37〕《論語‧子路》。
〔註38〕《論語‧公冶長》。
〔註39〕《論語‧陽貨》。
〔註40〕《論語‧八佾》。
〔註41〕《論語‧顏淵》。

認為道德教育應由內而外，由個人而群體，由具體而抽象，由淺而深，並以胎教為起點，以啟蒙德教為基礎，以家庭道德教育為依託，以學校道德教育和社會道德教育為重點和主體，注重養成教育和終身教育，強調營造良善的道德教育環境和道德教育氛圍，並為此設計了一整套具體實現的路徑和方略，使道德教育深入人心，使其成為培養人才、治理社會、移風易俗的一種重要手段。

四、儒家倫理教育思想及實踐的現代價值

總體上看，儒家倫理教育思想及實踐是適應封建專制主義和自給自足的小農經濟的需要而產生並為其服務的，有它不可避免的局限性和消極因素，需要我們給以批判。但立足商品經濟高速發展、功利意識日趨泛濫、道德建設面臨著嚴峻形勢的新的世紀，科學而理性地審視儒家倫理教育思想及實踐，仍不難發現其某些可取的因素。

首先，儒家對倫理教育的地位、作用及其重要性的認識值得我們重視。它提醒我們無論是從人之所以為人精神的弘揚、人才的培養上講，抑或是從社會的治理整頓與造就和諧進步的社會秩序上講，都需要也離不開道德教育，道德教育是推動社會道德進步、促進個人道德完善的重要精神力量。忽視道德教育，只會使人之為人的內在規定性受到減損，使人才的培養達不到應有的目標和水平，同時也會使社會的道德狀況日趨惡化，最終給經濟的發展、社會的進步造成嚴重危害。孔子說：「德之不修，學之不講，聞義不能徙，不善不能改，是吾憂也。」〔註42〕孔子的這一思想，同西方近代教育家赫爾巴特所講的「教學如果沒有進行道德教育，只是一種沒有目的的手段」，同世界著名科學家愛因斯坦所說的「要是沒有倫理教育，人類就不會得救」等思想，其實質是相通的，一致的。人類發展到今天，需要倫理教育如同人類之需要生活。知識經濟時代呼喚人的素質的全面提高，蘊涵著對倫理教育的肯定與重視。沒有先進合理的倫理教育，不僅人的創造精神難於形成，人的素質也不可能真正得到提高；沒有倫理教育，一系列遵紀守法、公正平等和互助友愛的觀念不僅難於形成，即便是形成了也難於得到真正的貫徹落實。要使社會實現有序和合理的發展，要使人成為真正意義上的人，要培養

〔註42〕《論語・述而》。

優秀的全面發展的人才，就一刻也不能沒有倫理教育。科學地發掘儒家關於倫理教育地位、作用和功能的思想，也許有助於我們更清醒更全面地認識當代社會加強倫理教育的重要意義和價值。

其次，儒家對倫理教育內容的認識凸顯了道德規範和道德品質的價值，含有將社會道德和個體道德結合起來的因素，值得我們繼承並予以弘揚。道德教育的目的在傳播和推廣道德，而道德總是兼涵原則規範和德性品行兩個方面的內容，因此，道德教育必須也應該在宣傳社會的道德原則規範和個人應有的德性品行上下工夫，力爭使社會的道德原則規範內化爲個人的道德品質，使個人的道德品質外化爲社會的道德原則規範。美國當代著名倫理學家弗蘭克納在自己的《倫理學》中指出，沒有原則的品質是盲目的，沒有品質的原則是軟弱的。因此，不能把作爲原則或規範的道德同作爲德性或品格的道德對立起來。儒家在倫理教育問題上總是通過人倫來強化人品，通過人品來踐履人倫。儘管今天的時代同傳統儒家所處的時代相比發生了天翻地覆的變化，但倫理教育應始終以社會的道德原則規範和個人的道德品質爲內容的基本趨向是各個時代和社會所共有的，無論社會如何發展變化，倫理教育總是應當在宣傳社會的道德原則規範和個人的道德品質上努力並依此爲根本性的內容。

再次，儒家對倫理教育方法論的探討涉及倫理教育的基本路徑、措施和方法，值得我們給予特殊的關注。儒家倫理教育方法論體系從言行、情理、教養等多個方面運思，強調因材施教，並主張把家庭教育、社會教育和學校教育有機地結合起來，使倫理教育能夠充分發揮自身的作用，達到預定的目標。教育方法是爲教育內容和教育目的服務的，良好的教育方法常常能夠收到事半功倍的效果。道德教育方法作爲一種工具理性具有較多的普遍性和實用性，因而能夠更多地爲不同時代的人們所使用。儒家關於倫理教育方法論的思想與觀點，只要我們運用得當，完全可以爲當代的倫理教育服務。

（原載《齊魯學刊》2001 年第 3 期，中國人民大學書報複印資料《倫理學》2001 年第 9 期全文複印。）

傳統德育思想資源的開發與創造

社會主義思想道德建設的主要任務和目標就是要建立與社會主義市場經濟相適應、與傳統美德相承接、與現代法制規範相協調的社會主義思想道德體系。德育的社會主義現代化過程，實質上就是一個繼承優良傳統、創造社會主義新德育的過程。從某種意義上說，創造源於繼承，繼承是為了更好地創造。中國傳統德育思想的現代化轉化之實現過程，就是中國德育的創新之過程和中國現代新德育的形成過程。因此，在德育創新過程中，堅持繼承民族傳統與弘揚時代精神的辯證統一，既是一個理論創新的問題，也是一個方法創新的問題。

一、歷史未竟和時代呼喚的重大課題

關於繼承優良傳統和中華民族傳統美德的問題，雖然近代以來一直受到關注，但由於近現代中國特有的歷史文化際遇和革命、建設的任務，這一問題的解決始終同全盤性反傳統的「拔根運動」糾纏在一起而未能得到應有的解決。誠如國外一些學者所指出的，自 19 世紀中期開始直到 20 世紀末，彌漫於思想文化領域裏的思潮和風氣主要是對傳統文化作不遺餘地的「拔根運動」，也許這在當時是必須的和合理的，但並非是絕對正確和善美的。歷史發展到 21 世紀，當建設和諧社會、實現人的自由全面發展成為時代的主旋律，當面臨全球化的挑戰而必須強化民族化的應戰成為一種價值共識，文化的主題自當超越「拔根」而要求「紮根」。

現代新制度經濟學在解釋制度建構和制度變遷時提出了「路徑依賴」的理論。我們的社會演化到今天，我們的文化傳統和價值觀念，民族精神和風

俗習慣，歷史積澱和民眾心理，仍然是建設有中國特色社會主義必須考慮的根本性因素。我們的社會主義精神文明和道德建設，要堅持繼承優良傳統和體現時代精神相統一的原則，就必須把向歷史紮根和向未來探求有機地結合起來。只有紮根於中華民族五千多年悠久文化和傳統美德的豐厚土壤，才能真正生長出面向世界和未來的思想道德的參天大樹。中國傳統德育作為傳統文化的重要組成部分，對華夏文明的形成和發展做出過（並將繼續做出）歷史性的偉大貢獻，以致使得華夏文明區別於其他文明的特質常常借助其傳統道德來表現。現代德育是從傳統德育變革演化而來的，既繼承了它的許多合理的內核，又揚棄了其中不適應現代社會、現代人的品德發展要求的糟粕和世俗的東西，並在新的層面和高度上加以發展。

現代中國在面對不同文化、不同種族、不同地區、不同國家的價值觀念和文化模式的滲透和撞擊時，如何既能保持本國優秀的道德傳統，又能吸收他國德育的有益成果，從而在全球化進程中佔有一席之地，已成為我國現代化進程中面臨的嚴峻課題。因此，我國現代道德教育內容新體系既要具有民族性，又要體現國際性，前者要求新體系具有縱向開放的功能，使中國道德教育內容「一脈相承」，不致於「花果飄零」，後者要求該體系具有橫向開放的功能，使中國道德教育內容「兼容並蓄」，在國際舞臺上擁有平等的話語權並能獨樹一幟。

在建設有中國特色社會主義先進文化的新時期，在加強社會主義精神文明建設，特別是在加強社會主義道德建設和公民道德建設的現階段，繼承和弘揚中國優秀傳統德育思想，有著十分重要的意義和價值。

首先，繼承和弘揚中國優秀傳統德育思想，有助於弘揚民族精神，增強中華民族的凝聚力和向心力，提升綜合國力。黨的十六大報告立足於時代和歷史的高度，強調指出「民族精神是一個民族賴以生存和發展的精神支撐。一個民族，沒有振奮的精神和高尚的品格，不可能自立於世界民族之林！面對世界範圍內各種思想文化的相互激蕩，必須把弘揚和培育民族精神作為文化建設極為重要的任務，納入國民教育全過程，納入精神文明建設全過程，使全體人民始終保持昂揚向上的精神狀態。」應該說，報告的這一主張深得黨心和民心，反映了全黨和全國人民的意志和願望。民族精神是一個民族生命力、創造力和凝聚力的集中體現，是綜合國力的重要組成部分，也是衡量綜合國力的重要標誌。在中國這樣一個擁有 13 億人口的多民族國家，如果沒

有振奮而統一的民族精神，國家就很難保持統一和穩定，更談不上提高國際競爭力和綜合國力，談不上全面建設小康社會和實現中華民族的偉大復興。因此，弘揚和培育民族精神，不僅是社會主義思想道德建設的題中應有之義，是發展先進文化的重要環節，而且也是增強綜合國力的必然要求，是實現新的歷史任務的必然要求。弘揚和培育民族精神，迫切需要挖掘民族德育思想的源頭活水，繼承中華民族德育思想的精華。中華民族的德育思想是其民族文化的重要組成部分，它以自強不息、厚德載物爲核心，注重成人之道的教育和安身立命的人文關懷，將家庭德育、學校德育、社會德育有機地統一起來，傾向於把德育生活化、行爲化、全面化，浸潤著內聖外王和修齊治平的思想光華，把個人的自我完善與社會的和諧發展等量齊觀，從不離開社會的發展進步來談個人的自我實現。這種德育思想恰恰有助於形成人我兼重、與群爲一的民族精神。

其次，繼承和弘揚中國優秀傳統德育思想，有助於加強我國現階段的公民道德建設，培養有理想、有道德、有文化、有紀律的社會主義公民。我國《公民道德建設實施綱要》在論及公民道德建設的指導思想和方針原則時強調指出，要堅持繼承優良傳統與弘揚時代精神相結合的原則方針。要繼承中華民族幾千年形成的傳統美德，使公民道德建設既體現優良傳統又反映時代特點，始終充滿生機與活力。在論及大力加強基層公民道德教育時強調指出，要積極開發優秀民族道德教育資源，利用各種愛國主義教育基地，進行歷史和革命傳統教育。我們認爲，《綱要》的這些論述，從我國公民道德建設的戰略高度和具體措施上凸顯了繼承優良傳統的意義。建設有中國特色社會主義的偉大事業，需要全面提高我國公民的思想道德素質和科學文化素質。放眼當今世界，國際競爭日趨激烈，我們面臨著新的歷史機遇，也面臨著嚴峻的挑戰和考驗。一個國家和民族的發展，不僅取決於經濟的發展水平，而且取決於國民的綜合素質。道德不僅是公民素質的重要組成部分，而且是公民的思想靈魂和精神支柱。一個品格高尚的人，既是精神上的強者，也一定能夠成爲事業上的強者。如果只講物質利益和金錢，不講理想和道德，人們就會失去共同的奮鬥目標，失去行爲的動力和價值源泉，就會從整體上缺乏競爭力和生命力，也很難將有中國特色的社會主義事業推向前進。爲了更好地加強公民道德建設，必須尊重人民群眾的道德需要，運用人民群眾喜聞樂見的形式進行道德教育，創造爲人民群眾所津津樂道的道德文化氛

圍，而這就離不開對傳統德育和優秀倫理文化傳統的開發和發掘。繼承和弘揚中國優秀傳統德育思想，可以深化我們對德育功能和作用的認識，可以從我們民族內在精神生命中提煉適合現時代的精神品質，強化德育的春風化雨時效，培養出德才兼備的高素質人才。

第三，繼承和弘揚中國優秀傳統德育思想，有助於全面加強社會主義道德建設，建立社會主義新型道德體系。馬克思主義認為，任何時代的精神文明都是前代精神文明的繼承和發展。把前代人的終點作為起點，繼往開來，推陳出新，促進精神文明從低級到高級不斷前進，這是人類精神文明發展的一般過程。社會主義新型道德體系不是從天上掉下來的，也不是從廢墟上建立起來的，它必須以人類創造的一切優秀道德成果為基礎，結合社會主義建設的實際需要進行推陳出新式的創造。因此，我們說社會主義的新型道德體系的建立必然與我們民族已有的道德傳統有著內在的聯繫，離不開對它的批判繼承。歷史和現實都告訴我們，中華民族在五千年漫長發展過程中所形成和發展起來的傳統德育思想具有旺盛而不衰的生命力，它積千年之精華，博大精深，根深蒂固，是我們非常寶貴的精神財富。在新的歷史條件下，批判地繼承和弘揚這一文化遺產，有助於我們全面加強社會主義道德建設，建立起紮根於傳統優秀倫理文化之中的具有中國作風和氣派的社會主義新型倫理道德體系。我們所建設的社會主義倫理道德是社會主義與中國特色的有機結合，說到底是馬克思主義倫理思想的基本原理與中國現階段的倫理道德建設實際及與中國優秀的倫理文化傳統相結合的產物，因此它必須正視我們民族自身的倫理文化傳統，把繼承和弘揚中國優秀傳統德育思想納入社會主義道德建設的系統之中，並作為社會主義道德建設的重要內容。只有這樣，才能使社會主義的道德建設獲得豐厚的土壤和養料，獲得民族的認同和民族化的實現形式。

繼承和弘揚中國優秀傳統德育思想，還是保證改革開放順利發展的必要條件。我們的改革是社會主義制度的自我完善和自我發展，它是在當代中國和世界的交叉點上進行的，也是在中國的歷史和現實的交叉點上進行的，這就要求我們的改革必須從我國的國情出發，充分考慮我們國家的優勢和弱點，充分考慮人民群眾的心理承受能力，因勢利導，努力找到傳統和現實的結合點，只有這樣，我們才能認清改革的實際步驟，找到改革的具體形式，把握改革的最佳時機，建立完善的運行機制。而要做到這些，則一刻也離不

開正確對待我們民族的傳統文化尤其是傳統道德文化，繼承和弘揚我們民族的優良傳統，才能保持和增強我們民族的自尊心和自信心，提高對外來倫理文化的消化力，增強對西方的腐朽生活方式、價值觀念侵蝕的免疫力。否則，我們就可能對一切外來的東西失去理智的態度，忘卻民族的「自我」，散失民族的主體性，丟掉自己的立足點，陷於茫茫大海之中，從而使我們的改革開放背離社會主義的方向和失去中國特色。

總之，我們必須從建設有中國特色社會主義的實際出發，站在現代化和民族化相統一的高度上，認清民族虛無主義和傳統保守主義、復古主義的危害性，這是正確對待中國傳統德育資源的基本前提，也是加強公民道德建設，實現中國傳統德育思想現代轉化的理論使命。

二、中國傳統德育思想創造性開發的基本原則

中國傳統德育在漫長的形成發展過程中始終是為培養統治階級所需要的人才服務的，並且整體上是受制於當時的道德生活需要並隨道德生活基本格局的變化而變化的。因此，中國傳統德育也是一個矛盾的統一體，依我們今天的眼光看來，它既有民主性的精華，又有封建性的糟粕；既有催人奮進、自強不息、厚德載物等積極、進步的一面，又有教人保守、安貧樂道、不思進取等消極落後的一面。在某些情況下，其中的精華和糟粕常常是良莠混雜、瑕瑜互見的。因此，對於中國傳統德育，我們既不能全盤否定，也不能全盤肯定。全盤否定勢必導致德育觀上的虛無主義，全盤肯定勢必導致德育觀上的保守主義或復古主義。而這兩種觀點和態度都是不正確的。正確的觀點和態度應當是以馬克思主義的辯證唯物主義和歷史唯物主義為指導，堅持批判繼承、棄其糟粕、取其精華和古為今用以及綜合創新的方針，並給以創造性的發掘與現代化的轉化。

批判繼承是馬克思主義對待人類倫理文化一個總的指導性原則，它強調對人類歷史上的倫理文化給予批判性的繼承，即在辯證唯物主義和歷史唯物主義原理指導下，有批判、有選擇、有目的地繼承，是以符合最廣大人民群眾的利益和現代社會發展需要為原則的繼承，而不是簡單繼承或不加批判分析地全面繼承。批判繼承要求把批判與繼承有機地結合起來，在批判的基礎上繼承，在繼承的同時不忘批判。棄其糟粕、取其精華是繼承文化遺產特別是倫理文化遺產的一個重要原則，是批判繼承原則的具體化和集中表現，這一原則主張在對

倫理文化遺產批判分析的基礎上區分精華與糟粕，吸收民主性的精華，拋棄封建性的糟粕。古爲今用是馬克思主義對待人類倫理文化遺產的一個方向性原則，它要求我們正確處理「古」和「今」即倫理文化傳統和時代倫理精神的關係，既不能盲目地迷信和不加分析地肯定古代倫理文化，也不能割斷當代倫理文化與古代倫理文化的歷史聯繫，應當開發古代倫理文化的資源以爲當代的倫理文化建設服務。研究古代倫理文化，並不是發思古之幽情，更不是食古不化，而是要立足於當代的倫理文化建設去有意識有目的地發掘歷史上倫理文化的資源，使古代倫理文化的研究有一種現代的價值關懷，從古代倫理文化中吸取可以爲當代社會新倫理建設服務的東西。魯迅先生說得好：「夫國民發展，功雖在於懷古，然其懷也，思理朗然，如鑒明鏡，時時上徵，時時反顧，時時進光明之長途，時時念輝煌之舊有，故其新者日新，而其古亦不死。若不知所以然，漫誇耀以自悅，則長夜之始，即在斯時。」〔註1〕我們肯定傳統倫理文化對於現代倫理文化建設的意義，並不是認爲傳統倫理文化與現代倫理文化沒有任何矛盾或衝突，可以原封不動地保存下來，也不是主張人們回到陳舊的倫理文化傳統中去，更不是要人們去盲目地頌揚傳統倫理文化中的封建性毒素，而是要人們正視歷史並從歷史中去發現有助於或有益於現代倫理文化建設的合理因素。綜合創新是繼承倫理文化遺產的目的性原則，它要求對人類歷史上的倫理文化遺產加以系統的比較、分析與綜合，並經過創造性的開拓轉化使之成爲一種新的符合時代需要的倫理文化。綜合創新是在學習、繼承毛澤東「古今中外法」的基礎上，進一步運用辯證思維的方法，立足於多維廣闊的倫理文化背景，超越中西對立、體用二元的簡單思維模式，從社會主義現代化建設的實際出發，展示了中國社會主義新倫理文化建設的可供操作的具體思路，體現了倫理文化建設的正確的價值導向。

根據倫理文化遺產批判繼承的上述原則和方針，對中國傳統德育思想資源進行具體分析，我們可以發現幾種不同的情況。整體上看，中國傳統德育思想資源經過歷史的演化發展也發生著自身內在的分化，其中一部分由於比較深入地洞見了人類德育發展的基本規律，揭示了人類德育的基本定理，在今天依然屬於精華的系列，我們可以將其稱之爲中國優秀德育思想傳統；另一部分由於只是反映當時奴隸主義或封建主義的本質要求，隨著奴隸主義或

〔註 1〕 《摩羅詩力說》，見《魯迅全集》第一卷，北京：人民文學出版社 1998 年版，第 39 頁。

封建主義的被推翻而完全成為過時和糟粕的東西，我們可以將其稱為中國傳統德育思想的糟粕部分；還有一部分中國傳統德育思想往往是精華與糟粕交織、融合在一起，有些是精華超過糟粕，有些則是糟粕超過精華，有些是精華和糟粕混雜。針對這幾種情況，我們應當辯證地運用馬克思主義對待倫理文化遺產的原則和方針，對主要是糟粕性的部分予以徹底的批判和拋棄，對其民主性的精華予以繼承和發揚，對其精華和糟粕混雜的部分予以全面地清理，去其糟粕，取其精華。凡是傳統德育思想中直接為維護封建社會統治階級特殊利益的東西，諸如反映君臣關係、父子關係、夫妻關係的「君為臣綱、父為子綱、夫為妻綱」的封建「三綱」，以及「君叫臣死，臣不得不死；父叫子亡，子不敢不亡」的愚忠愚孝，反映婦女地位和命運的「在家從父，出嫁從夫，夫死從子」的封建「三從」，以及「餓死事極小，失節事極大」等貞節觀，都純屬封建性的糟粕，應當加以徹底批判和堅決清除。凡是傳統德育中至今仍保持生命力而具有現實意義的精華，諸如胸懷天下、公忠為國的愛國主義，博愛大眾、利人濟世的仁愛倫理，剛健日新、自強不息的積極進取精神，克己奉公、清正廉明的風範德操，志向高遠、氣節凜然的人格獨立意識等等，都是我們民族優秀的德育思想傳統，我們應當予以好好地繼承和發揚。江澤民同志指出：「中華民族有著自己的偉大民族精神。這個民族精神，積千年之精華，博大精深，根深蒂固，是中華民族生命機體中不可分割的重要成分。中華民族在五千年的發展中，歷經磨難而信念愈堅，飽嘗艱辛而鬥志更強，開發建設了祖國的大好河山，創造了燦爛的中華文明，為人類文明進步作出了不可磨滅的貢獻。」〔註2〕又說：「中國的歷史文化，其中有糟粕，但也有許多精華。古往今來，這些民族文化的精華，一直教育著人們。我們的老一輩革命家就很注重對這些精華的繼承和應用。劉少奇同志在《論共產黨員的修養》裏就引用過『富貴不能淫，貧賤不能移，威武不能屈』，我看如果把這幾條真正做到了，就相當不簡單。又例如：岳飛的《滿江紅》，我們不少同志都是從小學唱起，一直唱到大學，它對於激勵人們的愛國熱情也是很有作用的。還有文天祥的『人生自古誰無死，留取丹心照汗青』，林則徐的『苟利國家生死以，豈因禍福避趨之』，以及『誰知盤中餐，粒粒皆辛苦』，『一粥一飯，當思來之不易』、『少壯不努力，老大徒傷悲』、『只要功夫深，鐵杵磨

〔註2〕江澤民：《在全國抗洪搶險總結表彰大會上的講話》（1998年9月28日），《十五大以來重要文獻選編》上冊，北京：中央文獻出版社2000年版，第550頁。

成針』、『三人行，必有吾師』、『學而時習之，不亦說乎』等等。應該說，這些都是我們民族文化中富有哲理，教人勤奮、正直、忠貞、有抱負、不斷進取的名言。學習和掌握它們，對於自己的立身行事，爲國家爲人民建功立業，會受用不淺的。」〔註3〕江澤民同志的這些論述，啟示我們必須珍視民族珍貴的道德文化遺產，吸收其民主性的精華，以服務於我們今天的先進文化建設。凡是傳統德育中既有積極因素又有消極因素，二者相互混雜的部分，諸如儒家義利觀、理欲觀，既有「見利思義」、「義然後取」和「以義制利」等積極因素，又有「重義輕利」和「君子喻於義，小人喻於利」等消極因素，我們更應該依照批判繼承的原則方針加以謹慎地鑒別，辯證地分析和科學地揚棄，即吸取其合理性的因素，拋棄其錯誤的觀點和主張，並使積極因素與社會主義先進倫理文化建設結合起來，以實現創造性的轉化。

總之，我們要按照馬克思主義關於正確對待人類歷史文化遺產的理論，對中國傳統德育思想給以具體分析，區分精華與糟粕，然後在此基礎上棄其糟粕，取其精華，並結合社會主義先進倫理文化建設的實際給以創造性的轉化，使傳統德育中的優秀成分成爲社會主義倫理文化的有機組成部分。江澤民同志強調，「要用科學的態度對待我們民族的傳統文化和外來文化。我們民族歷經滄桑，創造了人類發展史上燦爛的中華文明，形成了具有強大生命力的傳統文化。我們要取其精華，去其糟粕，很好地繼承這一珍貴的文化遺產。要認眞研究和借鑒世界各國的文明成果，善於從其他國家和民族的文化中汲取營養，發展自己。我們講繼承、講借鑒，目的是通過繼承和借鑒，使民族傳統文化、外來文化的精華，同我們黨領導人民在長期革命和建設中形成的優良傳統和革命精神有機地結合在一起，並在新的實踐基礎上不斷創新，建設和發展有中國特色的社會主義文化。」〔註4〕在江澤民看來，建設社會主義先進文化，必須繼承和發揚一切優秀的文化，必須充分體現時代精神和創造精神，必須具有世界眼光，增強感召力。我國幾千年歷史留下的豐富的倫理文化遺產，我們應該取其精華，去其糟粕，結合時代精神加以繼承和發展，眞正做到古爲今用。同時，必須結合新的實踐和時代的要求，結合人民群眾

〔註3〕 江澤民：《與廈門大學師生座談時的講話》（1991年12月19日），《毛澤東、鄧小平、江澤民論青少年和青少年工作》，北京：中央文獻出版社，中國青年出版社，2000年7月版第264～265頁。

〔註4〕 江澤民：《在全國宣傳思想工作會議上的講話》（1994年1月24日），《十四大以來重要文獻選編》上冊，北京：中央文獻出版社1996年版，第658頁。

倫理文化生活的實際需要，積極進行倫理文化的創新，推動社會主義公民道德建設向深入發展。只有這樣，我們才能真正創造出繼承發揚民族優秀傳統文化而又充分體現社會主義時代精神，立足本國而又充分吸收世界文化優秀成果的社會主義的先進倫理文化。

三、中國傳統德育思想資源創造性開發的路徑方法

傳統德育思想是我們民族世代積累的關於做人和培養優秀人才等的智慧結晶和經驗總結，雖然其中有不少不可避免地打上深刻的歷史烙印，成為過時了的東西，表現為一種巨大的保守力量，但包含於其中的精華部分，往往能夠超越時空的界限，成為我們構建社會主義新德育的資源或基礎，它凝結了我們民族的智慧和力量，是我們民族迎接新時代挑戰的歷史前提和內在動力。它能夠喚起全體人民的歷史責任感和民族使命感，激勵全民族在新的歷史條件下不斷前進。社會主義如果離開了對本民族優秀傳統的繼承和弘揚，就會失去歷史的根據，失去民族精神的依託，變成一種外在的強加。只有把中華民族的優良傳統作為一個必要因素本質地包含在社會主義之中，這樣的社會主義才是有中國特色的，才能釋放全民族的潛力，成為人民群眾進行新的歷史創造活動的偉大旗幟。

在中國傳統德育思想的現代轉化過程中，我們必須堅持尊重傳統德育資源與發掘傳統德育資源，源於傳統德育資源與超越傳統德育資源相統一的原則，賦予傳統德育資源以新的生命，創造出具有民族特色和體現時代精神的社會主義新德育。

1. 尊重與發掘

我們中華民族的傳統德育思想，源遠流長，內容豐富，義理宏深。從啟迪社會成員自覺「立身做人」，到引導為人父母者積善興家、教子成材；從勸說當權者「修己治人」，化民成俗，到設計一系列具體的倫理規範，先賢們都有許多智慧的思考和熠熠生輝的論述。特別是其中的優秀部分，更是發人深省，引人入勝。例如，前賢提出的「富貴不能淫，貧賤不能移，威武不能屈」、「先天下之憂而憂，後天下之樂而樂」、「人生自古誰無死，留取丹心照汗青」、「天下興亡，匹夫有責」等光照人間的千古絕唱，對於激發人們的浩然正氣，陶冶高尚情操，培育美好德行，都有永不磨滅的特殊功效。它們如同一股永流不竭的聖泉，滋潤著華夏民族的道德之樹，啟迪著炎黃子孫的理性思維，推動著我們民

族的進步和發展。我國歷史上一代代先賢聖哲、志士仁人所表現出的高風亮節和道德情操，可以說都同我國優秀傳統德育思想的滋養培育分不開。外國的有識之士，曾盛讚中華民族是大智大慧的民族，稱譽我們的祖國是名副其實的「禮儀之邦」。這既符合歷史實際，也說明我國優秀傳統道德在世界上享有獨特的地位。因此，作爲炎黃子孫，我們不能數典忘祖。毛澤東曾明確指出：「我們這個民族有數千年的歷史，有它的特點，有它的許多珍貴品。對於這些，我們還是小學生。今天的中國是歷史的中國的一個發展；我們是馬克思主義的歷史主義者，我們不應當割斷歷史。從孔夫子到孫中山，我們應當給以總結，繼承這一份珍貴的遺產。」〔註5〕鄧小平要求我們「大膽吸收和借鑒人類社會創造的一切文明成果」。他多次強調「要兩手抓，兩手都要硬」；要培養「有理想、有道德、有文化、有紀律」的社會主義新人。1986 年 9 月，黨的十二屆六中全會通過了《中共中央關於社會主義精神文明建設指導方針的決議》，明確指出：「社會主義道德作爲人類文明中道德發展的新境界，它必須要批判地繼承人類歷史上一切優良道德傳統」。江澤民擔任黨的總書記和國家主席期間，始終把精神文明建設當作大事來抓，特別重視傳統文化和傳統道德教育。1995 年，國家教委組織編寫的《中國傳統道德》出版，江澤民欣然爲該書題詞：「發揚中國古代優良道德傳統和革命道德傳統，吸收人類一切優秀道德成就，努力創建人類先進的精神文明」。1996 年，在全國宣傳部長會議上，江澤民指出：「以高尚的精神塑造人。高尚精神就是指我們黨的崇高理想信念、優良傳統和作風，就是中華民族幾千年來形成和發展起來的優良傳統和美德」。同年 10 月，黨的十四屆六中全會通過的《中共中央關於加強社會主義精神文明建設若干重要問題的決議》，進一步明確指出：「要繼承和發揚民族的優秀文化傳統和黨的優良傳統，吸收和借鑒人類社會創造的一切文明成果，反對封建主義殘餘影響，抵制資本主義腐朽思想的侵蝕」。2001 年江澤民提出「以德治國」的重要思想，強調要繼承和弘揚中國傳統的德治思想，爲當前的社會主義國家治理服務。同年，中共中央頒佈的《公民道德建設實施綱要》也明確指出：要繼承中華民族幾千年形成的傳統美德，發揚我們黨領導人民在長期革命鬥爭與建設實踐中形成的優良傳統道德，積極借鑒世界各國道德建設的成功經驗和先進文明成果，在全社會大力宣傳和弘揚解放思想、實事求是，與時俱進、勇於創新，知難而進、一

〔註 5〕 毛澤東：《中國共產黨在民族戰爭中的地位》，《毛澤東選集》第 2 卷，北京：人民出版社 1991 年版，第 534 頁。

往無前，艱苦奮鬥、務求實效，淡泊名利、無私奉獻的時代精神，使公民道德建設既體現優良傳統，又反映時代特點，始終充滿生機與活力。所有這些，都體現了我們黨一貫重視對傳統道德文化特別是傳統德育資源及其思想的高度重視。

尊重傳統德育資源與發掘傳統資源是緊密相連的。尊重傳統德育資源主要體現在對傳統德育資源的發掘整理上，其關鍵在於發掘出傳統德育資源的當代價值。我國的傳統德育資源，不僅為我們民族在歷代的文明進步中作出過不可磨滅的貢獻，而且在今天的社會主義精神文明建設中仍然有著不可忽略的現實價值。例如，古代聖賢所提倡的「天下為公」的無私奉獻精神，「自強不息」的開拓精神，「見利思義」的道德價值取向，「精忠報國」的愛國主義精神，「居安思危」的民族憂患意識，「仁者愛人」的人道主義精神，「勤儉節約」的生活方式，「崇尚自然」的樸素情懷，如此等等，不僅在封建社會受到政治家、思想家甚至平民百姓的重視，而且到了今天仍然閃爍著智慧的光芒，贏得人們的青睞。傳統德育資源的現實價值，不僅表現在國內的精神文明建設方面，而且還表現在它對當今人類文明進步的新貢獻方面。我們知道，中國的優秀傳統德育思想，特別是儒家德育思想，早已走出國門，走向世界，尤其在東南亞影響極為深遠。所謂「東南亞文化圈」，基本上是以儒家道德倫理思想為主體的文化構成模式。事實證明，它有力地推動了東南亞的社會文明與進步。由於在人類歷史發展和文明進步之過程中，資源、環境、民族、宗教、毒品、犯罪等各種問題的凸顯，儒家倫理道德越來越受到西方社會的重視和歡迎。針對上述社會病症，西方一些有時之士，主張效法東方，借鑒中華文明成果。這無疑是一種理性的選擇。1999 年 10 月，在北京舉行的「紀念孔子誕辰 2550 週年國際學術討論會」上，來自世界 20 多個國家和地區的 400 多名學者，幾乎異口同心地稱讚儒學對人類文明的貢獻，並一致肯定儒學在未來社會發展中的重大價值。與會專家學者一致認為，孔子思想及其學說，包含著豐富的文化內涵，它不僅屬於中華民族，而且屬於全人類。儒家從「天人合一」的關係來觀照人的生存與人的現實，彰顯「仁愛」、「和諧」、「秩序」的人文價值和理念，對現代社會，尤其是 21 世紀人們改善人與自然的關係，更好地實現人與自然的和解，促進經濟社會全面、和諧、可持續發展，最終實現人類自身的自由、全面發展，有著重要的積極意義。

中國傳統德育資源內容豐富，義理宏深，源遠流長，其發掘整理是一項規模浩大的系統工程。因此，我們必須堅持馬克思主義批判繼承的總方針，

有計劃、有步驟、有選擇性地開發傳統德育資源，挖掘蘊涵其中的時代價值，為社會主義新德育建設服務。

2. 清源與超越

中國傳統德育思想是傳統歷史文化的遺存。它們都形成於特定的歷史環境，有其特定的內涵和外延，並曾經服務過特定的政治和經濟。雖然，作為優秀的精神產品，它們都經歷過歷史的檢驗和錘鍊，具有跨歷史、跨地域的特徵，可以為不同歷史時期、不同地域的人們所利用和借鑒。但是，這個利用和借鑒，不是簡單的照搬照套，而是一個再創造的有機整合過程。要完成這個創造，必須首先實現傳統德育思想的現代轉換。因為傳統和現代在客觀上總是存在著距離和差異，我們只有通過對傳統德育資源的發掘、整理、分析、甄別，作出現代性的詮釋，才能做到既源於傳統又超越傳統，最終實現傳統與現代的共融，並為現代服務。為此，我們必須做好以下幾項工作。

第一，必須對優秀傳統德育資源作出現代詮釋。這裡所說的「現代詮釋」，不是要求我們把古人現代化，將今人的思想作為標籤貼在古人的身上，而是要求我們站在時代的高度，對優秀傳統德育資源中所包含的具有積極意義的東西，予以發掘提煉，並賦予其符合時代要求的新含義，使它有可能同現實銜接起來。如果我們對優秀傳統的東西不進行現代詮釋，原封不動地將其搬到現實中來，那樣不但於現實無補，而且也是對優秀傳統東西的糟蹋，如果對傳統的東西「生吞活剝」，難免會「食古不化」。所以，「現代詮釋」是古為今用的重要環節，絕不可少。對優秀傳統德育資源作出現代詮釋，前人早有嘗試，顧炎武、孫中山就是其中的典範。明末清初的大思想家顧炎武，是一位獨具慧眼的愛國主義者。他根據自己的切身體會和時代要求，對古人的「亡國」與「亡天下」概念進行了重新詮釋並加以嚴格區別。他說：「有亡國有亡天下。亡國與亡天下奚辨？曰：異姓改號謂之亡國；仁義充塞而至於率獸食人、人將相食，謂之亡天下。」他認為：「保國者，其君其臣，肉食者謀之；保天下者，匹夫之賤，與有責焉二耳矣。」〔註 6〕在顧炎武看來，「國」既是封建統治階級一姓王朝利益的體現，因此那些享受到「國」之俸祿的「肉食者」，應當盡力去保衛「國」；而「天下」則代表著人民的利益，代表著社會的安定，因此，他以仁義充塞、道德淪喪、世俗澆薄、文明衰頹為亡天下，

〔註 6〕 顧炎武：《日知錄·正始》。

從而極力強調，就是對每一個匹夫來說，都對天下的興亡，負有重要的責任。這就是我們今天常說的愛國名言：「天下興亡，匹夫有責。」（梁啓超概括）的眞正涵義。民主革命的先行者孫中山先生曾對傳統道德規範中的「忠」作出如下詮釋：「古人講的『忠』，是忠於皇帝……，我們在民國之內，照道理上說，還是要盡忠，不忠於君，要忠於國，要忠於人民，要爲四萬萬人去效忠。爲四萬萬人效忠，比較爲一人效忠要高尚得多。」〔註7〕短短幾句話，清楚明白地對古代忠德作出了現代詮釋，賦予其時代精神，實現了傳統向現代的轉換。顧炎武、孫中山的這種方法是值得我們學習和借鑒的。

　　第二，要切實找準傳統德育資源與當代德育思想的結合點。傳統要同現代實現有機結合，首要的一個條件，是二者必須具有結合點。所謂「結合點」，指的是被結合的雙方具有共同點、相融點。有了共同點、相融點，才能實現二者的結合。如古代的「天下爲公」觀念同我們今天所提倡的「無私奉獻」的觀念，就有相同相融之處，二者在「克己奉公」上統一起來了，因而二者可以完全實現有機結合，並通過這種結合，鼓勵今人學習前人的「天下爲公」的精神，自覺爲國家和集體的利益而獻身。《論語》中有關爲政者道德規範的論述，其中許多與今天的公務員道德建設之要求有共同點和相融點。比如，孔子與他的學生關於「爲政」的對話就是鮮活的例子。「子路問『政』。子曰：『先之，勞之。』請益。曰：『無倦。』」〔註8〕孔子認爲，作爲爲政者，應該吃苦在先，享受在後；應該鞠躬盡瘁，死而後已。這些德性規範，對於我們今天加強公務員的勤政教育有著重要的意義。「仲弓爲李氏宰，問『政』。子曰：『先有司，赦小過，舉賢才。』曰：『焉知賢才而舉之？』曰：『舉爾所不知，人其舍諸！』」〔註9〕孔子提倡爲政者要舉賢尚能，決不能任人唯親。這對於我們當前幹部選拔中堅持任人唯賢的原則有深刻的啓示。「李康子問政於孔子，孔子對曰：『政者，正也，子帥以正，孰敢不正？』」〔註10〕「子曰：『其身正，不令而行；其身不正，雖令不從。』」〔註11〕「子曰：『苟正其身矣，於從政乎何有？不能正其身，如正人何？』」〔註12〕。孔子在這三句話中要強調的是：對於爲政者來說，要求老

〔註7〕　《孫中山選集》，北京：人民出版社1981年版，第681頁。
〔註8〕　《論語・子路》。
〔註9〕　《論語・子路》。
〔註10〕　《論語・顏淵》。
〔註11〕　《論語・子路》。
〔註12〕　同上註。

百姓做到的，自己必須首先做到；要求老百姓不做的，自己首先不做。榜樣的力量是無窮的。其見解令人深思。這對於我們今天強調的發揮黨員幹部的表率作用，有著不可忽視的教育意義。「葉公問政。子曰：『近者說，遠者來。』」「子夏爲莒父宰，問政。子曰：『無欲速；無見小利。欲速則不達；見小利則大事不成。』」〔註13〕這兩句話告訴我們：爲政者只有求眞務實，幹出實實在在的政績，才能贏得人民的擁護。任憑時光流失，歲月變遷，蘊涵於其中的眞理顆粒仍然熠熠生輝。由此可見，只要能找準傳統德育資源和當今德育建設的結合點，並對傳統德育資源進行現代詮釋，就能超越傳統；沒有共同點、相融點的東西，二者風馬牛不相及，就不可能實現結合；強行將其扯在一起，也不過是牽強附會，達不到超越傳統的目的。

　　第三，要深入挖掘傳統德育資源的時代價值。傳統德育資源內容豐富且糟粕與精華雜糅在一起，即精華中掩蓋著糟粕，其糟粕中埋藏著精華。傳統德育資源之所以到了今天還有用，就在於它內含著對新時代有積極意義的功能即現代價值。我們用優秀的傳統德育爲現實服務，從本質上說，就是要充分發揮它的現實價值。因此，在傳統德育的現代轉換過程中，我們必須把重點放在其現實價值上，要下大力氣總結、提煉、發掘包含於其中的時代價值。例如傳統德性規範「仁」、「義」、「禮」、「智」、「忠」、「孝」、「廉」、「恥」等，在剔除包含於其中的封建成分之後，與當前公民道德建設「二十字」（愛國守法、明禮誠信、團結友善、勤儉自強、敬業奉獻）基本規範的要求有諸多相似或對應之處。以「孝」爲例，古人的觀點基本上可以分爲兩類：一類是基本上屬於精華部分，於今天仍然有積極意義，有利於當前的社會主義精神文明建設，是要大力繼承與弘揚的。如《孝經》在開宗明義第一章中便指出：「子曰：『夫孝，德之本與，教之所由生。』」〔註14〕孔子在《論語》中強調說：「孝悌也者，其爲仁之本與。」「弟子，入則孝，出則悌，謹而信，凡愛眾，而親仁。行有餘力，則以學文。」〔註15〕孔子和儒家把「孝」看作是道德之根本，看作是踐行「智」、「仁」、「勇」諸德性的出發點。在與學生的對話中，孔子進一步對「孝」進行了具體闡述。比如在回答孟懿子關於什麼是「孝」的提問時，孔子說：「無違。」爲了解釋樊遲對「無違」二字的疑問，孔子又說：

〔註13〕《論語・子路》。

〔註14〕《孝經》。

〔註15〕《論語・學而》。

「生，事之以禮；死，葬之以禮，祭之以禮。」看得出來，孔子認爲，「孝」就是「善事父母」，就是要以善意的思想和行爲來對待自己的父母，使他們生前能夠過幸福的生活，在他們死後給予很好的安葬。在回答學生子游的問題時，孔子進一步說：「今之孝者，是謂能養。至於犬馬，皆能有養；不敬，何以別乎。」〔註16〕在這裡，孔子認爲，如果一個人連父母都不能做到孝敬，這與動物有什麼區別。另一類是基本屬於糟粕的部分，與當前的社會主義道德建設相背，是要極力批判的。比如，孔子認爲：「父母在，不遠遊，遊必有方。」〔註17〕「父在，觀其志；父沒，觀其行；三年無改於父之道，可謂孝矣。」〔註18〕孟子強調指出：「不孝有三，無後爲大。」〔註19〕如此等等。我們應該看到，在當前市場經濟條件下，隨著追逐個人利益的發展，西方的個人主義、拜金主義和享樂主義思潮不斷蔓延，等價交換的原則，正日益滲透到人與人關係的各個方面，甚至在家庭關係中也籠罩著金錢的陰雲。爲了金錢和私利，不但可以「遺棄雙親」，甚至不惜「殺父殺母」，這種情況，難道還不足以引起我們的高度關注嗎？因此，是弘揚傳統孝文化、大力加強青少年「孝」道德教育的時候了。

傳統優秀德育資源及其思想有著超越時空的無窮魅力，尊重和弘揚中華傳統德育資源及其思想，深入挖掘傳統德育資源的時代價值，爲建設社會主義新德育服務，是我們理論工作者肩負的時代使命。

3. 轉化與創造

創新是一個民族不竭的動力，也是學術研究活動永保生命力之關鍵所在。不管是尊重傳統、源於傳統，還是發掘傳統、超越傳統，關鍵在於賦予傳統德育資源以新的生命。這是因爲，中國傳統德育及其思想，都是由一定地域、一定時代生活著的、代表一定的階級階層利益、有著具體的家庭和人生背景、受某種特定的倫理道德觀念所影響的具體的政治家、思想家們所總結、概括出來的，並且是針對一定的具體社會現實的，所以，它們不能不帶有一定的具體性、特殊性和時代局限性。然而，一種倫理道德規範和一定的德育思想一經提出，總是內在地包含著一般的和抽象的意義，總要爲不同階

〔註16〕《論語・爲政》。
〔註17〕《論語・里仁》。
〔註18〕《論語・學而》。
〔註19〕《孟子・離婁上》。

級和不同時代的人們所共同應用，在應用過程中還會被不同的人們作出自己的理解和解釋，因此，它們又具有一般性、普遍性和超時代性。傳統德育思想的雙重特性，還通過其內容和形式表現出來。即傳統德育及其思想具有精華與糟粕雜糅並存的特點，純粹屬於精華的或屬於糟粕的很少見。

　　首先，對於那些基本上屬於精華的傳統德育資源我們也應該進行理性的分析。例如，范仲淹在《岳陽樓記》所提出的「先天下之憂而憂，後天下之樂而樂」的憂國憂民思想，被人們廣為傳頌，而且在歷史上也起到了積極的作用。但是，嚴格地分析起來，這一思想也不能說其完全是精華。我們知道，范仲淹畢竟是一個封建士大夫，他所謂的「天下」，在當時是封建君主統治下的土地及其臣民，而這兩句話中的「憂」、「樂」，既有對廣大人民群眾的憂樂，又有對宋王朝統治興衰的憂樂。范仲淹還說：「居廟堂之高，則憂其民；處江湖之遠，則憂其君」。意思是，在朝中做官、身居高位就為人民而憂慮，在山野中隱居為民，就要為君王擔心。因而，當我們以歷史唯物主義的態度，根據今天社會主義時代的特點和廣大人民群眾的利益來繼承這兩句話時，我們所理解的「天下」就應該是整個中華民族的利益，而我們所理解的「憂」、「樂」，自然也就和范仲淹所說的憂樂不同了。在中國傳統德育資源及其思想中，這樣的例子還可以舉出很多。如「仁者愛人」、「己所不欲，勿施於人」、「己欲立而立人，己欲達而達人」等等，在繼承時都要注意拋棄其在當時所包含的調和階級矛盾和維護統治階級利益的方面，弘揚其在今天能更好地調解和理順人民內部各種矛盾、加強人民之間的團結的積極方面。其次，對於那些較為明顯的精華與糟粕相交織甚至融合在一起的傳統德育資源，更需要謹慎地加以鑒別和認真地加以消化。以義利關係問題為例，如《論語》中提出的「見利思義」、「見得思義」、「義然後取」的思想，應當說是基本上屬於精華的部分，但其中也夾雜著一些維護封建等級的內容。這就需要正確區分古人所說的義和利與今天所說的義和利所具有的不同含義，這樣我們才能夠很好地拋棄糟粕，吸取精華。這裡還有另一種情況，如「君子思義而慮利，小人貪利而不顧義」和「君子喻於義，小人喻於利」等德育思想，就可以說是精華與糟粕相互交織在一起的複雜情況，我們今天在繼承時，更應當仔細地加以批判和分析。在中國古代社會，「君子一般是指統治階級的成員或者有道德的人」，而「小人一般多指身居下位的卑賤者」，有時也指只顧私利而沒有道德的人。「君子喻於義，小人喻於利」，總的看來，包含兩個既有聯繫又有區別

的內容，即一方面認爲，只有統治者才明白大義，而勞動人民只知道小利；另一方面也認爲，只有道德高尚的人才明白大義，而道德低下或沒有道德的人只知道私利。而在長期的剝削階級占統治地位的社會裏，統治者只強調第一種理解，把他們自身看作是知道大義的，污蔑勞動人民只知道蠅頭小利，從而爲鞏固他們的統治製造輿論。對於這一方面的內容，應當徹底地予以批判，但同時，也可以吸收其強調有道德的人是知道大義的，而沒有道德的人是只知道私利的人的合理思想，並加以改造，使其在新的時代中，發揮積極的作用。可見，我們在研究中國傳統德育資源及其思想時，不能簡單地採取「二分法」，即把一部分看成是純粹的精華，一部分看成是純粹的糟粕，對自己認爲是精華的部分就不加分析地肯定和繼承，對自己認爲是糟粕的部分就不分青紅皂白地加以否定和廢棄。人們如此一代一代地做下去，各取其所取，各棄其所棄，最終會把傳統德育資源和思想中的珍品拋棄淨盡。我們在看到古人、古代有局限性的同時，也要看到自己和自己所處的時代也同樣有局限性，要看到自己對傳統德育資源和思想的理解和取捨未必是絕對正確的。因此，我們對待傳統德育資源和思想的正確態度應該是：要把中國傳統德育資源及其思想的每一個組成部分看成是一個具有時代和階級局限的、由精華和糟粕組成的一個復合體。在精華較多的復合體中，仍然有不可忽視的糟粕；在糟粕較多的復合體中，也有某些可貴的精華。只有看到這一點，才有可能使精華得到珍視，化腐朽爲神奇，賦予傳統德育資源以新的生命，真正實現傳統德育資源的現代轉化。

「問渠哪得清如許，爲有源頭活水來」。社會主義的新型德育是有中國特色社會主義倫理文化的有機組成部分，是培鑄人心、提升精神、形成整體凝聚力和向心力的偉大工程，也是社會主義教育實力和青少年精神風貌的重要標誌。它淵源於中華民族五千年的倫理文化史，又植根於有中國特色社會主義的倫理道德實踐，具有鮮明的時代特點；它反映我國社會主義經濟和政治的基本特徵，又對社會主義經濟和政治的發展起著巨大的推動和促進作用。建設有中國特色的社會主義的新型德育，需要我們發掘民族傳統德育思想的源頭活水，把根深深地紮在民族傳統德育思想的深厚土壤裏。只有首先贏得中國人民的喜愛，具有中國風格、中國氣派，才能堂堂正正地走向世界和屹立於世界文化之林。

（原載《大學教育科學》2006 年第 3 期）

第三篇　中華民族愛國主義研究

論中華民族愛國主義的基本特徵

世界上每一個民族都具有自己的愛國主義傳統或精神。但世界上沒有一個民族像中華民族那樣深愛自己的國家，並因此形成了悠遠久長、精湛深幽的愛國主義傳統。儘管在數千年的歷史發展歲月中，中華民族經歷了數不清的艱難險阻，甚至幾臨傾覆的厄運，但這個民族卻一次又一次地衰而復興，蹶而復振，轉危為安，巍然屹立在世界的東方。研古論今，我們無一例外地發現，中華民族的偉大，中華文化的輝煌，在很大程度上既源於又得益於內在於民族自我精神生命並構成民族文化靈魂或核心的愛國主義傳統。同世界上其他民族的愛國主義傳統比較起來，中華民族的愛國主義傳統具有自己鮮明的特徵。

一、歷史悠久，源遠流長

中國是世界四大文明古國之一，也是四大文明古國中唯一存活於今的悠久文明範例。與古埃及、巴比倫、印度文明的相繼衰落或斷亡相比，中國文明不僅具有統一性而且具有綿延性。誠如美國著名歷史學家維爾・杜倫在《東方的文明》中所說的，當希臘民族尚未形成、文明尚未誕生之時，中華民族就已經早早地步入了文明社會的征程，創造了燦爛的古代文化。「它曾目睹了巴比倫和亞述、波斯和猶太、雅典和羅馬、威尼斯和西班牙的興衰變遷，即使當歐羅巴陷入巴爾幹人所說的黑暗中世紀之時，中國依舊保有著燦爛的文明。穩定持久的政府，精美絕倫的手工藝術，和諧深邃的精神世界歷久不衰。」〔註1〕中華文明奇迹般地綿延承傳，從古至今，確實是世界文明史上的一大奇觀。除了地理環境等客觀因素以外，其中最主要的恐怕與代代相傳的愛國主

〔註1〕　（美）杜倫：《東方的文明》，西寧：青海人民出版社1998年版，第767頁。

義精神密切相關。流淌在中國人血脈中的愛國主義精神，是維護中華民族團結和統一，形成強大民族凝聚力和向心力的內在源泉。

中華民族的愛國主義傳統，萌芽於炎黃部族的衝突與融合，在堯舜時代「平章百姓，協和萬邦」那裡即有生動而深刻的體現。為民治水的大禹，開九州通九道，大會諸侯於塗山，並建立了中國歷史上第一個奴隸制的國家——夏朝。從此以後，公忠為國、敬德保民的觀念日漸深入人心。中經春秋戰國時期儒墨道法諸家「務為治」的理論求索，及其第一次大規模民族融合所形成的華夷五方（華夏居中，稱為中國，夷蠻戎狄配以東南西北，五方之民，共稱「天下」，號為「四海」）格局，為後世中國發展成為統一的多民族國家奠定了堅實的基礎。春秋戰國時期，不僅出現了許多心存社稷、效忠國家（主要是諸侯國）的忠義之士，更出現了主張儘快結束列國爭雄，建立大一統的封建王朝，使天下為一的新型愛國主義理論。秦始皇順應中國歷史發展大勢，滅六國，立郡縣，車同軌，書同文，建立了中國歷史上第一個封建大一統的國家，從此，「海內為郡縣，法令由一統」，愛國主義傳統正式形成。儘管東漢以後中國社會出現過短時的分裂，但反對分裂、維護統一始終是中國歷史發展的主流，是中華民族愛國主義的主旋律。那些試圖分裂祖國、破壞統一的民族敗類，被永遠釘在歷史的恥辱柱上。近代以來，中華民族遭受西方列強的侵略淩辱，但救亡圖存、維護民族獨立的愛國主義精神激勵著中華民族的優秀兒女作前赴後繼、死不旋踵的抗爭與犧牲，最後在中國共產黨人的領導下，終於將西方列強趕出中國，建立了社會主義新中國。

五千年的中華文明史，在民族精神的深處，始終激盪著愛國主義的主旋律。當今中華民族的愛國主義已經發展為社會主義的愛國主義，這是中華民族愛國主義傳統發展的嶄新階段，也在最廣泛、最深刻的意義上代表著活躍在世界各地炎黃子孫華夏兒女的共同心聲和共同願望。它同古代和近代的愛國主義一脈相傳，確證著中華民族愛國主義亙千古而愈烈的無窮魅力。

二、內容豐富，博大精深

世界上其他民族的愛國主義也具有自己獨特的內容，但比較而論，中華民族的愛國主義在內容上顯得更加豐富與深邃。英吉利民族的愛國主義總是同個人功利主義的價值關懷相關；美利堅民族的愛國主義同個人主義的情緒訴求有著密不可分的聯繫；德意志民族的愛國主義崇尚民族內在的精神生

命，但往往陷入民族優越論的泥坑；大和民族的愛國主義主張絕對的忠誠，然卻掩飾不住武士道精神的軍國主義色彩。而且，當今世界許多國家的民族多為單一民族，愛國主義與民族主義合而為一。中國則不然，中國自古以來就是一個多民族的國家。中華民族的愛國主義同狹隘民族主義有著本質的區別，維護各兄弟民族的團結與統一，加強各兄弟民族之間的友好往來與經濟文化交流，甚至通過和親聯姻來強化血濃於水的親密關係，形成休戚相關、榮辱與共的一體化觀念與意識，一直是中華民族愛國主義的重要內容。

不特如此，中華民族的愛國主義始終同整體主義的價值關懷、理性主義的價值認同、和平主義的價值觀念融為一體，表徵著中華民族將個體融入整體之中、將感性納入理性之中、將歷史現實與未來有機地結合起來的人文睿智。中華民族的愛國主義是一個有著自己獨特歷史意蘊和人文魅力的觀念和行為體系。在中華民族數千年的文明發展史上，出現了眾多的愛國人物和愛國事件，也產生了許多在歷史上影響深遠至今仍魅力不減的思想理論與學說體系。這些思想理論和學說體系或高揚起公忠體國、國而忘家的整體主義精神，提出「苟利國家生死以，豈因禍福避趨之」、「金甌已缺總須補，為國犧牲敢惜身」的命題，形成中華民族「殺身成仁」、「捨身取義」的偉大傳統；或推崇「天下大同」、「四海一家」、「協和萬邦」，主張「和為貴」，為和平和正義的事業而鬥爭，認為「兵者不祥之器，非君子之器，不得已而用之，恬淡為上」，把人民的生命財產和幸福生活視為國家長治久安的重要內容，形成人本主義或民本主義的優秀傳統。

中華民族的愛國主義傳統充溢著一種置重國家民族利益的整體主義或群體主義意識。這種整體主義或群體主義意識將個體與類、人與社會交融互攝，強調人是社會的動物，主張從人倫關係和人群關係去把握人和認識人，認為個人從來就是與一定的國家民族聯繫在一起的，沒有國家民族的整體利益，就沒有個人的私人利益。儒家的仁學倫理思想視愛人為人的本質，並主張由愛人而愛群，強調「博施於民，而能濟眾」，以血親之愛為基礎發展起對國家民族的愛，使血親的骨肉之愛與對國家民族的愛合為一體。不僅如此，儒家倫理文化在忠與孝、愛親人與愛國家之間，更強調忠的價值高於孝的價值，愛國家的價值高於愛親人的價值，把對國家民族的愛視為民族大義，認為忠以孝為始，孝以忠為終，當著忠與孝難以兩全的時候，肯定忠高於孝大於孝，主張犧牲對父母的孝而對國家盡忠，甚至主張大義滅親。在中國古代，義被

區分爲不同的層次，君臣之義只是一種低層次的義，只有忠於祖國忠於民族的義才是最高層次的義。這種倫理價值導向深入中華民族的內在心靈，培育出一種國而忘家、精忠報國、以身殉國的浩然正氣，形成著中華民族特有的凝聚力、向心力和吸引力。

與這種置重國家民族利益的整體主義密切相關，中華民族的愛國主義不獨是一種對國家民族愛意深沉的情感主義，而且更是一種立意長遠的理性主義。在悠遠久長的中華文明史上，產生了無數憂國憂民的仁人志士，他們「哀民生之多艱」，上下求索，心繫祖國的前途、民族的命運，總是不失時機地提出警世良言和救國方案，以使人民和統治者居安思危，防微杜漸，形成對子孫後代負責、對國家未來負責、對民族負責的理性觀念和理想主義精神。中華民族「立乎其大」、著眼長遠的價值關懷，總結過去面向未來的價值意識，以及對天下興亡的高度關注及其歷史敏感性，無一不是這種理性主義的生動體現。

同時，中華民族又是一個酷愛自由、崇尚和平的偉大民族，和平主義一直是中華民族愛國主義的有機內容。中華民族的歷史是一部以華夏族爲主體，各兄弟民族團結合作、互相支持、互相尊重、攜手共進的歷史，「和爲貴」、「四海之內皆兄弟」一直是中國人民的基本價值取向。這種價值取向既體現在國家內部的民族關係處理上，也體現在與其他異域民族的關係對待上。早在 13 世紀末葉，客居中國的意大利人馬可・波羅就曾爲中華民族的和平主義精神發出由衷的慨歎。16 世紀西方傳教士利瑪竇在自己的著作中無限感慨卻又不無敬佩地指出：「在這樣一個幾乎具有無數人員和無限幅員的國家，而各種物產又極爲豐富，雖然他們有裝備精良的陸軍和海軍，很容易征服鄰近的國家，但他們的皇上和人民卻從未想過要發動侵略戰爭。他們很滿足於自己已有的東西，沒有征服的野心。在這方面，他們和歐洲人很不相同，歐洲人常常不滿足自己的政府，並貪求別人所享有的東西。」〔註2〕20 世紀初日本學者渡邊秀方更認爲，世界諸民族中大概再沒有中國人那樣渴求和平的了，他們的幾千年歷史，畢竟是渴望和平的歷史，他們很少對別的民族從事侵略的攻戰。他們的戰爭是自己文明的擁護戰，這樣好的民族，世界上哪裏再能找得著第二個！國外學者的這些評價和論述揭示了中華民族渴望和平，崇尚和睦相處、四海一家的倫理美德。

〔註 2〕利瑪竇、金閣尼：《利瑪竇中國札記》，北京：中華書局 2010 年版，第 58～59 頁。

三、精神宏闊，兼收並蓄

　　中華文化有黃河、長江吞吐百川、陶鈞萬物之勢，有巨龍般的靈活應變及自我調整的能力。中華文化是善於創造也善於吸收融合的文化，中華民族的愛國主義精神也是如此。中華民族向來以龍的傳人著稱，龍的傳人這一稱呼及對這一稱呼的認同，是中華民族愛國主義精神提升和民族凝聚力形成並得以不斷鞏固和發展的內在因由。龍形象的出現和龍概念的形成，是中國文化的偉大創造，本身代表著中國文化的基本精神奧蘊和中華民族的精神文化慧命。據許慎《說文解字》解釋，龍「角似鹿，頭似駝，眼似龜，項似蛇，腹似蜃，鱗似魚，爪似鷹，掌似虎，耳似牛」，它「能幽能明，能細能巨，能短能長，春分而登天，秋分而潛淵」。龍身上蘊藏著巨大的潛能和頑強的生命力，集眾多動物的特長與優勢於一身，無疑是炎黃子孫的精神文化象徵。

　　龍的精神可以概括為剛健有力和厚德載物兩個方面，前者說的是自強不息的奮鬥拼搏精神，後者說的是博采眾家之長的兼容好學精神。這兩種精神都是中華民族愛國主義的基本精神，貫穿於中華民族愛國主義傳統發展的全過程。自強不息的奮鬥拼搏精神在數千年的歷史進程中，的確極大地鼓舞了人們的愛國熱情，激勵人們為保衛祖國、建設祖國而作堅毅不拔、不屈不撓的鬥爭，它在具體的歷史情境中化為氣勢豪邁的英雄主義情懷，化為胼手砥足、任勞任怨的擔當意識和歷史使命感，化為一種不斷求知創新、革故鼎新的開拓進取精神。這種精神激勵人們為了國家民族的整體利益，哪怕是赴湯蹈火、犧牲自己的生命也在所不惜。龍的精神的另一方面則是厚德載物、兼收並蓄，像大海一樣容納江河百川，並虛心向他人、他國學習。這種精神也是中華民族愛國主義傳統形成的思想基礎。中華民族愛國主義傳統的一個重要方面即是在代不乏人的諫諍上書中，強調統治階級尤其應當博采廣納，虛懷若谷，兼聽則明，偏聽則暗。數千年的中國政治史上湧現出了一大批為國分憂、為民請命的錚錚諫臣，他們出於體國恤民的公心，挺身而出，犯顏直諫，指陳君主之過失，秉公直言，彈劾權貴之奸慝，留下了許多悲壯感人的愛國故事。與諫諍相對應的是廣納，儘管中國歷史上真正博采廣納、從善如流的明君不多，但中華愛國主義始終認為統治階級應該虛心納諫，尊重民意，並將這種應有的價值觀念置於統治階級之上，要求統治階級遵守服從，這表明中華愛國主義是將博采廣納視為根本性的價值觀念的。

　　不特如此，中華愛國主義還特別強調國內各民族要相互學習，互相取長

補短，在民族關係的處理上以和爲貴，和睦相處；強調向其他異域民族學習，以博大開放的胸襟，努力吸取異域民族的文明成果，以豐富充實自身的文明。中國文化的形成和演變，經歷了漢文化、宋文化、近代文化和現當代文化幾個發展階段，它既是中外、多元文化的交流與融合，又反映著中華民族的綜合創新精神。漢以後，中華本土文化第一次迎來了外來印度佛教文化的挑戰。在外來佛教文化的挑戰面前，中華文化顯示了它強大的包容性和生命力，它在吸收、融合佛教文化的同時亦推動了自身的發展和更新，出現了融儒釋道於一身以儒學爲宗的理學即宋明新儒學。明以後，西方文化開始傳入中國，中華文化同時開始了大規模學習西方文化的熱潮。維新志士梁啓超主張會通古今中西，抓住社會發展的進化公例給予中華民族新崛起的良機，「張燈置酒，迓輪俟門，三揖三讓以行親迎之大典。彼西方美人，必能爲我家育寧馨兒，以亢我宗也。」中國共產黨成立後，堅持將馬克思主義的普遍原理與中國革命的具體實踐相結合，批判繼承祖國傳統文化，合理吸收西方先進文化，創造性地走出了一條中國革命和中國社會主義現代化建設的新路，開創了中國文化發展的新紀元。

四、氣岸高標，大義凜然

中華民族愛國主義的又一顯著特徵是十分講求骨氣德操，崇尚國格和人格。愛國主義說到底總是同一個民族的倫理心態和價值趨赴密切相關，它必須建立在個體良好的心理基礎和健全人格上。一個人必須自愛自立自強，才能去爭國家民族的自立自強。同時，愛國也需要個體具有自己的獨立人格，真正做到「富貴不能淫，貧賤不能移，威武不能屈」。一個國家的國格建立在無數個體的人格之上，是無數健全的人格挺立著共同的國格。

中華民族愛國主義一直有著置重國格和人格的優良傳統。孔子說：「三軍可奪帥，匹夫不可奪志也」，認爲人貴有志，志向志氣志節構成人的精神生命和人格，你可以毀滅他的肉體，但是不能侮辱他的人格。是故志士仁人，無求生以害仁，有殺身以成仁。孟子提出養浩然之氣，認爲這種「集義所生」、「至大至剛」、「塞於天地之間」的浩然之氣，將有助於實現個體的人生價值和人格尊嚴，可以使人發揮出氣壯山河的偉力，產生出一種頂天立地的大丈夫氣概。浩然之氣與國家民族大義緊密相連，有浩然之氣者必能弘揚民族大義，有民族大義者必能存浩然之氣。孟子主張捨身取義，視義爲人之所以爲

人的根本和至上價值，認爲爲義而獻身，雖死猶榮。荀子崇尙德操，把權力不能傾、群眾不能移、天下不能蕩視爲德操的精神表現，認爲有德操才能謂之「成人」，成人即是有高尙的道德情操的堂堂正正的人，他無愧於人的稱號，生於天地之間，能夠率天載義，直道而行，發揮人的道德潛能，可與天地參。儒家的殺身成仁、捨身取義及其推崇人格氣節的思想觀念對中國社會歷史文化產生了極其深刻的影響，鑄造了一代又一代華夏兒女的道德心靈和理想人格。

近現代史上，中華民族的優秀兒女光大了古代愛國主義崇尙志節德操、講求國格人格的光榮傳統，在與西方列強和國內反動派的鬥爭中，表現了英勇不屈的氣概和百折不撓的精神。他們前赴後繼，同外國帝國主義和本國封建勢力進行著殊死的搏鬥。譚嗣同「我自橫刀向天笑，去留肝膽兩崑崙」，秋瑾「不惜千金買寶刀，貂裘換酒也堪豪」，李大釗「鐵肩擔道義，妙手著文章」，夏明翰「砍頭不要緊，只要主義眞」，吉鴻昌「恨不抗日死，留作今日羞」等氣概和精神，均是中華民族崇尙氣節和德操、置重國格和人格在新的歷史時期的集中體現。毛澤東指出：「我們中國人是有骨氣的」。聞一多拍案而起，橫眉怒對國民黨的手槍，寧可倒下去，也不願屈服；朱自清一身重病，寧可餓死，也不領美國的救濟糧。他們表現了我們中華民族威武不屈的英勇氣概和高尙氣節。〔註3〕

中華人民共和國成立後，中國人民在建設社會主義新中國的過程中，堅持自力更生、艱苦奮鬥的民族大義，頂住了國際上反華勢力的種種封鎖與制裁，戰勝了數不清的艱難險阻，終於把一個貧窮落後的舊中國建設成爲一個初步繁榮昌盛的社會主義現代化國家。

上述四個方面集中彰顯了中華民族愛國主義的基本特徵，表徵著中華民族愛國主義的底蘊及其基本精神。它們是一個互相關聯的有機整體，共同架構或支撐著中華民族愛國主義的大廈，形成著卓爾不群的民族精神，使其以一種巨大的凝聚力、向心力呈現出來，書寫著人類愛國主義發展史上的輝煌篇章。

（原載《求索》2000 年第 4 期）

〔註3〕毛澤東：《別了，司徒雷登》，《毛澤東選集》第 4 卷，北京：人民出版社 1991
　　　年版，第 1495 頁。

中華愛國主義與
民族情感的混融及其闡釋

　　中國歷史上的愛國主義混融著濃厚的民族情感，是同愛民族密切聯繫在一起的，它以對民族文化的深深認同為心理基礎，以對本民族的生存發展、繁榮昌盛的根本利益的深切關心和自覺維護為核心，以民族自尊心和民族自豪感為依託，其宗旨在於推動本民族的不斷髮展與振興。然而，中國是一個多民族的國家，既有作為整體民族的中華民族，也有以地域而論的北方民族、南方民族等，如歷史上所說的東夷、南蠻、西戎、北狄民族集團，還有某一具體的單個民族，如此等等，這就使得愛民族與愛國家之間的關係變得非常複雜，涉及到對民族的理解、界定以及統一國家內民族關係、民族戰爭、民族平等等一系列重大的理論問題。只有運用馬克思主義的立場、觀點和方法，科學地分析歷史上愛民族與愛國家的複雜關係，並對之作出唯物而辯證的闡釋與評價，才能真正有助於愛國主義傳統的弘揚與光大。

一、民族的含義、起源和類型

　　民族的存在長達數千年，但對民族作出科學的界定則是非常晚近的事情。康德在《實用人類學》中指出：「民族這個詞，人們理解為結合在某個地域之中的人的群落，就此而言，這些人構成為一個整體。」〔註1〕伏爾泰的《風俗論》向人們揭示了世界各重要民族的精神和風俗，在他那裡，民族是以血

〔註 1〕 （德）康德：《實用人類學》，《康德文集》，北京：改革出版社 1997 年版，第
　　　　 657 頁。

統、語言、宗教、風俗習慣相同爲標誌而結合起來的人們。摩爾根在《古代社會》一書中比較了氏族與民族，認爲氏族是一種流動性很大的個人集合體，它或多或少是散居的，因而造成了不可能永久定居於一個範圍內的情況，而民族則由幾個部落組成，它們合併在一起構成一個氏族社會，並占居共同的地域。〔註2〕上述界定，從比較一般的意義上揭示了民族的某些內涵，具有一定的合理性，但並不是科學的民族定義。

對民族作出科學的解說和定義，是斯大林1913年在《馬克思主義和民族問題》一書中的一大貢獻。斯大林指出：「民族是人們在歷史上形成的一個有共同語言、共同地域、共同經濟生活以及表現於共同文化上的共同心理素質的穩定的共同體。」〔註3〕這一定義，首先指出了民族是一個歷史範疇，它是人類社會發展到一定歷史階段的產物；其次概括了民族的四個基本特徵，即共同語言、共同地域、共同經濟生活和共同心理素質。共同語言是指民族內部所有成員都能理解的，作爲他們彼此交流思想和互相往來的工具而通用的語言。比較固定的共同地域是民族生存發展的重要條件，它的地理區劃通常是該民族在長期生產、生活和相互交往中形成的。共同經濟生活是指在這個地域內人們在生產特別是交換過程中所建立的經濟聯繫，把民族各部分結合爲一體，形成了經濟生活上的許多共同點。共同心理素質是一個民族的共同愛好、傳統、氣質、情操以及民族自豪感、民族自我意識，它常常通過共同的民族文化表現出來。民族的四大特徵把民族同氏族、種族區分開來。氏族是以血緣關係爲紐帶的自然群體，而民族則是以地緣關係爲基礎的社會共同體。種族是一個生物學的範疇，它是以膚色、頭髮、體型爲標誌所劃分的不同人種，而民族則是一個社會學的範疇，它是以地域、語言、文化、心理素質爲標誌所劃分的社會共同體。不特如此，民族的四個特徵還把民族與國家區別開來。國家是一個政治學範疇，它是指一個階級依靠軍隊、監獄和政權組織形式壓迫另一個階級並管理社會生活的統治工具，國家是階級矛盾不可調和的產物和表現。民族要求必須有共同的語言，雖然操同一語言的人不一定是同一個民族；國家卻不要求必須有共同的語言，雖然許多國家只通用一

〔註2〕 （美）摩爾根：《古代社會》上冊，北京：商務印書館1977年版，第218、220頁。

〔註3〕 斯大林：《馬克思主義與民族問題》，《斯大林選集》上卷，北京：人民出版社1979年版，第64頁。

種語言。一個民族可以是一個國家，也可以分屬於許多國家。一個國家可以由單一民族組成，也可以由許多民族組成。此外，民族的四個特徵又是一個民族區別於另一個民族的標誌，是進行民族識別的基本依據。

　　馬克思主義認為，民族產生和形成的一般規律是由氏族、部落經過部落聯盟發展成為民族。馬克思指出：「民族這一稱號適用於許多印第安部落，因為他們的人數雖然不多，卻獨特地擁有一定的方言和地域。部落和民族嚴格說來並不是等同的東西。在氏族制度下，只有當結合在一個政府之下的諸部落融合為一個統一的整體時，……這時民族方始產生。」〔註4〕恩格斯在闡釋處於野蠻時代高級階段的希臘羅馬人時寫道：「住得日益稠密的居民，對內和對外都不得不更密切地團結起來。親屬部落的聯盟，到處都成為必要的了；不久，各親屬部落的融合，從而分開的各個部落領土融合為一個民族的整個領土，也成為必要的了。民族的軍事首長——勒克斯，巴賽勒斯，提烏丹斯，——成了不可缺少的常設的公職人員。」又說：「相鄰的各部落的單純的聯盟，已經由這些部落融合為單一的民族所代替了。」〔註5〕恩格斯強調，人類是從部落發展成了民族和國家。部落聯盟的產生，推動各部落從分散狀態走向永久的聯合，向民族的形成邁出了第一步。部落聯盟促進了部落壁壘的坍塌，使各部落互相雜居，逐步融合，使地緣關係逐步代替血緣關係，把各部落的領土溶合為一個民族的領土。同時，隨著部落間經濟聯繫的加強和一定地域內共同市場的形成，使人們之間的血緣感情日漸淡薄，經濟利益上昇為第一位的東西，由於商品交換行為的大量發生，又必然產生溝通各部落之間的方言的要求，於是，在吸收各部落方言有用詞彙的過程中，逐漸融化形成一種新的共同語言，並在此基礎上造成著人們共同的心理素質，這樣民族便開始發展起來。當然，民族之最終形成穩定的社會共同體，還需要結合在統一政府之下。這是因為，只有當統一的國家政權產生之後，才能在更大範圍內和更高程度上把各地獨立而分散的經濟、政治、文化融為一體，使民族真正成為一個有著共同語言、共同地域、共同經濟生活和共同心理素質的穩定的共同體。根據上述民族起源的一般規律，可以肯定地說，民族初步產生於原始社會末期並在階級社會初期得以形成。

〔註4〕　馬克思：《摩爾根古代社會一書摘要》，北京：人民出版社1978年版，第96頁。

〔註5〕　恩格斯：《家庭、私有制和國家的起源》，《馬克思恩格斯選集》第4卷，北京：人民出版社1995年版，第164、108頁。

　　民族產生形成之後，總是沿著社會發展階段的歷史順序向前發展，並在發展過程中形成著不同的類型。根據社會發展規律，我們一般把民族區分為古代民族、資產階級民族和社會主義民族三種類型。古代民族是指原始社會末期產生，在奴隸社會和封建社會發展成熟的民族。資產階級民族是指資本主義社會裏的民族，它以維護民族特權、宣揚民族特殊、主張民族利己為特徵，對外實行民族侵略，對內實行階級壓迫。社會主義民族是指社會主義社會裏的民族，它以維護民族平等和民族團結為基本原則，既反對大民族主義和地方民族主義，又反對民族虛無主義和民族悲觀主義，主張各民族和衷共濟，共同發展。民族還可劃分為單一民族、復合民族和整體民族等類型。單一民族是指一個獨立成形、并獨立發展的民族，復合民族是指由幾個或多個民族組合而成或包含許多不同的民族支系的民族，整體民族是指一個國家內由許多民族融合而成的統一的民族整體，它在內部包含許多不同的民族，對外又是民族整體或多民族統一的整體民族。比如中華民族就是由多民族融合而成的。

二、關於中華民族起源和發展的幾個問題

　　中國是一個統一的多民族國家。所謂中華民族是指在中國境內長期居住、勞動、生活和繁衍的許多民族（現代是 56 個）的總稱。中國悠久的歷史和燦爛的文化，是由中華所有民族共同參與共同創造的。中華境內的每一個民族，不管其人數多少，都為中華文明的形成和發展作出了自己的貢獻。

　　關於中華民族的起源問題。曾有本土說與外來說、一元說與多元說的論爭。本世紀以來中國的考古學與古人類學發現及其研究成果，有力地確證著中華民族起源於本土並具有多重起源，因此中華民族起源的外來說和一元說顯然缺乏科學的依據。中華民族雖然在其發展過程中，吸收了某些從中國本土以外進入的成分併與本土各民族相融合形成了新的民族，但就整體而論，中華民族的遠古祖先，是起源於中華本土並且繼續在本土創造歷史與文化的人們。他們在中華大地上生活、開拓、創業、繁衍，經歷了漫長的原始社會時期。從三皇五帝到夏王朝的建立，在中華大地上誕生了數以千百計的族體，他們當中，有些開始形成民族，有些在後來經由部落聯盟的發展而為民族。春秋戰國時期已形成華夷五方格局，為整體民族即中華民族的形成奠定了基礎。秦始皇統一中國，標誌著作為整體民族的中華民族的初步形成。總之，中華民族是在中華大地上多元起源、多區域不平衡發展的，同時又因雜居、

通婚、遷徙與融合而產生你中有我，我中有你的民族特點，從而使中華各民族存在著不可分割的內在聯繫與統一性。

關於中華各民族的融合問題。不僅中華民族是各民族相互融合和不斷融合的產物，而且中華民族的各個民族的形成和發展也無不同民族融合密切相關。各民族融合爲中華民族，有一個由小到大、不斷髮展的過程。在秦始皇統一中國之前，以黃河中下游爲主要歷史舞臺，先後經歷了三次東西各部落與部落集團以及夏代以後各民族、部落、部落集團的衝突與融合。其中第一次發生在新石器時代的晚期，炎黃與東系太昊、少昊部落衝突與涵化，在冀中平原發生大戰，最後決戰涿鹿，戰勝兩昊集團，形成了以黃帝爲首領的部落聯盟。於是黃河流域東西兩大部落集團和文化都發生了融合和分化。西系炎黃進至黃河中下游與兩昊部落集團共同涵化而形成了夏商周三族的先民，東系兩昊集團除與炎黃結成聯盟逐漸涵化、融合者外，分佈在泰山以東和以南的各部落仍按原有文化傳統發展而形成了夏商周三代的東夷集團。同時，堯舜部落與居住在江漢平原的三苗集團也因多次戰爭發生著特有的融合與分化，三苗集團的一部分融入華夏族，另一部分因遷入三危地區而與西部其他部族發展而爲西戎集團，還有一部分向南或東南方向遷徙並與南部其他部族融合發展而爲南蠻集團。第二次融合發生在夏商周時期，即夏商周的替代和融合，從而形成並推動著華夏民族的發展。第三次民族融合發生在春秋戰國時期，華夏族已形成爲比較穩定的民族共同體，並與東西南北各民族集團發生衝突、涵化與融合，產生華夷五方格局並形成華夷統一的歷史趨勢。經過上述三次大規模的民族衝突、涵化與融合，秦漢時建立了統一的多民族的國家，中華境內的各民族融合爲一個統一的整體民族中華民族。

誠如費孝通在《中華民族多元一體格局》一書中所說的，「中華民族作爲一個自覺的民族實體，是近百年來中國和西方列強對抗中出現的；但作爲自在的民族實體則是幾千年的歷史過程所形成的。」〔註6〕在中國長達數千年的歷史進程中，一方面是各民族各自具有自身起源、形成和發展的歷史，另一方面是各民族通過多種形式和途徑融合爲中華民族，共同參與或擁有中華民族起源、形成和發展的歷史，從而使多元與一體的辯證運動貫徹中華民族起源、形成與發展的始終。中華民族的多元起源，多區域不平衡發展，反覆匯

〔註 6〕 費孝通：《中華民族多元一體格局》，北京：中央民族學院出版社 1989 年版，第 1 頁。

聚成一個又一個歷史文化發展的高潮，又反覆向四周輻射和滲透，促使中華民族統一性和共性的形成。

　　關於中華主體民族的形成和發展問題。作爲主體民族的漢族本身是由中國古代眾多部族和民族融合而成的。漢族族源甚廣，除華夏族外，包羅了中國古代大多數部族和民族的成員，融彙中華眾多民族的血脈。正是由於漢族融彙了眾多民族的血統，吸取了眾多民族優秀文化的因素，所以它能夠在中國歷史發展過程中起主導和核心作用。漢族主要來源於黃河流域的華夏族，華夏族萌生於炎黃兩大部落的聯盟，並在炎黃時代即融合了部分東夷、苗蠻兩族的成員。夏商周三代正式稱爲華夏族，但華夏族卻在三代的發展中經由民族融合而不斷擴大。秦漢時期隨著國家的統一形成了漢民族。秦漢以後，漢族仍在民族融合中不斷髮展壯大，諸多北方民族融入漢族，如源於東胡的鮮卑族和吐谷渾兩部南遷中原，在魏晉南北朝時融合於漢民族之中。現代的漢民族雖說是由漢朝的漢族發展而來，但比之於漢朝的漢族，不僅族源更爲廣泛，成分更爲繁多，而且文化水準更高，民族性更鮮明。漢民族的文化同漢民族的形成發展一樣，也是融彙了兄弟民族的各種優秀文化而成的。漢民族文化自誕生之日起，即有文化輸出和文化接受的健全機制，它在向外輸出優秀文化成果的同時，也不失時機地向各兄弟民族學習，不斷地吸取各兄弟民族的優秀文化來發展充實自己。敢於並善於向各兄弟民族學習乃至向國外其他民族學習，是漢文化能夠不斷髮展和繁榮的重要原因。漢民族吸取各兄弟民族文化的先進因素，主要通過兩種方式或途徑：一是被融入漢族本身的他族人員所帶來的並得到漢民族的高度認同或吸收的方式，往往表現爲對被融入漢民族的他族成員文化成果的尊重。如南方苗蠻集團和百越集團的種植水稻、棉花及紡織技術，北方游牧民族的牲畜飼養、馴化及繁殖經驗等，都是被融入漢族內的其他民族帶來的，這些原本屬於漢族以外的其他兄弟民族的優秀文化因民族融合而變爲漢族文化的一部分，對推動和促進漢民族文化的古代繁榮具有極其重要的意義。一是漢族主動向各兄弟民族學習。戰國時期趙武靈王在軍隊中推行胡服騎射，主動學習胡人的騎馬作戰技術，並以粗獷強勁的游牧文化充作農耕文化的復壯劑和補強劑。魏晉南北朝時期，胡服成爲社會上司空見慣的裝束。元代漢族婦女黃道婆主動向南方黎族婦女學習棉花紡織技術，曾在崖州生活四十年，學成後回到漢族地區進行推廣，大大提高了中原地區的傳統紡織技術。這些均表現了漢族向各兄弟民族學習以創造自己優秀文化的民族精神。

關於其他各兄弟民族的起源和演變問題，大體可分為以下幾種情況或類型：（1）以一個古部族或民族為主，加上幾個不同部族或民族某支系融合成的民族，此類民族中有藏族、蒙古族、滿族、哈薩克族、維吾爾族、壯族等。比如藏族即是以吐蕃族為主，融合古羌的一支党項和西遷的鮮卑族一支吐谷渾而成；（2）由一個古部族或民族分化演變而成的幾個不同民族，比如女真族分化成赫哲族、鄂溫克族、鄂倫春族三個民族，西羌的一支叟族分化成彝族、哈爾族、拉祜族三族等；（3）直接由某一古部族發展而成的民族，如苗族，一般認為它是先秦時代三苗之後裔，主要由秦漢時代聚居在湘西、黔東地區的五溪蠻發展而來；（4）從境外遷入或和土著融合的民族，在中國現代民族中，有五個民族的先人是古代從境外遷徙來的，撒拉族是元代由中亞撒馬爾罕遷入，後同藏族、漢族、回族融合而成，烏孜別克族是元代從中亞遷入的，朝鮮族絕大部分是 19 世紀 20 年代以後從朝鮮遷入的，俄羅斯族是 18 世紀末葉從俄國遷入的，京族是 16 世紀初從越南遷入的。上述五個民族遷入中華大地後在這塊土地上勞動、生息、繁衍，並同土著居民發生著特有的交往與融合，成為中華民族大家庭中不可或缺的一員，對中華民族的社會發展和文化創造作出了自己獨特的貢獻。

考察中華民族形成與發展的歷史，我們可以看到，中華民族從總體上看是起源於中華大地、土生土長的，大多數民族的族源均可追溯至距今幾百年乃至數千年的古代部族或民族，具有悠久的歷史和燦爛的文化；大多數民族不管由一個古代部族或民族分化、演變而成，亦或是由幾個部族或民族融合而成，均與其他民族發生著通婚、雜居、交流等的複雜關係，造成不同民族有同一的族源或共同的祖先，至少有某種親緣關係，難分彼此，成為地道的兄弟民族，共同創造著中華民族的歷史與文化。

三、關於中華愛國主義與民族情感關係的幾點認識

愛國主義是人們對自己祖國的一種深刻眷戀、熱愛和希望其富強並願意為之獻身的強烈感情和理性態度，是人們對自己祖國的忠誠觀念及處理同祖國或國家關係的政治準則和道德原則。祖國與國家既有區別又有聯繫。祖國是一個民族學、地理學和文化學的概念，不僅是指居住在一定區域內的民族共同體或包括一個或多個民族的全體居民在內的社會共同體，而且是指在一定物質生產基礎上形成的特定經濟、政治、文化和社會環境的系統。祖國之

祖，既指先民之祖，亦指民族之祖，含有對自己出生之源及其所屬的社會共同體的深刻認同；祖國之國，是指自己的祖先所建立起來的社會共同體或國家政權。國家從根本上說是一個政治學的範疇，既是一個階級壓迫另一個階級的統治工具，又是將無數個人或家庭聚合成一個社會整體的組織形式。祖國與國家都因包含著國與家而有著密切的聯繫，歷史上的祖國總是同國家或一定的國家政權如朝代聯繫在一起，這就決定了愛祖國總是借助於愛一定的國家或國家政權表現出來。但由於祖國與國家的區別，也產生了愛一定的國家政權並非就是愛祖國、愛祖國可以不愛一定的國家政權的複雜情況。由於祖國與國家這種既有聯繫又有區別的複雜性關係的存在，造成了中華歷史上愛國主義的種種複雜性和矛盾性。中華愛國主義的這種祖國與國家的矛盾性集中表現在國家與民族關係的複雜性上。一方面，國家與民族互相聯繫互相依存密不可分。國家的建立必須以民族為基礎，世界上的一切國家都是一定民族以一定的方式建構而成的，沒有不包含民族或離開民族的國家。同時，民族的生存發展也離不開國家，只有借助於一定的國家政權或形式，民族的生存和發展才能得到應有的保障。民族成員與國民在身份上往往具有重疊復合性，愛國主義也內在地包含有愛故鄉愛親人和愛民族的因素。另一方面，國家與民族又有一定的區別，民族是一定地域內居民的歷史性聚合和文化性集結，是對自然人群的社會化改造及其由此所形成的社會共同體。國家則是一定階級所建立起來的旨在維護一個階級對另一個階級統治的工具，國家包含了民族但不等於民族。有些國家建立在單一民族的基礎之上，有些國家則建立在眾多民族的基礎之上。由單一民族所組成的國家，愛國家與愛民族具有直接的同一性和對等性。而由多民族組成的國家，愛國家與愛民族則不完全是一回事。中國境內民族眾多，中國自古以來就是一個多民族的國家，愛國主義包含了愛民族但並不等於愛民族。在中國，與國家（統一的多民族的國家）概念相對等或具有同一性的民族概念不是某一具體民族，而是由眾多民族組合起來的整體民族即中華民族。因此，一般地說，愛中華民族與愛祖國愛國家具有相當的同一性或直接的對等性。當然，具體地說，中華民族的形成是一個歷史發展的過程，中國的疆域也經歷了一個歷史的發展過程，歷史上尤其是近代以前的中華民族和國家均處在不斷的發展中，二者的內涵與外延與我們今天對中華民族與國家的界定自然會有一定的出入，這就要求我們能對之作出深入具體的分析。

　　更爲重要的是，歷史上的愛國主義常因國家政權性質與形式的不同與中華民族特別是與某一具體民族有著十分複雜的關係。中國歷史上的愛國主義，不僅表現在歷史上的中國與鄰國及其民族的關係中，而且也表現在中國領域內由同一民族或不同民族建立的不同的國家關係中。所以，中國歷史上的愛國主義與民族情感的關係，因民族所指的層次或類型不同，而具有十分不同的涵蘊與性質。愛作爲整體民族的中華民族，維護中華各民族的團結和統一，促進中華各民族的發展和繁榮，歷來是中華民族愛國主義的重要內容和基本特徵，也爲各民族人民所稱道。近代以來，中華民族在抵禦外侮、反對西方列強入侵過程中所形成的自覺而深刻的民族意識、民族情感、民族精神，中華人民共和國成立後，中華民族在抵抗外國敵對勢力封鎖、建設社會主義新中國過程中所煥發出來的自強不息、艱苦創業、同舟共計等民族情感和民族精神，構成中華民族愛國主義的最強音，爲華夏兒女所高度認同。

　　在中國古代，統一的多民族國家建立後，維護祖國統一，反對民族分裂，也一直是絕大多數中國人的共同心願和共同利益，構成中國古代愛國主義傳統的主流。正因爲如此，漢代的吳楚七國之亂，唐代的安史之亂，清代的三藩之亂等才會被很快地平息下去，發動叛亂的劉濞、安祿山、史思明、吳三桂等人才會被永遠釘在歷史的恥辱柱上，爲各族人民所鄙視和憎恨。這種維護祖國統一，反對民族分裂的民族情感，應該說是中華民族愛國主義傳統所最爲寶貴的，理應予以繼承和弘揚。

　　同時，我們也必須看到，中國古代史上的愛國主義每每又同當時的民族戰爭或民族衝突交織混合在一起，這就需要我們對民族戰爭或衝突的性質進行具體分析。中國歷史上的民族戰爭，大體上可分爲兩種類型，一是在一個國家內統治民族的統治階級對被統治民族實行壓迫政策而激起被統治民族的反抗和遭到統治民族鎮壓的戰爭。比如，南北朝時嶺南各族人民的起義，元代漢族人民的反抗鬥爭，清初漢族的反抗鬥爭及貴州兩廣苗瑤起義等。這些起義和鬥爭的結果大多數被鎮壓或平息下去了，也有些得到了勝利，擺脫了民族壓迫。但不管它們的結局如何，一般地說，被壓迫民族的反抗和起義是正義的、進步的，具有明顯的反對階級壓迫和民族壓迫的性質。而統治民族的統治階級對這種反抗和起義的鎮壓，大多是非正義的，有時甚至是十分反動的。正因爲如此，人們把史可法、黃宗羲、顧炎武等抗清志士視爲民族英雄，視其抗清行爲爲愛國行爲。另一種類型是中華疆域內由不同民族建立的

不同國家或國家政權之間的戰爭。例如，秦、漢與匈奴，前秦與東晉，北朝與南朝，隋唐與突厥，唐與吐蕃，北宋與遼、金、西夏，南宋與金、元，清與明之間的衝突與戰爭。這種類型的衝突與戰爭，雖然主要是由各國統治民族的統治階級挑起的，卻又常常以整個民族和整個國家的面貌出現。這類戰爭的形式，表現在征服與反征服、佔領與反佔領、掠奪與反掠奪、進攻與防禦等方面。判斷這類戰爭的性質，主要應以誰最先挑起和發動戰爭，誰侵佔和掠奪別國的領土和人民，誰對社會和人民帶來的危害最大以及誰對歷史的進步和社會的發展作用更大等因素為標準，同時應當把道德標準和歷史標準結合起來統一考慮。一般地說，發動和挑起戰爭者甚或無故入侵者，我們就應該從道義上予以譴責與否定；反對戰爭和自衛還擊者，我們就應該予以肯定。而對於互有侵犯或攻伐的民族戰爭，則應從動機與效果、目的和手段、歷史與道德等多方面予以考察評析。

以往在評價民族戰爭性質的問題上，比較常見的一種觀點是強調從其後果和影響來談論是否正義，即從促進國家統一、推動社會經濟文化發展的角度來予以評價。這種觀點無疑有相當的合理性。但如果不顧具體的歷史事實和情節，一味地從後果與影響上來看待民族戰爭，那就完全有可能導致為先進民族的非正義戰爭辯護，走向民族沙文主義或成為征服與壓迫的鼓吹者。在漫長的階級社會，任何一個多民族的國家，都存在著統治民族和被統治民族或者準確地說統治民族的統治階級與廣大的被統治階級（包括統治民族與被統治民族）的矛盾。在這種階級壓迫和民族壓迫同時存在的社會歷史條件下，有時候被壓迫民族無法忍受統治民族的壓迫與統治，經過起義和戰爭，擺脫統治民族的統治和壓迫，爭取民族獨立，是應該予以肯定的。比如，匈奴族首領劉淵起兵反晉而建立漢國，女真族擺脫遼國的統治而建立金國，漢族擺脫元朝的統治而建立明朝，滿族擺脫明朝的統治而建立後金，以及孫中山推翻清朝建立中華民國等等，都屬於被壓迫民族對壓迫民族的反抗，不能視之為對國家統一的破壞，更不能視之為反愛國主義的行為。實際上，無論是朱元璋的反元起義還是孫中山的推翻滿清革命，都是中華民族愛國主義傳統的重要環節，並貢獻給了中華民族愛國主義許多新內容。中華民族的愛國主義傳統，不僅內在地包含有維護民族團結和國家統一、反對任何民族分裂和破壞國家統一的行為或現象的因素，而且也包含有反對民族壓迫和反動統治，向一切阻礙歷史發展和社會進步的反動階級或反動勢力進行英勇鬥爭，推動祖國和人類社會不斷進步的因素。

　　在漫長的中國古代社會，愛國主義總是同一定的民族情感交織糾纏在一起，這使得中國古代的愛國主義在具有自己積極意義的同時又不可避免地具有其消極意義或狹隘性。就其積極意義而言，愛國主義內在地包含了愛自己的民族，愛中華民族更與愛國主義具有直接的同一性，即便是愛中華民族系統內的某一具體民族，無疑也是中華民族愛國主義的有機組成部分，儘管它的境界還有待提升。民族之愛是國家之愛的基礎和前提，只有深愛著自己民族的人才可能深愛自己的國家。民族是國家的主體，國家是民族的政權化體現。愛國主義的核心是對自己祖國和民族的自信心和自尊心，民族自信心和自尊心是一個民族肯定的、積極的自我認識和自我評價，它為自己民族的歷史而自豪，為自己民族的文化而驕傲，更充滿著對自己民族未來的無限希望。融合著民族情感的愛國主義精神，體現了中華民族自強不息、昂揚向上、求實創新的品格，更體現了華夏兒女臨危不懼、大義凜然、誓死如歸的民族氣節，體現了炎黃子孫剛健正直的人格力量，是一份我們必須珍視、發掘並加以弘揚的優秀遺產。像王維的「忘身辭鳳闕，報國取龍庭」！李白的「願將腰下劍，直為斬樓臺」！文天祥的「人生自古誰無死，留取丹心照汗青」！等，均是中華民族愛國主義中合理且具有相當先進因素的民族情感。這種民族情感實際上已經超越了當時所涉及的具體內容，成為中華各民族共同認同的民族氣節和民族倫理精神的化身。面對著文天祥的民族正氣，元朝的宰相及其獄吏無不為之感動和欽佩。

　　就其消極意義而言，愛國主義傳統中的民族情感如果不是愛作為整體民族的中華民族，而只是愛中華大地上的某一具體民族，並因此而產生漠視其他民族的本民族優越感或自我民族中心主義，就會妨礙國家內各民族的團結，弱化民族融合和國家的整合，從而不利於社會的發展和歷史的進步。中國歷史上的大漢族主義及其夷夏之防，元代統治者將全國人民分為蒙古人、色目人、漢人和南人四等，視蒙古人和色目人為上等人、漢人和南人為下等人，本質上都是一種狹隘的民族主義。這種狹隘的民族主義只會掀起民族間的仇恨，製造民族間的衝突或戰爭。因此，無疑給古代的愛國主義蒙上了一層濃厚的陰影。

　　今天，我們弘揚愛國主義精神，樹立民族的自尊心和自信心，需要也離不開民族情感的激發和培育。然而，可以肯定地說，我們不需要也不歡迎狹隘的民族情感，我們需要的是中華各民族的同舟共濟與和睦相處。在當代中

國，只有這種中華各民族的精誠團結和攜手共進，才是愛國主義的應有內涵。因此，我們在對待中國歷史上愛國主義與民族情感的複雜關係時，必須堅持馬克思主義歷史分析與階級分析相結合、批判與繼承相結合的方法，注意吸收其中有益的精神財富，剔除其狹隘民族主義的成分，並結合當代中國建設和發展的大勢，推陳出新，爲促進中華民族的偉大振興服務。

（原載《南通大學學報》2001 年第 2 期）

愛國主義與中華民族凝聚力

　　當今時代，全球化的浪潮洶湧澎湃，世界正在以它特有的方式將各個國家、民族緊密地聯繫在一起。但是，全球化絕不是中西古今之爭意義上的西方化或東方化，而應當是一種健康意義的民族化和國際化的有機結合。就像馬克思主義哲學所闡述的世界的統一性在於其多樣性和豐富性，只有各民族特色的現代保持和弘揚，才是全球化的應有內涵。從此意義上講，全球化與愛國主義精神的弘揚並不矛盾。特別是中華民族歷史上的愛國主義，更具有追求統一、向往和諧的內在特質，不僅構成中華民族凝聚力和向心力的內核和動力之源，而且也必將給世界和平提供倫理的動因和價值的支撐。在新的時代，弘揚中華民族的愛國主義傳統和精神，不僅有助於民族凝聚力的強化和向心力的提升，從而加速實現中華民族的偉大復興，而且有助於建構符合各民族利益的世界倫理。

一、愛國主義是中華民族凝聚力的源泉

　　在世界歷史上，許多強盛一時的國家最後都土崩瓦解了，只有中華民族生生不息，越來越緊密地凝聚在一起。「豈無齟齬，終歸和協。豈無干戈，終化玉帛。根之深矣，枝葉紛披，雖則紛披，根終為一，源之遠矣，溝澮縱橫，雖則縱橫，源終不竭。偉哉中華，凝聚有力。是民族之大節，亙千古而愈烈」。〔註1〕中華民族綿延數千年而經久不衰，並不斷煥發出新的生機，原因可能是多方面的，但源遠流長、博大精深的愛國主義傳統不能不說是十分重要的因素。中華民族以漢民族為主體，是從古至今居住在中國疆土上的眾多民族經

〔註 1〕 陝西省人民政府 1981 年清明節祭黃帝陵文。

過長期的社會交往、民族融合而逐步凝聚起來的民族共同體。這一凝聚過程體現出中華民族超乎尋常的內聚力和團結力。中國歷史上許多強盛的統一王朝，都是經過民族大融合之後建立起來的並以維護多民族的統一爲其根本價值目標。民族融合促進了多民族統一國家的形成，多民族統一國家的形成與發展又進一步深化和推動了民族融合，強化了中華民族的凝聚力。這種凝聚力使中華民族結成了一個緊密而堅強、穩定而恒久的社會共同體。縱觀中國社會歷史，儘管經歷了不同的社會發展階段，但中華一體的民族認同心理，整體至上的價值導向，自強不息的奮鬥精神，兼容天下的博大胸襟，始終是中華民族凝聚力的價值之源。所以羅素說，與其說中國是政治的集合體，倒不如說是文明的——從古代遺留下的惟一的文明的——集合體。〔註2〕民族特性和民族精神決定了中華民族是一個有著強烈凝聚力的民族。源於民族特性和民族精神並表現於民族文化成果之中的民族凝聚力，反過來也使民族特性和民族精神得到了長足的發展，爲民族文化注入了一種有機的活力和張力。

中華民族凝聚力的形成，一方面與其民族特性的形成密切相關，另一方面又與其內部各民族凝聚過程互爲表裏。中華民族不僅是一個勤勞勇敢、富於創造精神和革命傳統的偉大民族，而且是一個崇尚和平、重大局和整體利益並富有獻身精神的古老民族。歷代中國人均有重整體而輕個人，重統一而鄙視分裂的傳統，競相把國家民族利益和庶民百姓的根本利益視爲一體，把國家民族看做是自己生命的根，把個人的命運與民族的盛衰、國家的興亡緊密地聯繫起來。從孔子的殺身成仁、孟子的舍生取義到范仲淹的先天下之憂而憂，後天下之樂而樂，再到顧炎武的天下興亡、匹夫有責，中華民族形成並發展了自己崇尚社會整體利益並甘願爲社會整體利益而奮鬥的民族特性和民族精神。

中華民族凝聚力的形成既得益於民族融合又促進和深化著民族融合。在中國文明發軔初期，各民族，各部落借助於部落戰爭、婚姻互通、經濟文化交流和民族遷徙及民族混居等形式，經過長期融合，形成了中華民族的主幹——華夏民族。歷經了秦之統一，漢之強盛，華夏族逐漸改稱爲漢族。可以說，漢族是吸納了西羌、北狄、南蠻、東夷等眾多少數民族而形成的，華夏文明也是由中國疆域內各民族共同創造的。中國歷史上的民族融合是指民族間的自然同化，諸如通常所說的「漢化」、「鮮卑化」、「契丹化」、「女眞化」等。

〔註2〕（英）羅素：《中國國民性的幾個特點》，《東方雜誌》1922年1月號。

清末孫中山較為全面地總結了中華民族形成的歷史，指出「國家之本，在於人民，合漢、滿、蒙、回、藏諸族為一人，是曰民族之統一。」〔註3〕秦漢是統一的多民族國家形成時期，經過魏晉南北朝嚴峻的考驗到隋唐達於更高的統一；元明清是中國統一多民族國家的鞏固與確立階段，到清乾隆年間已完成古代的發展過程而使中華民族定型化。民族融合催生並強化了中華民族的凝聚力，使中華民族結為一個整體。同時，在民族大融合時期，民族凝聚力又發揮了協合百姓，輯睦四鄰的整合作用，反過來又推動了民族融合的發展。

中華民族凝聚力不僅體現在幾千年的歷史風雨之中，而且體現在中華民族內部各民族的強大內聚力和海內外華人高度一致的文化認同之上。中華民族整體的向心力，是在中華民族的發展過程中歷史地形成的，它既是民族意識的生動體現，也是中華民族特有的文化心理狀態的集中體現。

二、愛國主義是中華民族凝聚力的根本

正因為中國和中華文明是各民族共同創造的，各族人民都十分熱愛自己的祖國，熱愛作為整體的中華民族和中華文明。在長期的歷史發展過程中，各民族形成了維護祖國統一和民族團結的優良的愛國主義傳統，這種傳統滲透在歷史發展的每一個階段，推動著中國歷史的不斷髮展和社會的不斷進步。

（一）愛國主義促使各民族維護統一反對分裂

中華民族的愛國主義要求愛統一的中華民族，要求每一個成員都要維護祖國統一和民族團結，同分裂祖國和破壞民族團結的行為和現象做不懈的鬥爭。在歷史進程中，儘管出現過民族矛盾和國家分裂的局面，但「凝聚合一」始終是中華民族發展的主流，就像九曲黃河終歸大海一樣，各民族的優秀兒女總是自覺地起來促進祖國統一，維護民族團結，同破壞民族團結，挑起民族糾紛和分裂祖國的活動做殊死的鬥爭。

歷史表明，中國從夏商周開始就是統一的國家，凝聚統一是中國歷史發展的大趨勢。雖然春秋戰國、三國、南北朝時期陷入過分裂，但時間很短。即便是在上述幾個時期，也存在著為促進國家統一的政治努力，如春秋戰國時期諸侯爭霸，就是為了統一中國。為了達到此目的，各諸侯國的政治家、軍事家和思想家不拘泥於一國一地、一祖一宗，總是東奔西走，尋求政治軍

〔註3〕《孫中山全集》第 2 卷，北京：中華書局 1982 年版，第 2 頁。

事的聯盟，爲統一祖國做著積極的謀劃與準備。經過 500 多年的征戰，秦國完成了統一大業，建立了中國歷史上第一個中央集權的封建國家。此後，中國歷史的發展雖然不乏分裂，但總的趨勢是，分裂的規模越來越小，統一的規模越來越大，分裂的程度越來越低，統一的程度越來越高，分裂的時間越來越短，統一的時間越來越長。

在中華民族的宏觀統一過程中，各少數民族的微觀統一是其重要構成。各少數民族的內部統一，爲中華民族的大統一創造了條件。匈奴、西夏、遼、金等邊疆地區的民族政權之所以能夠對發達的中原地區形成威脅，是以其內部的統一和凝聚程度較高爲前提的。同時，微觀層面的凝聚也爲全國範圍的統一和各民族的團結奠定了基礎。從此意義上講，如果沒有各少數民族地區的凝聚，全國範圍內的統一是根本不可能的。中華民族的形成和整個國家的統一，就像中國傳統建築的圓形屋頂藻井文飾一樣，一圓向外層層輻射產生眾多之圓，眾多之圓又收攏聚合爲一圓。

（二）愛國主義敦促各階層人士爲實現祖國統一而奮鬥

首先，在維護祖國統一和民族團結的過程中，人民群眾始終戰鬥在第一線。他們是愛國主義的篤行者和主體，愛國主義對中華民族的凝聚力作用首先是通過人民的努力實現的。各族人民懷著對骨肉對鄉土對民族對祖國的深沉愛戀，創造了不同特點的物質文明和精神文明，從而導致了同一地區的凝聚和不同地區之間的融合。當這些凝聚和融合發展到一定規模時，統一的國家政權的建立便有了經濟和社會的基礎。從此意義上說，歷史上各統一政權的建立都不過是勞動人民世世代代進行著的凝聚和融合過程在政治上的表現。在主權受到侵犯時，勞動人民是抗擊外侮的主要力量；在社會主義革命和建設時期，人民群眾也發揮了主人翁的作用，他們爲國家的繁榮富強做出了不可磨滅的貢獻。

其次，在促進和維護中華民族凝聚統一的過程中，傑出人物也起了非同尋常的作用。如秦始皇嬴政、唐太宗李世民、一代天驕成吉思汗、清聖祖康熙皇帝等大多能自覺地順應中華民族凝聚發展大勢，爲著國家的統一竭誠地奮鬥。又如 17 世紀中葉，英國企圖背著清朝與西藏簽訂通商條約，以此打開入侵中國西部地區的通道。以六世班禪爲首的西藏政權當即回絕了英國人的請求，明確表示西藏是中國的領土，屬清朝皇帝管轄，一切聽命於清朝。乾隆皇帝得知六世班禪維護祖國尊嚴的義舉，非常滿意，並予以嘉獎。近代史

上，林則徐、鄧世昌等一大批民族英雄反抗西方列強入侵，堅決維護祖國主權的義舉，凝聚著中華民族反對外國侵略的浩然正氣。

再次，一些偉大的思想家、文人學士也從價值理念和行為取向上肯定國家統一和民族團結的深刻意義，主張「協和萬邦」，民族和睦。孔孟儒家提出「和為貴」的價值目標，認為「天時不如地利，地利不如人和」。同時，他們主張弘道、體道和崇道，倡導「殺身成仁」「舍生取義」，培養了一種頂天立地的大丈夫人格和浩然正氣，以天下為己任，「窮則獨善其身，達則兼善天下」。宋代范仲淹在《岳陽樓記》中提出「不以物喜，不以己悲。居廟堂之高則憂其民，處江湖之遠則憂其君。」宋明理學家張載主張「為天地立心，為生民立命，為往聖繼絕學，為萬世開太平。」明清之際，顧炎武提出「天下興亡，匹夫有責」。此外，中國歷史上的道統說和大一統思想論也強化著人們對國家統一、民族團結意義的認識。中華民族思維方式重合而不重分，重統觀而不重末細也有助於民族凝聚力的形成與加強。

（三）愛國主義是凝聚中華民族的偉大力量

中華民族凝聚力的核心，是一種經由歷史長期積澱下來的對祖國統一和民族和睦的價值認同，是對中華民族這一民族整體利益的自覺認同與維護。愛國主義情感的長期積澱，使得中國人的心理產生了一種由骨肉愛鄉土愛發展而來的民族愛和祖國愛，並能自覺地將個人利益融入國家民族的整體利益之中，使維護國家民族整體利益成為人生基本的價值目標，這樣既強化了中華民族各群體之間的和諧關係，又培養了個體對國家民族整體的向心力。

愛國主義本質上就是一個國家將許多人的意志凝合為一個整體，使許多分化的力量形成為一種合力，因此它不僅是凝聚力形成的內因或重要條件，而且本身即是凝聚力的重要表現。中華民族的愛國主義作為中國人民對自己祖國的深厚感情、崇高意識、獻身觀念和報效行為的總和，是中華民族凝聚、團結的精神紐帶和精神支柱，也是中華民族奮發、前進的巨大動力。正是這種崇高的愛國主義精神、深刻的愛國主義意識和強烈的愛國主義情感，激勵著中華民族為保衛、拯救、治理、報效、建設自己的祖國，或躍馬橫刀、征戰疆場，以馬革裹屍為幸事，或揭竿而起，聲討國賊，志在匡時救世，興國富民，或憂國憂民，關心國家的前途和命運，或經邦濟世，勵精圖治，譜寫著一曲曲氣壯山河的正氣歌，使中華民族在多次危難困厄的關頭能化險為夷，轉危為安，像巨人一樣屹立在世界的東方！

三、弘揚愛國主義精神對增強中華民族凝聚力的偉大意義

愛國主義作爲一種巨大的精神力量，產生於中華民族廣袤而深厚的歷史文化土壤之中，反過來又給中華民族的歷史文化發展注入了內在的精神動力，塑造了一種自強不息的民族精神。在數千年的歷史進程中，中華民族雖屢經磨難，卻一次次地衰而復興，蹶而復振。這一世界文化史上的奇觀引起了眾多歷史學者的深思，比較一致的看法是將其同中華民族的愛國主義傳統聯繫起來，視愛國主義爲中國歷史綿延相繼的內在動力。

（一）有助於提升對中華民族歷史文化的認同

中國是一個擁有五千年文明史的偉大國家。從遠古開始，我們的祖先就在這塊土地上生息繁衍，創造著中華民族的歷史和文化。這種綿延相繼的歷史和光輝燦爛的文化始終與愛國主義傳統水乳交融地聯繫在一起。中國歷史，從某種意義上說是一部愛國主義的發生發展史。中國歷史絕不是一些人物事件的簡單堆積與陳列，由於它浸潤著愛國主義的精神而始終流淌著一種民族的理性意識和歷史理念，愛國主義歷史成爲中華民族歷史的重要組成部分。無論是在太平盛世還是國家危難之時，總有無數心繫國家民族的愛國志士在不停地創造與求索，不斷地奮起與抗爭，他們用自己的愛國、憂國、思國、報國和興國之行動書寫著中國歷史的豐富篇章。把握了中華民族的愛國主義傳統及其精神，自會生出對中國歷史的珍重，在當代特定的境況下，這有助於人們對中國國情的深入瞭解。而弘揚愛國主義精神，既是當代的經濟文化建設之必需，亦是這種建設所應當發掘的歷史文化養料之使然。

（二）有助於促進民族團結，實現祖國統一

鄧小平說：「我是一個中國人，懂得外國侵略中國的歷史……要懂得些中國歷史，這是中國發展的一個精神動力。」〔註4〕「對我們的國家要愛，要讓我們的國家發達起來。」〔註5〕鄧小平建設有中國特色社會主義理論，內在地包含有促進民族團結、實現祖國統一和弘揚中華民族愛國主義傳統等內容。鄧小平認爲，要促進民族團結，實現祖國統一，把中國的現代化建設事業推向前進，就必須弘揚中華民族的愛國主義傳統及其精神。

〔註4〕鄧小平：《鄧小平文選》第3卷，北京：人民出版社1993年版，第357～358頁。

〔註5〕同上註，第378頁。

　　弘揚愛國主義傳統，有利於結成廣泛的統一戰線，團結各族人民、港澳同胞、臺灣同胞和海外僑胞爲實現祖國統一而奮鬥。中國大陸與臺灣的分裂狀態，妨礙了祖國的繁榮與富強，給人民帶來了許多不便與痛苦。因此，儘快結束這種分裂狀態，早日實現祖國統一是整個中華民族的共同願望。臺灣同胞和大陸同胞都是炎黃子孫，有著共同的語言、風俗和文化傳統，都具有濃烈的愛國情感，因而只要共同努力、眞誠合作就一定能夠實現統一。

　　爲了早日促成臺灣與祖國大陸的統一，尤其需要大力弘揚中華民族源遠流長的愛國主義傳統，光大愛國主義精神。愛國主義的一個重要內容就是反對國家和民族分裂，主張維護民族團結和國家統一。正因爲統一是廣大人民群衆孜孜追求的目標，曾有一些逆歷史潮流而動的分裂活動如漢代的七國之亂、晉代的八王之亂、唐代的安史之亂等都很快就被平息了。而那些叛亂分子則被釘在了歷史的恥辱柱上，爲各族人民所唾棄。也正因爲維護祖國統一是中華民族的優良傳統，所以中國人民堅決反對臺灣獨立和搞「一中一臺」，「臺獨分子」不僅受到大陸同胞的嚴厲指責，而且也爲臺灣同胞所不齒。

（三）有助於實現中華民族的偉大復興和騰飛

　　中華民族不僅以刻苦耐勞著稱於世，而且也是酷愛自由、富有革命傳統的民族。她以富饒的自然環境爲基地，以聰明才智創造了光輝燦爛的古代文明。在青銅器時代的奴隸社會，就有了比較發達的農業、手工業、畜牧業、冶煉業，瓷器的發明、茶葉的種植、農作物穀物的栽培以及冶煉技術的出現，都可以說是世界之最，引領著人類文明的潮流。在步入鐵器時代的封建社會後，不僅農業、手工業、冶煉術、水利灌溉、醫學等都獲得巨大的進步，並有了聞名世界的四大發明，而且哲學、文學、史學、藝術、詩歌、教育等得到了空前的發展。專門研究中國科學技術史的英國學者李約瑟曾說，從遙遠的古代一直到明代中葉，中國的科學技術一直處於世界的領先地位，「保持一個西方所望塵莫及的科學知識水平」，做出了許多對人類文明發展有決定性影響的貢獻。

　　毋庸諱言，中華文明在近代衰落了。中華人民共和國成立後，開始了再創輝煌、振興中華文明的歷程。特別是改革開放 20 餘年來，中國人民在愛國主義、集體主義和社會主義旗幟的指引下，奮發圖強，在政治、經濟、軍事、外交、科技、教育、文化各方面均取得了舉世矚目的偉大成就。

　　但要眞正實現振興和騰飛，還必須靠全國各族人民自力更生，艱苦奮鬥，

必須靠弘揚和光大中華民族愛國主義的傳統和精神。「天下興亡，匹夫有責」，只有全國各族人民包括港澳同胞、臺灣同胞、海外僑胞團結在愛國主義的旗幟下，充分發揮自己的聰明才智，才能使理想變爲現實。

（原載《中南工業大學學報》2002 年第 4 期）

第四篇　義利之辨與義利思想研究

論義利之辨在中國文化總體結構中的功能與地位

　　每一種社會或民族文化都有自己特殊的並作為文化精髓和核心的倫理價值觀，一定的倫理價值觀構成某一特定的文化體系的深層涵蘊與基本精神。一個民族或一個國家的社會體系不管怎樣龐大、複雜，總有它的基本的文化精神與國民性格。正是這種文化精神和國民性格使他們保持了民族文化的獨立和國家的特色。人們總以為西方文化是科學型的文化，中國文化是倫理型的文化。實質上每一文化從其深層涵蘊與基本精神上講都是倫理型文化，只不過各各具有不同的倫理價值觀罷了。中西文化的差異，主要是倫理價值觀的差異。在西方，倫理價值觀的探討主要圍繞美德與幸福、利己與利他等問題而展開，在中國則集中表現為義利之辨。義利之辨是中國傳統倫理價值觀的核心問題，也是古往今來人們一直在探討論爭的重大理論和文化課題。中國歷史上的義利之辨，包含著君子小人之辨、公私之辨、志功之辨，並聯接貫通著人禽之辨、王霸之辨、理欲之辨和仁富之辨，從而形成為一個有著雄厚根基，構架堅固而內奧無窮的價值系統，支配和左右著中國學術文化的發展趨勢，對中華民族基本精神和國民性格的形成產生過極為深遠的影響。探尋義利之辨在中國文化總體結構中的功能與地位，不僅可以有助於我們把握中國文化的基本特徵，而且有助於找到重建或弘揚中國文化的突破口。

一、義利之辨縱貫中華學術發展諸階段

　　義利之辨根源於人們對共同生活的道德思考。它構成中國社會倫理道德的基本問題。

中國歷史上的義利之辨源遠流長，不僅體現在先秦時代儒墨道法幾大家的相互辨難論爭中，也貫穿於儒釋道三教的抗衡、分化與合流的全過程中，並在近代中學西學之爭中亦有生動而深刻的反映。高度重視義利之辨，不只是中國歷史上某一時期或某一學派的獨特現象，而是中國倫理文化的共同特徵，程朱說的「天下之事，惟義利而已」〔註1〕，「學無深淺，並要辨義利」，〔註2〕較好地說明了義利之辨在中國文化中的特殊功能與地位。

先秦諸子學說，「皆起於救世之弊」，竟相注目於倫理價值領域，把義利問題的探討看作自己理論思考的出發點和目的，把建立新型的倫理價值觀看作自己義不容辭的天職。面對著「周道衰而王澤竭，利害興而人心動」，傳統價值觀受到嚴重挑戰的社會情勢，儒墨道法幾大家的代表人物既憂心如焚，又奔走救世，試圖以自己的倫理價值觀來匡扶社稷與人心。儒家孔、孟一生棲棲惶惶，往來於各國之間，進行義利問題的論辨，提出了「君子喻於義，小人喻於利」的重義輕利的倫理價值觀。在儒家看來，義與利雖人之所兩有，但「放於利而行，多怨」，因此應當見利思義，以義制利。義不僅高於利甚至高於人們的生命，在生與義不能兩全的時候，人們應當舍生而取義。同時，儒家還把自己創立的重義輕利思想同經濟生產、政治統治聯繫起來，同文化教育、學術思想聯繫起來，提出了德治、仁政、禮教等觀點和學說。墨家孜孜於「亂源」之探究，認為天下之所以禍篡怨恨競起，皆因人與人不相愛所起，「是故諸侯不相愛，則必野戰；家主不相愛，則必相篡；人與人不相愛，則必相賊」。〔註3〕墨家主張「以兼相愛交相利之法」來改變「別相惡交相賊」的混亂局面，並在此基礎上創立了既貴義又尚利的義利並重、義利統一的價值觀。墨家認為，義即是尊重別人的勞動成果，不侵犯別人或他國的利益，並且做到「有力者疾以助人，有財產勉以分人，有道者勸以教人」，「興天下之利，除天下之害」。墨家在這種義利觀的指導下闡發了「非攻」、「非樂」、「節用」、「節葬」和「尚賢」、「耕柱」等一系列政治、經濟、軍事、文化思想。道家雖尖銳抨擊了儒墨兩家的義利觀，提出了「絕仁棄義」、「絕巧棄利」的義利俱輕學說，但道家義利俱輕學說的背後卻隱含著推崇真義的因素。道家反對的是儒墨宣揚的「義」，它唯恐過度宣揚

〔註1〕 程顥、程頤：《程氏遺書》卷十一，《二程集》上，北京：中華書局2004年版，第124頁。

〔註2〕 朱熹：《朱子語類》卷十三，北京：中華書局1986年版，第227頁。

〔註3〕 《墨子‧兼愛中》。

「義」會導致人們對義的濫用，產生以義作爲竊取名利工具的行爲。莊子譏諷當時的世道，「捐仁義者寡，利仁義者眾」，表達了反對道德形式主義，主張把義之名實統一起來的思想感情。在道家看來，要杜絕「假義求利」的行爲就必須返樸歸眞，無爲而自然。所以聖人行不言之教，常使民無知無欲。正是在這種倫理價值觀的指導下，道家創立了自己頗具特色的「無爲」、「貴柔」、「知足」、「不敢爲天下先」以及「全性保眞」等思想學說，開出了自己救亂世的療治之方。與儒墨歧見迭出的法家，亦全神貫注於義利問題的探求，並將其與建國方略、法治原則聯繫起來。管仲創立了「倉廩實則知禮義，衣食足則知榮辱」的利以生義論，並把義視爲「國之四維」，認爲「夫民必知義然後中正，中正然後和調，和調乃能處安，處安然後動威，動威乃可以戰勝而守國。」〔註4〕商鞅和韓非子一方面提出了「貴法不貴義」、「任功不任德」，「去無用不道仁義」的崇利貶義論，另一方面又按照自己的理解重新界說了義利，把義同宗法等級秩序的維護等同起來，將利視爲趨善避惡的私欲，主張納義於法制之中來限制人們的利益欲望，提出了「去私心，行公義」的命題。總之，先秦儒墨道法四大家均是在倫理價值觀的旗幟下建立了自己的學說體系，它們的義利觀在爭辨中相互吸收、滲透、融合，並在對個人私利予以輕視的點上相近相通起來，由此逐漸凝聚爲中華民族的倫理精神，轉化爲中國文化的深層結構。儒道互補，儒法互滲，儒墨互通正是在義利問題探討的過程中獲得相互調和的契機並建立起理論格局的。

　　兩漢經學是繼承先秦儒家並綜合黃老陰陽墨法諸家而成的以注釋、解說方法爲主的東西兩漢學術思想的特稱。自漢武帝採納董仲舒「罷黜百家，獨尊儒術」的建議之後，儒家思想成爲占統治地位的社會意識形態。經學大師董仲舒承襲儒家義利爲人之所兩有的思想，闡發了「利以養其體，義以養其心」的「義利兩養」說，並在「體莫貴於心」的思想指導下發展出「正其誼不謀其利，明其道不計其功」的倫理價值觀。董仲舒這種義利觀顯露了他重德輕利，天人合類與王權神授思想的端倪，因爲他把義利看成是天之所賦予人的，天道重陽輕陰，重義輕利，他說：「天之爲人性命，使行仁義而羞可恥。非若鳥獸然，苟爲生，苟爲利而已」。〔註5〕又說：「天生之，地載之，聖人教之。君者，民之心也；民者，君之體也。心之所好，體必安之；君之所好，

〔註4〕　《管子·五輔》。
〔註5〕　《春秋繁露·竹林》。

民必從之。」〔註6〕董仲舒正是以義利觀爲核心，以陰陽五行的天人合一說爲理論基礎，賦予儒家道德以至高無上的品格，從而建立了一個龐大的神學唯心主義的倫理思想體系，被奉爲漢代儒家思想的正宗。同時，儒家內部的異端派司馬遷、王充同董仲舒的鬥爭也主要是圍繞義利問題而展開的。司馬遷、王充力圖把法家管仲學派闡釋的義利觀同儒家義利觀結合起來，在道義的根源問題上強調物質利益的決定作用，而在社會的價值選擇問題上則強調義利並重，認爲「國之所以存者，禮義也，民無禮義，傾國危主。」〔註7〕借助自己的義利觀，他們批判了董仲舒思想的理論基礎，並闡發了治國安民的許多政治、經濟和社會思想。

魏晉玄學的名教自然之辨，其實質是義利之辨。在玄學家那裡，名教即是孔孟儒家的道義觀與法家綱常的結合，自然則是老莊的清靜無爲及其隨心所欲的別名。名教自然之辨，說到底爭論的是以什麼作爲變化了的社會和生存情勢的價值方針與安身立命的準則問題。它不可能越出義利之辨的格局。玄學因名教的危機而產生，然而並非是對名教的否定，恰恰相反是對名教危機的挽救。他們展開的名教自然之辨，是試圖爲名教的存在提供一種新的形而上學的根據。一些玄學家企圖援道入儒來調和名教與自然的矛盾，尋找到一種使社會進步完善、個人風流剛健的倫理價值觀，含有重振儒家義利觀的因素。

隋唐佛學雖在相當程度上背離了儒學價值觀的軌道，但佛學主張積德行義、修善禁欲，蘊含有與儒家重義輕利學說相近的因素。佛教認爲，私欲妄念是塵世爭鬥和人生痛苦的總根源，社會要免除戰亂爭鬥，人生要擺脫煩惱痛苦，只有「不以情累其生」、「不以生累其神」的禁欲黜利一條路，「無我無欲心則休息，自然清淨而得解脫。」〔註8〕許多佛學家爲了使佛學在中國生根開花，總是直接間接地把儒家價值觀與佛教教義結合起來，他們把佛教的五戒比附於儒家的五常，把佛教的善惡觀等同於儒家的義利觀，認爲佛教順理爲善，違理爲惡，順益爲善，違損爲惡的崇善貶惡觀同儒家重義輕利說並無二致。佛教之所以在中國古代盛行一時，一個重要原因在於它們總是改變自己的教義以與儒家價值觀結合起來，正如唐代柳宗元說的「浮屠誠有不可斥

〔註6〕　《春秋繁露・爲人者天》。
〔註7〕　《論衡・非韓》。
〔註8〕　《佛說聖法大經・大正藏》。

者，往往與《易》《論語》合……不與孔子異道。」〔註9〕一方面，佛學在理論上不斷向儒學靠攏，日趨儒學化，另一方面儒學也不斷從佛學那裡吸取思想資料，以補充和完善自己的倫理價值學說。

宋明理學作為儒家倫理思想的完備形態，是儒釋道長期鬥爭和相互作用的產物。隨著儒釋道的合流及封建社會進入後期所產生的種種社會矛盾，義利之辨不再以轉譯和隱曲的形式表現出來，而是直接以公私志功問題表現出來，王安石與司馬光、李覯與二程、陳亮與朱熹之間先後進行過幾次有關義利問題的大爭辨，並將義利之辨發展為理欲之辨、王霸之辨和性命之辨，其哲理思辨性較以前大大提高。二程朱熹均認為，義利之說乃儒者第一義，「孟子辨舜跖之分，只在義利之間。」〔註10〕義利兩者不能同時並存，「大凡出義則入利，出利則入義。」〔註11〕他們主張「不論利害，惟看義當為與不當為」的行為準則和價值取向。李覯、王安石、陳亮、葉適等人則主張把道義與功利統一起來，認為道義不能脫離功利，離開了道義的功利是不足取的，離開了功利的道義也是不足稱的。

明清實學發源於對程朱理學義利理欲觀的批判，何心隱、顧炎武、黃宗羲、王夫之、顏元、唐甄及以後的戴震等矛頭直指宋儒「不論利害，惟看義當為與不當為」的貴義賤利論，開始突破把義利絕對對立起來的宋明理學的樊籬，明確提出「正其誼以謀其利，明其道而計其功」的義利統一觀，並倡導經世致用、利濟蒼生，把利用、厚生與正德聯繫起來，為生民辦實事，主張身體力行的倫理價值觀，移風易俗、趨時更新、造就一種嶄新的社會風尚和道德環境。

鴉片戰爭以後，義利之辨進入一個新的階段，它同中學西學之爭、救亡與維新、革命與改良等問題交織在一起，從而具有不同於以往的新的含義。隨著西學的大量輸入，資產階級所提倡的個人主義、利己主義、功利主義思想也不斷地衝擊著中國思想界。許多資產階級學者試圖用資產階級的義利觀來改造中國古代的義利觀，賦予它新的階級內容，把義利之辨變成利己與利他、私利與公利之辨，並由此引伸出個性解放、人格獨立、自由人權等政治法律問題。以康有為、梁啓超、嚴復為代表的資產階級維新派認為中國近代

〔註9〕柳宗元：《送僧浩初序》。
〔註10〕《程氏遺書》卷十七，《二程集》上，北京：中華書局2004年版，第176頁。
〔註11〕《程氏遺書》卷十一，《二程集》上，北京：中華書局2004年版，第124頁。

之所以落後就在於人們過分注重於道義而忘卻了對自己個人利益的追求，因此救中國於水火之中既不是儒家的重義，也不是墨家的兼愛，只能是楊朱的為我，是邊沁、穆勒的利己。人無利己思想者，「則必放棄其權利，弛擲其責任，而終至於無以自立。彼芸芸萬類，平等競存於天演界中，其能利己者必優而勝，其不能利己者必劣而敗。」〔註12〕以章太炎為代表的資產階級革命派試圖對傳統的義利觀作出全面的反省與總結，既批判了儒家義利觀的某些錯誤，又批判了康、梁等人試圖以功利主義、利己主義解決中國社會和文化發展的出路問題的偏見，從革命勝利與人們素質的關係考慮出發，充分突出和強調了道德對人們行為的指導作用，對革命勝利的決定意義。他說：「道德衰亡，誠亡國滅種之根極也」，「道德墮廢者，革命不成之原」，又說「無道德者不能革命。」他倡導樹立一種「不執一己為我」、「重然諾輕死生」的革命道德觀，號召人們驅除功利主義、利己主義的迷霧，以殺身成仁、捨生取義的精神去奪取革命的勝利。章太炎的這種道德觀是孔孟儒家義利觀在新的歷史時期的發揚光大，是一種較為徹底的道義論。

追溯義利之辨發展的流程和遞嬗軌迹，我們會清楚地看到，它在中國文化發展總體結構中的功能與地位。正是執著於義利問題的探究方才誕生了頗具特色的中國政治文化、法律文化、軍事文化、歷史文化與經濟文化，形成了博大深邃的中國傳統哲學，卓爾不群的古代文學以及其他科學體系。義利之辨是孕育、衍生先秦子學、兩漢經學、魏晉玄學、隋唐佛學、宋明理學、明清實學、近代新學的酵母。每一次較大的義利之辨，都反映著中華民族探尋社會和人生要義的努力，都在某種程度上深化和促進著人們的倫理思維，體現出民族倫理精神的飛躍，表徵出古代先民們對國家穩定與發展、民族和諧與騰飛、個人完善與幸福諸多問題的認識成果。綿延兩千多年的義利之辨，雖也不乏種種不同觀點的碰撞與對峙，但始終有一根紅線橫貫其中，即對整個國家前途、民族命運的關心，對社會整體利益的尊重，從自私自利的利己主義角度來討論義利問題的是極少數，這就是中華民族的倫理精神，中華文化的基本精神。奔流動蕩的政治紛爭，此起彼伏的歷史變幻，都只能改變它的外在形式，而未能改變深藏其中的善的韻味和美的意境。也正是這種民族倫理精神，是帝國主義無法滅亡中國也永遠不能滅亡中國的一個內在原因。

〔註12〕梁啟超：《十種德性相反相成義》，《梁啟超哲學思想論文選》，北京大學出版社 1984 年版，第 53 頁。

二、義利之辨橫貫中華倫理諸範疇

　　從中國文化的縱向發展上探尋義利之辨的功能與地位，能強化我們的歷史使命感和民族尊嚴感，激發我們的愛國主義精神。但要真正把握中華民族的倫理精神和中國文化的基本精神，還必須從橫向上剖析義利之辨在中國文化總體結構中的功能與地位。在中國歷史上，最能體現文化的人類學思想的恐怕莫過於人禽之辨，最能體現文化的政治學思想的莫過於王霸之辨，最能體現文化的心理學思想的莫過於理欲之辨，最能體現文化的經濟思想的是仁富之辨，而這些辯論都是義利之辨的延伸與擴大，都這樣或那樣地受制於義利之辨。

　　義利之靜與人禽之辨。人禽之辨是古代人類學也是哲學的一個主要課題之一，它代表人對自我的反省與認識。在中國歷史上，人禽之辨是緊緊地受制於義利之辨並作用於義利之辨的。王夫之指出，作為天下之大防的人禽之辨其實質是義利之辨。儒家許多人都認為，追求感官快樂與物質利益是人和動物都具有的，是人的自然屬性，但人之所以為人並不在於人有物質利益的欲求與滿足，而在於人是有理性有道德的動物。孟子指出：「人之所以異於禽獸者幾希，庶民去之，君子存之。舜明於庶物，察於人倫，由仁義行，非行仁義也。」〔註13〕如果人不講求仁義，那麼人同動物就沒有什麼區別了。荀子說得更清楚，「水火有氣而無生，草木有生而無知，禽獸有知而無義，人有氣有生有知亦且有義，故最為天下貴也。」〔註14〕在荀子看來，義是人之所以為天地萬物之貴的最本質的規定性，是人的偉大與人的光榮，是人的價值的表徵與確證，因此，人是不能不講義的。「義則不可須臾舍也。為之，人也；舍之，禽獸也。」〔註15〕荀子認為，饑而欲食，寒而欲暖，勞而欲息，好利而惡害是人之所生而有的自然屬性，這種人性是惡的，人如果遵循這種人性而行就會使自己無異於動物。因此人要使自己成為真正的名副其實意義上的人，就應當以義克利，隆禮貴義。漢代董仲舒繼承和發展了這種思想，認為人有食仁之性，身心需義利兩美，求利貪欲是人的自然屬性，是鳥獸和人共具的，人之所以區別於鳥獸蟲魚不在於求利而在於行義。以求義作為人生的準則，就會使人高於萬物，「雖貧與賤尚榮其行」，反之，如果孜孜以求私利，

〔註13〕　《孟子·離婁下》。
〔註14〕　《荀子·王制》。
〔註15〕　《荀子·勸學》。

那就如同鳥獸，「雖甚富則羞辱大惡」。〔註16〕程朱理學認為，人具有天地之性與氣質之性兩重屬性。人與動物同得天地之氣以為形。氣質之性有善有惡，天地之性粹然而盡善，人之所以異於禽獸草木在於人擁有天地之性，擁有仁義禮智或天理。人要使自己成為堂堂正正的人，就應該存理滅欲，崇義貶利。

　　法家管、商、申、韓等人認為現實的人是趨利避害、向樂棄苦的動物，他們勾畫了一幅人皆自利、人人相爭算計的人的形象圖。當然，法家揭示人與動物的共同點並非是替其辨護，是為了從中引出以法治國的原則，引出加強宗法道德統治的重要性，這與他們的義利觀亦是相通的。法家人禽之辨的潛臺詞是，現實的人是利己自私的動物，真正的人則應是尊法重道的社會性動物。宋代陳亮、葉適以及明末清初顏元、唐甄等人則從義利合一說出發強調人的自然屬性與社會屬性的統一。顏元認為，理氣俱是天道，性形俱是天命，沒有人的身體與氣質，何談人的心理與道義，人之所以為萬物之靈正是在於人有自己的欲利與氣質。戴震認為人是血氣心知的動物，人同動物的區別不是存在於人的血氣心知之外，而是存在於人的血氣心知之中。社會屬性或道德屬性是血氣心知所派生出來的，是其作用方式的具體表現。他們力圖把儒家那種超凡脫俗的人拉回到現實的世界。近代人們在人禽之辨上表現出來的傾向反映了時代變動的脈博，也是我國傳統義利之辨由古代向近代轉化的確證。

　　義利之辨與王霸之辨。王霸之辨是義利之辨在政治統治方式上的延續。儒家義利之辨的實質即是通過道義精神來轉化現實政治，達到內聖外王。孟子最先區分王霸，首倡尊王抑霸之說。在孟子看來，霸道與王道在本質上是不同的，霸者崇力用勢，在本質上是以力震人，以勢壓人。王者任德重義，在本質上是以德服人，以義感人。「以力假仁者霸，霸者必有大國，以德行仁者王，王不待大」，「以力服人者，非心服也，力不贍也；以德服人者，中心悅而誠服也。」〔註17〕王道之君若唐堯虞舜，重義輕利，貴義賤利，與民同樂。「為人臣者懷仁義以事其君，為人子者懷仁義以事其父，為人弟者懷仁義以事其兄，是君臣父子兄弟去利懷仁義以相接者，然而不王者，未之有也。」〔註18〕「樂民之樂者，民亦樂其樂；憂民之憂者，民亦憂其憂。樂以天下，憂以天下，然而不王者，

〔註16〕《春秋繁露・身之養莫重於義》。
〔註17〕《孟子・公孫丑上》。
〔註18〕《孟子・告子下》。

未之有也。」〔註19〕君臣父子皆去求利之心，以仁義相待，整個天下就會太平，人民就會安居樂業。行霸道者，父子兄弟君臣以利相與，「爲人臣者懷利以事其君，爲人子者懷利以事其父，爲人弟者懷利以事其兄，是君臣父子兄弟終去仁義，懷利以相接，然而不亡者，未之有也。」〔註20〕人人惟利是求，不奪不饜，則國危家亡矣。宋代程顥著有專文《論王霸箚子》，他說：「得天理之正，極人倫之至者，堯舜之道也；用其私心，依仁義而偏者，霸者之事也。王道如砥，本乎人情，出乎禮義，若履大路而行，無復回曲；霸者崎嶇反側於曲徑之中，而卒不可與入堯舜之道，故誠心而王則王矣，假之而霸則霸矣。二者其道不同，在審其初而已。」〔註21〕朱熹認爲，區分王霸的標準在於講義還是講利，王道就是行仁義而順天理，霸道即是假仁義以濟私欲，義利之辨決定王霸之辨的發展方向及其性質。與孟子程朱嚴格區分王與霸有別，荀子則認爲，王道與霸道有著相輔相成的一面，應當將其二者統一起來。他說：「君人者，隆禮尊賢而王，重法愛民而霸」，「義立而王，信立而霸」〔註22〕賦予王霸以新的含義。宋代陳亮在與朱熹進行王霸之辨中，也強調王道與霸道的統一。「謂之雜霸者，其道固本於王也。」〔註23〕能行霸業必有王道，在歷史上從來是義利雙行，王霸並用。明代呂坤認爲，霸道是有力量有威嚴的統治方式，霸者並不需要假仁義以濟私欲，因此霸道不存在什麼詐偽的問題。他說：「服人者以強，服於人者以偽……以德以力，所行底門面都是一般仁義。如五禁之盟、二帝三王，難道說他不是？難道反其所爲？他只是以力行之耳。德力二字最確，誠偽二字未穩，何也？王霸是個粗分別，不消說到誠偽上，若到細分別處，二帝三王便有誠偽之分，何況霸者？」〔註24〕王霸是行德與行力的別稱，行德者尚義，行力者重利，彼此交相互用，方能治國安天下。

　　義利之辨與理欲之辨。理欲之辨是宋明理學關於人心中理性與情慾關係的認識與思考，其源是先秦儒家的道欲論。孔子說：「富與貴，是人之所欲也，不以其道得之，不處也。」求富貴必須以符合道德爲前提。不受道德約束的

〔註19〕《孟子·梁惠王下》。
〔註20〕《孟子·告子下》。
〔註21〕程顥：《論王霸箚子》，《二程集》上，北京：中華書局2004年版，第450～451頁。
〔註22〕《荀子·天論》。
〔註23〕陳亮：《又甲辰秋書》，《陳亮集》下，北京：中華書局1987年版，第340頁。
〔註24〕《呻吟語·治道篇》。

欲望對人生有百害而無一益。孟子主張以道正欲，「無欲其所不欲」，並提出「養心莫善於寡欲。」荀子認為，人人都有欲望，欲望是人生而俱有的，「欲而不得，不能無求；求而無度量分界，則不能不爭。爭則亂，亂則窮。先王惡其亂也，故制禮義以分之，以養人之欲，給人之求。使欲必不窮乎物，物不必屈於欲。」〔註25〕在荀子看來，欲望是不能去除的，去除了人的欲望，人就會變成一具毫無活力的僵屍，但是欲望也不能是毫無節制的。毫無節制的欲望就會「犯分亂理而歸於暴」，既害己又害人，既禍國又禍民。荀子主張以道制欲。他說：「君子樂得其道，小人樂得其欲。以道制欲，則樂而不亂；以欲忘道，則惑而不樂。」〔註26〕道家老子認為，欲望是人生一切悲苦憂煩、戰禍災害的總根源，人要免除自己的悲苦憂煩、戰禍災害就必須實行無欲。「無欲以靜，天下將自定。」當然，老子的無欲並非絕欲、禁欲，而是使人滿足於所欲，知足知止。老子說：「罪莫大於可欲，禍莫大於不知足，咎莫大於欲得，故知足之足常足矣。」

《樂記》是中國歷史上最先將理欲作為一對對立的範疇來加以論述的，指出：「人生而靜，天之性也；感於物而動，性之欲也。物至知知，然後好惡形焉。好惡無節於內，知誘於外不能反躬，天理滅矣。夫物之感人無窮，而人之好惡無節，則是物至而入化物也。人化物也者，滅天理而窮人欲者也。」宋代理學家繼承並發展了《樂記》所提出的思想，使天理人欲成為兩個極為重要的哲學範疇，由此而引伸出理欲之辨。理欲之辨，發端於張載，成於二程，至朱熹集大成，王陽明作了進一步的闡釋和發揮。張載認為，人具有天地之性與氣質之性兩重人性，人心亦具有理欲兩重因素，「上達反天理，下達徇人欲。」反天理即是存天地之性，徇人欲即是從氣質之性，天理為公，人欲偏私，因此，為了立天理就必須反對窮人欲。二程認為，人心中只有人欲，道心才會擁有天理。「人心惟危，人欲也；道心惟微，天理也。」「人心私欲，故危殆；道心天理，故精微。滅私欲則天理明矣。」〔註27〕天理人欲，一為道心，一為人心，兩者對立不能共存，不是私欲便是天理。有一分人欲即滅卻一分天理，有一分天理即勝得一分人欲。朱熹更強調讀書治學，治國平天下的真功夫即是革盡人欲，復盡

〔註25〕 《荀子·禮論》。
〔註26〕 《荀子·樂論》。
〔註27〕 《程氏遺書》卷二十四，《二程集》上，北京：中華書局 2004 年版，第 311 頁。

天理，天理人欲勢不兩立，人必須徹底存理去欲，方始是學，方能爲人，把理
欲對立引向極端。在程朱理學那裡，理欲之辨緊連著義利之辨，天理即是義，
人欲則是利。「義者，天理之所宜；利者，人情之所欲。」貴義自須存理，賤利
當該滅欲，二者相輔相成，相需相生。在宋代理欲之辨極盛時，胡宏即不滿意
把天理人欲絕對對立起來，他從自己義利合一理論出發，認爲天理人欲皆以好
惡爲體，有天理即有人欲，有人欲即有天理。清初王夫之把欲區分爲公欲和私
欲，公欲即普遍的人人皆有的正當欲望，這種公欲與天理即仁義禮智有著不可
分割的聯繫，「人欲之各得，即天理之至正。」天理寓於人欲之中，人欲之中有
天理。私欲則是與他人之欲相對立的利己之欲，這種欲與天理、道義有所違逆，
因此應當以理導欲。王夫之的理欲觀既批判了程朱把理欲絕對對立起來的錯誤
傾向，強調了理欲的聯繫，同時又不同於那種認爲人欲即是天理的觀點。然而
王夫之的理欲觀同樣是和他的義利觀相關聯的。這說明，有什麼樣的義利觀就
會有什麼樣的理欲觀。

　　義利之辨與仁富之辨。義利之辨延伸到經濟生活領域便形成了所謂的仁
富之辨。仁富之辨是人們對經濟上富有與道德上仁愛關係的認識，這一爭辨
聯同本末之辨貫穿我國經濟思想史的全過程。絕大多數的思想家都認爲，向
往幸福，追求富貴，是人人具有的本然之性。但如何追求和對待富貴，則與
人們的道德觀緊緊相聯。孔子認爲，「富與貴是人之所欲也，」但是如果捨棄
仁義去求富貴則是他所不願意的，「不義而富且貴於我如浮雲。」孔子主張，
志士仁人不能因爲求取生活的安逸舒服而放棄對仁義道德的追求，應當爲遠
大的理想目標而活著，不爲世俗物質財富所誘引，應當「安貧樂道。」孟子
認爲，「爲仁義而富矣」，「爲富不仁矣」。〔註28〕因爲爲富就是「雞鳴而起，
孜孜爲利」，爲仁就是「雞鳴而起，孜孜爲義」。爲利的是小人，小人能有仁
嗎？爲仁的是君子，君子會富嗎？孟子倡導人要做一個「富貴不能淫，貧賤
不能移，威武不能屈」的守死善道的頂天立地的大丈夫。荀子也認爲「士君
子不爲貧窮而怠乎道」，〔註29〕「雖窮困凍餒，必不以邪道爲貪；無置錐之地，
而明於持社稷之大義。」〔註30〕荀子還認爲，真正的富貴是擁有仁義，缺乏
仁義的富貴是虛假的富貴。他說：「仁之所在無貧窮，仁之所亡無富貴」。與

〔註28〕　《孟子‧滕文公上》。
〔註29〕　《荀子‧修身》。
〔註30〕　《荀子‧儒效》。

儒家重仁輕富的觀點不同，司馬遷繼承了先秦管子「倉廩實則知禮義，衣食足則知榮辱」的思想，從富國強兵出發，提出了「人富而仁義附」的思想，認爲仁義離不開富裕，只有生活富裕了，才可能產生眞正的仁義，「長貧賤，好語仁義」是一種變態的仁義。桑弘羊在同茂陵唐生、魯萬生關於鹽鐵問題的爭論中也強調仁自富出，義從利來。富貴是勤勞節儉和勇敢冒險的產物，而勤勞和節儉、勇敢恰恰是仁義的具體體現，懶惰、浪費、揮霍則同富貴無緣，而懶惰、浪費、揮霍則是最大的不仁不義。王充一方面認爲人們在經濟上的富貴貧窮與道德品質沒有關係，揭示了仁義與富貴的不一致性。另一方面他也認爲「讓生於有餘，爭起於不足……穀足食多，禮義之心生，」〔註31〕反映了仁義同富貴的必然聯繫。王充的這種仁富觀，正是他的既強調利爲義之基礎，又突出義高於利之地位的義利觀的一以貫之。宋代王安石從理財即是義的觀點出發，以富言仁，強調了仁富的一致性。

此外，義利之辨還與人才學的才性之辨，文學的文質之辨，法學的德刑之辨，哲學的體用之辨、本末之辨、道器之辨等有著密切的關係，成爲制約人才學、文學、法學，哲學發展的重要因素。總之，義利之辨作爲中國社會和民族倫理價值觀的核心問題，廣泛地滲透於社會生活的各個方面，作用於人們行爲的全過程，左右和支配著學術文化的發展格局與發展趨向，並以其特有的價值導向、功能協調，反饋並影響著中國社會歷史的發展。從某種意義上說，研究古代中國，不論是宏觀、中觀、微觀的研究，還是經濟、政治、文化、風俗、學術等的研究，都必然會碰上義利之辨的問題。也只有對義利之辨有一定程度的認識，才能深入中國社會和歷史的堂奧。

通過義利之辨在中國傳統文化總體結構中功能與作用的分析、論證，我們可以得出這樣一個結論即中國文化之所以是中國文化，是因爲它有著自己的獨特的義利之辨及其從義利之辨中產生出的獨特的倫理價值觀。中國文化之所以能傳承，數千年而不發生分裂、斷層，得益於溶化到人們心靈深處並成爲人生範式的先義後利、義利並重的民族倫理精神。因此，中國文化重建的問題事實上可以歸結爲中國傳統的基本價值與中心觀念在現代化的要求之下如何調整與轉化的問題。

（原載《求索》1992 年第 3 期）

〔註31〕《論衡·治期》。

中國古代義利之辨的重新認識

　　義利之辨猶如中國傳統文化一樣，具有十分豐富的內容和複雜的表現形式，它實質上是中國歷史上一代又一代的思想家對中華民族價值導向和價值目標思考和探討的成果總匯。因此對這一作爲文化系統核心的價值探尋活動作出判斷和評價確非易事，任何輕率的否定或肯定似乎都沒有什麼積極的意義和價值。但是，對於義利之辨給予系統的清理、深刻的反省乃至科學的評價的必要性在當代中國卻比以往任何時候都要更爲急迫和強烈。

一、義利之辨中理論派別的科學劃分

　　中國歷史上的義利之辨，前後延續數千年，其思潮之波瀾壯闊，其學派之層出不窮，其論辨之尖銳錯綜，其內容之生動複雜，其蘊涵之博大深邃，其經驗教訓之反覆深刻，實爲世界文化史上之一大奇觀。那麼，究竟怎樣劃分中國歷史上義利之辨中的各種理論派別，以便對之作出定性的分析與評價呢？目前國內一種比較流行的觀點是按照西方功利論與道義論的區分，將孔孟儒家的義利觀概括爲道義論，將儒家以外的其餘各家稱之爲功利論，有的還認爲墨家是規則功利主義，法家是行爲功利主義。

　　我們認爲，這種觀點是值得商榷的。它的失當之處在於，一是將複雜的義利之辨作出了過於簡單化的理解；二是忽視了中國義利之辨的具體情況；三是不利於對義利之辨的各家作出精確的分析和合理的評價。我們認爲，中國文化和中國歷史上的義利之辨有它自身的特點和內在邏輯，它的豐富而複雜的蘊涵遠非功利論與道義論所能概括，而且也沒有必要賦之以功利論與道義論的稱謂。

中國和西方社會進入文明的路徑不同，馬克思將其概括爲亞細亞方式和歐羅巴方式。西方社會進入文明的路徑是從家族到私產再到國家，國家奠基於充分發展的私有制的基礎之上，它剪斷了血緣家族關係的臍帶，使得國和家之間不存在內在的必然聯繫，家庭成員之間也因其私產的發展不存在強固的依賴性，因此個人對於家族對於國家來說均表現出一定的獨立性。古希臘時代提秀斯、棱倫和克利斯梯尼等人進行的變法與改革一個極爲重要的內容就是破除原始氏族公社的血緣紐帶，確立個人的社會地位和法律地位，保護私有財產不受他人侵犯。通過他們的變法與改革，使得古希臘發展起發達的工商業和高利貸經濟，出現並產生了奴隸主民主政治制度，形成了崇尚個人自主自立和追求個性自由的希臘民族精神。歷史的發展進至古羅馬時代，個體私有制發展得更爲充分。古羅馬人留給後人的最好遺產是他們的法律思想和法律制度，這些法律思想和法律制度全面論證了私有財產神聖不可侵犯的原則，並確立了保護公民合法權益、自由買賣和租賃轉讓的私產製度。歐洲中世紀基督教雖然使個人從屬於教會和上帝，但它所闡發的「每個人在神前的平等」和「神對每個人的公道」卻同古希臘精神異曲同工，相得益彰。近代資本主義經濟的建立，是自由、平等、人權和私產精神的偉大勝利和全面實現。這樣的文明路徑、私產製度與民族精神，使得西方人最先區分了人我己群的界限，區分了個人利益與他人利益、個人利益與集體利益的界限，也能夠較爲深刻地探討個人與他人、個人與城邦、個人與國家的各種關係。個人與城邦、個人與國家存在的獨立性及其相互聯繫，使得人們完全有可能獨立地自由自在地提出自己的價值觀念和價值學說。也正是國家和個人兩重本位的存在，方能產生較爲徹底的功利論與道義論，形成二元對立的局面。

中國進入文明的路徑則是從家族到國家，國家混合在家族裏面，血緣家族關係不僅始終未被打破，相反它還是國家賴以存在的基礎。以血緣爲紐帶的宗法制的存在，構成中國古代社會結構的基本要素。在西周奴隸制社會，它表現爲自周天子至諸侯、卿大夫、士的垂直的金字塔形式。經過春秋戰國時期的變革，在秦漢以後的封建社會，又表現爲以家族爲單位的橫向的網絡形式。這種以血緣爲紐帶的宗法制與自給自足的自然經濟和高度集中的君主專制主義的緊密結合，造成國與家彼此溝通、君權和父權互爲表裏，反映到倫理價值觀上則是一種家族主義和國家主義。

中西倫理的這一差異，誠如杜亞泉在《動的文明與靜的文明》一文中所

說的，西洋社會中既有個人主義，又有國家主義、階級主義、民族主義，時相齟齬，而個人爲中心與國家爲中心尤爲現世之爭點；而中國倫理則認爲個人利益和個人權利爲道義所不許，因此功利主義在中國始終不能發展成爲一種獨立的倫理學說，往往要附著於道義論，或通過道義來宣揚功利的目的。

　　有鑒於此，我們認爲，那種把中國歷史上的義利之辨按照西方二元並立的模式來加以歸類的觀點，實在顯得牽強或過於笨拙。中國歷史上很少出現像霍布斯、孟德威爾、愛爾維修、霍爾巴赫那樣的個人主義和利己主義，很少有像邊沁、穆勒那樣把個人看作眞實的，把社會看作虛幻的，認爲社會利益爲無數個人利益簡單相加的功利主義；同時也很少有像托馬斯・阿奎那那樣的神學義務論和康德那樣的純粹義務論。即便是像楊朱那樣公然宣揚「拔一毛而利天下，不爲也」，也不能與西方近代那種粗陋的利己主義和公開的利己主義相提並論。因爲楊朱的爲我貴己是和全性保眞的重生之道相關聯的，生命是主體，利益或物質財富是服務於生命本體的手段，眞正的重生同時也是輕利的。如果我們把西方文化稱之爲一種二元並立或二元對峙的文化，即康德那樣的純粹道義論同邊沁、穆勒那樣的正宗功利論同時存在，那麼中國文化則是一種多元一體的文化，即義利之辨中產生和出現的觀點多種多樣，但在基本傾向上卻又是相近相通的。因此，我們實在不能完全以道義論稱呼孔孟儒家的義利觀。如果以最大多數人的最大幸福而言功利，孔子「博施於民而能濟眾」和「因民之所利而利之」的主張確是一種不折不扣的功利主義；孟子「何必曰利，亦有仁義而已矣」的觀點不僅道出了仁義可以利國利民的思想實質，而且他還把仁義界定爲統治者爲庶民百姓謀利，強調「明君制民之產，必使仰足以事父母，俯足以畜妻子，樂歲終身飽，凶年免於死亡」，認爲「聖人之治天下，使有菽粟如水火，菽粟如水火，而民焉有不仁者乎！」﹝註1﹞人們不妨稱孟子的義利觀爲一種精緻的功利主義。可以說，在儒家義利觀那裡，似乎體現了超功利的性質，但儒家重義輕利學說的宣揚從來就是以利國利民爲目的的，統治者輕個人私利是爲了更好地滿足庶民之私利和實現國家之大利。因此它同那種爲義務而義務，將道義與功利完全割裂開來的道義論是有本質區別的。如果以對義的強調和對公利的尊重而言道義，那麼墨家的貴義和無私而利天下，實在是一種比儒家還要道義的道義論。因爲墨家主張愛人猶己，遠施周遍，倡導「萬事莫貴於義」，並把義規定爲「有力者疾以

────────────────

﹝註1﹞《孟子・盡心上》。

助人，有財者勉以分人，有道者勸以教人」。不僅如此，墨家學派俠骨情腸，摩頂放踵，以自苦爲極，從不爲自己謀取任何私利，一心爲天下謀利甚至不惜作出任何犧牲，完全具有殉道者那種奮不顧身的崇高道德境界。法家內部有不同的派別，齊國以管仲爲代表的法家的義利觀既包含著道義論的因素，又體現著功利論的性質。他們不僅提出了「倉廩實則知禮義，衣食足則知榮辱」的命題，更提出了「禮義廉恥，國之四維。四維不張，國乃滅亡」的思想。商鞅和韓非子雖然有重利輕義的方面，但他們輕義之「義」是儒墨所宣揚的義，實際上他們並不曾否認道德原則和倫理規範，他們不僅提出了「臣事君，子事父，妻事夫，三者順則天下治，三者逆則天下亂，此天下之常道也」的觀點，而且還根據自己的理解闡釋過君仁臣忠、父慈子孝等道德規範，認爲「夫仁義者，憂天下之害，趨一國之患，不避卑辱，謂之仁義」，把憂國憂民視爲仁，把不辭卑辱、爲國君效忠視爲義，並主張「去私心、行公義」，要求做到克己奉公、大公無私。因此，法家的義利觀同那種取消一切道德原則和規範的行爲功利主義不可同日而語，勿寧說是一種包含著注重道義的規則功利主義。

因此，我們認爲，不能套用西方劃分倫理派別的標準來區分中國歷史上義利之辨中的各家各派，只能根據中國歷史上義利之辨的實際情況來進行具體分析。大體說來，中國歷史上義利之辨中的理論派別，可以劃分爲以下幾種類型：

1、孔子、孟子、荀子、董仲舒、程顥、朱熹、王夫之等人別義利爲二，主張把道義放在功利之上並以此爲最高價值的重義輕利派。這一派內部因重義或輕利的程度不同又可區分爲幾種不同的類型或支派。比如孔孟的重義輕利說，荀子的先義後利說，董仲舒的正其義不謀其利說，程朱的貴義賤利說，王夫之的以義爲利說，等等。他們的共同特點是推崇和強調道義的重要性，反對個人私利，對於社會公共利益和正當的個人利益，他們或贊可，或肯定，或將其視爲合乎道義的，他們關注的重點是如何成爲一個名副其實意義上的人，並把道義視爲人的本質規定性。

2、法家管仲、西漢司馬遷、東漢王充等人視利爲義的基礎和內容的利以生義論。這一派著眼於治國富民之道，把利視作人的自然本性和共同欲望，從道德的根源和前提上強調道義依賴於功利，從道德價值上則又主張推崇道義，抑制個人私利。因此這一派內部也可區分爲先利後義論，利主義輔論和

以利爲義論。他們的一個共同特點則是從整個社會範圍肯定眞正的道義離不開功利並必須以功利爲前提，先有物質生活而後才有精神生活。他們所言之利並不是指個人私利而是指人們正常的物質生活欲望和基本的物質利益。而當正常的物質生活欲望得到滿足，物質利益得到實現之時，道義亦是不可或缺的。

3、墨家的義利合一論。墨家認爲，利，義也；義，利也。把義解釋爲尊重他人的勞動成果和他國的基本權益，解釋爲「興天下之利，除天下之害」，因此得出貴義即是貴利、貴利即是貴義的義利合一結論。墨家的義利合一論是建立在把利國利民之利視作義的基礎之上的，因此它不存在重義要以輕利爲代價，先義要以後利爲條件，貴義要以賤利爲前提的問題。墨家的義利合一論不是把個人私利當作義利合一中的利來思考的，亦即個人私利不是義利之辨的利，而僅僅是個人生活中的一種事實現象。

4、宋代李覯、王安石、陳亮、葉適、清初顏元等人的義利並重論。這一派認爲，道義與功利各有不同的功能效用，同爲人類生活所必需，二者不可偏廢，因而主張「正其誼以謀其利，明其道以計其功」。這一派認爲，道義與功利是互相補充的，沒有功利不行，沒有道義也不行；既不能光重道義而不計功利，也不能只重功利而不講道義。這一派所重道義旨在反腐倡廉，移風易俗，建立一種合乎公平正義的道德環境和社會環境；所重功利旨在富國強兵、興利除弊，以實事程實功，建立起一種講求效率和效果的社會行爲機制。

5、商鞅、韓非及明末李贄等人的重利輕義論。這一派把趨利避害、自私利己當作人性的全部內容，把義當作虛偽和無用的東西，因而主張貴法不貴義，任功不任德。值得注意的是，他們所輕之義僅僅是儒墨所宣揚和理解的「義」，而不是一切道德價值，他們所重之利並不是單個人的私利，而是每個人的私利，因此他們的重利輕義不能僅僅依據其字面的意義作想當然的推演，而是有其特定的涵義與背景的。

6、以老莊道家、隋唐佛學爲代表的義利俱輕論。這一派從全性保眞、聽其自然的角度上論人，既鄙視個人的物質利益和生活享受，也鄙視社會的公利和道義。比較而言，他們鄙視利遠甚鄙視義。因此在他們看來，利欲是人生禍患、天下紛爭的總根源。要免除禍害，天下太平，就必須不以情累其生，不以生累其神，禁欲黜利，自克己私。

中國歷史上的義利之辨所形成的理論派別，也許還可以舉出一些，但主

要有這麼六種。這六種理論在相互爭辯中相互吸收，相互滲透，共同構成中國倫理文明中的有機組成部分。

二、義利之辨中各派理論觀點的科學認識與評價

　　一些同志在論及到中國歷史上義利之辨中各家各派觀點的社會作用時指出，孔、孟儒家的道義論是一種為統治階級辨護的偽善理論，它對社會變革和社會發展起著阻礙作用，造成了人性的被扼殺；而商、韓及墨家的功利主義則代表著廣大勞動人民的利益，對社會變革和社會發展起促進作用。我們認為，正如中國歷史上的義利之辨中的各種觀點不能冠之以功利論與道義論的指謂一樣，對中國歷史上義利之辨中的各種觀點所起的社會作用，我們也不能作出這樣簡單的結論，而應當加以科學的實事求是的認識與分析。

　　先說孔孟儒家的重義輕利論。就其思想淵源而言，這一派既繼承了氏族制集體主義傳統，又繼承了宗法制家族主義傳統，含有為其尋找理論依據、進行價值論證的因素。也正是由於這種氏族制和宗法制傳統的雙重肯定，使得這一派思想家在把義利問題作為道德價值問題的同時，也把它當作政治原則問題。因此造成了其義利觀超階級的普遍性形式（來源於氏族制集體主義）和具體的階級內容（來源於宗法制家族主義）之間的內在矛盾。最突出的表現莫過於，其一方面視義為人的本質規定性，將義概括為羞惡之心、公正之心及其行為實踐中的適宜正當，視利為人的基本生存需要和自然傾向，提出「利以養其體」、「體不得利不能安」的命題；另一方面又把義同宗法等級制中的忠君、孝父、敬長和尊賢聯繫起來，概括為君惠臣忠式的「君臣有義」，把利同個人的物欲私心如享樂欲望聯繫起來，提出「利之所在，害之所興」的命題，視利為社會生活中的洪水猛獸，因而落實到價值觀上不得不選定和擇取重義輕利、貴義賤利和以義制利的目標模式。儒家的這一義利觀因其在不同的時代所側重的層面呈現出不同的作用和意義。比如程朱理學的貴義賤利論既針對王安石變法和南宋抗金問題而發，又將傳統的義利之辨推到戕性滅欲的階段，而其所重之義已經主要集結於維護宗法等級制度和封建君主專制上來了，因此其消極意義表現得較為突出。像王夫之的義利觀，由於他把維護國家民族的根本利益和長遠利益的義視作古今之通義，看得比忠君和忠於某一政權的一人之正義和一時之大義更為重要，無疑具有超越宗法制家族主義、弘揚氏族集體主義的因素，因而表現出更多的科學性與合理性。

　　先秦孔孟儒家的義利觀同後來的儒家的義利觀畢竟因其時代不同，與統治階級的政治需要關係不一而有著明顯的區別。從總體上說，先秦儒家的義利觀是在批判當時的社會現實和謀求理想的社會關係的過程中形成的，它的本質是針對統治階級貪婪荒淫、巧取豪奪的行為以及由此造成的人各爭利、天下紛爭的社會現實所進行的批判，進而為統治階級謀求一種長治久安的治國方略和價值目標，集中體現了為新興封建制度服務的功能。孔孟儒家著眼於統治階級的整體利益和長遠利益，要求統治者限制其私欲和關心庶民大眾的物質利益，主張在等級制原則下的相對均衡，肯定各人皆有自身應得的物質利益，雖然差別懸殊，仍需相互尊重，尤其強調保護易受侵害的庶民之利。在他們看來，統治者貪利無厭是民眾貧困的根源，也必然引起社會政治危機；反之，如果統治階級講求道義，不僅能保持全社會的相對均衡，而且個人利益也有了可靠的保證，這便是「百姓足，君孰與不足；百姓不足，君孰與足」的道理。儒家重義輕利的價值觀是針對統治階級而言和對統治階級提出的要求，實質是對統治階級唯利是圖的善意批判與忠告，其目的是為統治階級的根本利益和長遠利益服務的。對於庶民百姓的基本生活需求，儒家從來都不曾忽視，而是一再反覆強調，並把庶民百姓的求利行為視作國家政治安定的基礎，堅持認為只有在富民的基礎上才能推行教化，只有在足民之欲、制民之產的前提下才能使其向善。儒家的義利觀試圖通過把人定義為有道德的動物來規勸統治階級講求道義，將解決社會治亂問題的關鍵訴諸道義，這在私有制占統治地位的階級社會裏以及貪婪成性的統治階級身上，是很難有什麼實際作用和理想的效果的，最終只不過是與虎謀皮的夢囈。但是這種倫理價值觀通過揚善抑惡的價值裁決以及道義高於權勢的價值設定，在為統治階級服務的同時實現著對統治階級的某種批判，具有從思想上規約和警告統治階級，從心理上牽引和影響統治階級的價值規範作用，使他們雖然大權在握亦需受道義制約，同時也使統治階級的權勢成為道義目的下的某種手段或受道義支配的東西，因此具有一定的民主性和革命性。儒家雖然有把道義具體化為現實生活中君君臣臣父父子子的一面，但這種具體的化法始終基於實現一種天下有道、人生有義的目的性要求，而不僅僅是為維護某一統治階級的現行統治。儒家認為，道義是社會生活的最高準則和人人必須遵循的價值目標，統治階級更應以道義修身齊家治國平天下，捨此就與統治階級的職責和統治相去甚遠，因此統治階級沒有也不可能有不講求道義、不遵循道義的自由。

在這裡，儒家實際是把統治階級視作實現道義目的的工具，具有淡化絕對君權和封建專制的思想啓蒙作用。更爲重要的是，儒家的義利觀的歷史積澱和文化薰染，培養出了一批又一批「位卑未敢忘憂國」的志士仁人，形成了中華民族「先天下之憂而憂，後天下之樂而樂」的倫理道德精神。飲雪吞氈、堅貞不屈的蘇武，男兒須馳騁疆場、不必馬革裹屍還的馬援，聞雞起舞、枕戈待旦決意報效祖國的劉琨，「壯志饑餐胡虜肉，笑談渴飲匈奴血」的岳飛，「人生自古誰無死，留取丹心照汗青」的文天祥，「我自橫刀向天笑，去留肝膽兩崑崙」的譚嗣同，等等，都從儒家義利觀中汲取了積極的思想營養並以自己的實踐豐富了儒家義利觀的內容。可以說，正是儒家的義利觀造成了孫中山所說的「愈挫愈奮、愈戰愈強」的民族韌性，形成了如同魯迅所說的中國的脊梁。

從理論貢獻上講，儒家分義利爲二的倫理價值觀最先意識到了事實與價值、所以然與所當然、現有與應有之間的聯繫及其區別。它既強調道義生發於調節人們利益關係的需要，肯定道義並不絕對反功利，又並沒有因此而賦予一切利益爲正當的性質，避免了混同事實與價值的自然主義錯誤。日本著名倫理學家柳田謙十郎指出：「道德只要是道德，就必須在某種意義上，某種方法上對人類的自然本性進行反省和批判，並且必須站在克服利己主義的具有高度的價值的自覺的立場上。不言而喻，在單純自然必然的立場上和單純事實必然的立場上，都不會形成任何義務的自覺。在沒有義務自覺和價值自覺的地方，也不會有我們稱之爲道德行爲的東西。」〔註2〕孔孟儒家義利觀的進步意義恰恰在於，它對人類求利的自然本性進行了反省和批判，而且正是站在克服利己主義的、具有高度價值自覺的立場上；它強調了國家和民族的整體利益，維護了道義的尊嚴。這種義利觀對於人們提升自身的主體性和理性精神，對於整個社會秩序的正常運轉和人際關係的維繫與完善，對於維護國家的統一和民族的獨立，都具有一種進步的積極的社會作用。

再說管仲、司馬遷、王充等人所倡導的利以生義論。這一觀點無疑看到了利益對道義的決定性作用，意識到了道義的根源在於物質利益的增長和實現，具有唯物主義的因素，對於科學地認識道德的社會起源及其本質，提供了某種可以借鑒的思想資料。同時，對於封建社會的勞動人民來說也是一種

〔註 2〕 （日）柳田謙十郎：《利己心與道德》，見《現代世界倫理學》，貴陽：貴州人民出版社 1982 年版，第 17 頁。

有利的輿論。在封建道德向世俗的近代道德轉化的歷史過程中起過思想解放的作用。但是它所推出的一些結論，似有把事實混同正當、以自然爲正當之嫌，實踐上也完全有可能被某些利欲熏心的剝削者用作掩飾其吸血本性的遁詞，甚至成爲某些背信棄義、違法犯罪者的口實。依據這一觀點的推論，消費生活水平的高低決定道德水平的高低，消費生活水平的提高會自然而然地導致道德的進步，因此社會的道德教育、個人的道德修養就變得毫無必要。這一觀點強調和突出的是人的趨利避害的自然本性，它把人視爲感性欲望的自然存在物，而沒有注意到人同時也是有理性、有道德的社會存在物，沒有看到人在具有物質利益需要的同時也有對精神和道德的需求。它雖然在歷史上曾起過一些進步的積極的作用，但由於理論本身的不完整性使得它所起的進步作用是十分有限的，它不能提供使社會和諧與個人發展的深刻的價值觀念。正如王船山對管仲學派「倉廩實則知禮義，衣食足則知榮辱」的評價一樣，這種利以生義論沒有看到那種貧而有義和富而不仁現象的存在，沒有意識到道義與功利之間的差異或它們發展的不一致性。此外，「實」和「足」的概念同個人的欲望及自我評價相關，本身含有較大的主觀隨意性，很難有一個什麼量化的具體的一般的標準，「天地之大、山海之大，未有能厭鞹人之欲者矣。故有餘不足，無一成之準，而其數亦因之。見爲余，未有餘也，然而用之而果有餘矣。」﹝註3﹞用利欲的滿足去界說道義，利欲永遠沒有被滿足的一天，豈不得出人類永遠不需要道義或不可能產生道義的荒謬結論嗎？

　　墨家的義利合一說同儒家的重義輕利論形異而神通。實際上，墨家所提倡的道義精神比儒家更高。儒家重義，墨家貴義；儒家輕私利，墨家非私利。墨家的義利觀強調忘我無私、利人利國，主張破除因血緣、地域各種關係而產生的人際差別，實現兼愛和大同的社會道德理想。墨家的義利觀確係閃耀著奇光異彩的瑰寶，理應屬於我們民族珍貴的精神財富之列。墨學的消沉是由於它超越了時代的實際需要，理想性的成分太濃，並非是因爲它所倡導的功利主義與儒家道義論相牴觸。實際上，墨家「興天下之利，除天下之害」的主張同儒家「因民之所利而利之」，「博施於民，而能濟眾」的精神可謂異曲同工。而且墨家主張「有力者疾以助人，有財者勉以分人，有道者勸以教人」，「視人之國若視其國，視人之家若視其家，視人之身若視其身」，比儒家的「見得思義」，「己欲立而立人，己欲達而達人」要高出一個層次。墨家在

﹝註3﹞ 王船山：《詩廣傳》卷三，北京：中華書局1964年版，第75頁。

階級社會的初期，便能既推崇天下之大利，又強調「不義不富，不義不貴」，並以鞠躬盡瘁、死而後已的犧牲精神身體力行，一直是後來進步人士所推崇的。歷史上許多進步思想家都這樣或那樣地受到墨家義利觀的影響。

宋代李覯、陳亮、清初的顏元等人的義利並重論可謂一種比較全面而合理的倫理價值觀。他們主張正其誼以謀其利，明其道而計其功，將重義與重利結合起來，既立德又立功。與此相適應，在社會生活中一方面主張矯正空談心性道義、學治分離、學用脫節的粗疏學風，倡導以實事程實功，以實功程實事，利濟蒼生，匡扶社稷；另一方面又主張純正人心，培養良好的道德風尚和人倫關係，猛烈抨擊寡廉鮮恥、道德墮落的行為和現象，呼籲「重道義」、「守信用」。可以說，他們的義利觀既鎔鑄了墨家興天下之利、除天下之害的思想，又吸收了孔孟儒家重視道義、殺身成仁、舍生取義的思想，實現了重社會生活之利和重個人生活之義亦即治國重現實、治人重理想的統一。如果說這是一種功利主義，但它絕不同於邊沁、穆勒那樣的功利主義。因為在邊沁、穆勒那裡，功利是快樂超過痛苦的盈餘，大多數人的最大幸福是以個人幸福和個人利益為基礎的，社會利益即是無數個人利益的相加或總和。正如馬克思所批判的，他們把私人利益當作公共利益的基礎，錯誤在於把人類事務中的貿易部分當作人類事務的全部，因而始終沒有脫離利己主義的圈子。而在陳亮、葉適、顏元等人義利並重論那裡，重利並不引發於人性的自然趨避，而是源於國富民強的價值目標；個人利益始終未能成為社會公共利益的基礎，相反，社會整體利益高於和重於個人利益，而且謀利必須在正誼的條件下並同正誼相結合方可進行。他們在道德的根源上強調道義不能離開功利，認為道義源於功利並最終是為實現一定的功利服務的，反對各種形式的道德無源論或道德至上主義；在道德的作用問題上又強調道義對功利的指導和協調作用，要求把利益的追求納入公正合理的道義範圍，反對形形色色的道德無用論或道德虛無主義。這種義利觀的局限性在於，它總是從政治和富國強民的角度提出問題，認為義利並重論比重義輕利論要更為全面和優越，對現實意義的強調多於對理論論證的強調，因此大抵帶有應時接世的特點。它沒有從理論上深研義利並重的內在機理及其原因，沒有回答社會整體利益同所重之道義究竟是一種什麼關係，以及為什麼個人利益不能予以重視，因此從某種意義上說有割裂個人利益與社會整體利益之嫌。它提出的價值目標是深刻而合理的，但論證闡釋則是粗淺而又平庸的。

　　法家商鞅、韓非及晚明李贄等人的重利輕義論是在批判儒家重義輕利論
的過程中發展起來的，它從人的惡勞而樂逸、趨利而避害的自然傾向性出發，
認爲個人私利是一切社會倫理關係的基礎，「人必有私，而後其心乃見」，無
疑包含有利己主義的因素。具體說來，這種觀點中以商鞅、韓非爲代表的法
家同李贄的觀點又略有區別。商鞅和韓非一方面以好利惡害爲人之常情，承
認利己自私的現實性，主張「去無用，不道仁義」，以利作爲治理國家、調解
各種倫理關係的法寶；另一方面又把利歸結爲維護宗法等級制度和綱常名教
之統治者的「利」，並在此基礎上提出了「背私之謂公」，倡導維護統治階級
的整體利益而抑制庶民百姓的私利。可見，商、韓的重利輕義論是一種從事
實上的利己主義出發最後歸結爲一種社會整體主義的倫理價值觀，其所重之
利是被儒家所意識但卻並未視爲至上的統治階級之利，所輕之義是被儒家所
樂道但並未爲統治階級所認可的君民人我諧調共有之義。這是一種把統治階
級的私利上昇爲公利並以此來限制規約人民群眾利益的價值觀，是一種不允
許庶民百姓發展和擁有私利的整體主義價值觀。因此，儘管它有爲利己主義
辨護，爲自私自利的營營苟苟之徒提供理論武器的一面，但它畢竟同那種極
端的利己主義和個人主義價值觀並非完全一致，在基本價值傾向上甚至走上
了利己主義和個人主義的反面。李贄的義利觀不同於商、韓義利觀的地方在
於，它試圖打破統治階級私利獨尊而百姓私利卑污的不公正狀況，從人皆平
等、私皆合理的理論出發賦予百姓私利以公正、合乎道義的性質，帶有反對
統治階級「私己而不許私人」、爲庶民百姓的物質利益或生存權益吶喊的積極
作用。但是，李贄的義利觀抹煞了事實判斷與價值判斷的界限，把物質生活
和道德生活等同起來，由此就可能導致取消道德在社會生活中的作用、甚至
取消道德自身的後果，從而鼓勵人們任憑情慾放縱妄行，因而具有不可避免
的歷史局限性乃至理論上的荒謬性。

　　老莊，隨唐佛學的義利俱輕論從總體上看是消極、頹喪而不可取的。但
是，從間接目的及其潛隱的效果上講，由於這種義利觀鄙視利遠甚鄙視義，
把利視爲天下紛爭、人生禍患的總根源，主張禁慾黜利，因此它暗合著推崇
真正的自然之義的因素，有助於弘揚和發展真正的道義精神。正因爲如此，
他們的思想才能被儒家所認可並成爲儒家正統義利觀的必要補充。儒釋道三
者合流以及宋明理學援佛入儒、以道補儒，就說明佛、道二家形式上義利俱
輕的背後潛隱著鄙薄物質生活而推崇精神生活的精神實質，有著同儒家價值

論相近相通的地方。這一派所宣揚的義利觀並未完全脫離宗法等級制和家族主義的樊籬，而是從另一側面爲其作了理論上的論證。

（原載《求索》1997 年第 1 期，中國人民大學書報複印資料《倫理學》1997 年第 6 期全文複印。）

義利關係的不同類型及其實質

　　義利關係是義利觀的核心構成。對義利關係的研究需要我們有一種類型學的分析。因為義利關係從不同層面和角度去關照會呈現不同的關係架構或範式。而這些不同的關係架構或範式，恰恰是我們研究義利問題和進行義利觀教育所必須重視的。正可謂「不考其源流，難以通古今之變；不別其得失，無以獲從入之途。」義與利之間的關係，從內容上考察，大體有物質利益與倫理道德的關係、個人利益與社會公共利益的關係、物質生活需要與精神生活需要的關係、志向動機與功利效果的關係等類型。從形式上考察，其關係有義利同一型、義利對立型、義利相互包含型、義利相互交叉型等類型。從價值取向上考察，大體有重義輕利型、重利輕義型、義利俱輕型和義利並重型等。瞭解這些不同的義利關係類型，有助於我們深入而全面地把握義利關係的不同涵蘊及其實質，進而選擇合乎社會需要的義利觀。

一、義利關係的內容範式

　　從內容上考察的義利關係，是就義利關係的本質內涵而言，是從義利涵義中所引申揭示出來的關係類型。它主要有四種實質性的關係架構。

1、物質利益與倫理道德的關係

　　是物質利益決定倫理道德，還是倫理道德決定物質利益，歷來是義利關係的重要體現。凡是主張物質利益決定倫理道德的，大體上都可以歸之於功利論或目的論名下；凡是主張倫理道德決定物質利益的，大體上可以歸之於道義論或義務論名下。依據馬克思主義的唯物史觀，這是一種辯證統一的關

係。道德是經濟關係的產物，經濟關係決定道德的性質、主要內容及其發展變化。利益是經濟關係的集中表現，每一個社會的經濟關係首先是作爲利益表現出來，因此社會經濟關係決定道德實質就是社會的利益關係決定道德。事實上，人們總是從社會的利益關係中吸取自己的道德觀念，總是把那些對自己有利的事物或現象稱之爲道德的，而把那些無利於自己的事物或現象稱之爲不道德的。誠如拉法格所說：「道德，像其餘的人類活動的現象一樣，服從於馬克思所規定的經濟決定的法則：物質生活的生產方式一般地決定社會的、政治的和精神的生活過程。」〔註1〕財產或利益的任何一種社會的形式，都有各自的道德與之相適應，不僅正義起源於人類的利益關係，善惡觀念也莫不如此。拉法格考察歐洲幾種古代和現代語言，得出結論說善這個詞起源於社會財富。他以大量的資料說明善的觀念起源於生產力發展產生私有財產之時，人們把獲得物質財富或者說爲社會創造物質財富視爲善或美德。在社會主義社會，利益同樣是道德的基礎並構成道德的核心內容。物質利益是人們進行各種社會活動的物質動因。社會主義道德是從社會主義物質利益基礎上產生並爲促進社會主義物質利益的全面增強服務的，因此社會主義道德必須以爲全體人民的物質利益奮鬥爲標準。任何忽視或輕視人民群眾物質利益的道德都是不正確的。另一方面，社會主義道德對社會主義物質利益具有能動的反作用，對人們的利益關係和利益行爲具有規範、協調和導向的作用，弘揚社會主義道德，有助於確保社會主義物質利益的實現和增強。勞動者個人遵守社會主義道德，可以形成健康的心態和良好的道德素質，從而極大地調動起生產的主動性、積極性和創造性，爲社會同時也爲自己個人創造更多的物質財富，獲取更多的物質利益。整個社會弘揚社會主義道德，就會形成一種良善的社會道德氛圍和道德風尚，進而爲社會主義市場經濟建設和發展社會生產力提供精神動力和價值支持。

2、個人利益與社會公共利益的關係

是個人利益服從社會公共利益，還是社會公共利益從屬於個人利益，歷來是道德和利益關係的又一重要表現。凡是主張個人利益至上，公共利益其次，公共利益應當服從於個人利益的即爲個人主義和利己主義，凡是主張公共利益比個人利益更爲根本、更加重要，個人利益應當服從於並服務於公共

〔註1〕 （法）拉法格：《思想起源論》，北京：三聯書店1963年版，第180頁。

利益的則爲群體主義或整體主義。馬克思主義主張一種超越整體主義和個人主義之外的集體主義，主張把集體利益與個人利益有機地統一起來。在社會主義制度下，社會公共利益與個人利益從本質上看是統一的。因爲社會主義國家是人民當家做主的國家，社會主義的集體是眞實的集體，社會公共利益不僅來源於個人利益包含著個人利益，並且也是爲了更好地促進和保護個人利益服務的，離開了無數公民的個人利益，社會公共利益的存在便失去它的必要性及其內在價值。個人利益得到發展，勢必爲社會公共利益的增長提供源泉和基礎。另一方面，個人利益離不開社會共同的利益。在社會主義條件下，社會公共利益是個人利益能夠實現和維護的保障，個人利益只有在國家利益和集體利益壯大發展中才能不斷得到實現。脫離了社會利益的個人利益，往往流於一己私欲；而否定個人利益的社會公共利益，往往異化成虛幻的集體利益。在社會主義社會，個人利益與社會公共利益根本上具有一致性，並不意味著二者在任何場合，任何時候都沒有矛盾。一般而言，個人利益總是置重一己的眼前的物質利益，而社會公共利益則更關注社會的長遠的整體利益；個人利益總是不可避免地帶有偏私性，而社會公共利益則帶有大公性；一個孜孜追求個人利益的人，必然忽視甚或侵害社會公共利益，而一個看重社會公共利益的人則往往會自覺地使個人利益服從社會公共利益，甚至爲了社會公共利益不惜犧牲自己的個人利益。社會主義道德把公益視爲區分善惡的標準，並以維護社會公共利益爲宗旨，因此，共同的利益是道德的尺度和基礎。一個人越是把社會公共利益置於個人利益之上，他就越有道德。共同利益是利益結構中最能顯示社會理性和時代發展要求的那一部分利益，它集中體現著社會主義社會的道義精神。它是集體凝聚力的保障，維繫著具體的社會或團體結構的存在。一旦失去了這種社會整體利益，那個社會共同體也必將趨於瓦解。

3、物質生活需要與精神生活需要之間的關係

義利問題不僅是公利與私利的問題，而且包含著人的物質生活需要與精神生活需要的關係問題。漢代董仲舒說：「天之生人也，使人生義與利。利以養其體，義以養其心。心不得義不能樂，體不得利不能安。義者心之養也，利者體之養也。」〔註2〕物質利益是維繫身體健康所必需要的，道義精神是維

〔註2〕董仲舒：《春秋繁露·身之養莫重於義》，參蘇輿：《春秋繁露義證》，北京：
　　　中華書局 1992 年版，第 263 頁。

繫心靈健康所需要的，兩者不可缺一，同為人類義利關係的不同類型及其實質生活所必需。當然，它們之間並不是半斤八兩的絕對平衡對等關係，相對而言，董仲舒強調精神生活的價值高於物質生活價值，提出了「體莫貴於心，故養莫重於義。義之養生人大於利。……夫人有義者，雖貧能自樂也；而大無義者，雖富莫能自存。吾以此實義之養生人，大於利而厚於財也。」〔註3〕馬克思主義認為，客觀真實的人是人的肉體與靈魂、物質與精神、生理與心理的統一。和以康德、黑格爾為代表的德國古典哲學輕視物質重視精神的價值取向不同，馬克思主義強調物質生活的重要性，以為物質生活決定精神生活，精神生活對物質生活具有反作用。在《德意志意識形態》一書中，馬克思恩格斯指出，人類歷史的第一個前提無疑是有生命的個人的存在，因此第一個需要確定的具體事實就是這些個人的肉體組織，以及受肉體組織制約的他們與自然界的關係。為了滿足肉體的生存，人們首先需要衣、食、住以及其它東西，因而必須投身於改造自然的物質生產。物質生產直接產生社會交往，結成社會關係，形成社會的物質生產方式。而一切精神活動及其精神生活的需要都是在物質生產方式的基礎上產生並隨之不斷發展完善的。物質需要貫穿於人的各種需要之中，是需要的物質基礎，各種需要包括精神需要在內，都要受它的支配和制約。饑腸轆轆的人最關心的是怎樣取得食物，而不是如何取得事業上的成就。一個貧病交加的人對最美的景致也激不起興趣。當然，馬克思主義也承認在物質需要基礎上產生的精神需要也會反過來對物質需要發生作用，認為精神需要是物質需要的補充和發展，在一定的條件下，人們寧肯犧牲某些物質需要來滿足精神需要。並且隨著生產力的發展和社會的進步，精神需要在人的需要中所佔的比重越來越大。總之，在馬克思主義看來，物質生活需要是精神生活需要的基礎和前提，並滲透於精神生活需要之中。精神生活需要是物質生活需要的補充和發展，它集中體現了人的需要與動物需要的區別。

4、志向動機與功利效果的關係

在中西方倫理思想史上，義利之辨總是與志功（亦即動機與效果關係）之辨緊密地結合在一起，事實上志功之辨恰恰是義利之辨的展開和昇華。中國南宋時期朱熹與陳亮的義利之爭，其中一個十分重要的內容就是志功之

〔註3〕 董仲舒：《春秋繁露·身之養莫重於義》，參蘇輿：《春秋繁露義證》，北京：中華書局1992年版，第264頁。

爭。朱熹是典型的動機論者，而陳亮則是效果論者。朱熹主張「明其道不計其功」，陳亮則認爲，「功到成處，便是有德；事到濟處，便是有理。」西方近代倫理思想史上，康德與英法唯物主義的義利之爭也莫不緊緊圍繞動機與效果問題而展開。康德是純動機論的代表，而邊沁、密爾等人則是純效果論的倡導者和擁護者。康德主張看動機，認爲判斷行爲善惡的唯一標準是看符不符合「善良意志」，凡符合「善良意志」的就是善。至於這個「善良意志」能否帶來好的效果，在康德看來，那是無所謂的。康德指出：「如果由於生不逢時，或者由於無情自然的苛待，這樣的意志完全喪失了實現其意圖的能力，……它仍然如一顆寶石一樣，自身就發射著耀目的光芒，自身之內就具有價值」。〔註4〕英國功利主義者邊沁、密爾主張看效果。邊沁說：「意向的好壞要看企圖的後果的好壞來決定」。密爾也認爲，只要某一個行爲的結果是好的，那他的行爲就是道德的。一個極力把人從水中救起的人，哪怕動機是爲了得到別人的報酬，由於他能救人免於死亡，所以其行爲就是道德的，具有道德的價值。馬克思主義在道德評價上既反對動機論，又反對效果論，主張把動機和效果結合起來，堅持動機與效果的辯證統一。認爲動機總要指向一定的目標或未來的效果，離開預期的效果，不但行爲無從談起，就是動機本身也無從產生。沒有效果的動機沒有任何意義。另一方面，效果作爲人們行爲所造成的客觀結果，必須依存於一定的動機才能產生，如果沒有動機，任何效果也不會出現。因此，動機與效果是不可分割的。沒有效果的動機與沒有動機的效果同樣是不可思議的。鄧小平理論強調以「三個有利於」作爲道德評價的標準，從總體上突顯了效果或功利效用的價值，但鄧小平理論同時強調遠大理想和革命精神的極端重要性，把培育「四有」新人提到社會主義建設的戰略地位來認識。在鄧小平看來，要把人民群眾吸引到社會主義現代化經濟建設上來，除了不斷地滿足他們的物質利益和要求外，就是要用崇高的革命理想和道德情操把他們武裝起來，激發他們的主人翁意識，使他們有強大的精神動力。社會主義義利關係要求人們把動機與效果、志向與行動有機地統一起來，既胸懷遠大理想，又腳踏實地，務實求眞，把宏圖大志變爲實實在在的行動，把建設有中國特色的社會主義事業推向新的階段和水平。

〔註4〕　（德）康德：《道德形而上學原理》，苗力田譯，上海人民出版社1986年版，第43頁。

二、義利關係的形式類型

　　義利關係從內容上講有不同的類型範式，從形式上講有不同的關係類型。形式上的關係類型捨去了內容上的實質性，專注的是兩者之間不同的關係架構。義利關係從形式上的關係類型學考察，主要有義利同一型、義利對立型、義利相互包含型、義利相互交叉型等類型

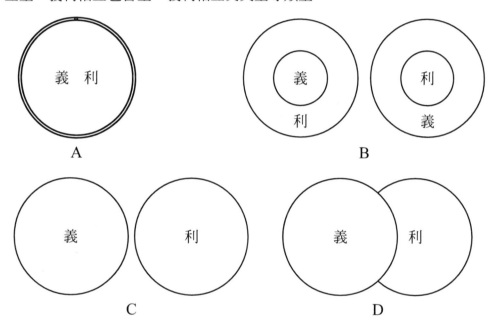

A　　　　　　　　　　B

C　　　　　　　　　　D

　　義利同一型是把義與利兩個範疇完全視為同一種性質的事物作無區別的對待，將兩個圓圈視為同一個圓圈。這一類型的理論認為，義與利是同一個東西，是沒有什麼差別的。因此，義即是利並完全等於利，利亦是義並完全等於義。符合義的也是完全符合利的，符合利的也完全符合義。義利同一型超越了義利關係的矛盾與對立，因此也超越了道義論與功利論的對立。但是由於它完全忽視了義與利的差異與對立，因此這種同一不是辯證意義上的矛盾的同一，而是一種無差別的絕對的同一，因而在包含一定合理性的同時走上了形而上學的狹隘道路，其理性思維的成果是十分有限的。

　　義利對立型與義利同一型完全相反，它堅持義與利是兩種完全不相關的事物和現象，將其視為兩個沒有任何聯繫的獨立的圓圈，認為符合義的必然不是利，符合利的必然不是利，二者冰炭不同途，水火不相容。這種關係類型論認識到了義利關係的矛盾和對立，但又將其推向了絕對對立而否認二者有任何聯繫的地步，因此同樣是一種形而上學的極端的義利關係論。

　　義利包含型超越了義利同一型和義利對立型的局限，認爲義與利的關係呈一種包含的關係，這種包含大體上又有兩種具體的類型，一種是把義視爲一個大圓圈，認爲在義這個大圓圈裏包含著利這個小圓圈；另一種是把利視爲一個大圓圈，認爲在利這個大圓圈裏包含著義這個小圓圈。這兩種類型在倫理價值觀上有本質的不同，前者可以視爲是道義論的，後者可以視爲是功利論的。在前者看來，整個世界都是道德的，萬事萬物都爲道德所包含，利也不例外。但利並不是道德的全部，道德除了利之外還包含著許多非利的東西，諸如友誼、愛情、良心、義務、理想、信念等。在後者看來，整個世界都是功利的，萬事萬物都爲功利所包含，義亦當然。但義並不是利的全部，利除了義以外還有許多非義的東西，諸如金錢、財富、競爭、長壽、福祿等。

　　義利交叉型吸收了義利包含型的長處但又避免了其短處，亦即它並沒有一般地認爲義包含了利或利包含了義，而是認識到利的並不一定就是義，義的並不一定就是利，並不是所有的功利都是道義，也並不是所有的道義都是功利，因此必然有些義是外在於利這個圓圈的，有些利是外在於義這個圓圈的。但是它們確實又有相互貫通或相互重疊的部分，這一重疊的部分也許可以說就是符合道義的功利和符合功利的道義。而這種重疊的部分在現實生活中也有許多的表現，如正當的個人利益和個人利益的正當。

　　總體上看，義利交叉型的合理性因素較多，它既意識到了義利關係的同一性，又對其差異和區別也有清醒的意識，既不混同義利關係也不割裂義利關係，比較好地反映了義與利之間關係的辯證法。其次是義利包含型，這種類型論的局限在於要麼簡單地把全部的利都納入義的圓圈中，要麼簡單地把全部的義都納入利的圓圈中，沒有也不可能眞正揭示義與利關係的矛盾性。當然最差的還是義利同一型和義利對立型。這兩種類型論都對義利關係作了形而上學的絕對的片面的理解。義利同一型混同了義利關係，義利對立型割裂了義利關係。但二者又卻是義利關係的形式類型，我們不能完全忽視它們的存在。

三、義利關係的取向模式

　　如何認識和看待義利之間的關係並以此來指導自己的行動，自古以來即是人們所關心和爲之奮鬥的。我們一般所講的義利觀主要是在義利關係取向模式上的觀點，反映了人們用什麼樣的理念來調解義利之間的關係，形成自

己的義利主張。在中國歷史上長達數千年的義利之辨中，關於義利關係的取向模式大體上有先後、本末、輕重的爭論。先後關係涉及的是義利之間的選擇順序，有所謂先義後利說、先利後義說等；輕重關係涉及的是義利之間的價值對待，有所謂重利輕義說、重義輕利說等；本末關係實質上是輕重關係的哲學提升和凝結，有所謂義本利末說、利本義末說等。考慮到現實生活中人們價值選擇和歷史上義利之辨的實際情況，我們將義利關係的取向模式概括爲重義輕利論、重利輕義論、義利俱輕論和義利並重論四種。

1、重義輕利論

重義輕利論是中國傳統倫理文化的主流。以孔孟爲代表的儒家在總體上可謂是重義輕利論的代表。儒家自孔孟開始，一貫主張義高於利、以義克利和見利思義，並認爲人們需要利，但更需要義，義是人之爲人的根本，做人應當以義爲上、先義後利、重義輕利。義與利兩相比較，孔子更主張重視道義，主張以道義來指導人們對利益的追求，他倡導見利思義，見得思義，千萬不要見利忘義。在孔子看來，「富與貴是人之所欲也，不以其道得之，不處也；貧與賤是人之所惡也，不以其道得之，不去也。」〔註5〕富貴是人人都想得到的，貧賤是每個人都厭惡的，要想得到富貴必須通過正當合理的途徑，要去掉貧賤也必須採取合情合理的手段和方法。如果求富貴或去貧賤是以不正當的手段和方法來實現的，那麼有道德的人對此是不屑一顧的，而且是十分鄙棄的。合乎道義的生活，即使是貧賤困苦，也使人感到精神生活的充實、快樂；而那種憑藉不正當的手段謀得的富貴利祿，雖然可以使人得到物質的滿足，但這不過是飄忽即逝的浮雲，不值得留戀。孔子說：「飯疏食飲水，曲肱而枕之，樂亦在其中矣。不義而富且貴，於我如浮雲。」〔註6〕孔子認爲，道義是人們行爲所必須遵循的倫理原則和價值目標，是人之所以區別於草木禽獸的內在本質，功利是維持人們肉體生存發展的物質利益，是人和動物所同有的，二者相比，道義的價值高於物質利益，人的精神需要遠比物質需要更有意義。君子所謀的是道義，所擔心的亦是道義。遵循道義而行，則可以得到於國於家於人於己皆有利的結果。反之，違背道義而行，則勢必造成人與人之間的怨憎嫌恨，激化社會矛盾，引起社會混亂。所以，「放於利而行，

〔註 5〕 《論語‧里仁》。
〔註 6〕 《論語‧述而》。

多怨」。聽憑人們追求私利不加任何引導和限制，必然會產生許多人際間的衝突糾紛，這種衝突糾紛達到一定限度會導致喪家亡身、禍國殃民。基於這種分析，孔子主張「義以爲上」、「見利思義」，倡導以重義輕利的價值觀來調節人與人之間的倫理關係，來樹立正確的人生理想和人生價值觀。中國自漢至明清，占統治地位的是孔孟儒家的重義輕利論。孔子區別了義與利，指出「放於利而行；多怨」，故而倡重義輕利，見利思義，「君子謀道不謀食」，「君子憂道不憂貧」，「志士仁人，無求生以害仁，有殺身以成仁。」孟子繼承了孔子的思想，提出了「何必曰利？亦有仁義而已矣」的命題，指出上下都追求自己的利益必然會發生爭奪篡弑，造成亡家亡國的慘酷悲劇。孟子將「爲利」還是「爲義」作爲區別小人與君子的價值標準，認爲小人之爲小人，惡之爲惡，就在於「爲利」，君子之爲君子，善之爲善，則在於「爲義」。既然爲義是善或君子的價值標準，因此義也就成了人世間所最可寶貴的東西，就是「良貴、天爵」。保持「良貴」，「修其天爵」對於人生的意義大大超過「公卿大夫」的「人爵」和財富的獲得，甚至比生命還寶貴。當著生命與道義發生矛盾的時候，孟子提倡「舍生取義」，認爲爲義而生，生得有意義；爲義而死，死得有價值。荀子反對先利後義，指出「先義而後利者榮，先利而後義者辱，」並把義作爲人之所以爲人的本質屬性和人高於動物優於動物的根本點，他說：「水火有氣而無生，草木有生而無知，禽獸有知而無義；人有氣、有生、有知亦且有義，故最爲天下貴也」。〔註7〕漢代董仲舒雖然肯定義利兩養，但在行爲的目的選擇上卻強調重義輕利，主張「正其誼不謀其利，明其道不計其功」。宋代二程特別重視義利之辨，認爲「天下之事，惟義利而已」。如何處理義與利的關係，將直接決定人們接物處事的行爲方針，因而也直接關係到個人能否遵循綱常名教的根本問題。在處理義利關係問題上，二程更強調它們之間的對立，認爲非義即利，非利即義，二者不能同時並存，不可兼得。在他們眼裏，義就是反映或維護地主階級整體利益的名教義理，利即是人們的個人物欲私利。他們極力反對個人的物欲私利，不僅得出了「存天理，滅人欲」的理學綱領，而且提出了「不論利害，只看義當爲與不當爲」的價值方針。朱熹繼承和發展了二程的觀點，指出「義利之說，乃儒者第一義」，把義利之辨同理欲之辨聯繫起來，主張貴義賤利，存理滅欲。陸九淵、王陽明

〔註7〕 《荀子・王制》。

等人也把義與利對立起來，強調「嚴義利理欲」之辨，並提出「懲忿窒欲」、「破心中賊」和「省察克治」等道德修養方法，主張像剝筍一樣剝去人心的利欲私心，以達到革盡人欲復盡天理。

馬克思主義認為，中國傳統儒家的這種重義輕利、貴義賤利的理論，雖有重視道德理想和精神生活的一面，但由於他們把義利關係嚴重地對立起來，沒有看到二者的聯繫和統一故而不僅在理論上有很多局限和不足，在實踐上也造成了不少誤區。儒家重義輕利、貴義賤利的理論，把一切求利的行為都同道義對立起來，都認為是一種傷性害義的私利私欲，帶有抽象道義論的色彩。馬克思主義認為，把人和社會連接起來的「惟一紐帶是自然的必然性，是需要和私人利益，是對他們的財產和他們的利己的人身的保護。」〔註8〕真正的社會聯繫並不是由反思產生的，它是由於有了個人的需要和利己主義才出現的。也就是個人在積極實現其存在時的直接產物。人的個人利益是人生活動的原動力或動力源。個人利益決不是觀念的產物，而是客觀存在的事實。個人欲望是不能被禁絕的，個人利益也是不能被滅除的。人們奮鬥所爭取到的一切，都同他們的個人利益相關。「共產主義者既不拿利己主義來反對自我犧牲，也不拿自我犧牲也反對利己主義，」〔註9〕亦即決不把重義建立在輕利的基礎之上，並以為重義與輕利之間沒有必然的聯繫，真正的重義並不總是必然要求個人作出利益或生命上的自我犧牲。如果一種道義總是時時刻刻要求個人作出輕利的選擇，那就不是真正的道義。個人利益有合法不合法、正當不正當之分。合法的正當的個人利益是社會主義義利觀所要充分尊重並予以滿足的，只有非法的不正當的個人利益才是個人主義利己主義的表現，才是社會主義義利觀所要加以反對和譴責的。

2、重利輕義論

重利輕義論是一種與重義輕利論正相反對的義利取向論，它把利益視為道德的基礎和主要內容，認為道德是為利益服務或為利益作辯護的，世界上沒有任何超利益的所謂道德，因此利益是第一位的，道德是第二位的，在利益與道德發生矛盾的時候應該是捨義取利、重義輕利。中國歷史上的法家是

〔註8〕馬克思：《論猶太人問題》，《馬克思恩格斯全集》第3卷，北京：人民出版社2002年版，第185頁。

〔註9〕馬克思、恩格斯：《德意志意識形態》，《馬克思恩格斯全集》第3卷，北京：人民出版社1960年版，第275頁。

重利輕義論的主要代表。法家是儒墨兩家的反對派，是新的封建等級制度的
維護者。在義利問題上，他們反對儒墨空談仁義道德的傾向，強調趨利避害
是人的本性，主張「任功不任德」，「貴法不貴義」，把富國強兵當作主要的價
值目標，因此重利輕義，即「去仁義，不道無用」。在商鞅看來，「民之性，
饑而求食，勞而求逸，苦則索樂，辱則求榮，此民之情也。」〔註 10〕統治人
民最好的方式是因勢利導，善於利用其求利的心理，對耕戰有功者，分給其
田宅，甚至予其爵祿，使其得到實際利益，那麼他們就會爲君主或國家賣命
效忠。「任功則民少言，任善則民多言」〔註 11〕，「吾教令民之欲利者，非耕
不得，避害者非戰不免，境內之民莫不先務耕戰，而後得其所樂。」〔註 12〕
老百姓安於耕戰，才能做到養親和忠君，否則主卑家貧，心懷他志，反而不
能盡忠盡孝了。耕戰是實力的來源，耕戰才能產生實際的現實的利益，而仁
義禮樂則是毫無用處的東西。商鞅把仁義禮樂稱之爲無利而有害的吸血之
虱。傳授仁義禮樂的人不但自己不耕不戰，而且使人民不耕不戰，其結果是
國弱民貧，在兼併戰爭中不能自存。他說：「詩書、禮樂、善修、仁廉、辯慧，
國有十者，上無使守戰。國以十者治，敵至必削，不至必貧。國去此十者，
敵不敢至，雖至必卻。」〔註 13〕提倡仁義孝悌等道德無益於耕戰，於國於民
毫無好處和利便。當然，商鞅對仁義道德的攻擊，並非完全主張道德虛無主
義，而是反對以道德說教的辦法治理國家，反對把仁義放在現實的物質功利
之上。在道義與功利的關係問題上，不是道義決定功利而是功利決定道義，
因此功利是第一位的，道義是第二位的，人們行爲首先須要考慮的不是道義
而是功利。爲了確保國君及統治階級利益的實現，推行法治是尤爲必要的。
以法治國，不僅能使臣民盡忠盡孝，以維護國君及統治階級利益爲重，而且
能使臣民懾於利害而不去做不義的事。因此商鞅極力主張「貴法不貴義」，
「任力不任德」。韓非子繼承並發展了商鞅的重利輕義論，提出了「務法不
務德」、「去無用，不道仁義」的觀點。他認爲講道德說仁義是上古時代的事
情，只適用於古代，不適用於當今。在競於力氣的當今，推崇仁義道德不僅
不切於實際，而且無助於國計民生問題的解決，甚至會阻礙歷史進步和社會

〔註 10〕　《商君書・算地》。
〔註 11〕　《商君書・靳令》。
〔註 12〕　《商君書・慎法》。
〔註 13〕　《商君書・農戰》。

發展。他尖銳地批評了孔墨諸家不講求效用事功、空談仁義道德的傾向，指出：「博習辯智如孔墨，孔墨不耕耨，則國何得焉。修孝寡欲如曾史，曾史不戰攻，則國何利焉。」〔註14〕孔墨講道德，說仁義，不但自己不耕不戰，而且教人不耕不戰，其言行對國計民生毫無意義。即便是像曾史那樣修孝寡欲的人，於國於家也沒有什麼助益。在韓非看來，如果讚美仁義之言，推崇清高之士，說仁義的充滿朝廷，講清高的退居岩穴，引導人們不耕不戰，脫離事功利益，國家還怎麼能得到有效的治理，社會又如何能得以生存發展？！稱道仁義如同神巫為人祈禱千秋萬歲一樣，聽起來悅耳，實際上連一天的壽命也不能增長。因此，有所作為精明圖治的君主總是「舉事實，去無用，不道仁義。」〔註15〕不僅治國不需講仁義，而且對老百姓也不要講仁義。對老百姓講仁義就是在誘導老百姓不去從事事功和耕戰活動，它不但不能使其有道德，反而會助長其貪利縱慾之心，縱容其犯上作亂，造成道德的墮落。韓非子認為，人性是自私利己的，為善去惡不能靠仁義道德的說教，只能靠曉以利害的法治，此即以利相挾，因勢利導。人人都有好利惡害、趨利避害的本然之性，「人無毛羽，不衣則不犯寒；上不屬天而下不著地，以腸胃為根本，不食則不能活。是以不免於欲利之心。」〔註16〕欲利之心的存在使他不會對那些有益於自己生存發展的事物無動於衷，更不會對那些有害於自己的事物漠然置之。任何人都有一種為自身個人利益而打算的自為之心，人的行為總是從這種自為之心出發，從考慮個人利害關係的角度去處理人與人之間的關係，因此使得一切人與人之間的關係都是一種利害或算計的關係。就君臣關係而言，君臣利異，「主利在有能而任官，臣利在無能而得事。主利在有勞而無爵，臣利在無功而富貴。主利在豪傑使能，臣利在朋黨用私。」〔註17〕君主與臣子之間的關係是一種各自從自身的利益出發而進行的利害交往的關係，二者的利益是相互對立、相互排斥的，君主利益得到滿足和實現的同時，也就是臣子的利益受到損害和侵吞之時。因此君與臣異利而異心。不僅君臣關係，父母與子女關係是一種利害關係，人與人之間的一切關係均是以計算之心相待，利在則親，利盡則疏。韓非從人性自私利己的事實現象的描述剖

〔註14〕《韓非子・八說》。
〔註15〕《韓非子・顯學》。
〔註16〕《韓非子・解老》。
〔註17〕《韓非子・孤憤》。

析出發，所推出的價值學說則是利君利國和廢私立公，因而他的義利觀所表現出來的就不是利己主義或純粹的道德虛無主義，而是一種重利（國君之利）輕義的價值理論。他的義利觀既不同於儒家也不同於墨家，但卻又暗含著同儒墨義利觀相容或互補的因素。西方資產階級的功利主義是一種典型形態的重利輕義論。資產階級為了鞏固本階級的社會地位必須在道德理論和價值觀念上為自己的利益辯護，證明資本主義生產方式和資產階級利益是天經地義和最合理的。邊沁、密爾等人吸取了培根的全體福利說、霍布斯趨樂避苦是人的本性思想，並直接繼承昆布蘭關於全體人共同利益的思想，沙甫慈伯利和赫起遜提出的德行由善的量和享受的人數的乘積決定，以最大多數人最大幸福為最高道德原則的思想，休謨和亞當・斯密提倡的視他人苦樂為自己苦樂的思想，適應時代要求創立了功利主義的倫理價值理論。功利主義道德觀從感覺主義人性論出發，把趨樂避苦視為人的天性，並把道德置於功利的基礎上，以功利或利益作為評價道德善惡的標準，以最大多數人的最大幸福作為行為的最終目標，以功利主義為道德的最高原則。資產階級功利主義由於把社會視為一種虛構的團體，把社會利益視為無數個人成員的利益之總和，因而不可避免地要走向個人主義和利己主義，或者說個人主義和利己主義是資產階級功利主義理論的前提、核心和歸宿。馬克思主義認為，邊沁、密爾等人所創立的功利主義是資產階級的倫理觀和價值觀，是資產階級追求物欲、追求金錢、追求自由競爭的「唯一可能的方式」。因為在資產者眼中，「商業吞併了工業，因而變得無所不能，變成了人類的紐帶；個人的或國家的一切交往，都被溶化在商業交往中，這就等於說，財產、物升格為世界的統治者」。〔註18〕功利主義正是從道德哲學的高度來表現和宣揚這種人際關係狀況，並把它泛化為整個社會的人際交往準則。因此功利主義是資產階級實踐的理論成果，是資產階級生存條件的觀念反映，是資本主義經濟、政治和社會生活的意識形態。

3、義利俱輕論

義利俱輕論是一種既輕視道義又輕視功利的觀點，在中國歷史上道佛兩家那裡有生動而深刻的表現，在現實生活中一部分看破紅塵、厭棄人生的悲觀主義者身上亦有相當的反映。在先秦時期的義利關係的不同類型及其實質

〔註18〕　恩格斯：《英國狀況：十八世紀》，《馬克思恩格斯文集》第 1 卷，北京：人民
　　　　出版社 2009 年版，第 105 頁。

的義利之辨中，道家的態度與儒墨不同，與法家也有異。道家既卑視利又菲薄義。道家的學說代表那些政治上失意而隱於鄉野的沒落貴族階級的利益和願望，他們厭舊卻不喜歡新，在現實面前找不到實際的出路，懷著「來世不可待，往世不可追」的心態，主張絕仁棄義，絕巧棄利，企圖在現實的社會關係之外去尋求一種符合人的素樸本性的道德境界。道家崇尚自然無為，視無知無欲的狀態為人生的理想狀態，因此反對講仁義求功利的有為之舉。道家的創始人老子根據無為與有為的對立，把崇尚仁義的行為歸於下德範疇，認為仁義的特徵就是對無為之德的廢棄，仁義道德的產生正是社會風尚衰敗的表現。在老子看來，大道之世，無為自然，六親和合，國家安治，在這種情況下，人無邪惡，社會也就不需要制定道德規範來約束人們的行為，因而也就不知仁義孝慈為何物。一旦廢棄了無為之道，社會關係產生混亂，各種邪惡行為發生，這時就有聖賢之士出來制定並提倡各種道德規範作為人們行為的準則，於是就有了仁義孝慈等道德觀念。仁義道德產生之後，不僅未能把社會的倫理關係協調到自然和好的境界，相反還使之進一步惡化，使社會的道德風尚日趨衰敗，愈發不可收拾。為什麼會這樣呢？這是因為，仁義道德產生之後，社會就有了善惡的標準，這樣就使人們的思想行為囿於善善惡惡的範圍，「為之而有以為」，並引導人們捲入毀譽貶褒的道德評價的競爭漩渦，甚至誘發人們採用各種偽善手段以攫取和保持善的美名，造成在現實生活中許多人無意於實踐道德義務，僅以求得形式上的善名為目的，欺世盜名，借道義之名以掩飾醜惡行徑的種種不道德的現象。基於這種認識，老子明確主張絕仁棄義，告誡統治者應當「處無為之事，行不言之教」，根本不要進行什麼仁義道德的教育和宣傳，使人們在不知道什麼是善什麼是惡的情境中來消解善與惡的對立，堵塞偽善者利用仁義道德之名來行不道德之實的漏洞。老子不僅主張絕仁棄義，而且也主張絕巧棄利。在老子看來，人類一切憂患痛苦的總根源在於人對物質利益的追求和功名的關注。人對物質利益的追求和對功名的關注是永無止境的，從而使人生充滿了數不盡的災禍和痛苦、戰亂和紛爭。在追求物質利益和功名富貴的征途上，多少人迷茫而喪失理智，又有多少人傾家蕩產，家破人亡。老子指出：「五色令人目盲，五音令人耳聾，五味令人口爽，馳騁畋獵令人心發狂，難得之貨令人行妨。」〔註19〕為了解除或減少物質利益和功名富貴所帶來的禍害和痛苦，老子提出了少私寡欲、

〔註19〕《老子》第十二章。

知足不爭的主張。他認為少私寡欲可以防止人作惡犯罪，恢復人的善良的本性。老子的義利俱輕並不是純粹的義利俱輕，而是一種暗含著推崇真正的道義與功利的義利俱輕，亦即是一種無為而無不為的價值學說。

莊子繼老子之後進一步闡發了義利俱輕論，提出了「殉仁義與殉財貨一也」的命題，不僅對儒墨提倡仁義道德進行了猛烈的批判和抨擊，認為仁義道德規範「攖人之心」，它誘發人們愛利貪欲，以致成了愛利貪欲之士的假借之器，造成了「捐仁義者寡，利仁義者眾」的惡習。由於儒墨拼命宣揚仁義道德，使得社會生活中的許多人競相捲入善善惡惡的名利之爭中，最後個人都成了借仁義之名而行貪利之實的偽君子，名為仁義，實竊仁義，造成了「竊鉤者誅，竊國者為諸侯，諸侯之門而仁義存焉」等種種昏亂現象。在莊子看來，仁義道德的說教，不僅敗壞社會風氣，而且敗壞人心，破壞了人的素樸本性，造成了人的墮落。莊子認為，殉仁義和殉財貨一樣都是沒有什麼實際意義和價值的。求義或求利的人都是傷性害身、違反自然的。為義而犧牲與為利而犧牲同樣是不值得的。人一旦注重仁義道德，就會竭勞神明，身心日衰，使人失去人生的樂趣。而且，莊子也對現實生活中人們執著功名利祿的重利行為提出了批評，認為人的求利之心及其情慾是人之痛苦、禍害的總根據。人們的物質欲望同自然純樸的人性是背道而馳的，物欲崇多而厭少，求盈而嫌缺，永遠沒有滿足之日和止境之時。而人性則無為而主靜，自然而純真，它素樸而無暇外求。物欲和求利之心的存在威脅到人性的存在，物欲和求利之心的膨脹勢必使人性喪失殆盡。人要擺脫塵世生活的種種痛苦和煩惱，就必須根絕物欲和求利之心，少私寡欲進而達到無知無欲，復歸到自然的狀態。在莊子看來，執著於道義與功利都是沒什麼價值和意義的。莊子的義利觀揭示了封建社會所存在的種種深刻矛盾，揭示了在社會本身已發生了日益嚴重傾斜的歷史條件下，無論是重利輕義還是重義輕利都將帶來一系列弊端的歷史真實性，對於居高官厚祿享榮華富貴因而貪得無厭的統治者來說，不失為一種尖刻的嘲諷和辛辣的抨擊，對於利用道義之名以行私己之實的虛偽者不啻是沉重的一擊，對於那些生活上潦倒而又無力改變自己命運者，則是一副自我解脫的精神自慰劑。但是，莊子的義利觀對現實的人生與世俗之間衝突的最終解決卻是以否定有為、崇尚無為為前提的，他把解脫人生痛苦與憂患的希望寄託在義利俱輕和玄虛的內心自由上，因而是不現實而又軟弱無力的，這種以否定現實人生的具體內容來解除人生憂煩痛苦的價值觀從本質上看卻是十分消極、保守乃至反動的。

4、義利並重論

在義利觀上，墨家提出義利合一，認為義即是利人利國，貴義即是貴利。沒有脫離利害關係的純粹的道義。墨子把普遍有利於天下一切人稱之為義，把自利、害天下的行為稱之為不義，主張「利人乎即為，不利人乎即止」。他說：「仁者之事，必務求興天下之利，除天下之害，將以為法乎天下，利人乎即為，不利乎人即止。」〔註20〕墨子的目標並不只是自食其力而稍稍給人一點幫助，他心目中的義是「興天下之利，除天下之害」，是為天下人謀福利。墨子想到的是天下之饑者和天下之寒者。墨子有三患，饑者不得食，寒者不得衣，勞者不得息。他十分厭棄當時的社會動亂，同情勞動人民的遭遇。他對統治階級的搜刮無度、敲剝百姓以及荒淫奢侈的生活進行了深刻的揭露和批判。墨子主張消除「三患」，保證人民起碼的生存條件，使「饑者得食，寒者得衣，勞者得息」，使天下人人都能安居樂業，互相關懷照顧。「興天下之利，除天下之害」是墨子對義的基本認識，而要做到「興天下之利，除天下之害」就必須尊重他人的勞動果實，維護社會成員正當的利益，「有力者疾以助人，有財者勉以分人，有道者勸以教人。」在墨子看來，尊重他人的勞動果實，維護社會成員正當的物質利益即是義，侵犯他人的利益，掠奪他人的勞動果實即是不義。侵犯一個人的利益，殺一無辜是不符合道義的行為，侵犯大多數人的利益，殺千百人更是不符合道義的行為，因此墨子主張「視人之國若視其國，視人之家若視其家，視人之身若視其身」，主張「兼愛」、「非攻」。墨子把義視作從物質和精神上幫助和成全他人，以推動社會進步。義包括了從力、財、道三個方面幫助他人的道德責任感和「興天下之利，除天下之害」的社會使命感，其實質是利人、利民和利國，而絕不是利己。墨子在同巫馬子等人的辯論中視義為一種主動的利人、利民和利國，認為義同虧人以自利的行為毫無共通之處。在墨子看來，必須愛別人，自己才能得到別人的愛護，利己主義是沒有出路的。墨子主張愛人猶己，不分輕重、厚薄、親疏、遠近，一視同仁，把別人的國家當成自己的國家一樣愛護，把別人的家庭當作自己的家庭一樣關心，把別人的身體當作自己的身體一樣對待。一個人要想得到別人的愛護和尊重，就必須首先學會愛護和尊重別人。墨子不僅主張「利乎人即為，不利乎人即止」，而且把能否從物質和精神上幫助別人當作人與動物的區別之一。正因為義同利人利國利天下有著密不可分的聯繫，

〔註20〕《墨子‧非樂上》。

所以墨子才主張把義作爲治理國家的最高原則和價值目標，提出了「萬事莫貴於義」的命題，把義視作天下之良寶。墨子說：「所謂貴良寶者，爲其可利也。而和氏之璧，隋候之珠，三棘六異，不可以利人，是非天下之良寶也。」〔註21〕講義必須給人以實際的利益，義可以利人利國，所以值得珍重，值得厚愛。墨子主張不僅要用義來律己，更要用義來治國，以義作爲獎優罰劣和評價行爲善惡的標準，形成「不義不富，不義不貴，不義不親，不義不近」的貴義氛圍。墨子還主張把義作爲選拔官吏的標準，認爲天子的責任就是選拔天下之賢者，輔助自己治理不義的臣民。墨子認爲，「用義爲政於國家，人民必眾，刑政必治，社稷必安，所爲貴良寶者，可以利民也。而義可以利人，故曰：義，天下之良寶也。」〔註22〕義具有利國利民的特質，具有調解人我己群關係的功能，因而以義治國，國必興；以義治民，民必安。在這裡，義與利達到了高度的統一。墨家的義利合一說，從思想淵源上看，它是對春秋以來那種「言義必及利」思潮的繼承發展，它既不同於儒家的重義輕利論，也有別於法家的重利輕義論。墨家既貴義又尚利，且強調大公無私，利人利國，無疑是一種較爲理想的價值理論，它具有矯儒家義利觀之偏和揚儒家義利觀之長的特殊功能，雖有超越時代和歷史實際的一面，但從總體上看，確係閃耀著奇光異彩的瑰寶，理應屬於我們民族珍貴的精神財富之列，值得我們好好總結並加以光大。

（原載《南通大學學報》2006 年第 2 期）

〔註21〕《墨子・耕柱》。
〔註22〕同上註。

論東亞地區經濟發展的倫理動因

　　每一種經濟的發展都有其內在的倫理動因。一定的倫理觀念和道德精神不僅爲經濟的變遷與發展提供價值效能和動力牽引，而且爲經濟的運行與振興造就所需的理性秩序和人文環境，成爲制約和影響經濟增強的重要因素。東亞地區的經濟之所以能在本世紀獲得驚人的發展速度，奇迹般地崛起於世界經濟舞臺，與北美經濟圈和歐洲經濟圈鼎足而立，從而在一定程序上左右著全球的經濟格局，也一定有著自己獨具的倫理內蘊與道義構成，有著從內部機理上作用於經濟行爲的倫理要素和從動力結構上刺激經濟發展的道德成分。本書試對東亞地區經濟發展的倫理動因作一初步的探討。

一

　　在東亞經濟圈崛起之前的幾個世紀或工業化時代，基督教文化圈的歐洲國家經濟上取得了突飛猛進的發展成就，引領著世界經濟發展的潮流，這使得馬克斯・韋伯得出了新教倫理促進資本主義經濟發展而東方的儒家倫理阻礙資本主義發展的結論。在韋伯看來，近代歐洲文明的一切從根本意義上講均來源於一種潛在的入世禁欲宗教的價值觀即新教倫理。新教倫理使人們意識到人生就是爲了賺錢，但賺錢又不是爲了個人享受，而是爲了取得上帝的恩典，爲上帝爭光，貧窮並不能爲善行增添光彩，它只能是對上帝榮耀的貶損。新教倫理把入世苦行和積極勞作看作是神的召喚和教徒們的天職，認爲教徒們如果不去抓住自我完善的機會就會白白浪費上帝所賜予的禮物，因此新教倫理使人們在一種天職的觀念中誠勉地勞作和禁欲節儉，並由此產生出資本主義的精神，形成著爲資本主義所特有的經濟倫理。新教倫理作爲一種

資本主義精神，其核心是以天職觀念確證人的世俗存在價值並在經濟行為中利用交換機會以合理性的方式取得預期利潤，人們只有以世俗職業上的成就來確定上帝對自己的恩寵並以此證明上帝的存在。它通過自己的救贖觀念、天職觀念、合理化謀利意識以及禁欲節儉觀念的宣揚使教徒們在內在心理上產生棄絕充滿巫術和各種神奇力量的世界觀，導致了世俗生活方式的理性化，或者說新教倫理這種入世禁欲主義不但賦予出世禁欲主義所反對的經濟活動以倫理意義，而且它本身又憑藉這種倫理意義反過來把世俗經濟活動進一步理性化，這就是新教倫理通過社會心理改變世俗生活的原因。韋伯指出：儘管享受財富對禁欲者來說是禁止的，但致力於經濟活動變成了他的天職，這不僅真正地把倫理要求理性化，而且還與嚴格的合法性相吻合，如果謀求獲利的活動取得了成功，它則被看作是上帝對信徒勞動賜福的顯示，也就表明了上帝對他的經濟生活方式的嘉許。新教倫理原本只是告誡自己的信徒借助在世俗中克盡天職來獲取上帝的救贖，但卻通過天職觀引發出了信徒們的功利主義社會行動，客觀上促進了社會生活的理性化和資本主義經濟的發展。

與成為歐洲資本主義精神的新教倫理有別，韋伯認為，儒家倫理則是一種反資本主義的入世信念倫理。它把現世視為安身立命之地，既沒有超越或救贖的位格神（Personal God），也不講彼世（Other World）的超驗領地，宗教意識淡薄，形而上學的觀念極少，因此它不像新教倫理那樣以理性態度改變世俗、駕馭自然，不能引發出改變世俗社會的力量，而是用一整套倫理規範去維繫既定社會的和諧秩序，投注在適應現存社會的目標點上。儒家倫理與新教倫理雖同屬理性主義，但其實質是大為不同的。儒家倫理以其獨特的方式與傳統主義的「禮」相結合，「修、齊、治、平」的政治抱負建立在「格物致知」、「正心誠意」的信念倫理基礎之上，而主要不是與世俗社會生活的理性化相聯繫。或者更明確地說，儒家倫理來源於萬世師表的孔子言行中所體現的倫理思想、禮儀和實踐教化，屬於楷模先知預言和信念倫理，要求人們在社會實踐中永遠保持克己自制的處世意識，在生活始終做到中庸的適度或「不逾矩」。發展到宋明理學把格物致知當作啟發內心直覺達到豁然貫通的手段，終極關懷在於現世的道德自我完成和人格完滿的境界，因而又具有神秘主義的因素。在韋伯看來，儒家倫理作為一種信念倫理，美則美矣，善則善矣，但光靠這種價值合理性很難達成外王的效用和社會生活的轉變。作為實現外王抱負的手段，它則需要轉化為一種工具合理性的責任倫理才能奏效，

猶如加爾文教的「預定論」轉化爲清教徒的「天職觀」那樣。遺憾的是，儒家倫理恰恰缺少這種轉化，使得儒家的內聖功夫終究未能超出信念倫理或價值合理性的範疇，無法對世俗的經濟活動發揮促進作用，一言以蔽之，儒教的理性主義是對世界的合理性適應，基督教的理性主義則是對世界的合理性控制。

然而，歷史並沒有按照馬克斯·韋伯及其追隨者所設立的理論前進，東亞地區經濟的迅速崛起，基督教文化國家經濟的相對衰微或停滯，使馬克斯·韋伯及其追隨者的理論受到了深刻的懷疑與嚴峻的挑戰。東亞地區經濟的起飛和振興一定也有著自己的內在倫理動因，而這種倫理動因絕不可能是推動歐美資本主義經濟發展的新教倫理，而只能是東亞地區所獨有的倫理文化傳統和道德精神。

那麼，東亞地區的倫理文化傳統和道德精神究竟是什麼呢？從整體價值趨向和德性觀念認同上講，東亞地區本質上屬於中華倫理文化圈，儒家倫理作爲中華倫理文化的主體亦是東亞地區的倫理傳統和道德精神。這一倫理文化圈的形成既同中華倫理文化在近代以前所取得的卓越成就及其風化德被的浸潤輻射相關，也同周邊國家和地區對其高度的價值認同和深刻的德性自覺密切相關，從某種意義上可以說是儒家倫理文化的向四周伸延輻射和四周接受消化相結合的產物。唐宋時代，儒家倫理文化通過官方和民間渠道傳播到朝鮮半島和日本國。由於朝鮮半島和日本國此前的本土文化特色不濃，傳統不深，使得被傳入或被自覺引入的儒家倫理文化迅即獲得了廣泛的生存空間，受到統治者和社會各界人士的推崇。日本聖德太子當政所制定的《十七條憲法》明確地把儒家倫理作爲治國的指導思想，這種狀況一直延續到明治維新。誠如森島通夫在《日本爲什麼成功》一書中所指出的，從歷史上看，日本一直處於中國文化的影響之下，文化的刺激和促進作用或是直接來自中國，或是通過朝鮮間接傳入。在日本，政府採納了儒教的意識形態，十七條憲法和後來的天皇詔書都是按照儒教的觀點寫成的。朝鮮半島在李朝時代就把儒教定爲國教，形成了正統的儒學化體制。韓國學者金日坤認爲，李朝保存並強化了純粹儒教秩序原理，它所建立的儒教政治體制與思想教化，比在中國本土更爲深入。維繫了 500 年之久的李朝政權使儒家倫理在朝鮮半島深入人心，並積澱內化爲一種倫理文化傳統和民族道德精神。

近代以來，東亞地區相繼受到西方資本主義文明的衝擊，儒家倫理開始

了自己的俗世化過程。在東西文明激盪衝突的近代，東亞地區的人民一方面認眞學習西方文明的先進經驗以謀求經濟的自強，另一方面又用儒家倫理爲武器來抵禦西方的侵略以謀求經濟的自立。他們開始走上了一條把儒家倫理與經濟現代化結合起來的道路，注重擺脫政治化儒學的消極影響，肯定儒家倫理在經商謀利、指導經濟活動方面的積極作用，並以儒家倫理的基本原則指導其富國強民的經濟活動。被譽爲「日本近代工業化之父」的澀澤榮一（1840～1930）提出用儒家倫理來指導經濟和商務活動的主張，倡導「論語加算盤」的經濟倫理。澀澤本人在多年的經濟活動中注重從儒家倫理中尋找精神裝備和理論指導，他酷愛《論語》一書，著有《論語與算盤》，並親自講授《論語》。他所謂的「論語加算盤」實質是功利與道義並重，倫理與經濟合一，即用合乎道義的方式來發展經濟，在發展經濟的過程中講求和遵循道德。自澀澤之後儒家倫理一直被許多日本國民視爲實現經濟起飛的重要精神武器，他們自覺地以儒家倫理精神爲指導，將儒家倫理精神貫徹到自己的經濟活動中去。著名的豐田集團祖孫三代領導人均以儒家倫理指導商務活動，推崇儒家倫理的人和觀念與知仁勇的道德品質。日本現代經濟學家伊藤肇指出，長期以來，「日本企業家只要稍有水準的人都熟讀《論語》，孔子的教訓給他們的激勵，影響至巨，實例多得不勝枚舉。」〔註1〕據臺灣廖慶洲《日本企管的儒家精神》一書中介紹：日本工商界人士在經商之餘，研修經營道德，而奉四書五經（儒家經典）爲教科書者，最早可追溯到1724年在大阪由醬油業、匯兌業、放貸業……等業界人士設立的『懷德堂』。該學堂第一代主持人三宅石庵爲一精通陽明學之學者，講課特色旁及陸象山、朱子各學說，但重點不在於闡揚，而針對當時工商環境所需的教養，探求儒家經典活用於現實生活之道，以提高事業經營的境界。」〔註2〕在日本企業家看來，儒家倫理義利並舉的價值方針，以人爲中心的道德信念，崇尚和諧的人倫關係，正人先正己的領導藝術等具有推動經濟行爲合理化、經濟活動秩序化的功用，從而完全可以爲經濟的持續增長提供倫理動因。

　　東亞地區不僅堅持用儒家倫理來指導自己的經濟現代化，而且在基本實

〔註1〕（日）伊藤肇：《東方人的經營智慧》，北京：光明日報出版社1987年版，第122頁。

〔註2〕廖慶洲：《日本企管的儒家精神》，臺灣聯經出版公司1984年版，第93～94頁。

現現代化以後亦能一如既往地倡揚儒家倫理，並以此作爲謀求更大更全面發展的價值動因。就中國的香港、臺灣等地而言，它們自古以來就是中國的領土，長期深受儒家倫理文化的薰染與陶養。近代以來數批大陸同胞的遷入更使其成爲儒家倫理文化向海外和世界各地傳播的重要基地。面對著近代以來因西方列強入侵所發生的一系列變故，寓居港臺的許多中國人均懷有一種強烈而堅執的弘揚和光大儒家倫理文化的使命感和責任感，並依憑著儒家倫理文化那些可以安身立命的精神理念從事著經濟文化的創造，充滿著在新的情境下向儒家倫理紮根並以此指導經濟建設的熱情。港臺地區的中國人五六十年代掀起了復興儒家倫理的運動，他們通過組織各種學會和人文講習班，召開國際性學術會議，建立世界性的儒學交流網，並將儒家倫理貫徹於商務活動，在經營經銷和管理活動方面實踐儒家倫理，光大儒家道德精神。這一特定的復興儒家倫理運動無疑是港臺地區經濟起飛的重要動因。新加坡作爲一個獨立的國家，是 20 世紀 60 年代中期以後的事，但儒家倫理在新加坡的傳播則可以追溯到 19 世紀初。華人從中國的廣東、福建、浙江等省移民南來，他們的精神信念、行爲方式、生活習俗均充滿著濃厚的儒家倫理色彩。到馬六甲鄰近地區之後，他們通過開辦華文學校、創辦華文報刊、組織華人文化會社等方式，承繼和弘揚儒家倫理，使儒家倫理在新加坡植根發展。20 世紀70 年代末以來，爲了使華人的後代更好地繼承儒家文化，也爲了促進經濟和社會生活的持續增長和全面進步，新加坡自上而下發動了一場曠日持久的復興儒家倫理運動。經過政府的倡導，社會的認同，新加坡朝野上下對於儒家倫理在新加坡後工業社會的作用，達成了許多共識。他們認爲，通過儒家倫理教育，可以使新加坡青年繼承上代堅貞不屈、謙和通達、自力更生、艱苦奮鬥的精神，抵制物欲主義和消極頹廢思想的侵襲。通過儒家倫理教育，可以優化企業管理，促進企業內部人際關係的和諧。儒家倫理主張以禮待人，禮賢下士，主張上司對下屬應寬厚謙和，而下屬則應忠於職守，這種強調上下合作的精神和禮尚往來的應對之道，同現代行爲科學所講的人群管理、情感投資、道德激勵是十分相通的，反映了現代文明的要求。同時，儒家倫理強調尊老愛幼、敬業樂群、忠於職守、敦風化俗等有助於形成良好的社會公德和職業道德。

　　總之，正如杜維明所指出的，儒家倫理「對東亞的生活有巨大的影響，並且對東亞偉大文明的興起作出了貢獻」。「東亞的經濟發展，表現出與西方

經濟截然不同的特徵。比方說，利己主義或者樸素的個人主義（西方的經典神話）的價值根本不受到重視。與此相反，重點卻放在對公司的忠誠，集體環境以內的協調以及合作這些因素上，……這些價值已經被許多專家認作是東亞很多地區成功的發展作出了貢獻的重要因素。」〔註3〕儒家倫理對於塑造東亞地區人們的內在心靈和道德人格，對於形成人們的職業倫理和經濟價值觀，起了春風化雨和價值導向的作用，從而也就為其經濟起飛和經濟振興提供了道義的支持和精神的激勵。

二

儒家倫理之所以能成為東亞地區經濟起飛和經濟振興的倫理動因，既取決於東亞地區人民實現現代化的價值選擇，也同儒家倫理所內具的一些現代性因素有著一種邏輯上的關聯。作為在中國歷史上影響久遠且源遠流長的儒家倫理，本身是一個凝聚著無數代思想家認識成果及人們道德經驗的複雜的綜合體，可作多方面的精神開掘和價值觀照。就總體構架及基本態勢而言，它既充滿著歷史的相對性和局限性，又具有相對的永恒性和共同性，既有同奴隸主義和封建主義道德相貫通或一致的方面，亦有跨越奴隸主義道德和封建主義道德的一面，包含著一些可以適用於近現代的普遍化的倫理智慧和道德精神。儒家倫理無論是在中國還是東亞地區，實際上總是處在一種不斷生成和發展的自我超越和昇華之中，因而在積澱為傳統倫理的同時又光大和拓展著自己的倫理傳統，揚棄著自己的倫理精神。

聯繫到對東亞地區經濟現代化的促進作用而言，儒家倫理至少有幾個方面的內在機理或學說特質值得我們關注並予以深思：

1. 儒家倫理並非沒有超越性的觀念，它以敬天重道的價值目標實現著對社會現實的批判性改造和合理化重建，從而表現為「即世間而超世間」的理性品格。儒家倫理不像道家倫理那樣主張消極出世、逃避現實去自善其身，也不像法家倫理那樣總是處處維護帝王及其統治階級的既得利益和統治地位，而是比道家倫理更積極入世，重視人們的世俗生活，比法家倫理更為超脫，總是從具有一定超越性的價值理性出發去改造世界，批判社會現實。儒家倫理雖然提出了一整套維繫尊卑貴賤等差秩序的道德規範，強調君君臣臣

〔註3〕 （美）杜維明：《新加坡的挑戰：新儒家倫理與企業精神》，北京：三聯書店1989 年版，第 30 頁。

父父子子，但其出發點是為實現一種天下有道的和諧秩序，而不僅僅是為現存的政治統治進行辯護或維護某一君主帝王的個人統治。儒家倫理雖然主張儒者應該輔佐國君治理天下，但絕不贊成作國君的馴服工具或順民，它把「道」置於「勢」之上，倡導人們「從道不從君」，理應信守仁義之道而不是帝王之勢，實際上把國君帝王只不過看作是實現天下有道的工具而已。就此而論，韋伯把儒家倫理僅僅只視為對現實世界的適應是十分片面的。

2. 儒家倫理並非沒有合理謀利的意識和觀念，它借助自己的義利之辨所得出的恰恰是「君子愛財，取之有道」的見利思義論，正當的利潤追求被道德認可並轉化為一種社會心理，這與韋伯所說的新教倫理正當謀利觀念是相一致的。儒家倫理並不是一種為貧窮辯護的道德理論，它肯定富與貴是人之所希望的和貧與賤是人之所厭惡的，主張「足食足兵」，遂民之欲，足民之求，興民之利，去民之害，洋溢著對庶民物質利益的關心與人道精神。儒家倫理所反對的只是那種見利忘義，「不以其道得之」的不正當的個人利益，但對那種「以其道得之」和「義然後取」的個人利益則是從道義上予以贊許和肯定的。尤為可貴的是，儒家倫理以富民利民為道義的實際內容，認為道義就是要使人民能過上豐衣足食的物質生活。「仰足以事父母，俯足以畜妻子」，使其「養生送死無憾」。在儒家倫理看來，「因民之所利而利之」即是「義」，義就是要與眾同利、為民興利，最高的義即是「博施於民而能濟眾」。就此而論，儒家倫理不僅不反對人們的正當謀利和合理的世俗生活，而且充滿著對去貧求富欲望的道德認可，向往一種富而好德的價值風尚。這種義利觀是完全有可能推動社會經濟的發展並為其提供價值效能的。

3. 儒家倫理並非沒有責任倫理的觀念，它主張「仁以為己任」，「為天地立心，為生民立命，為往聖繼絕學，為萬世開太平」，要求把正心誠意、格物致知與修身齊家治國平天下有機地結合起來，由內聖進至外王，實現明明德與新民的統一，轉化現實社會以達到理想狀態，突顯出一種社會責任感和道德使命感。這與韋伯所說的新教倫理天職觀念也有相貫通的地方。儒家倫理不僅是一種信念倫理，而且也是一種責任倫理，它從為仁由己的信念出發，強調個人對家族、國家和社會的責任和義務。儒家倫理所強調的仁義禮智信或忠孝節義都含有責任倫理的因素，強化著人們的應當及其道德上的義務意識。同時，儒家倫理還從在家做孝子的道德要求出發，鼓勵人們出門做忠臣，以誠實信用待人接物，發展起敬業樂群的職業倫理和社會公德觀念，

並為社會的移風易俗、敦風化俗和革故鼎新作貢獻。就此而論，儒家倫理無疑具有轉化現實社會關係和經濟關係的功用，具有推動社會的經濟發展和職業分途的效能。

4. 儒家倫理因其置著於人際關係的和諧及人與社會集體關係的和諧，突顯著人的利益關係的共同性和相關性，使個人利益同一定的集體利益或團體利益密不可分，強化著個人利益的集團或集體歸屬，這就為形成一種集團或集體的經濟合力提供了價值上的先導和道義支撐。團體主義或集體主義的道德取向，能夠將個人的經濟力整合為社團化或集團化的綜合經濟實力，同時也通過凝聚眾人的聰明才智和意志力量為經濟秩序的合理化形成開闢了道路。經濟秩序的合理化形成必將推動經濟實力的增長，使人們的經濟行為和經濟活動有章可循，這就為集團經濟的持續發展作了動因上的保證。

5. 儒家倫理並不是一種自我封閉的觀念體系，它具有一種開放和自我更新的機能，能夠隨著社會生活的變遷和經濟的發展調整充實自我，在東方各國學習西方的歷史進程中不斷地吐故納新、揚長避短，進而實現了自身質的飛躍和現代轉型。反對儒家倫理的人只看到了它為封建主義和小農經濟服務的一面，或將其與封建道德相提並論，而沒有看到它的一些內蘊具有跨社會形態的相對恒定性和為非封建主義、非小農經濟服務的效用。實際上，儒家倫理既可以與封建主義和小農經濟結合，也可以經由批判性的改造從封建主義和小農經濟的結合中游離出來，為新經濟形態服務。儒家倫理並不等同於封建道德。在漫長的歷史變遷和倫理進化中，它與其說外化為了社會的道德制度體系，倒不如說內化成了人們的道德觀念體系，成為東方倫理文明和倫理精神的一種化身。

以上幾個方面，說明了儒家倫理並非如同韋伯所說的那樣只會阻礙資本主義經濟或現代化的發展。儒家倫理作為極富彈性和張力的結構體系，自有其更新、超越和調整自身的機理，因而就完全有可能為東亞地區經濟的發展和起飛提供倫理動因和價值支撐。這不僅有著歷史事實的根據，而且從學理上講也是說得通的。真正洞見了人倫關係本質的倫理觀念總是具有深刻的內在性和高度的穩定性，儘管奔流動蕩的歷史變幻，於其他物理或事理的文化現象早已改換了存活的形式與內容，但卻無法消滅或磨滅那些深刻而雋永的倫理智慧和道德觀念的內在魅力，那些基本的道德觀念和倫理主張總是一而再、再而三地被人們重新提起，而每一次提起又都是人類道德建設的內在要

求使然。儒家倫理強調秩序與人和，突顯著作爲主體的人的獨特地位和尊嚴，具有反對物化主義和狹隘功利主義的合理因素，因此自會受到力圖避免西方現代化弊端，走一條自身社會現代化路子的東亞地區人民的認同，並成爲其發展經濟的價值指導和倫理動因。

三

　　東亞地區運用儒家倫理來發展自己的經濟經歷了一個漫長的合理化理解和辯證性創造過程，它同近現代東西文化衝突交流以及世界範圍內的經濟技術競爭等歷史背景密切相關並鎔鑄著東亞地區人民破除西方中心論，走自己經濟文化發展之路的合理性選擇成果，因此是一種使儒家倫理現代化和經濟現代化同步進行的偉大創造，有著自己特定的價值內涵和實現路徑。

　　1. 東亞地區所用以指導和規約自己發展經濟的儒家倫理，本質上是一種在近現代東西文化衝突和融合的歷史情境下的合理化選擇，是一種反映著既要抵抗西方國家的侵略壓迫又要學習西方以謀求自身的獨立富強等歷史課題內涵的儒家倫理，因而是一種同科學、民主聯繫在一起，以應戰應付挑戰的新的儒家倫理。這種儒家倫理所側重的不再是那種同封建等級主義和專制主義相聯繫的綱常名教或尊卑貴賤制度，而是經過篩選的同現代化建設密切相關的道德精神和倫理觀念，即義利並舉的價值方針，以人爲中心的價值觀念，仁者愛人的道德情感，以和爲貴的倫理取向，禮尚往來的交往原則，誠實守信的爲人之道等等。這種新的現代化的儒家倫理同政治化的儒家有著本質的區別。「政治化的儒家就是國家權力高於社會，政治高於經濟，官僚政治高於個人的創造，這種形式的儒學，作爲一種政治意識形態，必須加以徹底批判，才能釋放一個國家的活力。」〔註 4〕政治化的儒學使儒學成了政治統治的工具，變成了統治階級控制人們精神生活，扼殺個性及其創造性的手段，因此必須徹底批判這種政治上的儒學。儒家倫理與政治化的儒學的區別在於，它重在人與人關係的認識處理上，旨在告訴人們以仁義道德來調整人與人之間的關係，學會超越自我中心，積極參與集體的福利、教育，以天下爲己任。儒家倫理倡導一種人道主義的生活方式並堅持尊重人的人格與價值，把人看得比物質更重要。東亞地區正是在這種以人爲中心的儒家倫理指導下，形成

〔註 4〕　（美）杜維明：《新加坡的挑戰：新儒家倫理與企業精神》，北京：三聯書店
　　　　1989 年版，第 137 頁。

了與西方截然不同的經濟發展觀念。與西方企業推行以物爲中心的管理方式不同，東亞地區推行的是以人爲中心的管理方式，西方人把企業看作「利益社會」，東亞人則把企業視爲「命運共同體」，西方企業把工作外的私人關係當作「不正當的戀愛」而極力阻止，東亞企業則把親密的人際關係看作美妙的婚姻而公開提倡，西方企業只鼓勵人與人之間的競爭，東亞企業則鼓勵人們之間的友好合作與互相支持，西方企業注重物質刺激，東亞企業則注重情感關心和精神激勵，如此等等。新儒家倫理的提倡形成了東亞社會嶄新的職業倫理和工作道德，進而以其特有的力量推動著東亞地區經濟的迅速崛起與發展，形成一種地區的合力。

2. 東亞地區的許多企業家或商界人士注重挖掘儒家倫理中合理謀利的意識和講究道義人倫的精神來弘揚和光大儒家倫理學說，使其與現代經濟管理、企業經營和商務活動聯繫起來，從而使儒家倫理含有現代經濟倫理的特質。他們提出《論語》加算盤的理論或經濟道德合一論，提出「士魂商才」的理論和「善的循環」學說，並將儒家倫理貫徹到實際的商務經營和企業管理活動中去，以此來鑄造一種企業精神和公司文化，使儒家倫理同現代化的大生產和經營管理密切地聯繫在一起，並成爲現代人安身立命的行爲律則和公司企業得以生存發展的價值理念。在他們看來，孔子在《論語》中所闡發的許多倫理智慧和道德規範，完全可用於現代工商企業的管理。儒家倫理並不反對去貧求富的經濟活動，孔子說的「富而可求也，雖執鞭之士，吾亦爲之」和「富與貴是人之所欲也」，充分肯定了經商致富的合理性。它所反對的是用不正當的手段去發財致富，並不反對可貴可富本身。儒家倡導的「君子愛財，取之有道」和「見利思義」、「以義求利」、「先義後利」，恰恰可以成爲現代人的經營良心和行爲指南。所謂「士魂商才」，所謂《論語》加算盤，說的都是把儒家倫理同現代經濟活動統一起來，走一條義利並舉、經濟與道德並重的現代化新路。在他們看來，「士魂」指用儒家倫理來塑造現代企業家的心靈和人格結構，「商才」指人們經商所必須具備的實際本領和才能，不僅士魂的鍛鑄要以儒家倫理爲本，而且商才的訓練，也可以從儒家倫理中去學習吸取利用厚生的基本原則和方法。既然商才不能背離儒家倫理而存在，而論道德之《論語》，自當爲培養商才之所依。東亞地區一些企業家所提出的《論語》加算盤說和士魂商才說，本質上體現著向歷史紮根和向未來探索的雙向價值開掘。其中既有立足於現代工業文明和經濟建設基點上對儒家傳統倫理

的批判性審視，也有結合工業文明趨勢改造儒家倫理並使其現代化的建設性弘揚。經過將儒家倫理與現代工業文明合理嫁接與價值整合，從而既爲儒家倫理從古代農業社會的治國之道轉變爲工業社會的倫理精神奠定了基礎，實現了一種眞正意義上的從傳統主義向現代主義的倫理轉型，又爲經濟建設和工業文明引入了一種源遠流長的精神動能，使其獲得了同國民心理和行爲風範相一致的倫理特質。

3. 東亞地區堅執地弘揚和光大儒家倫理並致力於將儒家倫理與發展經濟結合起來，其中一個較爲直接的外部因素即是進入 20 世紀以來基督教文化圈經濟的相對衰微以及個人本位主義和利己主義的西方倫理價值觀日益暴露出的負面效應。本世紀所爆發的兩次世界大戰充分地暴露出西方個人主義和利己主義倫理文化的弊端，同時也使西方人自己蒙受了巨大的損失，產生了深刻的精神危機。在感歎西方倫理文化走到盡頭的同時，一些力圖挽救西方社會精神和經濟危機的思想家和工商界企業家競相把目光投向東方，並認爲只有儒家倫理才能解救西方倫理文化的危機，使西方經濟走上一條可持續發展和合理發展的道路。這種特殊的倫理文化態勢和走向，強有力地反饋到東亞地區並給這一地區以深刻的影響，促使這一地區的人們更爲自覺地投入將儒家倫理與經濟建設結合起來的實踐。他們決意以西方社會現代化所導致的道德與經濟背反的後果爲前轍之鑒，力圖避免西方現代化所產生的種種弊端，尋求一種既有活力又有秩序、既有效率又有公平的經濟現代化路子。既然西方近現代以個人主義和利己主義爲核心的倫理文化不能促進國民經濟的高速和持續的發展，既然西方人也寄希望於儒家倫理文化的引進和輸入，那我們作爲儒家倫理文化圈的國家和地區，爲什麼又不能更好地繼承、弘揚和光大儒家倫理文化呢？面對著 20 世紀以來西方個人主義和利己主義倫理價值觀的消極影響，東亞地區的許多有識之士和企業家均意識到了宣揚和倡導儒家倫理的極端重要性，於是他們自覺地掀起了儒家倫理教育和有意識地推動儒家倫理的活動。這種對儒家倫理的宣傳、教育和推進活動，本質上屬於現代化或後現代化道德建設的重要內容。無疑地，它對於凝聚這一地區人民的精神，形成一種集團或集體的優勢，並由此推動經濟的發展，起了十分重大的作用。

總之，東亞地區經濟崛起的倫理動因主要表現爲儒家倫理的合理性闡釋與創造以及與之相關的儒家倫理現代化，亦即是一種經過自覺選擇甄別並賦予現代新意的儒家倫理。這種儒家倫理既是傳統的又是現代的並且還是實踐

的，它既從傳統儒家倫理的精華中抽繹出來又符合現代工業文明的特點和要求，鎔鑄著東亞地區人民道德實踐的成果，因此它是一種在儒家倫理現代化中所形成的現代化的儒家倫理，其本質是同經營管理、企業文化建設和經濟建設相關的職業倫理和社會倫理，反映著儒家待人接物、安身立命的倫理智慧。儒家倫理中那種取之有道的合理謀利意識、仁民愛物的倫理情懷，講信修睦、敬業樂群的道德品質，以和爲貴、禮尚往來的道德風尚，均給東亞地區經濟的發展以強有力的精神武裝和道義支撐，構成其內在的倫理動因。如果說歐洲宗教改革使中世紀的基督教倫理轉化爲新教倫理，從而推動了西方資本主義經濟的發展，造成了新教倫理文明圈，那麼東亞地區近現代面對西方挑戰與壓迫而做出的對儒家倫理的現實化調整與改造，也使得傳統儒家倫理一躍而爲新儒家倫理，從而推動著東亞地區經濟的現代化發展，形成著儒家倫理文明圈。

（原載《孔子研究》1997 年第 3 期，中國人民大學書報資料中心：《倫理學》1997 年第 12 期全文複印。收入丁冠之、王鈞林等主編：《儒家道德的重建》（第 379～396 頁）齊魯書社 2001 年 4 月版）

第五篇　中庸之道研究

中庸：中華民族核心的道德價值理念

　　如何探尋和發掘中華民族道德生活的核心價值觀念？事關對中華民族道德生活的整體把握和深度體認，也關係到對中華文化品性和特質的整全感知和價值認同，無疑是一個最需要研究而又研究得最爲不夠的重大理論問題。通過「致廣大而盡精微」的思維求證，亦或是諸流百家的理論反觀，無論是在顯性的行爲考察，還是隱性的精神索解，我們都可以發現，講求和遵行中庸之道，踐行並修養中庸之德，始終是中華民族道德生活的主流價值觀念，是中國人孜孜以求和勉勵爲之的倫理價值目標和生活信念。可以說，中庸之道和中庸之德塑造著中國精神並因此成爲中華民族道德生活的靈魂，是中華民族道德生活區別於其他民族道德生活的核心要素和價值基質。

一、「中正」、「中庸」是「中國」、「中華」的文化倫理蘊含

　　「中國」、「中華」不特是一個地理學和政治學的概念，指中原、京畿和國家政權，更是一個倫理文化的概念，指「中正」、「中庸」和「禮儀教化」。楊雄《法言‧問道》設賓主問答：「或曰：孰爲中國？曰：五政之所加，七賦之所養，中於天地者爲中國。」〔註1〕其中「中於天地者」除卻政治意義上的天下之中外，更含倫理意義上的中正中庸之道，亦即貫通天地、不偏不倚的大中至正之道，也就是「中國之道」。〔註2〕

〔註 1〕 楊雄：《法言‧問道》，見《諸子集成》（七），北京：團結出版社 1996 年版，第 358 頁。

〔註 2〕 參閱（美）費正清著：《中國：傳統與變遷》，張沛等譯，吉林出版集團 2008 年版。張沛所寫的「後記」。

　　胡塞爾曾經講到「歐洲這個稱呼指一種精神生活和一種創造性的統一體——包括它所有的意圖、興趣、關懷和煩惱，包括它的規劃、機構和制度」。〔註3〕我們也可以說，中國這個稱呼實質上指的是一種尚中、用中、守中和持中的精神智慧以及一種行中正、貴中和、主中道的倫理文化精神。「中庸之道」之於中國和中國人有著非比尋常的意義，它從某種程度上規定著中國和中國人的內涵和特質。梁啓超將「道中庸重和諧」視爲中國的「國性」和中華民族的民族精神，認爲與歐人好走極端，講絕對，因之種族、宗教紛爭不已有別，中國人以道中庸重和諧而「納種種民族、種種宗教，而皆相忘於江湖，未或齟齬破裂」，「其所貴者厥惟秩序，務使其所包含之種種異質，與隨時變化之環境相應，常處於有倫有脊的狀態。」〔註4〕林語堂在《中國人》一書中指出：「中國人如此看重中庸之道以至於把自己的國家也叫『中國』，這不僅是指地理而言，中國人的處事方式亦然。這是執中的，正常的，基本符合人之常情的方式。」〔註5〕

　　崇尚中正之道的源頭可以追溯到中華民族的人文始祖伏羲，他在開闢鴻蒙的過程中「因夫婦，正五行，始定人道。」〔註6〕伏羲之所以能夠「始定人道」源於其「仰則觀象於天，俯則觀法於地」以及「近取諸身，遠取諸物」式的上下求索，正是這種效法天地之道以確定人道的求索路徑奠定了尚中取正的價值建構的基礎，同時也表達著遠古先民們以「人道」得以無愧地立於天地之間的原初含義。「中」其實就是一個貫通天地以取其中的意義建構和價值法則。伏羲的人道始定既已預制著中華民族立足天地而論人和人道的致思方向和價值建構的路徑。炎黃時期，這種路徑不斷明晰並向著社會生活運演，在「混合殊族」的治理需要中得到強化，初步形成了推崇中正之道和崇尚中正之德的傳統。《黃帝四經》將中正與法度、道理合而論之，並指出「天定二以建八正，則四時有度，動靜有立，而外內有處。」「明以正者，天之道也。

〔註3〕（德）胡塞爾：《歐洲人的危機和哲學》，《胡塞爾選集》，上海三聯書店 1997年版，第 946 頁。

〔註4〕梁啓超：《歷史上中華國民事業之成敗及今後革進之機運》，《飲冰室合集》文集之三十六，中華書局 1989 年版，第 31～32 頁。

〔註5〕林語堂：《中國人》，上海：學林出版社 2001 年版，第 119 頁。

〔註6〕班固：《白虎通德論》。參（清）陳立：《白虎通疏證》上，北京：中華書局 1994年版，第 51 頁。

適者，天度也。」〔註7〕「王天下者」效法天地之道，就是要「行中正」，「稱以權衡，參以天當」，「應化之道，平衡而止」。而這種權衡、應化之道即是一種恒常的中正之道。「正者，事之根也。執道循理，必從本始，順爲經紀。禁罰當罪，必中天理。」〔註8〕唐虞時期華夏人道觀念得到長足的發展，堯舜被後世視爲「聖人」和儒家「道統說」的奠基性人物。堯舜禹三代授受均以矢志中正之道爲「心傳」、「法寶」。〔註9〕在堯舜看來，只有保持中庸正直的德性才能治理好天下。爲了鞏固這種「尚中之德」的地位並使其傳至千秋萬代，人們將這種治國的中正之道用於國名，以一個「中」字稱。「中國」之謂，其義就是行中道、尚中德的意思。柳詒徵指出：「唐、虞之時所以定國名爲『中』者，蓋其時哲士，深察人類偏激之失，務以中道詔人御物。」「唐、虞之教育，專就人性之偏者，矯正而調劑之，使適於中道也。以爲非此不足以立國，故制爲累世不易之通稱。一言國名，而國性即以此表見。其能統制大宇，混合殊族者以此。」〔註10〕以「中」而命國名，表達了遠古先聖將「中」提升爲國家精神和治國理念並欲傳其千秋萬代的價值認識和孜孜追求，是希望位居於東方大陸的這一國家永遠堅持中正之道，從而得以無愧地立於天地之間。

中華民族的精神和價值觀念是同「仰則觀象於天，俯則觀法於地」、「近取諸身，遠取諸物」的效法天地人物之路徑探求和致思取向密切聯繫在一起的，它在長期的歷史和文化進化發展中積澱內化爲一種「執兩用中」、「無偏無黨」、「無過不及」的道德智慧和中庸德性。可以說，崇尚中庸適度的倫理觀念，向往、追求和諧中正的倫理生活，實現內聖外王的人生理想與天下有道的價值目標，一直是中華民族文化的傳統和倫理文化的基本精神。

〔註7〕 《黃帝四經·論》。參陳鼓應：《黃帝四經今注今譯》，北京：商務印書館2011年版，第126～127、131頁。

〔註8〕 《黃帝四經·四度》。參陳鼓應：《黃帝四經今注今譯》，北京：商務印書館2011年版，第107頁。

〔註9〕 史載堯舜禹三聖相傳，均以「允執厥中」相授受。《論語·堯曰》記載堯對舜的忠告之言：「咨！爾舜！天之曆數在爾躬。允執其中。四海困窮，天祿永終。」《尚書·大禹謨》載舜帝對大禹言，「人心惟危，道心惟微。惟精惟一，允執厥中。無稽之言勿聽，弗詢之謀勿庸。可愛非君，可畏非民。眾非元后何戴？后非眾罔與守邦。欽哉！慎乃有位，敬修其可願！四海困窮，天祿永終！」

〔註10〕 柳詒徵：《中國文化史》上冊，北京：中國大百科全書出版社1988年版，第33頁。

二、中華民族道德生活以追求和踐行中庸之道爲核心

中庸確立和規範的道德生活是一種效法天地之道而成就人道，並以人道來與天地之道相配相參，進而使人得以無愧地立於天地之間的有意義有價值的道德生活。它借助並通過命性道教和庸言庸行來表現和實現，並以盡性知天、體天恤道、率性修道爲精神要義，其宗旨是使人在天地之間堂堂正正、頂天立地地做人。

中庸之道既包括極其高遠的理想和對世界的根本性理解，也包含極其高明的人生智慧和對當下生活的體悟，貫穿在道德生活的各個層面，成爲統領一切價值的精神樞紐或核心價值。

崇尚中正，主張「允執其中」，信守中庸之道，是中國精神或中國之道的核心。錢穆指出「中庸之道」是大道，亦是人道。「惟其中國傳統，特重此中庸之道，故中國傳統思想，亦爲一種中庸思想。」〔註11〕「中庸」可謂中國思想和價值觀念的基本特徵。當然，這種思想和價值觀更根本地來源於中國人的生命活動。中國思想和價值觀主張的生命態度恰恰正是「中庸」。所謂「中庸的生命之道」，不單指思想和認識活動，而是指包括思想認識活動在內的更爲廣泛的整個生命實踐活動。

中華民族的道德生活是在中庸之道的指導和追求中展現出自己的特色和優勢的，中庸之道向人們「打開了一個生存的視域：天下或天地之間——它構成了中國人生存世界的境域總體。」〔註12〕中庸之道確立和規範的道德生活是介乎「天地之間」的道德生活，是一種效法天地之道而成就人道，並以人道來與天地之道相配相參的有意義和價值的生活，它既體現了對天地之道的尊重、效法，又是「以人爲依」，主張發揮人之主體能動性和內在價值的生活。中華民族道德生活傳統是中華民族在漫長的生產生活實踐中不斷地法天法地和上下求索的產物，是中華先哲立於天地之道、萬物之情不斷地進取以繼其事，退處以修其身的結晶，也是遠古聖人明乎乾坤之道而昭明四方、化成天下的表徵與確證。中華民族的道德生活是一種借助並通過命、性、道、教（即《中庸》首章所言的「天命之謂性，率性之謂道，修道之謂教」）來表現和實現的道德生活，「所謂性者，中之本體也；道者，中和之大用也；

〔註11〕錢穆：《中國思想通俗講話》，北京：三聯書店，2002年8月第1版，「自序」第2頁。
〔註12〕陳赟：《中庸的思想》，北京：生活·讀書·新知三聯書店2007年版，第12頁。

教者，中庸之成能也」，〔註 13〕因此體天恤道、率性修道成爲中華民族道德
生活內在的精神要義，它激勵人們通過體認天命、修養自己的性情、接受社
會的教化來達到與道德合一的境界，使其在天地之間堂堂正正、頂天立地地
做人，最終得以無愧於天地之間。「無愧於天地」實乃「中」之一字的倫理
深蘊。

中國人的道德生活與中庸之道有著一種內在的確證關係，中庸之道是中
國道德文化的一以貫之之道和中華民族道德智慧的核心。「剛中而應，大亨
以正」、「無偏無黨」、「無黨無偏」的大中之道，不僅「符合中國精神」，而
且是「王天下的平坦大道」。〔註 14〕成湯時左相仲虺在勸勉成湯的誥詞中指
出：「王懋昭大德，建中於民，以義制事，以禮制心，垂裕後昆。」〔註 15〕
建中於民即是建中道於民，或者說立中正之道於世，這是王者的責任。周滅
殷後，周武王向箕子詢問治國之道，箕子依據《洛書》，詳細闡述了「洪範
九疇」，史官記錄了他的話，寫成《洪範》。《洪範》歷數千年而不墜，代表
著中國的「永恒哲學」，與《周易》代表的「變易哲學」共同構成中國哲學
的基本架構。〔註 16〕《洪範》第五條提出「建用皇極」，「皇極」即是大中至
正之道，是一個國家必須遵行的「無偏無黨」、「無黨無偏」的至中至正之道。
「無偏無陂，遵王之義。無有作好，遵王之道。無有作惡，遵王之路。無偏
無黨，王道蕩蕩。無黨無偏，王道平平。無反無側，王道正直。會其有極，
歸其有極。曰皇極之敷言，是彝是訓，於帝其訓。凡厥庶民，極之敷言，是
訓是行，以近天子之光。曰天子作民父母，以爲天下王。」天子所推行的王
道是以大中至正爲核心內容和價值目標的。其實，不惟《洪範》推崇「大中
至正」之道，以此作爲治理天下的根本大法，專以探討天下治亂興衰之變易
法則的《周易》也無不注目於中道或中正之道，《乾》指出：「龍德而正中者
也。庸言之信，庸行之謹，閑邪存其誠，善世而不伐，德博而化」，並以爲
「知進退存亡而不失其正者」即是聖人應有的行爲，也是每一個有道之士必

〔註 13〕王夫之：《讀四書大全說》上冊，北京：中華書局 1975 年版，第 68 頁。

〔註 14〕參司馬雲傑：《中國文化精神的現代使命——關於中國文化根本精神與核心
　　　　價值觀的研究》，太原：山西教育出版社 2008 年版，第 12～13 頁。

〔註 15〕《尚書·商書·仲虺之誥》。參見《四書五經》，北京：中華書局 2009 年版，
　　　　第 231 頁。

〔註 16〕臺灣學者傅佩榮在《哲學與人生》中稱之爲「火車的雙軌」，並認爲以《洪範》
　　　　爲代表的永恒哲學和以《周易》爲代表的變化哲學是中國哲學的偉大建樹。
　　　　參閱傅佩榮：《哲學與人生》，北京：東方出版社 2006 年版，第 154～163 頁。

須效法學習的。《易經》的六爻二、五之中且正內涵著尙中求正的精神取向。〔註17〕若陰爻處二位，陽爻處五位，則是既「中」且「正」，稱爲「中正」，在《易》爻中尤具美善的象徵。《周易》的「中庸」思想，在節、中孚、小過、既濟等卦中體現得尤爲突出。「節，亨，剛柔分而剛得中……當位以節，中正以通。天地節而四時成」。中孚「柔在內而剛得中」，中孚而利於守正執中，故能應和於上天之道，而享長久之福」。《周易》所言的「參天兩立」、「觀變於陰陽」、「發揮於剛柔」以及「和順於道德」等，無不是圍繞中正之道而提出來的，聖人作易其目的是爲了使人們在變化的世間確立和順性命的中正之道。

　　中華民族的倫理價值觀是圍繞中庸或中正之道而展開的，中庸可謂中華民族倫理價值觀的核心或樞紐。誠如王夫之所言，「天下之理統一於中：合仁、義、禮、知而一中也，析仁、義、禮、知以中也。合者不雜，猶兩儀五行、乾男坤女統一於太極而不亂也。」〔註18〕孔子祖述堯舜禹政治授受中「允執其中」的思想，並將其與文武之道特別是周代禮制結合起來，納仁、禮於中道之中，發展並推擴了中正之道和中庸之德，建立了一個以仁爲主、仁禮結合的中道倫理思想體系。中庸是內在之仁與外在之禮的統一，中庸構成了仁和禮的本質和原則。仁和禮從內外兩方面使道德生活處於一種中和狀態。在孔子那裡，仁是禮的內在根據，仁道的外化即爲禮，這兩個方面均統一於中道之中，不僅仁、禮自身有一個中道問題，而且中道也要求仁禮結合，結成一種辯證統一的關係。仁作爲內在德性和禮作爲外在規範，各有其不可取代的地位和價值。它們也深化和拓展著中道的空間和範圍，賦予中道更加豐富而深刻的倫理內容。雖然在《論語》中，孔子直接提到「中庸」的地方不多，但間接闡述中庸之道和中庸之德的地方卻比比皆是，如「過猶不及」，「君子和而不同，小人同而不和」，「惠而不費，勞而不怨，欲而不貪，泰而不驕，威而不猛」，等等。曾子以「忠恕之道」爲孔子「一貫之道」，其實，「忠恕之道」恰恰是中庸之道的集中表現。「中庸的具體內容，實即忠恕」，「而忠恕即是『庸德之行，庸言之謹』，即是中庸的實踐」。

〔註17〕《易經》六爻，分上下兩卦，下卦分初爻、二爻、三爻，上卦分四爻、五爻、上爻。六爻所居位次，第二爻當下卦中位，第五爻當上卦中位，兩者象徵事物守持中道、行爲不偏，《易》例稱「中」。凡陽爻居中位，象徵「剛中」之德；陰爻居中位，象徵「柔中」之德。
〔註18〕王夫之：《讀四書大全說》，北京：中華書局 1975 年版，第 59～60 頁。

〔註 19〕如果說「忠恕之道」主要是立足於人的精神動機講踐行中道，那麼中庸之道則是立足於人的行爲實踐講適中合宜。「忠恕即是中庸之道，忠恕即是『以人治人』的功夫，亦即是中庸政治的眞實內容。」〔註 20〕如此，仁的本質則體現爲在「己欲」和「他欲」、「己立」和「他立」以及「己達」和「他達」之間建立一種中和關係，不偏不倚、無過無不及。可以說，中庸是仁的內在生命。此外，就禮而言，是以外在規範的方式使人的行爲具有「中」的特點，體現出中庸的原則和要求。在以仁作爲中庸至德的人性根據後，孔子進而提出了要達到這種至德還需具備的兩個要素：智和勇。智，表現爲一種明辨是非、把握中庸的理性能力。沒有這種理性能力，就無法達到仁，自然也就無法達到中庸。孔子之中庸強調時時用中，事事合理，這就必然要求一種理性的認識能力。勇是一種意志的品格，表現爲一種勇往直前的堅韌毅力。勇並不是魯莽，而是對義道的信守與堅持。故「見義不爲無勇也」。孔子所倡導和推崇的中庸，是仁智勇的統一，並且也只有將三者統一起來，才能成就中庸德性。「所以中庸之道，是以性爲依據，亦即是以知、仁、勇爲內容的」。〔註 21〕不特如此，儒家所講的其他道德原則規範和德目，也是圍繞中庸而展開並加以論述的。

三、中庸之道貫穿在中華民族道德生活的各個方面

中庸之道實際上是一種源出於道德形上學的「性命道教」，不特具有理論倫理學和道德哲學的深刻蘊含，而且還具有規範倫理學和美德倫理學以及實踐倫理學的多重意蘊，貫穿在道德意識、道德規範和道德行爲諸方面及社會的道德評價、道德教育、道德理想和道德人格諸領域之中，是一個由「貴中庸」、「致中和」、「行中正」而連接起來的道德價值體系。亦如王夫之所說：「古之聖人，本其性至善者而盡存養省察之功，爲內治密藏之極致，乃以發爲日用之所當爲者，皆得夫大中至正之道，而無過不及。存之爲誠，稱之爲知仁勇，發之爲言行動，施之爲禮樂刑政。於是功化之極，與天地合德，而民物受治焉。其內外合一之至德，名之曰中庸。」〔註 22〕中庸之道有體有用，無

〔註 19〕徐復觀：《中國人性論史》，上海：華東師範大學出版社 2005 年版，第 71 頁。
〔註 20〕同上註，第 92 頁。
〔註 21〕徐復觀：《中國人性論史》，上海：華東師範大學出版社 2005 年版，第 77 頁。
〔註 22〕王夫之：《四書訓義》，長沙：嶽麓書社 1990 年版，第 104 頁。

論聖凡，都可以在體認的同時踐行，在踐行的同時深化認識，並身體力行，拳拳服膺，達到知行合一、誠明合一。

中庸之道兼具命性道教諸內涵，建構起來的是一種道德形上學或道德哲學。中庸之道作為一種道德本體是從深厚、高明、悠久的天地之道抽象提升出來的，是中華先哲「與天地合其德，與日月合其明」，「大其心體天下萬物」的智慧結晶。「天地之化，雖廓然無窮，然而陰陽之度、日月寒暑晝夜之變，莫不有常，此道之所以為中庸。」〔註23〕中庸原天以啟人，盡人以合天，彰顯出「天人合一」的價值特質。大中至正，既是天道天德，亦是人體恤天道天德而成就的人道人德。「天道不遺於禽獸，而人道則為人之獨。」〔註24〕不遺於禽獸的天道在禽獸那裡只是一種自發的本能，不可能產生對天道的體恤與輔佐。只有人所獨有的人道才能不僅體天恤道，而且還能「存人道以配天地，保天心以立人極。」〔註25〕人能「盡人道而合天德。合天德者，健以存生之理；盡人道者，動以順生之幾。」〔註26〕大中至正的天道，必須通過人的體恤、踐行與創造性把握才能對人具有價值和意義，也才能達到「與天地合其德」。它以命、性、道、教四者之間的相互貫通為使命，引導人們在衣食住行、出處進退、視聽言動、舉手投足、辭氣容貌等日常生活中，遵循道德的要求，並以此來彰顯精神的生命和形成道德慧命。天雖然是人類道德價值的源頭或來源，但道德價值的踐行、實現與持守，則源於人自身的修為。人可以發揮天所賦予自己的秉性，更好地「體天恤道」，「踐行盡性」，使人真正成為天地萬物的精華和靈長，進而「與天地參」。

中庸之道在具體的道德生活中表現為規範倫理學意義上的道德原則或規範，是人們必須遵守而不可須臾離開的基本的道德原則或規範。作為道德原則或規範，中庸要求人們為人處世、待人接物遵循大中至正之道，直道而行，公正無私。中正之道源於天道的「剛中而應，大亨以正」，是人對乾道變化、萬物各正性命所參悟到的人生之道和應該遵循的道德法則。《論語‧堯曰》「允執厥中」，此處所謂「中」是指「中正之道」。中正含有適中、合

〔註23〕《河南程氏遺書》卷十五，《二程集》，北京：中華書局，2004 年第 2 版，第 149 頁。

〔註24〕王夫之：《思問錄‧內篇》，《船山全書》第 12 冊，長沙：嶽麓書社 1996 年版，第 405 頁。

〔註25〕王夫之：《周易外傳》卷二，北京：中華書局 1977 年版，第 57 頁。

〔註26〕同上註，第 65 頁。

宜以及恰到好處等意義。如《乾・文言》：「剛健中正，純粹精也」；《訟・象傳》：「利見大人，尚中正也」。「中正」是無偏無黨、無黨無偏之王道的價值凝結，表達著中庸之爲原則規範和價值目標的內在要求，包含了不偏不黨，公平正義，中正無私，無過無不及等意義。中正，亦即中立而不倚，正行而不邪，其本質「莫不會合大中之道而行之」。張載提出了「中正然後貫天下之道」〔註27〕的思想。「不倚之謂中，得其理而守之、不爲物遷之謂正。中正，則奉天下之大本以臨事物，大經審而物不能外，天下之道貫於一矣。」〔註28〕「中庸乃是調整的原則，是獲得普遍認可的法則或道德規範，並且是聖人所全力體現的原則。」〔註29〕這種「中道」要求人們「不以私愛失其正理」，〔註30〕內蘊著「公道」與「義道」的要求。如果說「公道」是「中正之道」目的性上和內在實質性上的要求，那麼「義道」則是過程性和形式上的要求。「公道」是道的普遍性以及道的公正性的集中體現，彰顯出道的無私與包容之品格。劉向《說苑・至公》講到，「不偏不黨，王道蕩蕩，言至公也。古有行大公者，帝堯是也。貴爲天子，富有天下，得舜而傳之，不私於其子孫也。……此蓋人君之公也。夫以公與天下，其德大矣。推至於此，行之於彼，萬姓之所載，後世之所則也。」〔註31〕「義道」因其適宜、合理、正當的含義而與中庸之道相輔相成，時中之道凝結表現爲「義道」。尚公而行義，是中庸之原則要求。

　　中庸之道還表現爲一種德性倫理學意義上的道德品質或君子人格，此即「中正之德」或中庸品德。中庸要求將文與質有機地結合起來，只有內在德性與外在表現形式實現了適當的配合才能成爲君子人格。不然，徒有質地或德性，亦或是徒有文採或禮儀，都很難眞正達到中正之道。君子之道德生活是文明之形式與質樸之內容的和諧統一，言行舉止既「發乎情」，又「止乎禮」，簡約而有文採，溫和而不失條理，在平凡的追求中彰顯著偉大。孔子

〔註27〕張載：《正蒙・中正篇》，《張載集》，北京：中華書局1978年版，第26頁。

〔註28〕王夫之：《張子正蒙注・中正篇》，《船山全書》第 12 冊，長沙：嶽麓書社1996年版，第 156 頁。

〔註29〕陳榮捷譯：《切身反思：由朱熹和呂祖謙彙編的新儒學選集》，New York：Columbia University Press, 1967, p260.

〔註30〕朱熹、呂祖謙：《近思錄》卷六「齊家之道」。參閱斯彥莉譯注本，北京：中華書局1998年版，第 112 頁。

〔註31〕劉向：《說苑・至公》。參閱向宗魯校正：《說苑校正》，北京：中華書局1987年版，第 343 頁。

將「中庸」視爲「至德」，這種「至德」首先體現爲公允地堅守中正的原則並以無過無不及爲特徵。中庸之道必須由中庸之「德」來開啓，而中庸之「德」展開爲一個由淺而深、由疏而密的動態過程：由修道者「智仁勇」之「三達德」、到君子在「誠之」過程中打開的「誠」、再到聖人無息的「至誠」之德，它建構了一個「三達德」、「五常德」以及「至誠之德」的美德倫理體系，爲人們修德達善提供了一個難得的範本。

中庸之道大量地表現在人們的實踐活動中，成爲實踐倫理學或行爲倫理學的重要組成部分。「中庸」之原義，就是人們在其日常生活之中，不論是言行，還是待人接物，以及處理任何事情，都能堅持一種中正和不偏激的態度。中庸之道從人際關係的最小單元夫婦開始，而遍佈一切，一般人皆可知可行，不可須臾離開，千萬不能以爲高遠難知而畏縮不前，甚至自暴自棄。這是就中庸之道的平實簡易而言。另一方面，中庸之道也有它高明俊偉的地方，如深究精研，便可發現它包羅天下大理和天下萬物，即便是聖人也有所不能知不能行的地方，所以千萬不能以爲它簡易平常就輕視冷落之，不求深造，應深刻地體悟中庸之道所包含的內在機理和高明俊偉之處，並加以持久不懈地身體力行。「中庸之道，聖以之以合天，賢以之以作聖，凡民亦以之而寡過。」〔註 32〕各種不同道德境界的人都可以在遵循中庸之道的過程中有所收穫，都可以在踐行中庸之道的過程中實現精神境界的攀越與提升。中庸之道貫穿在人們的言行舉止、視聽言動諸方面。中庸並不僅僅是指「切中倫常」的必要性，而且同時是指「切中倫常日用」的過程和實踐活動，是通過「庸言庸行」和日常生活表現出來的。「正是通過切中一個人生活的日用倫常從而不斷地關注於達到『中』的境界，最終才會導致那種最爲集中和凝聚的富有靈性的經驗。」〔註 33〕呂坤《呻吟語》既從道統意義上盛讚中道，認定「除了個中字，更定道統不得」，又從日常生活中談論中道，認爲體現在人們生活的方方面面，「或問：『中之道，堯舜傳心，必有至玄至妙之理』。余歎曰：『只就我兩人眼前說，這飲酒不爲限量，不至過醉，這就是飲酒之中；這說話不緘默，不狂誕，這就是說話之中；這作揖跪拜，不煩不疏，不疾不徐，這就是作揖跪拜之中。一事得中，就是一事的堯舜。推之萬事皆然。又到那安行處，便

〔註 32〕 王夫之：《讀四書大全說》上冊，北京：中華書局 1975 年版，第 91 頁。
〔註 33〕 （美）安樂哲、郝大維：《中庸新論：哲學與宗教性的詮釋》，《中國哲學史》2002 年第 3 期。

是十全的堯舜。」〔註 34〕人們正是在視聽言動、舉手投足的日常生活中實踐和體驗著中庸之道，從而不斷發展和完善著自己，創造著人生的價值，在成就自己的同時還能更好地改造世界，實現成己與成物的有機統一。

中庸集中正之理、之則、之德、之行於一體，既平常日用，顯於實際的倫理生活之中，又是天命所當然，精微之極致的理則法度，不斷激勵和敦促著人們明德達善，以止於至善。

中庸之道強調在做人和道德生活方面把握中正適度的原則並力求在行爲上一以貫之，避免過激的行爲和不及的行爲。中國人厭惡做人和道德生活方面的「過與不及」兩種極端，欣賞處世中正平和適宜合度。「被稱之爲『中國人』的這一族群，在其歷史過程中形成的特有的生活方式，不是由『存在』（being, Sein）、由『上帝』、由『自由』，而是由『中庸』來規定的，這是歷史過程中形成的天命。」〔註 35〕中國人的道德生活是在中庸之道的指導和追求中展現出自己的特色和優勢的。中庸之道鍛造了中華民族道德生活的精神架構，是中華民族核心的價值觀念和倫理品質。中華民族道德生活因始終執著於無偏無黨、無黨無偏的中正之道，追求天下爲公與和諧爲貴的倫理原則，將自強不息與厚德載物化爲立身處世的準則風範，並有一種修齊治平和內聖外王的價值關注，所以實現了道化的規範建構與德化的美德建構之間的相藉相協，既使中華倫理文化內部保存了源於多樣性的活力和互補性，又有助於中華倫理文化的長期穩定發展和延續，避免了由於根本價值衝突可能造成的災難性毀滅和悲劇性衰落。英國哲學家羅素指出，「中國是建立在比我們西方人更加人道、更加文明的觀念基礎上的」，「中國人的顯著優點是對生活的目標持有一種正確的觀念」，並且認爲「中國人的某些無與倫比的優秀道德品質」正是「現代社會生活最最迫切需要的」。〔註 36〕羅素所指的「對生活的目標持有一種正確的觀念」以及「無與倫比的優秀道德品質」即是指中正和諧的觀念和道德品質，他基於對西方文明崇尚競爭、戰爭與對立而造成的種種災難性後果而判定，如果世界人民特別是西方人能夠真誠採納中國文明的中正和諧之道並在現實生活中加以貫徹執行，我們所處的世界肯定比現在有更多的

〔註 34〕呂坤：《呻吟語・談道》，參（明）呂坤：《呻吟語》，長沙：嶽麓書社 1991 年版，第 40～43 頁。

〔註 35〕（法）弗朗索瓦・于連、狄艾里・馬爾塞斯：《（經由中國）從外部反思歐洲——遠西對話》，張放譯，大象出版社 2006 年版。

〔註 36〕王正平主編：《羅素文集》，北京：改革出版社 1996 年版，第 36、38、50 頁。

歡樂祥和。如果中國文明的中正和諧之道不能主宰世界，那麼世界是沒有前途和未來的。這些斷語和言論，從一個層面確證了中國文明中正和諧之道所具有的世界意義。

　　（原載《河北學刊》2013 年第 4 期，中國人民大學書報複印資料《倫理學》2014 年第 1 期全文複印）

中庸之道的內涵、特質與功能

　　崇尚中庸適度的倫理觀念，向往、追求和諧中正的倫理生活，實現內聖外王的人生理想與天下有道的價值目標，一直是中華民族文化的傳統和倫理文化的基本精神。中庸確立和規範的道德生活是一種效法天地之道而成就人道，並以人道來與天地之道相配相參，進而使人得以無愧地立於天地之間的有意義有價值的道德生活。它借助並通過命性道教和庸言庸行來表現和實現，並以盡性知天、體天恤道、率性修道爲精神要義，其宗旨是使人在天地之間堂堂正正、頂天立地地做人。中庸之道和中庸之德塑造著中國精神並因此成爲中華民族道德生活的靈魂，是中華民族道德生活區別於其他民族道德生活的核心要素和核心價值觀。

一、中庸的本質內涵

　　「中庸」一詞中的「中」字，含有中正、中行、得中、適中、中和、中道之意。〔註1〕「庸」，有作用、功勞、平常、經常等意。〔註2〕北宋二程指出：

〔註1〕 西漢許慎在《說文解字》中指出：「中，內也，從□｜，下上通也。」段玉裁《注》曰：「下上通者，謂中直或引而上，或引而下，皆入其內也。」「中者，別於外之辭也，別於偏之辭也，亦合宜之辭也。」中作爲地理用語，是對外而言和別偏而言的「中部」或「中間」；作爲政治用語，是指王公將帥用以指揮作戰的徽職，後泛指中央或中心。然則「中」的涵義，又不獨僅此，在倫理文化上，「中」表達的是「適中」、「中正」和「時中」等義，「天地之道，帝王之治，聖賢之學，皆不外乎中」。
〔註2〕 「庸」字最早出現於中國西周時期的金文裏，指一種器具。《說文解字》指出：「庸，用也，從用，從庚。庚，更事也」。鄭玄在《禮記・中庸》中注解說：「名曰『中庸』者，以其記中和之爲用也。庸，用也。」何晏對「中庸之爲德」之「中」的注解同於鄭玄，即釋爲「中和」之義。但何晏將「庸」釋爲「常也，中和可長行之德也」。

「不偏之謂中，不易之謂庸。中者天下之正道，庸者天下之定理」〔註3〕。朱熹說：「中庸者，不偏不倚、無過不及，而平常之理，乃天命所當然，精微之極致也」。〔註4〕中庸之道實質上是以中正爲經常實用之道，含有在日常生活中遵循中道、講求中正以達到視聽言動、喜怒哀樂適中合宜的目的。

「中庸」的核心在於一個「中」字。朱熹認爲「中」有兩種基本含義，不偏不倚之中是作爲心體的中，無過不及之中是作爲行爲的中。他在《中庸或問》中指出：「中一名而有二義，程子固言之矣。今以其說推之，不偏不倚云者，程子所謂在中之義，未發之前、無所偏倚之名也。無過不及者，程子所謂中之道也，見諸行事、各得其中之名也。蓋不偏不倚，猶立而不見四旁，心之體，地之中也。無過不及，猶行而不先不後，理之當，事之中也。故於未發之大本則取不偏不倚之名，於已發而時中，則取無過不及之義，語固各有當也。」〔註5〕就此而論，「中」的含義至少應當有三義：一曰「中正」或者「中道」，這是講「中」的標準，包含了「不偏不倚」、「無過不及」的含義；二曰「時中」，它所強調的是，在不同的時空條件下，隨時變通，以合於中道；三曰「中和」，它所強調的是通過行中道而達到諸種關係的和諧，不特人自己身心和諧，而且人人和諧、人群和諧、人物和諧最後達到天人和諧，「和諧」是「中」在理想目標上的集中體現。

「中庸」首先是一種執兩用中的中正之道，這是中庸的原初義和始因義。中正之道源於天道的「剛中而應，大亨以正」，是人對乾道變化、萬物各正性命所參悟到的人生之道和應該遵循的道德法則。《論語·堯曰》「允執厥中」，此處所謂「中」是指「中正之道」。中正含有適中、合宜以及恰到好處等意義。如《乾·文言》：「剛健中正，純粹精也」；《訟·象傳》：「利見大人，尚中正也」。「中正」是無偏無黨、無黨無偏之王道的價值凝結，表達著中庸原則規範的內在要求，包含了不偏不倚和無過不及等意義。胡瑗在《洪範口義》中將其表述爲「大中之道」，他說：「自聖人治天下，當立其大中之道而後可。然則謂之中道者如何？夫王者由五常之性，取中而後行者也。剛則不暴，柔則不懦，賢則不過，愚者亦能及。推而使施諸天下，使天下之人

〔註3〕 《程氏遺書》卷七，《二程集》，北京：中華書局2004年第2版，第100頁。
〔註4〕 朱熹：《四書章句集注》，北京：中華書局1983年版，第18～19頁。
〔註5〕 朱熹：《中庸或問》，見《四書大全》，濟南：山東友誼書社1989年版，第545頁。

莫不能由而行之者，聖人之中道也。故記曰從容中道，又語曰允執厥中是也。
然則謂之大者何哉？無限極之辭也。夫聖人既有天下之廣，四海之大，將欲
敘彝倫之法，行九疇之義，上則際乎天，下則接乎地，舉天地覆幬之義，莫
不臻坦蕩之風也。」〔註6〕中道即是大道，所謂大即大中至正，中立而不倚，
正行而不邪，大中實際是就中的理想狀態或至正狀態而言，其本質「莫不會
合大中之道而行之」。張載提出了「中正然後貫天下之道」〔註7〕的思想。「不
倚之謂中，得其理而守之，不爲物遷之謂正。中正，則奉天下之大本以臨事
物，大經審而物不能外．天下之道貫於一矣。」〔註8〕「中正之道」也就是
大中至正之道，陰陽合一，順義直行，周流於屈伸之萬象而無所偏倚。「大
中至正之極，文必能致其用，約必能感而通。」〔註9〕宋儒大多是以中正之
道來「示道德之歸」，〔註10〕要求人們修大中至正之道而行，成大中至正之
德，執兩用中，無過不及。在實際的道德生活中，它常常借助「禮」來實現。
子貢問孔子：「敢問將何以爲此中者也。」孔子答曰：「禮乎禮，夫禮，所以
制中也。」〔註11〕禮就是具體的行爲原則、標準和規範，是中正之道的集中
體現。荀子指出：「先王之道，仁之隆也，比中而行之。何謂中？禮義是也。……
凡事行，有益於理者，立之；無益於理者，廢之。夫是之謂中事。凡知說，
有益於理者，爲之；無益於理者，舍之。夫是之謂中說。事行失中謂之奸事；
知說失中謂之奸道。」〔註12〕比中而行，就是依中正之道而行，循禮守義。
處理事情合乎中道叫中事，表達觀點合乎中道叫中說。反之則爲奸事、奸說，
亦即不道德的行爲和言論。

　　中庸同時還體現爲一種與時偕行的時中之道，這是中庸的過程義和行動
義。中道作爲「道」的常態或現實化表現形態是在特定時空中展現自己的精

〔註6〕 胡瑗：《洪範口義》卷下，見文津閣《四庫全書》經部書類第 49 冊，第 455
　　　　頁。
〔註7〕 張載：《正蒙・中正篇》，《張載集》，北京：中華書局 1978 年版，第 26 頁。
〔註8〕 王夫之：《張子正蒙注・中正篇》，《船山全書》第 12 冊，長沙：嶽麓書社 1996
　　　　年版，第 156 頁。
〔註9〕 張載：《正蒙・中正篇》，《張載集》，北京：中華書局 1978 年版，第 27 頁。
〔註10〕 《葉適因范育序正蒙遂總述講學大指》，見《張載集》「附錄」，北京：中華書
　　　　局 1978 年版，第 404 頁。
〔註11〕 《禮記・仲尼燕居》，上海古籍出版社，1997 年版，第 865 頁。
〔註12〕 《荀子・儒效》。參《荀子新注》，北京：中華書局 1979 年版，第 91～93
　　　　頁。

神實質和倫理要求的。「道莫盛於趨時」，故「時中」是中道的內在本質。《艮》之《象傳》曰：「艮，止也。時止則止，時行則行，動靜不失其時，其道光明。」強調或止或行，或動或靜，都要因其時。「時止時行」就是「與時偕行」。「動靜不失其時」也就是「時中」。「君子之所以為中庸者，以其有君子之德，而又能隨時以處中也。……蓋中無定體，隨時而在，是乃平常之理也。君子知其在我，故能戒謹不濱、恐懼不聞，而無事不中」。〔註13〕「時中」即「中」而因其「時」，「時」而得其「中」。得其「中」，所謂經也。因其「時」，所謂權也。有經有權，故能變通。「中庸的基本觀念，實際上是在最複雜的時空交匯點上取得最後的解決問題的途徑。『中』這個觀點，不是指靜態的中心，而是對動態過程的把握。」〔註14〕「時中」要求我們把握「道」運行的時機，「與時盈虛而行權」，「因常而常，因變而變」，〔註15〕在「參其變」中而「知其常」，「以立一成純之局」。〔註16〕「時中」說明中庸之道是在特定時空中顯現出來的，需要我們因時順勢，在動態的情境中去把握和遵行中道。

中庸最後體現為發而中節的中和之道，這是中庸的目的義和理想義。朱熹《中庸章句》指出：「中庸之中，實兼中和之義。」〔註17〕《中庸》第一章提出「中和」的概念，「喜怒哀樂之未發，謂之中；發而皆中節，謂之和。中也者，天下之大本也；和也者，天下之達道也。致中和，天地位焉，萬物育焉。」人的喜怒哀樂的情感在還沒有被激發的情況下，既不喜，也不怒，無哀亦無樂，其心境是無所偏倚的，故謂之中。此處的「中」，可以看作是一種自然而原初意義上的中正平和。「和」是在情感已被激發狀況下的合乎中正，恰到好處，含有人以其自身的修養和教育去陶冶自己的情感，使喜怒哀樂各得其正，達到社會生活所要求的合宜適度。董仲舒指出：「中者天下之所終始也，和者天地之所生成也。夫德莫大於和，而道莫正於中，……和者天地之

〔註13〕 朱熹：《中庸章句》，見《四書章句集注》，北京：中華書局1983年版，第19頁。

〔註14〕（美）杜維明：《超越而內在》，《儒家傳統的現代轉化》，北京：中國廣播電視出版社1993年版，第217頁。

〔註15〕 王夫之：《周易外傳》卷六，北京：中華書局1977年版，第231頁。

〔註16〕 王夫之：《俟解》，見《船山全書》第十二冊，長沙：嶽麓書社1996年版，第485～486頁。

〔註17〕 朱熹：《中庸章句》，見《四書章句集注》，北京：中華書局1983年版，第19頁。

大美，中者萬物之達理」，並認爲「能以中和理天下者，其德大盛；能以中和養其身者，其壽極命」。〔註18〕董仲舒不僅以「中和」爲「理天下」之大盛之德，而且以「中和」爲「養其身」之「極命」，賦予「中和」極高的倫理意義。王夫之《四書訓義》指出：「蓋情之未生，性著其體，而天命之體存焉；情之既得，性效其用，而率性之用著焉。此中和者，存之於一心，而與天通理，則推之於天下，而道自此流行矣。」〔註19〕中庸的精義爲中和，中和的基本特徵是使性情合乎當然之則，「成乎無往不適之宜」，達到動態的平衡與和諧。「中和」是涵養性情而使其達到至中至和狀態的集中表現，亦是「率性」、「修道」的結晶與產物。「中和的觀念，可以說是『率性之謂道』的闡述，亦即是『中庸』向內通，向上提，因而得以內通於性、上達於命的橋梁」。〔註20〕「中和」是中庸的理想目標，反映著天人和諧、人我和諧、己群和諧、身心和諧等方面的要求。

此外，中庸還是踐履和體認中庸之道而形成的中庸之德。作爲中庸之德，它之綜合義和抽象義既指一種母德，亦指一種「至德」，含有一般之常德、較善之美德和盡善之聖德等多層面的意義，故而成爲聖賢君子和匹夫匹婦都能踐履修養的共同德性。中庸，既深奧又通俗，可謂「致廣大而盡精微」，集性命道教與庸言庸行於一身，滲透在人與自身、人與人、人與社會以及人與自然諸關係中，是人們立身處世必須而且應該遵循的倫理法則和價值目標，亦是人們必須時時體悟、處處修煉的德性或道德品質。

二、中庸的價值特質

中庸的價值特質表現在以下幾個方面：

天人合一。中庸原天以啓人，盡人以合天，彰顯出「天人合一」的價值特質。大中至正，既是天道天德，亦是人體恤天道天德而成就的人道人德。「天道不遺於禽獸，而人道則爲人之獨。」〔註21〕不遺於禽獸的天道在

〔註18〕董仲舒：《春秋繁露·循天之道》。參蘇輿撰：《春秋繁露義證》，北京：中華書局1992年版，第444～445頁。
〔註19〕王夫之：《四書訓義》，長沙：嶽麓書社1990年版，第108頁。
〔註20〕徐復觀：《中國人性論史》，上海：華東師範大學出版社2005年版，第79頁。
〔註21〕王夫之：《思問錄·內篇》，《船山全書》第12冊，長沙：嶽麓書社1996年版，第405頁。

禽獸那裡只是一種自發的本能，不可能產生對天道的體恤與輔佐。只有人所獨有的人道才能不僅體天恤道，而且還能「存人道以配天地，保天心以立人極。」〔註22〕人能「盡人道而合天德。合天德者，健以存生之理；盡人道者，動以順生之幾。」〔註23〕大中至正的天道，必須通過人的體恤、踐行與創造性把握才能對人具有價值和意義，也才能達到「與天地合其德」。天人合一具體表現爲聖人的天人合一、賢人的天人合一和凡人的天人合一三種類型。聖人的天人合一是本能的天人合一。賢人的天人合一是通過學習而達到的天人合一。凡人的天人合一是通過極大努力和勉勵爲之而接近天人合一。《中庸》說：「或生而知之，或學而知之，或困而知之，及其知之，一也。或安而行之，或利而行之，或勉強而行之，及其成功，一也。」〔註24〕可以說，生而知之、安而行之的是聖人，學而知之、利而行之的是賢人，困而知之、勉強而行之的是凡人。不論是聖人、賢人，還是凡人，都能在踐履中庸之道中達到或接近「與天地參」。只有那些困而不學者才會停留在自私自利的層次，沒有辦法達到天人合一的境界。

體用合一。中庸以體而顯用，以用而見體，呈現出「體用合一」的特點。「執中」、「時中」、「中和」可謂中庸之本體，用其中於人倫日用，使喜怒哀樂合乎中道，即是用，這種用是中之本體的功用之體現，故「但言體，其爲必有用者可知」。執中而後有用，用中而必顯體，用中爲庸而即以體爲用。中庸「無不緣本乎德而以成乎道，則以中之爲德本天德，而庸之爲道成王道，天德、王道一以貫之。是以天命之性，不離乎一動一靜之間，而喜怒哀樂之本乎性、見乎情者，可以通天地萬化治理。」〔註25〕中者爲體，庸者爲用。將中正之道用之於喜怒哀樂和日常生活之中，使喜怒哀樂和日常生活亦能合乎中正之道，此即是中庸之體用合一。

誠明合一。中庸是誠篤之性與明善之教的辯證結合。故有「自誠明，謂之性；自明誠，謂之教。誠則明矣，明則誠矣」〔註26〕的說法。所謂「自誠明」，是由誠而明善，或者說因爲誠篤所以明善，暗含著誠篤能夠產生道德智

〔註22〕 王夫之：《周易外傳》卷二，北京：中華書局 1977 年版，第 57 頁。
〔註23〕 同上註，第 65 頁。
〔註24〕 《中庸》第二十章。參《四書章句集注》，北京：中華書局 1983 年版，第 29 頁。
〔註25〕 王夫之：《讀四書大全說》上冊，北京：中華書局 1975 年版，第 61 頁。
〔註26〕 《中庸》第二十一章。參《四書章句集注》，北京：中華書局 1983 年版，第 32 頁。

慧。誠篤或「誠者」是本性所固有的一種先天的道德意識，因而又稱之爲「天之道」。這種道德意識在聖人那裡，是「不勉而中，不思而得」的。它是明善的本能，由誠而明善，只有聖人才能達到。所謂「自明誠」，是由「明乎善」而達到誠，或者說通過道德學習而具有眞誠的品質，這是對常人而言的。在常人那裡，「誠」雖然是人之本性所固有的，但必須借助「明乎善」的行爲而獲得。或者說只有通過後天的教育感化才能實現。中庸的這種「誠明合一」亦如朱熹所說，「誠則無不明矣，明則可以至於誠矣。」〔註27〕聖人可以由誠而明，凡人則可以由明乎善而達致道德上的眞誠誠篤。

經權合一。「中庸」之「中」有著明確的原則，就是把握事物「恰到好處」的道理，或者說在處理事物時做到「恰如其分」。實行中庸之道必須抓住「兩端」，即所謂「叩其兩端」。可見，「用中」是通過「執兩」實現的。同時這種「中」又總是具體的、複雜的，是通過多樣性表現出來的，這就需要「權」。「執中無權，猶執一也」，「執中無權」與「執一」都不可取。惟「執中有權」，才能恰到好處地堅守聖人之道。「中庸之道」即是這樣一個保持著動態平衡的既具原則性又具靈活性的張力結構。孜孜遵行中庸之道的君子既合群又保持自己的個性，善於協調各方面的關係，勇於進取而又考慮全局，爲人正直而又與人合作，能夠實現節度精神與兼容精神的統一。

內外合一。它首先表現在文質合一方面，「質勝文則野，文勝質則史。文質彬彬，然後君子。」〔註28〕文與質之間的關係可以對應於形式與內容或本質與現象之間的關係。中庸要求將文與質有機地結合起來，只有內在德性與外在表現形式實現了適當的配合才能成爲君子人格。不然，徒有質地或德性，亦或是徒有文採或禮儀，都很難眞正達到中正之道。君子之道德生活是文明之形式與質樸之內容的和諧統一，言行舉止既「發乎情」，又「止乎禮」，簡約而有文採，溫和而不失條理，在平凡的追求中彰顯著偉大，最爲反對的是那種華而不實、言行不一的現象。內外合一還表現在成己成物方面。誠之之功不僅能夠使人得道以自成，同時能夠見諸物，致萬物之大成。「成己者，仁之體也。成物者，知之用也。天命之性，固有之德也；而能成己焉，則是仁之體立也；能成物焉，則是知之用行也。仁、知咸得，則是復其性之德也。統乎一誠，而己物胥成焉，

〔註27〕　朱熹：《中庸章句》，見《四書章句集注》，北京：中華書局 1983 年版，第 32 頁。

〔註28〕　《論語・雍也》。參《四書章句集注》，北京：中華書局 1983 年版，第 89 頁。

則同此一道，而外內故合焉，道本無不宜也。」〔註29〕性達到誠的境界自然能夠盡仁知化，使自己的德性臻乎完善，亦能更好地去體道恤物，使道流行於萬物之中並成就萬物。中庸的這種成己成物是其內外合一功能效用的最佳體現。

聖凡合一。中庸既平易近人，用途廣泛，又高明偉大，精微茂美，集平凡性和神聖性於一身。〔註30〕就中庸之道的平實性而言，即使愚蠢不肖的普通夫婦也可以瞭解踐行，任何人都可以實踐中庸之道並形成中道之德，所以它具有世俗性和平凡性。就中庸之道的神聖性而言，它又確實是無限高深和至善至誠的，即使是聖人也有不能瞭解奉行的地方，所以它具有神聖性和超越性。「中庸之道是悠遠的、博厚的、高明的，人人能知能行，而又有聖人所不知不能者存乎其間。此道之所以可久可大，則正在此。」〔註31〕源於普通夫婦的日常生活，發展到頂點，就充塞顯示在整個天地之間。

上述六個方面的合一集中表明中庸的價值特質和倫理品格。這六個方面的合一顯示出中庸之道的雋永、悠久性和高明、博厚性，故曰「極高明而道中庸」。由此可見，中庸之道並不是某些人所理解的「折中主義」或「騎牆」乃至「圓滑」，不是無原則的「和稀泥」甚或「不思進取」，折中主義或「和稀泥」其實就是孔子所批判的「鄉愿」，而「鄉愿」與中庸之道「完全是兩碼事，是完全衝突的。我們不能用『鄉愿』所暴露的庸俗的人品，來否定『中庸之道』裏面所包含的思想菁華，也不能說『中庸之道』和現代社會發展所要求的開拓精神完全背道而馳。」〔註32〕由中庸之道營造和拱現的道德生活必然是崇尚中正合宜和向往和諧的道德生活，同時也是一種既有道德價值目標的感召激勵性，又有道德實踐的現實砥礪性的道德生活，是一種成己成物、內聖外王的道德生活。

中庸集中正之理、之則、之德、之行於一體，既平常日用，顯於實際的

〔註29〕 王夫之：《讀四書大全說》上冊，北京：中華書局1975年版，第163頁。

〔註30〕 《中庸》第十二章指出：「君子之道，費而隱。夫婦之愚，可以與知焉；及其至也，雖聖人亦有所不知焉。夫婦之不肖，可以能行焉；及其至也，雖聖人亦有所不能焉。天地之大也，人猶有所憾。故君子語大，天下莫能載焉；語小，天下莫能破焉。《詩》云：鳶飛戾天，魚躍於淵。言其上下察也。君子之道，造端乎夫婦；及其至也，察乎天地。」參《四書章句集注》中華書局1983年版，第22～23頁。

〔註31〕 錢穆：《中華文化十二講》，臺北三民書局1968年版，第122頁。

〔註32〕 （美）杜維明：《創造的轉化》，見《儒家傳統的現代轉化》，北京：中國廣播電視出版社1993年版，第117頁。

倫理生活之中，又是天命所當然，精微之極致的理則法度，不斷激勵和敦促著人們明德達善，以止於至善。

三、中庸之道鍛鑄中華民族道德生活的基本精神

中庸之道強調在做人和道德生活方面把握中正適度的原則並力求在行為上一以貫之，避免過激的行為和不及的行為。中國人厭惡做人和道德生活方面的「過與不及」兩種極端，欣賞處世中正平和適宜合度。「被稱之為『中國人』的這一族群，在其歷史過程中形成的特有的生活方式，不是由『存在』（being, Sein）、由『上帝』、由『自由』，而是由『中庸』來規定的，這是歷史過程中形成的天命。」〔註33〕中國人的道德生活是在中庸之道的指導和追求中展現出自己的特色和優勢的。中庸之道鍛造了中華民族道德生活的精神架構，錘鍊出多元一體與兼容並包的倫理品質，凝結成天下為公、和諧為貴的倫理原則，積澱為自強不息與厚德載物的處世之道，具化為修齊治平、內聖外王的價值追求，使中華民族的道德生活走上了一條貴和樂群、包容會通的發展道路，並因此形成自己獨特的基本特徵。

1、多元一體、兼容並包的倫理品質

西方道德生活緣起於古希臘生命衝動與邏各斯之間的內在緊張，亦如尼采所言的「酒神精神」與「日神精神」的對立，後來是「兩希傳統」即古希臘傳統和希伯來傳統的對峙，中世紀的理性與信仰、上帝之城與世俗之城、神道與人道，無不處於一種嚴重的衝突與鬥爭中。近代以來，西方道德生活的二元對立格局更加突出，其鬥爭也無所不在。理性主義與非理性主義，絕對主義與相對主義，樂觀主義與悲觀主義，科學主義與人本主義，相互指責頡頏，構成道德生活史的一道景觀。

與西方道德文化二元對立的發展格局有別，中華民族的道德生活因其尚中崇正而具有多元一體與兼容並包的倫理品質。《中庸》的基本價值觀來源於天地之道，而「天地無不持載，無不覆幬，闢如四時之錯行，如日月之代明」之廣大包容性，在道德上的表現必然是「萬物並育而不相害，道並行而不相悖」，「故君子之道，本諸身，征諸庶民，考諸三王而不繆，建諸天地而不悖，

〔註33〕　（法）弗朗索瓦・于連、狄艾里・馬爾塞斯：《（經由中國）從外部反思歐洲
　　　　　　——遠西對話》，張放譯，大象出版社 2006 年版。

質諸鬼神而無疑，百世以俟聖人而不惑。」〔註34〕中華民族的道德生活在形成和發展過程中始終充滿著多樣性和豐富性，並在多樣性和豐富性的基礎上崇尚追求和諧統一的價值目標並因之成為一個有機統一的整體，它以一多關係的辯證理解和把握創造了整體性的中華道德文化，這一道德文化具有多元一統、萬河歸海的價值特質，既母性又多重，是多樣態、多層次、多變化的倫理道德系統彼此學習、認同的產物。在中華民族多元一體的道德生活格局中，各民族以及各家各派都有著強烈的自我意識，發展和保持著鮮明的倫理個性，同時又相互學習，取長補短，形成一些基本的倫理共識和道德準則，或者說對於「共同的普遍人類經驗和價值有一種基本的信念」，〔註35〕創造出了一種「和而不同」、「理一分殊」的道德生活體系。其中「小德川流，大德敦化」，廣大精微和高明中庸集於一身，有一種如同老子所言的「善者吾善之，不善者吾亦善之」〔註36〕的博大深厚氣象。

2、天下為公、和諧為貴的倫理原則

與西方道德生活注重個人自由、以個人利益為行為出發點和目的的個人主義利己主義價值取向有別，中華民族的道德生活因其崇尚「大亨以正」的中正之道而始終體現著對公道正義的關注和對內外和諧的追求，並因此彰顯出「重公義」、「貴和諧」的特點。劉向《說苑·至公》講到，「不偏不黨，王道蕩蕩，言至公也。……夫以公與天下，其德大矣。推至於此，行之於彼，萬姓之所戴，後世之所則也。」儒家崇尚「天下為公」。法家《管子·形勢解》指出：「天公平而無私，故美惡莫不覆；地公平而無私，故小大莫不載。無棄之言，公平而無私，故賢不肖莫不用。」《呂氏春秋·貴公》從「天下非一人之天下，天下之天下」以及「陰陽之和，不長一類；甘露時雨，不私一物」的認識出發，強調治天下必先貴公，指出：「昔先聖之治天下也，必先公。公則天下平矣」。只有以公道治理天下，才能使天下達致公平、有序而成為公正的天下，也才能使天下太平。墨家倡導「興天下之利，除天下之害」，主張「利人乎即為，不利人乎即止」，把「國家人民之利」當作判斷善

〔註34〕《中庸》第二十八章、二十九章。參《四書章句集注》，北京：中華書局1983年版，第36～37頁。

〔註35〕（美）杜維明：《新加坡的挑戰──新儒家倫理與企業精神》，高專誠譯，北京：三聯書店1989年版，第251頁。

〔註36〕《老子》第四十九章。參閱朱謙之：《老子校釋》，北京：中華書局1984年版，第194頁。

惡是非的標準。可以說，置重群體和公共利益是中華民族道德生活基本的道
德價值取向。〔註37〕與「重公義」的價值追求密切相關，中華民族道德生
活崇尚人我、己群、天人之間的和諧，充滿著對家庭和睦、社會和諧、世界
和平的向往和肯定，有所謂的「家和萬事興」，「一家之計在於和」，「和氣生
財」，「禮之用，和爲貴」，「天時不如地利，地利不如人和」、「協和萬邦」之
說。「和」作爲中華民族倫理文化的精華，被廣泛地應用於道德生活的各個
層面，起著「化干戈爲玉帛，變腐朽爲神奇」的妙用。中國人特別欣賞與眾
人同樂，強調獨樂樂不如眾樂樂，與民同快樂才能得到眞正的快樂。在處理
人與自然關係問題上，中國傳統道德強調尊重自然，遵循自然規律，追求人
與自然的和諧，認爲「獲罪於天，無可禱也」。不僅不把人從人際關係中孤
立出來，而且也不把人同自然對立起來，構成了中國傳統倫理文化的顯著特
色。

3、自強不息、厚德載物的處世之道

　　中華民族的道德生活，因其效法天地之道，體認天地之德，故而在處世
之道上既崇尚自強不息，又主張厚德載物，體現著嚴於律己、寬以待人的精
神特質。《周易‧乾》有「象曰：天行健，君子以自強不息。」「天行健」者，
謂天體之行，晝夜不息，周而復始，無時虧退。效法天道的君子亦應該用此
卦象，自強勉勵，不斷地求進步，不斷地去發展完善自己，進而建設一個符
合人道的社會。中華民族憑藉自強不息的精神創造了光輝燦爛的歷史和文
化。《周易‧坤卦》有言：「至哉坤元，萬物資生，乃順承天。坤厚載物，德
合無疆。含弘光大，品物咸亨。」「地勢坤，君子以厚德載物」。坤以陰柔和
順承奉於天，不僅包含弘厚，光著盛大，而且品類之物，皆得亨通。效法地
道的君子亦應該深厚其德性，容載萬物。厚德載物是一個德量涵養的過程，
包含著虛懷若谷、豁達大度、謙虛謹慎等多方面的內容。如果說自強不息是
人們立身律己之道德要求，那麼厚德載物則是待人接物之道德律則。中華民
族道德生活歷來主張嚴於律己，寬以待人，孔子有「君子躬自厚而薄責於人」，
「君子不患人之不知，患不知人也」的說法，《菜根譚》亦有「己之情慾不可
縱，當用逆之之法以制之，其道只在一忍字；人之情慾不可拂，當用順之之

〔註37〕羅國傑主編的《中國傳統道德》認爲，中國傳統道德的核心及其一以貫之思
想，就是強調爲社會、爲民族、爲國家、爲人民的整體主義思想。參閱《中
國傳統道德》「編者的話」，北京：中國人民大學出版社1995年版。

法以調之，其道只在一恕字」，「寵利毋居人前，德業毋落人後，受享毋逾分外，修持毋減分中」，「我有功於人不可念，而過則不可不念；人有恩於我不可忘，而怨則不可不忘」等格言，生動而深刻地反映了中華民族自強不息和厚德載物的倫理精神和處世之道。

4、修齊治平、內聖外王的價值追求

「中庸之為德，存之為天下之大本，發之為天下之達道，須與盡天下底人日用之，而以成篤恭而天下平之化。」〔註 38〕中庸之道內涵「誠」與「誠之」以及「成己」、「成物」的意義，主張把個人擔當的社會責任與個人道德的自我完善統一起來，主張以修身的精神而齊家、治國、平天下，實現內聖與外王的有機統一。儒家強調內聖與外王的有機統一，既肯定道德化的自我，同時又肯定個人是屬於家族和群體的，特別強調個人對家庭和國家的責任，認為個人只有把自己同家族和國家有機地聯繫起來才能獲得自己的道德化的自我，才能實現人的本質規定性。如果說西方人的道德生活重心在於教人明理和成己，那麼中國人道德生活重心則在於教人成人和成聖。學做聖賢是中國人道德生活的一貫主張和基本精神。聖賢是道德的楷模和理想的人格，是人們學習的榜樣和師法的目標。強調道德教育和道德修養，一直是中華民族道德生活的基本取向和精神關懷。而這恰恰是與中庸之道密切相關的。「自其德之體用言之，曰中庸；自聖人立此以齊天下者，曰教。自備之於至德之人者，曰聖人之道；自凝之於修德之人者，曰君子之道。要其出於天而顯於日用者，曰禮而已矣。故禮生仁義之用，而君子不可以不知天，亦明乎此為中庸之極至也。」〔註 39〕中庸之道即是聖人之道和君子之道，在日用層面常常借助仁義禮智等來實現。它在敦促人們走向內聖的同時也必然要求實現外王，達到成己成物合一的「至誠」和至善。

中華民族道德生活因其對中正之道的孜孜追求而形成自己獨特的精神架構和基本特徵。而這一精神架構和基本特徵為世界倫理文化史貢獻了諸多至今仍具有重要價值的精神財富，受到世界範圍內一批具有聰明睿智之士的肯定和好評。英國哲學家羅素指出，「中國是建立在比我們西方人更加人道、更加文明的觀念基礎上的」，「中國人的顯著優點是對生活的目標持有一種正確

〔註38〕王夫之：《讀四書大全說》上冊，北京：中華書局 1975 年版，第 97 頁。
〔註39〕同上註，第 71 頁。

的觀念」，並且認為「中國人的某些無與倫比的優秀道德品質」正是「現代社會生活最最迫切需要的」。〔註40〕羅素所指的「對生活的目標持有一種正確的觀念」以及「無與倫比的優秀道德品質」即是指中正和諧的觀念和道德品質，他基於對西方文明崇尚競爭、戰爭與對立而造成的種種災難性後果而判定，如果世界人民特別是西方人能夠真誠採納中國文明的中正和諧之道並在現實生活中加以貫徹執行，我們所處的世界肯定比現在有更多的歡樂祥和。湯因比在與池田大作的對話中更是指出，中華民族的美德對世界避免陷於悲慘結局，「確立和平和發展人類文明能作出主要的積極貢獻」。「中華民族的美德，就是在那屈辱的世紀裏，也仍然在繼續發揮作用。特別是在現代移居世界各地的華僑的個人活動中，也都體現著這種美德」。〔註41〕如果中國文明的中正和諧之道不能主宰世界，那麼世界是沒有前途和未來的。這些斷語和言論，從一個層面確證了中國文明中正和諧之道所具有的世界意義。

中華民族道德生活因始終執著於無偏無黨、無黨無偏的中正之道，追求天下為公與和諧為貴的倫理原則，將自強不息與厚德載物化為立身處世的準則風範，並有一種修齊治平和內聖外王的價值關注，所以實現了道化的規範建構與德化的美德建構之間的相藕相協，既使中華倫理文化內部保存了源於多樣性的活力和互補性，又有助於中華倫理文化的長期穩定發展和延續，避免了由於根本價值衝突可能造成的災難性毀滅和悲劇性衰落。

（選自《中華民族道德生活史》（先秦卷），上海東方出版社 2014 年版）

〔註40〕王正平主編：《羅素文集》，北京：改革出版社 1996 年版，第 36、38、50 頁。
〔註41〕（日）池田大作，（英）湯因比：《展望二十一世紀 —— 湯因比與池田大作對話錄》，荀春生、朱繼徵、陳國樑譯，北京：國際文化出版公司 1985 年版，第 286～287 頁。

中庸之為倫理學研究方法的獨特價值

　　《中庸》為儒家四書之一，相傳為子思所作。朱熹在《中庸章句・序》中談到：「中庸何為而作也？子思子憂道學之失其傳而作也。」子思鑒乎當時「去聖遠而異端起」的學術情勢，擔心儒家道統「愈久而愈失其眞也，於是推本堯、舜以來相傳之意，質以平日所聞父師之言，更互演繹，作為此書，以昭後之學者。蓋其憂之也深，故其言之也切；其慮之也遠，故其說之也詳。其曰天命率性，則道心之謂也；其曰擇善固執，則精一之謂也；其曰君子時中，則執中之謂也。世之相後，千有餘年，而其言之不異，如合符節，歷選前聖之書，所以提挈綱維，開示蘊奧，未有若是其明且盡者也。自是而又再傳以得孟氏，為能推明是書，以承先聖之統。」〔註1〕北宋時二程特別重視《中庸》的價值，認為《中庸》「乃孔門傳授心法，子思恐其久而差也，故筆之於書，以授孟子。其書始言一理，中散為萬事，末復合為一理。放之則彌六合，卷之則退藏於密，其味無窮，皆實學也。善讀者玩索而有得焉，則終身用之，有不能盡者矣。」〔註2〕二程認為，《中庸》的基本內容講的是「理」，世間萬事萬物都包攝在「理」中，六合的廣大，道心的精微無不體現在「理」中。二程還把《中庸》看成是「孔門傳授心法」，亦即韓愈所說「道統」的承傳，認為《中庸》在「提挈綱維，開示蘊奧」方面超越了「前聖之書」。

　　筆者在研讀《中庸》的過程中發現，中庸不僅是一種實質理性和價值理性，而且是一種形式理性和工具理性。作為形式理性和工具理性，中庸要求

〔註 1〕 朱熹：《中庸章句序》，《四書章句集注》，北京：中華書局 1983 年版，第 14頁。

〔註 2〕 同上註。

用適度、適當與合理的方法去研究道德現象，尋求道德眞諦，確立作爲實質理性和價值理性的道德應當。以中庸的方法研究倫理學，要求我們必須超越單純知識主義的藩籬而將德性與問學作一有機的整合，必須超越過分細微的趨向而使廣大與精微實現合理的聚合，必須超越現實主義的觀瞻而具備理想主義與現實主義辯證結合的視野。

一、中庸之道既是倫理原則也是認知方法

《中庸》不僅建立了一個博大深邃的倫理思想體系，而且於倫理學研究方法也多有原創的理論建樹。其中，「中庸」本身既是一種倫理的原則和價值目標，也是一種重要的哲學倫理學研究方法。

「中庸」的基本含義，即於兩端（過與不及）取其中，不偏不倚，既不過，也不不及，同時還具有「致中和」的意義，鄭玄《目錄》指出：「名曰《中庸》者，以其記中和之爲用也」，提示了《中庸》論「中庸」的特色。《中庸》認爲，中庸即是符合天命人性之德的中正態度和做法，它的最一般含義即是「執其兩端而用其中」。朱熹解釋說：「蓋凡物皆有兩端，如小大厚薄之類，於善之中又執其兩端，而量度以取中，然後用之，則其擇之審而行之至矣。」可見，中庸之道強調在過與不及之間保持適度和中道，以免流於過與不及兩種極端。《中庸》指出：「子曰：「道之不行也，我知之矣，知者過之，愚者不及也。道之不明也，我知之矣，賢者過之，不肖者不及也。人莫不飲食也，鮮能知味也。」意思是說，愚、不肖者往往違道而行，言不及義，所以不及於正道；賢、知者雖能追求德行，但往往由於不知度而失之太過。正如孔子所謂「好仁不好學，其蔽也愚；好知不好學，其蔽也蕩；好信不好學，其蔽也賊；好直不好學，其蔽也絞；好勇不好學，其蔽也亂；好剛不好學，其蔽也狂」。〔註 3〕同時，賢、知者也有拘泥於常道太過而不知變通的缺失。只有修道到家的聖人才能眞正做到中庸之道。

中庸之道的基本特徵是「中和」。《中庸》說：「中也者，天下之大本也；和也者，天下之達道也。致中和，天地位焉，萬物育焉。」性之中是天下萬理（主要是人倫道理）紛陳之本，情之和是天下萬事暢通之路。因此，中正的態度與和諧的情感既是知「道」的表現，又是修道進德治理天下根本的、

〔註 3〕《論語·陽貨》。

普遍的原則。有了這種態度和情感，就會逐漸達到天人合一的精神境界，同時會產生極大的效應，使天地生養萬物的固有作用得以正常實現，萬物都會得到養育。怎樣才算、如何達到中正的態度與和諧的感情？《中庸》指出：「喜怒哀樂之未發，謂之中；發而皆中節，謂之和。」這就是說，尚未顯示喜怒哀樂之用的人性之理本身即是中正，依理合度而發生的喜怒哀樂之情即是和諧。當人們接觸事物時，沒有先入爲主的喜怒哀樂情緒的干擾，純粹依靠理智和良知去體察事物，這就是切合事理和人性的中正態度。由於對是非善惡的明察，勢必流露出喜怒哀樂之情，但如果喜怒哀樂之情不受個人私心和成見的驅使，而是合乎道理，恰如其分，這就達到了情感與理智的和諧。

中庸之道既平易近人，用途廣泛，又高明偉大，精微妙美。《中庸》指出：「君子之道費而隱。夫婦之愚，可以與知焉，及其至也，雖聖人亦有所不知焉；夫婦之不肖，可以能行焉，及其至也，雖聖人亦有所不能焉。天地之大也，人猶有所憾。故君子語大，天下莫能載焉；語小，天下莫能破焉。《詩》云：鳶飛戾天，魚躍於淵。言其上下察也。君子之道，造端乎夫婦；及其至也，察乎天地。」中庸之道從人際關係的最小單元夫婦開始，而遍佈一切，一般人皆可知可行，不可須臾離開，千萬不能以爲高遠難知而畏縮不前，甚至自暴自棄。這是就中庸之道的平實簡易而言。另一方面，中庸之道也有它高明俊偉的地方，如深究精研，便可發現它包羅天下大理和天下萬物，即便是聖人也有所不能知不能行的地方，所以千萬不能以爲它簡易平常就輕視冷落之，不求深造，應深刻地體悟中庸之道所包含的內在機理和高明俊偉之處，並加以持久不懈地身體力行。《中庸》認爲，要自覺把握中庸之道並熟練地應用它，並非一般人所能做到的。孔子說：「中庸其至矣乎！民鮮能久矣！」

《中庸》反覆強調「中庸」的這種既平實簡易又高明俊偉的特性，並認爲只有君子才能做到中庸，小人只會違背中庸。「君子中庸，小人反中庸」。中庸之道即中正不偏、經常可行之道。此道既合於天命人性，故又爲堅持中正、立足於必然之道。中的反面是「過」與「不及」的片面性，庸的反面性是立足於偶然性。「君子之中庸也，君子而時中；小人之（反）中庸也，小人而無忌憚也。」「時中」，即隨時處中，遵循人倫道德。「無忌憚」，就是不遵守人倫道德。而產生這兩種對「道」的根本對立的態度，正在乎是否「擇乎中庸」。《中庸》認爲，「擇乎中庸，得一善，則拳拳服膺而弗失之矣。」就是說，掌握了中庸之道，使性情處於「中和」境界就能堅守善道而不喪失。反

之，如果違反了中庸之道，那就必然會使自己的思想、行為離開人倫道德而
陷入邪惡。

二、中庸之為研究方法的集中體現

　　《中庸》關於倫理學研究方法的論述，除「中庸之道」外，最有代表性
和現代意義的莫過於「尊德性而道問學」，「致廣大而盡精微」，「極高明而道
中庸」。

　　「尊德性而道問學」，強調倫理學的研究應在尊重德性的基礎上精研道德
學問，獲取道德智慧，以推動倫理學學理結構的深化和演進。「尊德性」要求
倫理學研究在出發點、過程和歸宿各個環節都對德性持一種尊重、敬畏乃至
崇拜的態度。如若對德性缺乏一種起碼的尊重與敬畏，就會使倫理學的研究
失卻價值科學和人文科學的屬性，落到「工具理性」的層面，成為一種有違
倫理學宗旨和性質的事實科學。現代新儒家要求西方人在研究以儒家為主體
的中國文化時應「深懷敬意與同情」，認為中國文化絕不只是單純知識的彙
粹，而是倫理化的人文學識和道德智慧。「道問學」，要求倫理學研究尊重知
識發展的規律，「博學之，審問之，慎思之，明辨之，篤行之」，要學習古代
倫理典籍，虛心向他人求教，勤於思考，明辨是非，發展出一套既有利於德
性涵養又有利於知性增長的知識體系。「尊德性」與「道問學」，涉及到「仁」
與「智」、「德性」與「知性」等的關係問題，南宋時期形成了「尊德性」一
派的「陸學」和「道問學」一派的「朱學」。陸九淵注重「尊德性」，提出「所
以為學者在乎志」，即以發明本心為志，認為為學的目的是實現道德的境界。
在由呂祖謙出面召集的鵝湖會議上，陸九淵首先吟詠道：「孩提知愛常知欽，
古聖相傳只此心。大抵有基方築室，未聞無址忽成岑。留情傳注翻蓁塞，著
意精微轉陸沉。珍重朋友相切磋，須知至樂在於今。」〔註4〕該詩批評朱熹只
知「格物窮理」而不在存其本心上下功夫，就如同建造空中樓閣。隨即陸九
淵又和詩一首，「墟墓興衰宗廟欽，斯人千古不磨心。涓流積至滄溟水，拳石
崇成泰華岑。易簡功夫終久大，支離事業竟浮沉。欲知自下升高處，真偽先
須辨只今。」〔註5〕強調認識本心中固有的德性是研究倫理學的根本，而朱熹

〔註 4〕　陸九淵：《語錄上》，《陸九淵集》，北京：中華書局 1980 年版，第 427 頁。
〔註 5〕　陸九淵：《鵝湖和教授兄韻》，《陸九淵集》，北京：中華書局 1980 年版，第 301
　　　　頁。

注重「格物窮理」的研究方法只是「支離事業」，難以眞正有所作爲。朱熹在
鵝湖之會後寫詩一首對陸九淵的批評作出反映，「德義風流夙所欽，別離三載
更關心。偶扶藜杖出寒谷，又枉藍輿度遠岑。舊學商量加邃密，新知培養轉
深沉。只愁說到無言處，不信人間有古今。」認爲研究倫理學必須精深緻密
才能不斷深刻、提高，才能認識最根本、最普遍的「天理」。當然，晚年的朱
熹也認識到自己研究倫理學的方法犯了「支離」的毛病，並對陸九淵的研究
方法有相當的認同，指出：「陸子靜專以尊德性誨人，故遊其門者多踐履之士，
然於道問學處欠了。某教人豈不是道問學處多了些子，故遊某之門者踐履多
不及之。」但陸九淵卻依然堅持原初主張的「尊德性」的方法，並認爲朱熹
「欲去兩短、合兩長」的意見也不是可取的，強調「既不知尊德性，焉有所
謂道問學？」〔註6〕明代黃宗羲在《宋元學案・象山學案》中評論道：「先生
（指陸九淵）之學，以尊德性爲宗，謂先立乎其大，而後天之所與我者，不
爲小者所奪，夫苟本體不明，而徒致功於外索，是無源之水也。同時紫陽（朱
熹的別稱）之學，則以道問學爲主，謂格物窮理，乃吾人入聖之階梯，夫苟
信心自是，而惟以事於覃思，是師心之用也。」事實上，《中庸》所提出的「尊
德性而道問學」的研究方法，是把「尊德性」與「道問學」聯繫起來加以論
述的，要求在「尊德性」的基礎上實施「道問學」，使「道問學」不離「尊德
性」的價值基礎。一個「而」字，強調倫理學研究方法首先應該是「尊德性」，
同時又是「道問學」的，所謂「道問學」是從「尊德性」出發的「道問學」，
所謂「尊德性」是要求有「道問學」與之補充和相輔助的「尊德性」，而不僅
僅是「尊德性」或「道問學」的。其實，研究倫理學，「尊德性」與「道問學」
合則兩美，離則兩傷。我們應該也完全有必要將其統一起來。只是這種統一，
應該是將「尊德性」放在第一位的，「道問學」應該服務於服從於「尊德性」。

　　「致廣大而盡精微」，是「尊德性而道問學」方法的具體應用和必然展開，
強調倫理學的研究視野和路徑應該從廣大處立意而不忘記具體微小的闡釋論
證。儒家倫理學有強調「立乎其大」的傳統，《孟子・告子上》從「體有大小，
有貴賤」的思想認識出發，認爲「養其小者爲小人，養其大者爲大人」，強調
指出：「無以小害大，」並認爲「先立乎其大，則其小者不能奪也。」南宋陸
九淵進一步發展了孟子的這一思想，認爲人的耳目口體（小體）都是受心（大
體）支配的，人們只有先「立乎其大」，認眞做存心養心的功夫，使此心清明

端正，耳目口體方才不致被物欲所引誘、蒙蔽。所以，他一再教人「先立乎其大」，並將其提升爲倫理學研究的基本方法。他曾十分得意地說：「近有議吾者云，除了『先立乎其大者』一句，全無伎倆。吾聞之曰：誠然。」〔註7〕《中庸》強調「致廣大而盡精微」，本質上基於對「道」的認識，因爲「道」本身作用廣大無涯而本體精微奧妙。普通男女雖然愚昧，也可以對「道」有所體悟和瞭解；但它的最高深境界，即便是聖人也有弄不清楚的地方。普通男女雖然不賢明，也可以實行君子的道，但它的最高深境界，即便是聖人也有做不到的地方。所以，君子說到「大」，就大得連整個天下都載不下；君子說到「小」，就小得連一點兒也分不開。《詩經》說：「老鷹高飛上青天，魚兒跳躍入深淵。」這兩句詩比喻「道」，是說它能上達於天空，下及於深淵。君子所堅守的「道」，開始於普通男女，但它的最高深境界卻昭著於整個天地。就此而論，倫理學作爲研究「道」和實踐「道」的學問，就必須堅持「致廣大而盡精微」的方法與路徑，既「立乎其大」，從大處著眼，又關注其小，在解剖麻雀上下功夫，獲得對具體事物和現象的精湛認識，實現宏觀總體與微觀具體的有機結合。只有這樣，才能既大氣磅礴，又精微茂美，宏微合論，小大皆備。

「極高明而道中庸」，涉及到崇高與平凡、神聖與世俗之間的關係，它是儒家倫理學的基本價值主張，也是儒家倫理學研究方法的重要內容。在《中庸》看來，至誠的「道」是不息的，「不息則久，久則徵，徵則悠遠，悠遠則博厚，博厚則高明。博厚，所以載物也；高明，所以覆物也；悠久，所以成物也。博厚配地，高明配天，悠久無疆。如此者，不見而章，不動而變，無爲而成。天地之道，可一言而盡也；其爲物不貳，則其生物不測。天地之道：博也，厚也，高也，明也，悠也，久也。今夫天，斯昭昭之多，及其無窮也，日月星辰繫焉，萬物覆焉。今夫地，一撮土之多，及其廣厚，載華嶽而不重，振河海而不洩，萬物載焉。今夫山，一卷石之多，及其廣大，草木生之，禽獸居之，寶藏興焉。今夫水，一勺之多，及其不測，黿鼉、蛟龍、魚鱉生焉，貨財殖焉」。「道」永不停息間斷自會長久流傳，長久流傳就會悠遠無窮，廣博深厚，崇高光明。廣博深厚，可以容納承載萬物；崇高光明，可以覆蓋普照萬物；悠遠無窮，可以生成化育萬物。廣博深厚與大地相配，高大光明與天空相配，悠遠無窮就像天地那樣無邊無際。能夠達到這樣的境界，不顯示

〔註7〕陸九淵：《語錄上》，《陸九淵集》，北京：中華書局1980年版，第400頁。

也會彰明昭著，不行動也會使外界發生變化，不刻意追求什麼也會取得成功。天地的大道，可以用一句話加以概括，即它自身誠一不二，所以能生育萬物，神妙莫測。天地的大道，眞是廣博無疆、深厚無比、高大無極、光明無際、悠遠無涯、長久無止！今天我們所說的天，原本不過是由一點一點的光明聚積起來的，可等到它無邊無際時，日月星辰都靠它維繫，世界萬物都靠它覆蓋。今天我們所說的地，原本不過是由一撮土一撮土聚積起來的，可等到它廣博深厚時，承載像華山那樣的崇山峻嶺也不覺得重，容納那眾多的江河湖海也不會泄漏，世間萬物都由它承載了。今天我們所說的山，原本不過是由拳頭大的石塊聚積起來的，可等到它高大無比時，草木在上面生長，禽獸在上面居住，寶藏在上面儲藏。今天我們所說的水，原本不過是一勺一勺聚積起來的，可等到它浩瀚無涯時，鼉魚蛟龍魚類鼈類等都在裏面生長，珍珠珊瑚等値價的東西都在裏面繁殖。在儒家看來，廣博深厚、崇高光明的「道」在它的表現形態上又不是不可觸及或高不可攀的，而是平凡日用的「中庸」，它就在我們的心中和行動中。對「中庸之道」的認識與行爲，不存在「能不能」的問題，只存在「願不願」的問題。

中庸之道既平易近人，用途廣泛，又高明偉大，精微妙美，它從人際關係的最小單元夫婦開始，而遍佈一切，一般人皆可知可行，不可須臾離開，千萬不能以爲高遠難知而畏縮不前，甚至自暴自棄。這是就中庸之道的平實簡易而言。另一方面，中庸之道也有它高明俊偉的地方，如深究精研，便可發現它包羅天下大理和天下萬物，即便是聖人也有所不能知不能行的地方，所以千萬不能以爲它簡易平常就輕視冷落之，不求深造，應深刻地體悟中庸之道所包含的內在機理和高明俊偉之處，並加以持久不懈地身體力行。《中庸》認爲，要自覺把握中庸之道並熟練地應用它，並非一般人所能做到的。孔子說：「中庸其至矣乎！民鮮能久矣！」《中庸》反覆強調「中庸」的這種既平實簡易又高明俊偉的特性，並認爲只有君子才能做到中庸，小人只會違背中庸。落實到倫理學研究上，就是要避免過與不及兩個極端，注意防範純理想主義和純世俗主義的陷阱，使倫理學既立根於現實的道德生活又超越於現實的道德生活，不因理想而忽視現實，不因考慮現實而喪失理想。

此外，《中庸》還提出了「自誠明」和「自明誠」的誠明合一的研究方法。誠明合一是《中庸》的一個基本思想。所謂「自誠明」，是由誠而明善，是天賦的本性，只有聖人才能達到；所謂「自明誠」，是由「明乎善」而達到誠，

這是對常人而言的，只有通過後天的教育感化才能實現。這二者同時又是可以統一的，是故《中庸》提出「誠則明矣，明則誠矣」的誠明合一思想。

三、中庸之研究方法的重要價值

中庸之道充滿著辯證法的思想光華，就精神實質而言，它是「二元一體」與「合二而一」的綜合化產物，表徵著中華民族「執中用和」、「和而不同」的哲學倫理學智慧。中庸之道在中華民族倫理智慧形成的早期就顯示出宏大的氣魄，開啓了「多元一體」的發展路徑，善於從各個不同的方面來整合思維趨向，彰顯出「和而不同」的價值品質，陶鑄著中華民族既信守善道又厚德載物的人格精神。

在中國古代思想史中，《中庸》的「執中用和」、「和而不同」、「中和之道」和「中庸之道」始終是一種基本的價值追求和倫理思維方法，它強調把「尊德性」與「道問學」、「致廣大」與「盡精微」、「極高明」與「道中庸」等有機地統一起來，在不同的事物和方法中尋求眞正意義上的和諧。春秋時期周太史史伯指出：「夫和實生物，同則不繼。以他平他謂之和，故能豐長而物歸之；若以同裨同，盡乃棄矣。故先王以土與金木水火雜，以成百物。是以和五味以調口，剛四肢以衛體，和六律以聰耳，正七體以役心，平八索以成人，建九紀以立純德，合十數以訓百體。……夫如是，和之至也。」〔註8〕史伯把「和」定義爲「以他平他」，並認爲不同事物相互集合得到平衡，從而能產生出新事物，這叫做「和實生物」。如果只是相同事物重複相加，就不可能產生新事物，這就叫「同則不繼」。孔子繼承前人思想精華，把和看作是最高的政治倫理原則，提出「君子和而不同，小人同而不和」的觀念，並認爲「禮之用，和爲貴」。孟子強調指出：「天時不如地利，地利不如人和。」儒家經典《中庸》把中庸解釋爲中和，指出「中也者，天下之大本也；和也者，天下之達道也。致中和，天地位焉，萬物育焉。」性之中是天下萬理（主要是人倫道理）紛陳之本，情之和是天下萬事暢通之路。因此，中正的態度與和諧的情感既是知「道」的表現，又是修道進德治理天下根本的、普遍的原則。有了這種態度和情感，就會逐漸達到天人合一的精神境界，同時會產生極大的效應，使天地生養萬物的固有作用得以正常實現，萬物都會得到養育。怎

〔註 8〕 《國語‧鄭語》。

樣才算、如何達到中正的態度與和諧的感情？《中庸》指出：「喜怒哀樂之未發，謂之中；發而皆中節，謂之和。」這就是說，尚未顯示喜怒哀樂之用的人性之理本身即是中正，依理合度而發生的喜怒哀樂之情即是和諧。當人們接觸事物時，沒有先入為主的喜怒哀樂情緒的干擾，純粹依靠理智和良知去體察事物，這就是切合事理和人性的中正態度。由於對是非善惡的明察，勢必流露出喜怒哀樂之情，但如果喜怒哀樂之情不受個人私心和成見的驅使，而是合乎道理，恰如其分，這就達到了情感與理智的和諧。

以「執和用中」與「和而不同」的方法研究倫理學，既有助於理論和學術思想的創新，又有利於倫理學保持自身的價值定位和價值導向，從而避免把倫理學變成純科學的科學主義弊端或把倫理學變成沒有任何學理和智慧的道德誡命彙編的弊端。現代西方倫理學試圖在科學主義和人文主義的對峙中尋找自身的理論歸宿，但事實證明，無論是把倫理學科學主義化的元倫理學或分析倫理學，還是把倫理學人文主義化的存在主義倫理學或生命主義倫理學，也許它們在許多方面是非常具有啟發意義和理論建樹的，但其走向卻偏離了倫理學的正確軌道，從而使倫理學遭遇了前所未有的肢解，進而失卻了「尊德性而道問學」、「致廣大而盡精微」、「極高明而道中庸」的學科性質和價值特質。就此而論，儒家倫理學「尊德性而道問學」、「致廣大而盡精微」、「極高明而道中庸」的研究方法和致思路徑把握住了倫理學的真諦，具有不可低估的現代意義和價值。

在西方倫理學的研究方法統系中，認識主義和非認識主義、理性主義和非理性主義等均獲得了相當的發展，而無論是認識主義的知性主義和理性主義，還是非認識主義的直覺主義和情感主義，總體上都是在知識論的框架內運作的，是從知識論的角度來研究倫理道德或者說把倫理道德知識化的，可以說執著於知識論的考察，使倫理學長在「知識之樹」上，是西方倫理學研究方法的基本特徵。這種研究方法使倫理學獲得了相當的發展和完善，建立了自己較為嚴格的理論體系，並且受知識論的影響，出現了知識化的倫理道德。但是，這種倫理學並沒有用合乎道德和倡揚道德的方法來研究倫理道德，從而使倫理學成為知識階層的理論專利，同現實的道德生活的距離越來越遠，這也是西方倫理學越來越繁複而道德越來越陷入危機的深層原因。麥金太爾在《美德的追尋》中深刻地檢討了西方倫理學局限於知識領域從而學派林立、眾說紛紜而人們莫衷一是的過失與弊端，主張「回到亞里士多德那裡

去」，重建基本的倫理美德，應該說麥氏的這一認識和判斷是切中時弊和發人深省的。

儒家倫理學，因為研究方法的「執和用中」與「和而不同」，特別是「尊德性而道問學」、「致廣大而盡精微」、「極高明而道中庸」的研究方法和致思路徑，從而使得倫理學並未完全走向知識論的窠臼，而是在德性論的框架內演繹出特有的知識體系，使知識論受到德性論的宰制與規約，從而使倫理道德既生活既知識，溶道德認識道德智慧與道德實踐道德行為於一體，使倫理學成為「生命之樹」的花果。如果說，西方倫理學因主客二分、二元對立的研究方法導致了道德認識與道德行為的分立與對抗，那麼儒家倫理學則因一體二元、執和用中的研究方法則使道德認識與道德行為相互聯結，共同架構起挺立生命和完善生命的倫理大廈。唐君毅在比較儒家與西方哲學的區別時指出：「中國儒者之以性理言心，與西哲之以理性言心之不同，在性理之必表現於情，而自始為實踐的。西哲所尚之理性，其初乃純知的，因而亦不必為實踐的。純知的理性之運用，最後恒不免於產生矛盾辯證之歷程。中國儒家所謂性理之流行，則可直道而行。」〔註9〕在唐君毅看來，儒家倫理學之研究，是一種將倫理學研究與德性弘揚於一體的精神安頓之事業，是一種將智慧的尋求同生命意義聯繫在一起的價值活動。所以，儒家倫理學的研究是一種集學術研究與個人生命價值之實現、民族生命之新造於一體的偉大事業和價值創造活動。

當代我國倫理學研究總體來說取得了長足的進步，對社會主義道德建設作出了一定的貢獻。但也必須清醒地看到，我國倫理學研究不僅同黨和人民要求的距離甚遠，而且作用於現實道德生活的功能日趨退化，出現了純理性化的研究傾向，越來越成為某種知識性的話語或學問，成為研究者的謀利手段而不是德性偏好和價值追求。發展我國的倫理學事業，要求研究者有一種德性化的使命感，有一種對生命價值的內在體認和價值弘揚，有一種立足於神聖倫理基礎上的責任倫理作為心靈資源和動力源泉。尤其在研究方法上，應當引入對德性的敬意和尊重的方法，引入用整個心靈擁抱道德價值的方法。就此而論，繼承儒家倫理學研究方法統系中那些注重德性提升和價值鑄造的方法，那些既置重於道德認識更注重於道德行為的方法，諸如「尊德性而道問學」、「致廣大而盡精微」、「極高明而道中庸」等，並在馬克思主義的

〔註9〕唐君毅：《中國文化之精神價值》，臺北：正中書局1987年版，第154頁。

指導下給以創造性的轉化，不僅是一件有助於倫理學發展、使其眞正體現倫理學學科性質的工作，而且也有助於倫理學研究者的德性養成和人格提升，使倫理學研究成爲一種以德啓智、以智固德、德智兩全的價值創造活動。馬克思主義倫理學研究要求研究者本人必須有一種源自生命深處的對馬克思主義和社會主義道德的深刻而堅執的道德信仰，有一種將馬克思主義倫理學研究視爲自己生命價值創造和理想人格追求的道德信念，並輔之以道德情感的熱愛和偏好，道德意志的堅持和固守，道德行爲的強化和持續，才能夠在研究中眞正將其生命化，不僅有情感的灌注和理性的充溢，而且有價值的追求和行爲的踐履。只有這樣，才能眞正發揮馬克思主義倫理學改造人心、改造世界的功能。

（原載《河北學刊》2010 年第 6 期，中國人民大學複印報刊資料《倫理學》2011 年第 2 期全文複印）

第六篇　道家倫理思想研究

道家思想與中華傳統文化

　　中國傳統文化是多源發生、多維發展、包含著多種思想成分相激相蕩的一種復合型的富於創造的文化，在這由多元文化所架構組合成的中華傳統文化統系中，儒家文化和道家文化佔有著特別重要的地位。儒道兩家，有著不同的思維方式、價值觀念和觀念體系，它們相互頡頏，相互刺激，相互吸收，推動著民族智慧的發展和民族精神的演進，共同構成中國傳統文化的主流。

一、儒家與道家的對立和互補

　　首先，我們必須肯定，儒道之間存在著嚴重的分歧與鬥爭。從學術史上說，儒道異說源於齊、魯異政，後發展為荊楚學風與鄒魯學風之取向不同。孟子闢楊、墨，莊子闢儒、墨。孟子認為，「楊氏為我，是無君也；墨氏兼愛，是無父也。無父無君，是禽獸也。……能言距楊、墨者，聖人之徒也」〔註1〕。莊子認為，儒墨之徒提倡仁義之行，誘發人們愛利貪欲，實為陷眾人於不義。莊子借盜跖之口指責孔子「縫衣淺帶，矯言偽行，以迷惑天下之主，而欲求富貴焉。盜莫大於子，天下何故不謂子為盜丘？」〔註2〕孟軻與莊周生當同時雖未謀面，但思想路線早已形成對立。孟軻貴仁義，莊周非仁義；孟軻重整體，莊周重個體；孟軻尚仁義，莊周主自由；孟軻倡救世，莊周言避世，如此等等，不一而足。發展到漢初，儒、道對立化色彩愈益鮮明，儒、道兩家在政治、思想領域的衝突更加尖銳化。儒林博士轅固生與好黃老之道的竇太

〔註1〕　《孟子・滕文公下》。
〔註2〕　《莊子・盜跖》。

后爭論《老子》一書的評價，竟被令入圈刺豕，幾乎喪生；申培公被迎來議明堂事，觸怒了竇太后，導致趙綰、王藏被政治誅殺。漢武帝「罷黜百家，獨尊儒術」，對宣揚黃老道家思想的人也多有迫害。儒道之間的這種尖銳對立和鬥爭，正如司馬遷所總結的，「世之學老子者則黜儒學，儒學亦黜老子。道不同不相爲謀，豈謂是邪？！」〔註3〕司馬遷本人崇尚黃老之道，「先黃老而退六經」，因而《史記》一書竟有「謗書」之嫌。東漢王充自命「雖違儒家之說，但合黃老之義」，故《論衡》一書長斯被斥爲「異端」。兩漢時期儒道兩家之間的互黜與對立，深化爲「名教」與「自然」之間的對立，後來衍化爲魏晉玄學辯論的中心命題。玄學中以阮籍、嵇康爲代表的竹林學派提出「越名教而任自然」的口號，表明他們決意拋棄儒家名教而純任道家自然以及儒道對立的思想傾向。他們因推崇道家自然、摒棄儒家名教的思想主張而受到司馬氏政權的迫害與屠殺，更說明了儒道思想在政治和思想上的對立。

　　同時，我們也必須看到，兩漢魏晉時期的儒道互黜畢竟從不同意義上展示了儒道兩家各自思想的合理性與局限性。儒家思想的存在和發展，既面臨著源自內部的理論困惑，也面臨著來自外部的挑戰。從內部理論困惑上講，孔孟儒家把仁義禮智視爲人性的基本內涵，這種人性論以人具有感覺官能上的同好的事實而推論人同好於「理義」，事實上便是把仁義禮智上的良知良能降格爲人性低層次的自然本能，把低層次的經驗事實與高層次的價值判斷混同起來。孟子列出以往的經驗事實來論證人性本善，不僅犯了邏輯上的錯誤，而且其所選取的論據也是成問題的，他所使用的歸納推理並不具有普遍和高度的保眞性。同時，孔孟儒家認爲，在聖人的境界中，道德修養和道德活動並不具有人爲的強制性，聖人的境界是完全可以通過道德修養和道德踐履所可達到的。但是，問題在於並不是所有的人都能自覺地去進行這種道德修養，也並不是每個人都認定聖人的境界是一種值得爲之修養的境界。仁義禮智對大多數人來說並不是他們所感到必須需要的，道德規範對他們來說仍是十足的人爲。不僅如此，它們還可以導致人性自然的矯飾與虛僞。儒家的仁義禮智之說其實是針對「君子」而立的，君子並不是眾庶之人，儒家並沒有爲眾庶之人提供一種安身立命之道，沒有爲他們提供一種切實可行的生活思想，他們只是居高臨下地以一種過高的行爲標準去斥責芸芸眾生，結果造成芸芸眾生表面上接受儒家仁義禮智之說而暗地裏越軌的陽奉陰違狀況，出現了如同莊子所批評的「捐仁義者寡，利

〔註3〕《漢書‧司馬遷傳》。

仁義者眾」的局面。儒家的仁義之說本是為成就聖人、君子而設的,可是它在現實生活中的推行竟產生出許多敷衍應付、虛偽矯飾的惡行,造就出大批「偽君子」、「鄉愿」和「小人」,真可謂播下的是龍種,收穫的是跳蚤。道家正是看到了這一點而激烈批評儒家仁義學說的虛偽性、矯飾性和人為性,才得出了「聖人之利天下也少而害天下也多」的結論。此外,儒家思想片面強調社會整體而忽視了個體,片面強調社會秩序而忽視了個人的精神解放和個性自由,凡此種種,都說明了儒家思想有其自身的局限性。

儒家思想所面臨的外部挑戰則主要來自先秦時期社會政治現實對儒家思想的否棄和道家、法家對儒家思想的批評與譴責。孔孟儒家身處「禮崩樂壞」、諸侯爭霸、滅國絕嗣、父子相篡、兄弟相殘的動亂時代,他們所提倡的仁政、德治與當時的政治現實存在著相當大的距離。他們奔走救世、周遊列國,到處宣傳自己的治政主張和社會理想,可是沒有一個國君或政治家真正採納了他們的學說或主張。嚴酷的社會現實並不理會他們說仁義、倡仁政、行德治的希望,他們不得不把對仁政社會的向往寄託在上古三代的懷戀上。政治現實與儒家政治理想的衝突使孔孟荀等人不得不「安命」,這其實等於承認,儒家無法實現其「內聖外王」的理想,現實政治的發展並沒有按照儒家設定的價值模式運行,儒家的政治理想受到了嚴峻的挑戰。此外,先秦時期儒家思想在學術領域裏還受到了來自法家和道家的批評。以商鞅為代表的法家主張以法治國,倡導任力不任德,貴法不貴義,把儒家提倡仁義道德視為「貧國弱兵之教」,把仁義禮樂視為六虱的內容,認為「禮樂,淫佚之征也;慈仁,過之母也」〔註4〕。這就是說,禮樂仁慈是罪過之母。在法家看來,講仁義的人,雖然能愛人,但不能使人有愛人的品德,所以仁義說教不能治理天下。只有推行法治才能一方面使臣民盡忠盡孝,通曉禮義,另一方面又使臣民寧可餓死也不去做不義的事,所以法治是維持正義的根本。道家對儒家思想的批評體現在兩個方面,一方面道家對儒家的仁義禮智持否定的態度,認為它是對人性自然的扭曲、矯飾;另一方面,道家認為儒家致力以人為的仁義禮智去治世,是把人的精神生命自囿於「方內」,結果造成人的精神生命的萎縮。在道家眼裏,儒家思想對人性的自然發展及人的精神生命空間的通達均構成障礙,儒家的仁義是偏、限、相對、短暫易逝的,因此當在否定和排斥之列。

〔註4〕《商君書・說民》。

　　從上述儒家源於自身的理論困惑及外部所受到的挑戰來看，儒家思想獲得進一步的發展，就必須採納、甚至認同道家思想中與之相關的許多觀點、學說與主張。當然，道家出世退隱、避世無爲的觀念也需要儒家思想的矯正和補充，正是這兩個方面的原因構成了儒道互補的必要性。

　　儒、道兩家，從表面上看來，一個入世，一個出世；一個樂觀進取，一個消極退避；一個從人際關係中來確定個體的價值，一個以擺脫人際關係中來尋求人的個體價值；一個重視社會秩序和人際和諧，一個崇尚個人自由和獨立自存；一個強調建功立業，治國平天下，一個醉心自然山水，優游於天地間；一個主張殺身成仁、捨身取義；一個倡導長生久視、自保其身⋯⋯二者似乎是離異對立，水火不容的，但從本質和效用上看，它們恰好可以相互補充而協調。儒、道之所以能互相補充是因爲它們之間存在著相通一致的思想觀念。正是這些相通一致的思想觀念構成儒道互補的理論基礎和儒道相互闡釋的媒介。

　　儒道兩家相通的觀念表現在：（1）人的行爲必須順乎人性自然；（2）重視人的精神生活，否定或貶斥物欲功利；（3）推崇獨善其身等方面。儒道兩家都主張人的行爲必須順乎人性自然，差別在於儒家視仁義禮智爲人性的自然，道家則主張效法自然來形成人的德性；儒家認爲仁義禮智是天生於人的良知良能的產物，是順乎自然、合乎人性的，道家則認爲人既然是自然的一分子，那麼人只要與自然萬物一樣依循乎自然就算是有德的表現；儒家講天人同構、天人合一，常常是用自然來比擬人事藉以更好地倡導人事、增強人事的感召力，道家講天人合一，則要求徹底捨棄人事來與自然的合一；儒家講人的自然性必須符合和滲透人的社會性，只有這樣人才能成其爲人，道家講人必須捨棄其社會性，使其自然性不受污染，並擴而與宇宙同構才能是眞正的人。如果說儒家講的是「自然的人化」，那麼道家講的便是「人的自然化」，二者既對立又確實能互相補充。其次儒道兩家都重視人的精神生活，否定或貶斥物欲功利。儒家重義輕利，強調人應當爲道義而活著，「不義而富且貴，於我如浮雲」，突顯的是人的道德精神的價值，認爲「放於利而行，多怨」。道家義利俱輕，主張擺脫物欲功利的糾纏和道義的束縛，追求一種「忘其肝膽、遺其耳目」的絕對自由，「茫然徬徨乎塵垢之外，逍遙乎無爲之業」〔註 5〕，強調的是人的心靈的解放和精神的快樂，二者雖然思維路徑各異，立足點迥異，但卻異曲同工，共同培育出

─────────────

〔註 5〕《莊子・大宗師》。

中國文化鄙薄功名利祿的基本精神。再次，儒道兩家都有推崇獨善其身的思想傾向。儒家講正心誠意格物致知，講明明德和「窮則獨善其身」，「不得志，獨行其道」，強調人不能因為自己的志向抱負受挫就放棄自己在道德上的追求。道家講特立獨行、自完其身，講隱逸遁世，潔身自好，不能因社會的混濁、他人的墮落就隨波逐流，喪失自我，二者在精神實質上也是一致的，可以互補的。如果說儒家是中庸平實的，那麼道家則是經虛涉曠的，經虛涉曠本是對中庸平實的超越但又包容著中庸平實，恰恰可以彌補中庸平實之不足。道家以其特有的廣博精微填補了儒家思想留下的精神空間，為中國傳統文化提供了一種抗拒逆境的精神力量和消融情緒苦悶的渲泄途徑，使中國傳統文化具有很強的涵容、接納和消化外域文化的能力。

二、儒道互補的內在路徑

　　儒道互補有幾條道路或幾種方式。一條是哲學思維方式的道路。儒家運用正面和肯定的思維，確認現實社會和人生的價值，悽悽惶惶奔走救世，追求自己的理想和價值目的。道家則是運用負面和否定的思維，通過對現實社會的種種罪惡的揭露，以及對人生諸多煩惱的排遣，來為自己的存在尋找理由，平衡身心關係，抒發對理想境界的向往。儒家正面求解，通過對仁義道德的正面倡導，來表達自己修齊治平的願望。道家以反求正，通過知雄守雌、主靜貴柔來為人們設立安身立命之道。儒家貴陽剛，道家主陰柔。而這正與負、肯定與否定、積極與消極、陽剛與陰柔完全是可以互補而且也應當互補的。南懷瑾先生指出，孔子是個文化醫生他從正面入手來對社會文化的疑難雜症作出診斷，投以對症的藥石，嘗試解決當時社會、文化所面臨的難題。老子是醫生的醫生。「他認為儒生們開的藥方，對是對，但是藥吃多了，難免又會出毛病，副作用在所難免。光講仁義道德，說得天花亂墜，有人自然要加以利用，做出假仁假義，欺世盜名之事，結果弄巧成拙，照樣害人。」正是基於此種認識，老子「便從反面來對症下藥」〔註6〕。我們知道，每一件事情或現象都有正反兩方面。光考慮正面或只考慮反面都有自身的局限性，也許正是這樣，儒道兩家在哲學思維上可以互補也應當互補。二是倫理學和人生哲學的道路。儒家人生態度是積極進取的，入世的。雖然儒家思想也有一

〔註6〕南懷瑾：《老子他說》，北京：國際文化出版公司1991年版，第189頁。

些超世或出世的思想因素，但從總體上看則是入世的。儒家向往修身、齊家、治國、平天下，追求「立德、立功、立言」和「內聖外王」，充滿著「知其不可而爲之」的救世精神。孔子念念不忘的是「克己復禮」，是「博施於民而能濟眾」，他懷著「老者安之，少者懷之」的人生理想周遊列國，到處宣傳自己的思想主張，倡導行德治、敦風化俗和殺身成仁。宋儒更以「爲天地立心，爲生民立命，爲往聖繼絕學，爲萬世開太平」自許，浸潤著強烈的主體意識和入世情懷。與儒家積極進取和入世的人生態度迥然相異，道家睥睨萬物、鄙薄功名、笑傲王侯，他們主張齊是非、齊萬物，「遊乎塵埃之外」，以避世遊世和超世作爲人生的最佳選擇。老子覺察了人類智巧的危機，以絕聖棄智爲人類之最大福音，又覺察了人類勞役的徒然，故教人「行不言之教，處無爲之事」。老子退隱，莊子不爲功名利祿所動。他們不爲權貴所羈，氣志孤傲，自命清高。據載，楚威王聞莊子賢，使以厚幣迎之，許以爲相，卻被莊子厲聲拒絕了，他「寧遊戲污瀆之中自快，無爲有國者所羈，終身不仕，以快吾志」。〔註7〕老莊的思想集中地反映了當時一部分避世之士的社會心理和人生態度。正如林語堂所說，儒家的入世可謂工作姿態，道家的避世則是遊戲姿態。在中國每勸服一個人「與家庭團聚而重負俗世之責任，常引用孔子的哲學理論；至遁世絕俗，則都出發於道家的觀點。」〔註8〕儒家入世，故心在廟堂之上，一心想參政；道家避世，故鍾情於山林，淡化當官心理。而這兩者形成了既相互對立、又相互補充的關係，爲中國人提供了進退取守皆可從容對待的精神調節劑。有時候，入世與避世、醉心廟堂與鍾情山水會在一個人身上或所有士人身上都有表現，他們在志得意滿、有所作爲時崇尚儒家，而在官場失意，命運多舛時又醉心道家。儒道兩家所提供的人生態度和價值取向，恰好足以適應人們在不同境遇中的精神需要，可以維持人們在處境變化中的心理平衡。不僅如此，道家的避世和超脫精神還可以使人們的救世濟民活動獲得更強大的精神支撐，即以不執著任何世俗去對待世俗，把救世濟民活動看作是一件自自然然的事情，因此既不需要任何外在的旨意和命令，也不需要任何內在的狂熱與激情，達到「以天地胸懷來處理人間事務」，「以

〔註7〕《史記·老子韓非列傳》。
〔註8〕林語堂：《中國哲人的智慧》，北京：中國廣播電視出版社1991年版，第186頁。

道家精神來從事儒家的業績。」〔註9〕三是文學藝術的道路。儒家強調「詩言志」、「文以載道」，重在人的心理情性的陶冶塑造和社會現實的批評改造，突出文學藝術的教化功能和現實效用，充溢著一種現實主義和功利主義的價值精神。可以說，儒家始終關懷著人生、關注著社會、關心著現實，以理性之光照耀藝術思維，以人道主義浸潤藝術苗圃，倡導「詩以言志」、「比德喻志」、「興觀群怨」、「樂而不淫」和「盡善盡美」，認為眞正的美是內在的人格的善表現於外部的東西，藝術之美只有附麗人格的善並使人生在充滿善的仁義之光時才能顯現出來，從《毛詩序》「經夫婦，成孝敬，厚人倫，美教化，移風俗」到杜甫「致君堯舜上，再使風俗淳」，「窮年憂黎元，濟時肯殺身」，表現的是一種關注現實和人生的現實主義和道德主義傳統。道家則不同，它強調的是「天地有大美而不言」，主張衝破狹隘實用的功利框架和現實世俗的人倫綱常，強調藝術和美的獨立，肯定浪漫不羈的形象想像，熱烈奔放的情感抒發和獨特個性的追求表達，向往「摶扶搖而上者九萬里」，「背負青天而莫之夭閼者」〔註10〕的「御風而行」、「遊於無窮」，以及以排除耳目心意的感受情緒為前提、以忘懷得失、忘己忘物為特點的「天樂」。這種逍遙遊與天樂並不是一般的感性快樂或理性愉悅，它是一種超現實、超世俗的審美境界和浪漫情懷，是一種感應天地、映照萬物，與宇宙自然合一的最高的快樂和眞正的自由。可以說，道家的浪漫主義精神不僅造就了許多文人藝士風流倜儻的獨立人格，而且也鑄就了中國文學藝術自然雋永的審美風範以及馳騁於天地之間的博大精神。然而，道家浪漫主義雖與儒家現實主義迥然有別，但卻恰恰可以相互補充。亦如李澤厚在《華夏美學》一書所說，道家超利害、反異化的思想可以「轉化爲出污泥而不染的超脫、獨立等肯定性的正面價值，即是說，道家的否定性論斷和超世形象轉化成爲現實生活和文藝，美學中的儒家的肯定性命題和獨立人格。這不但是對儒家原有的『危行言遜』『其智可及也，其愚不可及也』的極大提升，而且成爲『自然的人化』的高級補足：自然在（1）生活（2）思想情感（3）人格這三方面都成了人的最高理想，它們作爲『人的自然化』的全面展開（生活上與自然界的親近往來，思想情感上的與

〔註 9〕　馮友蘭：《新原人》，《三松堂全集》第四卷，鄭州：河南人民出版社 1986 年版。

〔註10〕　《莊子‧逍遙遊》。

自然界的交流安慰，人格上與自然界相比擬的永恒形象），正是儒道互補的具體實現。」〔註11〕

在中國思想文化史上，儒道互補既通過以改造了的道家思想解釋儒家經典和援道入儒的方式來進行，也通過以改造了的儒家思想來解釋道家經典和援儒入道的方式來進行。前者如王弼、何晏等正統玄學，他們給名教的來源和存在以玄學的論證，意在援道入儒來挽救名教的危機，後者如東晉道家代表葛洪，他肯定儒家應世的必要，致力於新的儒道合流，主張以道家養生成仙為內，以儒術應世為外，並認為「道者，萬殊之原也；儒者，大淳之流也」，「道之為源本，儒之為末流」。〔註12〕葛洪特別推崇黃帝，認為黃帝「先治世而後登仙」，既是治世之聖人，亦是得道之聖人。葛洪以後，寇謙之、陶弘景等道教學者企圖系統地以儒家禮法改革道教的內容，使儒家倫理綱常宗教化，宣稱「臣忠子孝夫信婦貞兄敬弟順」，並把反對儒家所宣揚的倫理綱常的思想言論視為「惑世亂民」的「詐偽邪說」。儒道互補說明儒家思想的前進與發展需要道家的思辨理論和超越精神作動力，同時也說明道家思想的挺立與綿延也不得不以儒家思想的經世致用和內聖外王作武器。儒道是互相需要的，離開了道家，儒家不成其為儒家；同理，離開了儒家，道家也很難存活與發展。

三、道家與佛家的吸收融合

佛教傳入中國後，儒道互補的結構又多了一極對應的參照系，從此以後形成了儒、佛、道三者在相互鬥爭、彼此頡頏中走向相互吸收、相互融合的格局。

三教合一的主張早在魏晉時期已露端倪。佛教在兩漢之際傳入中國，儘管它有自己獨特自成的理論體系，但為了使自己在中國紮根，不得不依附於當時占統治地位的黃老之學和神仙方術，形成帶有道家色彩的佛學。武詡在談到當時譯傳的佛家《四十二章經》時指出：「此經與《太易》、《老》、《莊》相表裏」，說明佛經的譯傳一開始就打上了濃厚的道家烙印，當時的佛教徒也自稱其學說為「佛道」。正是由於東漢佛道的結合，使佛教在中華大地站穩了腳跟並在魏晉時期獲得了新的發展。魏晉時期以「六家七宗」為代表的

〔註11〕《李澤厚十年集‧美的歷程》，合肥：安徽文藝出版社 1994 年版，第 308 頁。
〔註12〕《抱朴子內篇‧塞難》。

空觀智慧，以鳩摩羅什和僧肇為代表的般若學和以竺道生為代表的涅槃佛性說既標誌著中國佛學走上獨立發展的道路，也是佛學吸收、融合魏晉玄學以豐富自己的結晶。魏晉玄學本質上是揉合儒道的產物，般若學吸收、融合玄學亦即是吸收、融合儒、道，實際上開了儒、釋、道三教合一的先河。東晉時道教學者葛洪提倡三教合一，從此使三教合一成為一種社會的思潮。北魏時期的寇謙之以儒家名教來改革道教的內容、訓戒道徒，並在製作道教戒律時把佛教生死輪迴的思想引入道教，他所創立的新道教即是融合儒、釋、道三家思想的產物。南朝陸靜修也是以三教融彙為宗旨創立新道教。陶弘景更是大力提倡三教合流，主張儒釋道三教並修，他說：「萬物森羅，不離兩儀所育；千法紛集，無越三教之境，」〔註13〕「崇教惟善，法無偏執」。他不僅於茅山道觀中建佛道二堂，敬事佛教同於道教，而且訓詁儒家典籍，主張率性修道、使性成真。他所創造的以道為主兼融佛儒的理論形態，為宋明理學的形成奠定了基礎。魏晉時期，一部分佛家學者也強調三教合一，他們在融合佛道的同時積極調解佛儒之間的矛盾，把佛教的五戒比附於儒家的五常，認為佛教教義並不違背忠君、孝親的儒家道德規範。慧遠說：「悅釋迦之風者，輒先奉親而敬君」，〔註14〕佛教「拯溺俗於沉流，拔幽根於重劫，遠通三乘之津，廣昇天人之路，是故內乖天屬之重而不違其孝，外闕奉主之恭而不失其敬」。〔註15〕又說：「道法之於名教，如來之於堯孔，發致雖殊，潛相影響，出處誠異，終期相同」。〔註16〕不僅如此，一些儒家代表人物也主張在保持儒家主導地位的基礎上融合佛、道，他們不斷從佛、道那裡吸取思想資料以補充和豐富儒家思想，認為沙門主性善、倡仁慈同封建綱常有默契之處，肯定佛教天堂地獄之說「助世勸善，甚利甚優。」

三教合一的最後成果是宋明理學的產生。宋明理學雖被後人稱之為新儒學，但它本身是儒釋道長期鬥爭和相互作用的產物。理學家通過融合儒佛道，把不可思議、不可名狀的空無之道變為統攝人倫物理的實有之道，把「經虛涉曠」的名理清談變為格物窮理的理性追求，把「止觀」、「定慧」的宗教修持變為「主敬」、「立誠」的道德修養。在理學家看來，儒家重視倫

〔註13〕　《華陽陶隱居集・芳山長沙館碑》。
〔註14〕　《弘明集・沙門不敬王者論》。
〔註15〕　《弘明集・答桓太尉書》。
〔註16〕　《弘明集・沙門不敬王者論》。

理實踐而疏於哲理論證，佛、道精於哲理思辯而流於寂滅空虛。爲了恢復並強化儒家所提倡的倫理道德觀念，他們「出入於老釋」，吸收佛道二教思想，建立了一個以儒家倫理綱常爲核心，以佛、道的修養原則和思辯邏輯爲立論依據的融合儒釋道的三教合一的思想體系。因此，理學家並非醇儒，他們的宇宙觀、認識論、倫理觀、修養論，都直接或間接地打上了佛、道的印記。

四、中華傳統文化的三維結構

儒、佛、道三家合流說明儒、佛、道三家各有自己獨特的優長之處，同時也有自己不可避免的偏弊之處。儒家崇德性，道家講道心，佛家言佛性，儒佛道的融合即是德性、道心和佛性的融合，三者形成中國傳統文化的有機而完善的結構。在這個結構中，剛、柔、忍三位一體，入世、避世、出世相互補充。以宋明理學言，儒家倫理是主幹，它集中體現了血緣、情理、入世的文化方向特徵，道家智慧是中國文化自身產生的調節與補充的機制，佛家信念則是中國文化融合外來文化，同化改造外來文化而產生的調節與完善的機制。如果說儒家倫理強調的是入世的道德進取，道家智慧展現的是避世的人生悟性，那麼佛家信念建立的則是出世的精神慧命。儒佛道三者的合流使中國傳統文化既具有情感的特性，又具有理性的品格，同時還具有超理性或直覺的功能；既具有世俗的關注性，又具有世俗的超越性，還具有宗教的神聖性，從而使中國傳統文化成爲包容甚廣、具有相當的調節和完善機能的開放的彈性的結構系統。儒、佛、道三家對中國人的關係如同南懷瑾先生所說的，可以糧店、百貨店和藥店來比喻或形容。儒家像糧食店，它提供給中國人以精神食糧；佛家像百貨店，它提供給中國人各式各樣的生活用具，可以去買東西，也可以去逛逛觀光；道家則像藥店，一旦人們生病，非自動找上門去不可，每到人們失去精神寄託的時候，每到社會衰亂的時候，道家就會受到歡迎。

總之，無論是儒道互補亦或是儒佛道三教合流，均說明道家思想在中國傳統文化體系中佔有不可或缺的地位。從某種意義上說，道家思想綜羅百代、廣博精微，包括了中國上下五千年的文化智慧。所以魯迅先生說：「中國根柢全在道教。」〔註17〕所以李約瑟博士說：「中國如果沒有道家，就像大樹沒有

〔註17〕 魯迅：《致許壽堂》（1918 年 8 月 20 日），《魯迅全集》第 9 卷，北京：北京人民文學出版社 1958 年版，第 285 頁。

根一樣。」〔註 18〕道家思想是中國傳統文化的根和主動脈，不研究道家思想
文化，也就無法真正破譯中國傳統文化的密碼，也就無法從整體上理解和把
握中國傳統文化。

　　（選自《自然與道德：道家倫理道德精粹》，湖南大學出版社 1999 年 3
月版）

〔註 18〕《李約瑟文集》，瀋陽：遼寧科技出版社 1986 年版，第 255 頁。

道家倫理思想的精神實質論

　　過去相當長一段時期，人們總是依據道家剽剝儒墨、抨擊儒墨所宣揚的仁義道德而得出道家否定倫理道德、本質上是一種非道德主義或道德虛無主義的結論。筆者認為，這一觀點是很值得商榷的。道家抨擊儒墨道德並不意味著道家否定一切道德。事實上，道家是以尊道貴德而被稱之為道家或道德家的。道家所崇尚的道德，就精神境界和純粹性而言，也許比儒墨道德要高和更為純粹。道家的倫理思想是一種主張「道法自然」〔註1〕並將自然界定為素樸率真和少私寡欲的特殊自然主義倫理思想，一種強調尊道貴德、崇尚為而不恃、功成弗居，既以為人己愈有，既以與人己愈多的真正的道義論倫理思想，一種對道德形式主義和道德功利主義持批判態度，主張「大丈夫處其厚，不居其薄；處其實，不居其華」〔註2〕的深邃的實質主義倫理思想。道家倫理思想肯定大公無私、多予少取和積善成德，提出「以德報怨」，「利而不害」等命題，包含著不少可供我們批判繼承的合理因素。新世紀隨著經濟文化的快速發展，道德建設的任務尤為艱巨，科學地省思和全面地總結道家倫理思想，取其精華，棄其糟粕，對於社會主義倫理文化建設具有其特殊的意義和價值。

一、特殊的自然主義倫理思想

　　道家倫理思想是以「道法自然」的思想為起點和基礎並自始至終貫穿這種基本精神、且受制於這種基本精神的，可以說道法自然的思想是道家區別

〔註1〕 《老子》第二十一章。
〔註2〕 《老子》第三十三章。

於儒墨名法諸家思想的內在特質。儒墨名法的倫理思想均以區分自然與人為起步，競相把道德歸屬於人類社會生活的領域，強調道德是聖人創設的產物，突顯了道德的人為性或主體自覺性。道家的代表人物老子和莊子在人類文明的初始階段就深刻地意識到，宇宙是一個有機的整體，人和人類社會同樣是這個有機整體中的一部分，天地萬物及其人類都受制於道或德的支配。道本身則是自然而然的，以自然為自身行為的根本法則。「道法自然」，是說道以自然為歸屬或本性，它既沒有為什麼，也不存在為什麼，一切都是自自然然，法爾如是的。落實到人類的道德生活上，道家要求人們把講道德視為自己天性的自然，利而不害，為而不爭，在自然的狀態中把握和體悟道德，不要有什麼功利或非自然的目的，不能把道德當做一種謀利計功的手段。

西方倫理思想史上曾盛行著一種將現有等同為應有、并竭力為人的物質欲望辨護的自然主義理論。同西方倫理思想史上的自然主義相比，道家的自然主義是一種富有東方特色的自然主義倫理思想。

第一，道家的自然主義倫理思想認道德為自然，賦予道德以自然的功能與特質，含有將道德自然化的色彩。它將道德立於自然的基礎之上並受制於自然規律的支配，使人類的道德通於貫穿天地萬物的大道或自然規律，建構起了天人合一、合人於天的倫理思想體系。這種天人合一、合人於天的倫理思想體系，既具有道德形而上學的意蘊，又不失嚴肅主義的性質，因而是一種高揚道德價值和權威並帶有一定的絕對主義內涵的倫理觀。而西方的自然主義大多認自然為道德，賦予自然以道德的性質與意義，含有將自然道德化的色彩。它建立起的是一種以人制天、合天於人的倫理思想體系。這種倫理思想體系突顯了人的主體性和天人關係的對抗性，帶有用人類中心主義和個人本位主義來消解道德理想主義的因素，它沒有也不可能強調道德的神聖性和至上性，肯定道德的絕對價值和權威。如果說西方的自然主義倫理思想本質上是一種道德手段論，通過賦予自然以道德的意義來為人們的世俗提供道德辯護，最終把道德置於世俗利益的宰制之下，使道德僅僅具有手段的意義，那麼道家的自然主義倫理思想本質上則是一種道德目的論，它通過賦予道德以自然的功能與性質來為合於自然的生活作論證，將道德與自然合為一體，使道德具有了目的和內在的意義與價值。

第二，道家的自然主義倫理思想注重和論及的自然是一種為而不爭、利而不害的狀態或規律，它不僅先在地是道德的，而且還是人類道德的母體和

根源。在道家那裡，自然的即是善的和道德的，善或道德是自然的表現形態或自然作用於萬物的方式，沒有自然是不善或不道德的。與不善或不道德相對應的是不自然。既然道家的自然是一種爲而不爭、利而不害的狀態，那麼它就絕不是西方自然主義倫理學所認可的自然欲望或感性快樂。道家認爲，宇宙間的萬事萬物都是自然質樸的，人作爲自然界的一部分，其本性亦是如此，自然質樸也即是一種未加文飾造作或受到後天污染的清純淨美。據此，道家在倫理觀上推崇「見素抱樸」，「少私寡欲」，並認爲「少私寡欲」是人性自然的基本特徵和要求。老子指出，五色繽紛使人眼花繚亂，五音紛雜使人聽覺不靈，五味鮮美使人味覺失常，馳馬狩獵使人顛狂放蕩，難得的財貨使人行爲不軌，所以聖人治理天下，教導百姓只取那自然生活所必須的，而不爲外物所誘惑。〔註3〕可見，道家的自然主義與西方自然主義把自私利己、自愛自保、趨樂避苦視爲人的自然本性，進而認道德爲促進個人私利實現的觀點可謂天壤之別。道家的自然主義綜合著超利己主義超功利主義、超快樂主義和超物欲主義等多種因素，它並不是一種訴諸人的感性欲求，注重人的物質生活需要並以此來界定善與正當的自然主義，而是一種對人的感性欲求持批判態度，認自私利己、巧取豪奪、貪得無厭爲不自然的自然主義。

　　第三，道家的自然主義倫理思想注重和論及的自然是一種涵攝天地萬物和人類的有機整體，或者可以說道家的道德是一種集天道、地道、人道、物道於一身的道德，這是一種納宇宙倫理、社會倫理、個人倫理於其內的大小皆備、宏微合體的綜合性倫理學或聯貫性倫理學。這種倫理學強調人與天地萬物的有機聯繫，視人爲自然界的一部分，力倡效法自然，遵循自然界的共同規律，按照自然的要求行爲，反對破壞自然的嬌飾和一意妄行。天、地、人的存在與發展各以貫注並內在其中的道爲根本，「人法地，地法天，天法道，道法自然」。〔註4〕人法地即是以大地爲師，效法大地那種大公無私、無所不包的偉大精神。地法天是說大地以天爲效法的對象，取天之廣袤無垠、剛健不息自完其身，此處含有大地倫理以宇宙倫理爲歸屬和依託的意蘊。而宇宙倫理師法的則是「道」，遵循「道」的法則或規律並以「道」爲最高主宰或終極目標。「道」本身即是自然而然，它使天地萬物與人類按照自然的原則運行與生長。這就建立了一個將個人倫理、社會倫理、大地倫理、宇宙倫理統一

〔註3〕　參閱《老子》第十一章。
〔註4〕　《老子》第二十一章。

起來的博大精深的倫理思想體系。這是道家自然主義倫理思想的恢弘與卓異之所在。而西方的自然主義倫理思想由於以人的自然欲望取代作為整體的自然，建構起的只是一種將人從自然界中分離開來的人類中心主義和個人本位主義倫理觀。綜合性或整體性的道德觀在西方自然主義倫理思想家那裡是不可想像的。道家自然主義倫理思想崇尚自然，非但不為這種自然為人的趨樂避苦的自然欲望辯護，相反還對人趨樂避苦的自然欲望持一種批判的揚棄，更與個人主義或利己主義倫理學毫無共通之處。道家自然主義倫理思想雖然對理性和知識頗有微詞，甚至有把知識與道德對立起來的言論，但通觀道家倫理思想的精神旨趣，它本質上是一種融理性主義、直覺主義於一體的特殊的理性主義或直覺主義，這是由其「道法自然」的理論基礎所決定的。「道法自然」既強調了「道」的內在價值，又突顯了「道」的自然性能，注重「道」的內在價值包孕有對道德規律和道德理性的尊重，導向的只能是道德觀上的理性主義。肯定「道」的自然性能，含有對道德的尊重並不必然地以人的理性思維或認識能力為條件，也許排除一切私欲雜念，「致虛極，守靜篤」的神秘直觀或「玄鑒」是達到對道德真精神覺解的重要方式，這又是一種特殊的直覺主義。

二、真正的道義論倫理思想

　　道家因其以「道」作為天地萬物的本原和人類觀念形成的總法則而著稱於世。而道家所論及和探究的「道」，本質上又是自然而然的，這就要求人類把講道德視為一種出自自然本性的行為，純化道德動機，端正道德意向，因此，可以說道家的倫理思想是一種真正的道義論倫理思想，它強調了尊道貴德的必要性和正當性，確立起了為而不恃、功成弗居和以德報怨的道德原則或觀念，弘揚了道義的精神和價值。與儒墨的道義論倫理思想相比，道家的道義論倫理思想更少一些功利主義的因素，道義的目的性價值更為顯明，因而也更為純粹。

　　首先，道家倫理思想以尊道貴德為其基本的價值視角和理論基點，充滿著對道和德的崇拜與敬畏，要求人們從內心深處樹立起道德的權威，學會按道德的法則立身處世，待人接物。在老子看來，「道」為天地之始和萬物之母，是天地萬物包括人類社會產生和發展的總根源。「德」是「道」的具體表現和功能效用，是每一具體事物包括人類得道而成的本然之性和發展動力。道生

萬物，德畜萬物，所以萬物莫不尊道貴德。尊道貴德突顯了道德的權威、尊嚴和價值，要求人們把講道德視爲一種內在的義務，不以講道德去謀取功名利祿或物質財貨，它在倫理價值觀上導向的只能是道義論或義務論，而絕不可能是功利論或目的論。

其次，道家倫理思想所論及和探究的道德是一種「生而不有，爲而不恃，功成而不居」〔註5〕的「玄德」和「不以德爲德」的「上德」，這種「玄德」和「上德」本質上具有利他爲公的性質，充滿著一種大公無私的精神。老子認爲，道德是利而不害、爲而不爭的，它們生長萬物但並不以萬物爲私有，促使萬物成功但不自恃有功，給萬物以利益而不希望從萬物那裡得到回報。人類尊道貴德，就應該效法天地自然之道，公而忘私，追求而不要佔有，奉獻而不要回報，利而不害，爲而不爭。老子從「道沖而用之或不盈，淵兮似萬物之宗」的認識出發，強調人在道德面前不存在「能不能」的問題，只存在「願不願」的問題，人對道德的需求永遠不會過度，利他爲公永遠都不會多餘。在老子看來，人生的意義和價值在於利他爲公，能夠幫助他人的人本身是最幸福的人。這是一種眞正的道義論倫理思想，它高揚了道義的精神與價值，把道義視爲人生的最高需要和最優需要，有助於人們更自覺地遵循和崇尚道義。

再次，道家倫理思想依據「多予少取」的處世原則，提出了「善者吾善之，不善者吾亦善之」和「以德報怨」的命題，主張超越「以德報德，以怨報怨」的常人道德層次，向「博愛」、「廣納」的道德境界攀登。從「既以爲人己愈有；既以與人己愈多」〔註6〕的觀點出發，老子主張善待一切人，「善者吾善之，不善者吾亦善之」。在老子看來，「善人者，不善人之師；不善人者，善人之資」〔註7〕。從善待一切人的觀點再進一步，老子主張「以德報怨」。人世間，由於彼此之間的利害糾紛和衝突，總是產生其特有的恩怨關係。如何對待人與人之間的恩怨關係，大體上有三種態度：一是恩將仇報，以怨報德，現實生活中那些忘恩負義、背信棄義的人即屬此類。二是恩怨分明，以怨報怨，以德報德，亦即人待我好，我亦待人好，人待我壞，我亦待人壞，這是一般人都能做到的。三是以德報怨，這是道家所推崇和主張的。老子鄙

〔註5〕　《老子》第二章。
〔註6〕　《老子》第八十一章。
〔註7〕　《老子》第四十九章。

視和反對「以怨報德」，對「以德報德」，「以怨報怨」也頗有微詞，認爲眞正有道德的人總是能夠以恩德回報仇怨，他人對我不好，我不能因他人對我不好即對他人不好，相反應以自己眞誠友善的舉動去感化、感染和感動他人，使其抑惡揚善，棄惡從善，這樣才能造就有道德的氛圍和風氣，推動人類道德生活的進步。

由上可見，道家的倫理思想從道德價值觀上考察可謂是一種眞正的道義論倫理思想。這種倫理思想不僅肯定道德的權威和價值，主張尊道貴德，按照道德的原則和要求而生活，而且崇尚利他爲公、多予少取、以德報怨，指向和追求的是一種崇高的道德風尙和精神境界，建構起的是一種比儒墨道義論色彩更濃、意蘊更深的道義論倫理思想體系。如果說儒墨的道義論倫理思想是一種滲透著較強的功利主義因素的有條件的相對道義論倫理思想，那麼可以說道家的道義論倫理思想則是一種包含著「爲道德而道德」的思想因素的純粹的道義論倫理思想。這恐怕是道家倫理思想總是能矯儒墨道德觀之偏，純化、淨化社會道德風氣的主要原因。

三、深邃的實質主義倫理思想

實質主義是相對於形式主義而言的倫理學理論或派別，它強調道德內容的豐富性和道德行爲的眞實性，主張把講道德化爲一種內在的自覺，從內在精神上充實和提升自己的道德境界。道家倫理思想還有一個顯著的特點即重內容而不重形式，主張「處厚不處薄」、「居實不居華」，崇尚眞實深厚的道德意境和道德追求，純化自己的道德動機，保持自己道德人格的純粹性和眞實性，反對道德形式主義和借道德之名以謀取自己的功名利祿或富貴榮華，即便是處混濁之境也要「出污泥而不染」，抱樸守眞，率性而行，不苟且偷生，不隨波逐流，不因社會道德的問題而放鬆自我道德的修養和道德追求。氣岸高標，獨與天地相往來，「貴食母」，一直是道家倫理思想所看重和推崇的。

反對道德形式主義。道家深入地批判並抨擊了儒墨竟相宣揚仁義兼愛的道德理論，認爲儒墨「有爲」的道德脫離了道德的眞精神，在社會生活中產生了消極的影響，以致成了貪利者的假借之器，造成了「捐仁義者寡，利仁義者眾」的道德實用主義局面。莊子明確地把儒家的仁義道德視爲桎梏人生的鈎繩規矩，並進而認爲儒家的仁義道德「殘生傷性」，實與爲貨財而殉身沒有區別。在老莊看來，孔孟所宣揚的仁義道德本質上是一種以講道德取悅於

人、許諾講道德會給人帶來種種好處的「下德」，仁義道德的宣說使社會的道德風尚日趨淺薄，人人試圖通過講求仁義道德來謀取自己的功名利祿，形成了爲之仁義以矯之，則並與仁義而竊之，天下莫不奔命於仁義的狀況。莊子指出：「自三代以下者，天下莫不以物易其性矣。小人則以身殉利，士則以身殉名，大夫則以身殉家，聖人則以身殉天下。故此數子者，事業不同，名聲異號，其於傷性以身爲殉，一也。」〔註8〕莊子把儒家所宣揚的仁義道德視爲多餘的贅物，尖銳地抨擊了儒家標榜和宣揚仁義道德，認爲它只能閉塞天性，遺禍社會，使道德發生異質性的變化，最終成爲不道德。

崇尚率眞質樸，倡導特立獨行。道家反對道德形式主義，向往一種眞樸自然的道德。這種道德出自本然之性，它不以德爲德，講道德不是爲了什麼，也不存在爲什麼，認爲它自身就是自己的目的。老莊認爲，宇宙間的萬事萬物都是自然質樸的，人作爲自然界的一部分，其本性也是如此。他能夠而且應當以眞樸本然之性立身處世，接物應對，純眞誠實。老莊在道德上最反對矯揉造作和刻意妄爲，反對把講道德視爲一種謀利計功和追求私欲的手段的道德實用主義或道德形式主義。一旦道德淪爲謀利計功的手段，道德就變質或蛻化爲非道德乃至反道德的東西。在莊子看來，「悲樂者，德之邪也；喜怒者，道之過也；好惡者，德之失也。故心不憂樂，德至也。」眞正合乎自然的道德是「純粹而不雜，靜一而不變」。

道家深刻地認識到，社會生活總有與道德精神相背離或相衝突的一面，人也並不總是自然地合乎道德的。因此，如何在非道德的社會生活中遵循道德的要求，使自己成爲一個有道德的人，一直是道家所最爲關心的倫理問題。道家總的思維趨向是人不能因爲社會生活中存在非道德的現象就不講道德，不能因爲他人不講道德就得出我也可以不講道德的結論。道家崇尚特立獨行，主張效法展翅高飛九萬里的大鵬。儘管道家也講入世和應世，甚至主張和光同塵，挫銳減紛，但道家入世和應世的目的並不是完全與世沉浮，隨波逐流，而是更好地保全自我和實現自我。道家在主張處世講究外圓的同時更強調「內方」，其核心點是出世而不超塵，入世而不流俗。從這種遺世獨立或特立獨行的觀念出發，道家強調貴身賤物、物物而不物於物，把保守自我的道德獨立性和純粹性，過一種豐富的精神生活看得比什麼都重要。

主張處厚居實，向往博大宏闊。道家崇尚眞樸本然的道德，並不意味著

〔註8〕《莊子・駢拇》。

道家所追求的道德是 種單一淺薄，無什麼內涵的道德。事實上，道家所論及和探究的「道」本身是內涵豐富、奧妙無窮的，它集高遠廣大，平實簡易和精湛深幽於一體。道德的追求永遠不會有終極的目標，道德的修養永遠不會有絕對的頂點，道德的發展也永遠不會有自己的盡頭。不同時代的人只能近似或相對地把握和體悟道德，在道德的追求和修養上總是呈現為不足或不圓滿的狀況。因此，道家告誡人們應當虛懷若谷，謙卑為懷。老子說，「大丈夫處其厚，不處其薄；居其實，不居其華」，薄而不厚、華而不實向為老子所鄙視。他認為人們修道德就應該效法天地萬物，既自強不息又厚德載物，以剛健的精神律己自為，以寬厚的胸懷待人接物。只有這樣，才能真正使自己成為一個有道德的人，也才能推動人類道德文明的不斷進步。

從道家倫理思想的上述基本特徵可以看出，道家倫理思想是我們民族倫理智慧的重要組成部分，包含著不少可供我們批判繼承的合理因素。在全球化浪潮洶湧澎湃、競爭日趨激烈的今天，在建立和健全社會主義市場經濟體制、建設高度的社會主義精神文明的今天，重新審視道家倫理思想，批判地吸取其合理的因素，無論對於建立公正合理的全球經濟政治新秩序，亦或是振興我們的民族和國家，都是具有意義的。道家倫理思想既是民族的又是世界的，它是中華民族對世界倫理文化所作出的卓越貢獻。道家的超邁與博大，儒家的貴和與樂群，曾使中華倫理文明澤被寰宇，放射出耀眼的光芒。在新的世紀，重鑄我們的國魂和民魂以促進中華民族的全面復興，繼承和光大道家和儒家倫理思想的優秀傳統，將會是一件富有意義的重要工作。

（原載《湖南社會科學》2001 年第 2 期，《新華文摘》2001 年第 9 期全文轉載）

論道家政治倫理的合理因素

　　先秦儒墨道法諸家均把自己的主要精力集中在國家的治理、人心的安頓上，政治倫理是他們關注和爭辯的焦點。與儒家講禮治、法家講法治不同，道家主張「無爲而治」。以「無爲而治」爲核心，道家提出了自己系統而深刻的政治倫理理論，其中包括與民休息的爲政方略、眾皆平等的價值意識等。道家政治倫理思想既爲治政者設計了一套精微高遠的治國之術，又表達了百姓的內在心聲，前者爲治政者所欣賞與珍視，後者則爲百姓所認肯與贊同。正因爲如此，道家政治倫理思想既有爲治政者所喜歡又有爲治政者所不喜歡的因素，這種狀況決定了多數爲政者對它採取不即不離的態度，即需要它又不把它置於尊位。同時，眾庶百姓也有爲它既表達了自己的權益要求而贊許認同它，又有爲它維護治政者權益而疏離、冷落它。道家政治倫理思想是弱者的精神安慰劑，又是維護強者佔據物質優勢的特殊堤防。故道家政治倫理思想明顯地具有二重性。倘若我們置重政治機制完善與庶民百姓的根本權益，仍不難發現閃爍其中的思想光華。

一、無爲而治的價值取向

　　道家倫理思想既以深邃的哲理和終極關懷著稱，同時也以高妙的治術和人間精思名世，而既能夠顯示其哲理思辯深度又能夠彰昭其治政智慧玄妙的莫過於「無爲而治」理論的建立。無爲而治是道家政治倫理思想的核心。它的提出既有哲學上的根據，又有對社會現象的深入分析。從哲學上講，「道」永遠順任自然，不造不設，但萬物都由「道」而生，實際上卻又是無所不爲。侯王若能守著這個「道」，萬物就會各順己性，自生自長。「無爲」的政治觀

念是「自然」的天道觀念的社會化表現。從天道自然的哲學觀念必然要引出或推出人道無爲的政治觀念。

從社會現象上講，道家「無爲」觀念的提出是針對統治者強作妄爲、肆意伸張自己意欲的「有爲」而提出的。春秋戰國之際，天下大亂，統治者大多爲所欲爲，以求顯名當世。他們或者由於求生之厚，無休止地搜刮民脂民膏，以滿足自己「服文採，帶利劍，厭飲食」的奢侈生活，或者發動爭城奪地的戰爭，「爭地以戰，殺人盈野；爭城以戰，殺人盈城」。統治階級肆意妄爲，結果弄得民不聊生、國不能治。目睹社會生活存在的大量的假醜惡現象，一般人只限於憤憤不平，而老子卻要刨根問底，找到造成假醜惡現象的罪魁禍首。在老子看來，罪魁禍首正是統治階級貪得無厭、貴貨尚賢、法令滋彰的「有爲」。〔註1〕統治者的禁忌太多，弄得人民手足不知所措，法令森嚴，把人民捆得動彈不得。嚴刑暴虐，重稅搜刮，造成（朝政腐敗至極）田園荒蕪，倉庫十分空虛，人民食不飽肚的嚴重後果。老子通過對現實政治的深入考察分析，強烈地感覺到統治階級的「有爲」正是引發人間不平、天下大亂的內在根由。基於此種分析，老子提出了「無爲而治」的施政綱領，呼籲爲政亦應效法天道，清靜爲本，自然無爲。

道家提出的「無爲而治」，其基本涵義一是因任自然，二是不恣意妄爲。因任自然，是說統治者治理國家應當遵循自然的原則，讓人民自我化育，自我發展，自我完善，政府的職責在於輔助人民，使其充分地自由自在地活動，如此，人民自然平安富足，社會自然和諧安穩。老子認爲統治者超越自然的「有爲」，必然會引發其對個人私欲、權勢的無限追求，同時勢必榨取庶民百姓的脂膏，威脅人民的自由安寧和生存。因此老子提出「無爲」的觀念，要求統治者不恣意妄爲並藉以消解他們對人民生活的諸多強制與干預。老子的「無爲」並不是什麼都不做，而是因任自然，不恣意妄爲，是「爲無爲」。「無爲」作爲一種政治綱領和政治態度、政治方式，要求統治者任人民自由自在地發展自己和完善自己，不去干預他們正常的生活，擾亂他們的心智，增加他們的負擔。故「無爲」相對於那些自認爲自己是他人命運的裁定者，自以爲有資格對別人的事務有權管理的人，是一種限制，「無爲而治」強調因任自然，就不能不限制統治者個人的主觀行爲，它內在地包含有「管得最少的政府即是最好的政府」，以及尊重人民大眾的自由人權等民主性的命題。

〔註1〕《老子》第七十五章。

　　道家的「無爲而治」包含著十分豐富的內容，概括地講主要體現在君道無爲和治國無爲兩個方面。所謂君道無爲，就是君主遵循無爲而治的原則，清虛自守，卑弱自持，做到去私立公。因此君道無爲並不是消極被動地什麼都不爲。所謂治國無爲即是指國君及整個國家的統治者都能從國與民的血肉聯繫出發，自覺地將服務人民、維護人民的生存權益作爲自己的主要職責，不擾民，不欺民，制約自己以按人民的要求處理政務。

　　老子把「靜」視爲事物的本態，把「動」視爲變態，認爲國君不應該驚羨動和變，也不要爲動和變所迷惑，應該堅守清虛和安靜的原則，以靜觀自處，守弱用柔。老子說：「致虛極，守靜篤。萬物並作，吾以觀復。夫物芸芸，各復歸其根。歸根曰靜，靜曰復命。復命曰常。知常曰明，不知常，妄作，凶。知常容，容乃公，公乃王，王乃天，天乃道，道乃久，沒身不殆」〔註2〕。致虛是心智作用的消解，消解到沒有一點心機和成見的地步，才能不致蔽塞明徹的心靈，妨礙明晰的認識。致虛必守靜，透過守靜的工夫，才能深蓄厚養，儲蓄能量。在老子看來，宇宙之道是虛無而寧靜的。國君若是致虛守靜到極頂或篤實的地步，就能保持清靜無爲，做到無不周遍，領袖群倫。

　　君道無爲的另一個重要方面則是去私立公。老子認爲，聖人治理天下，守柔處下，就好像掌握左契，只給人看而不向人索取，故人心無怨。他以虛無爲體，以無用爲用，盡量幫助別人，自己反而愈充足，盡量給予人，自己反而更豐富。天道無私，對於萬物有利而無害，聖人善體天道，所以他的「道」是施予奉獻而不是與人爭名奪利。此即「聖人不積。既以爲人，己愈有，既以與人，己愈多。天之道，利而不害；聖人之道，爲而不爭」〔註3〕。在老子看來，君主治理天下國家應該效法天道自然，以無爲的態度來處理世事，實行不言的教導，讓萬物興起而不加倡導，生養萬物而不據爲己有，化育萬物而不自恃己能，功業成就而不自我誇耀。莊子也認爲，丘山因積聚卑小而成爲高，江河因匯合眾水而成爲大，大人因採納各方而成爲公。四時不同的氣候，天不偏私，所以歲序完成；五官不同的職務，君不自私，所以國家安定；文武不同的才能，大人不偏私，所以德性完備；萬物不同的理則，道不偏私，所以無所名稱。由此可見，君道無爲與去私立公、大公無私密切相關，或者說從君道的意義上講，無爲含有爲公不爲私的意義。在莊子看來，天無私覆，

〔註2〕　《老子》第十六章。
〔註3〕　《老子》第八十一章。

所以天清澈澄明；地無私載，所以地廣遠安寧；日月無私照，所以日月經天、光耀古今。君主倘能無私，就會福惠萬民，使天下太平。

「無爲而治」不僅要求君主無爲，更要求整個統治階級無爲。總的原則是希望統治者減少政事活動以尊重人民的個性，發展人民的自由和維護人民的權益。在老子看來，「我無爲，而民自化；我好靜，而民自正；我無事，而民自富；我無欲，而民自樸」〔註4〕。統治者以身作則順天應人而無所作爲，人民就會自然地自我化育，統治者清靜篤實守弱用柔而不妄作非爲，人民就會自然地端正自己走上正道；統治者若無刻意地標榜自我、不斷地花樣翻新、勞民傷財，人民便會自然地發展生產、自求富庶；統治者若無個人的野心、一己的私欲，人民也就自然地純眞樸實。因此，在統治者與人民之間存在著一種深刻的契合關係和連帶關係。老子說：「將欲取天下而爲之，吾見其不得已，天下神器，不可爲也，不可執也。爲者敗之，執者失之」〔註5〕，治天下應該本乎無爲。那些想用強力或人爲去治理天下的人，十有八九是達不到目的的。天下本是一種神聖的東西，既不能用強力來治理，也不能依人爲而把持。出於強力或一意孤行而治理天下，或想依人爲而加以把持，最終必定會失敗。世間的物性不同，人性各別，統治者應順應自然，因勢利導，允許差異性和特殊性的存在，讓人民的個性自由發展，千萬不能以強力施諸人民，否則就會造成削足適履的災難性後果。

老莊道家無爲而治的價值取向，在中國歷史上產生了極爲深遠的影響。它既不同於孔孟儒家所倡導的禮治，也不同於墨家所推崇的尚賢政治和法家所主張的法治，因爲儒墨法三家的政治主張雖各有區別，但基本取向均是「有爲政治」。在「有爲政治」聲浪一浪高過一浪的特定情境下，道家提倡無爲而治，確如鳳鳴朝陽，非同凡響。它雖說是中國古代爲政模式的不諧音符，但卻打開了另一種治政類型的大門，爲政治家選擇理想化的治政綱領提供了新的思考。道家無爲而治的價值取向深得歷史上一些政治家的認同和青睞，最突出的莫過於漢初和唐初統治者奉行無爲而治，分別開創了「文景盛世」和「貞觀盛世」的政治局面。中國歷史上每次大的社會動盪和朝廷易姓之後，一些志在長治久安、匡扶社稷的政治家總是自覺或不自覺地拿起道家無爲而治的理論武器，一方面放寬對人民的壓迫，與民休養生息，另一方面則要求

〔註4〕 《老子》第五十七章。
〔註5〕 《老子》第二十九章。

各級官吏克己自勵、去私爲公，「去甚、去奢、去泰」，從而贏得了民心，安定了秩序，使社會生產得以恢復，實現了由亂而治的社會轉化。

二、與民休息的治政方略

　　道家無爲而治的價值取向，反映到國家治政行爲中則是與民休息的治政方略。所謂與民休息是指建立在「以百姓心爲心」基礎上的尊重人民的生存權益和自由，使人民休養生息、各取所需、自得其樂，也即把人民的生存發展和平安生活視爲治國安邦的基礎。

　　老莊道家繼承了歷史上「敬德保民」的傳統，提出了「聖人常無心，以百姓心爲心」的命題，主張按照人民的意志和願望來治理國家，安定天下。聖人沒有私心和成見，凡事以百姓的意見爲意見。百姓善良的，固然善待他們；百姓不善良的，不但不摒棄，反而更加善待他們。因爲聖人是各因其用而用之，絕不失其善；這樣人人自然都會同歸於善。百姓信實的，固然要以信實對待；百姓不信實的，更應以誠信對待，因爲聖人是只守信實，不知虛僞，唯其如此，才能化去虛僞，使人人同歸於信實。聖人治理天下，是無私無欲，無莫無適的，他收斂自己的意欲，使人心思化歸於渾樸，不給百姓以擾動。聖人治天下貴在使人各順其性，各完其生，百姓心之所便，因而從之，百姓爲善，因而善之。百姓雖有不善者，聖人化之使善也。「聖人常無心」是指聖人無爲無欲，不倚於一物，湛然虛明，寂然不動，純乎道也。「以百姓心爲心」是指聖人尊重百姓的意願和要求，並以百姓的意願和要求作爲自己治理天下國家的意願和要求，因民之所利而利之，民之所惡而惡之。老子主張善待百姓，尊重百姓的意願和思想，千萬不能以統治者自己的意見限制百姓的意見，認爲政治就是尊重輿情民意。莊子也認爲，萬物雖賤，卻又不能不任其自然；百姓雖卑，卻又不能不隨從。優秀的治政者實行無爲而治，其實質是把政治視爲衆人的事，用百姓的智慧來管理國家並使國家的各項活動服務於百姓。

　　老莊道家不僅提出治國應以民爲本，以百姓心爲心的命題，而且主張在實踐上減輕人民負擔，使人民能夠生聚繁衍，安居樂業。要做到與民休息，必須做到：（1）省刑罰；（2）輕賦稅；（3）去禮文；（4）寬政務。老子反對苛繁的刑罰和法律，認爲「法令滋彰，盜賊多有」〔註6〕。法令過於嚴苛繁多，

〔註6〕《老子》第五十七章。

束縛人民的自由太過，謀生困難，盜賊就會越來越多。他主張「常有司殺者殺。夫代司殺者殺，是謂代大匠斲。夫代大匠斲者，希有不傷其手者矣」〔註7〕。司殺者本意指專司殺人的，此處指道或天道或天，意謂只有自然或天道才有權決定人的死生，人的死生本應屬於自然並服從於天道。代司殺者本意指代替專管殺人的，此處指偽託天道或假借天。老子強調，刑罰當以道處之，使人民的生死悉聽自然，而不應以人為的殺戮來代替自然之道。世上一般的執政者，往往憑自己的私意枉殺人命，替代冥冥司殺者的職責，還自以為是替天行道，這就好像不知技巧而去替木匠砍斲木頭一樣。凡是代木匠砍斲木頭的人，少有不砍傷自己的手的。老子對人民的力量有著清醒的認識，認為人民若飽受虐政苛刑到了不怕死的地步，以死來威脅他是毫無意義的。天下的法律繁多、刑罰嚴酷，但違法犯罪的人並未銷聲匿跡。原因是什麼呢？原因在於人是自然的一部分，人只會依循自然的律則行為，法律刑罰作為違背自然的產物只會引起人民的反感，人民不會在意法律刑罰的束縛與管制。老子認為，萬物的生死，早就操在冥冥中司殺者（道或自然）的手中，又何必人去參與其謀？可是現實中一些頑固不化或喪心病狂的統治者為了維護一己的權益，斧鉞威禁，在所謂法律的幌子下隨意殺人，殘害忠良，迫害無辜，使得許多人本應屬於自然的死亡，卻在年輕力壯時被統治者驅向窮途而遭刑戮。老子對當時嚴刑峻法逼使人民走向死途的情形，提出了沉重的抗議。莊子也主張省刑罰，認為刑罰只會加重人民的負擔，使人民失去天性的自由，活在一種恐怖拘束的枷鎖中，痛苦不堪。

輕賦稅是減輕人民的各種不必要的經濟負擔，使人民能夠獲得發展自身以更好地發展社會生產力的經濟條件。老子說：「民之饑，以其上食稅之多，是以饑。民之難治，以其上之有為，是以難治。民之輕死，以其上求生之厚，是以輕死。夫唯無以生為者，是賢於貴生」〔註8〕。人民為什麼飢餓？因為在上的人聚斂太多，弄得人民無法自給，所以才飢餓。人民為什麼難治？因為在上的人多事妄作，弄得人民無所適從，所以才難治。人民為什麼輕死？假使在上的人，能夠看輕自己的權勢，恬淡無欲，清靜無為，那麼比起貴生厚養、以苛政煩令來壓榨人民，就要好多了，這種情形也就不會產生了。在道家看來，食者充君之庖，稅者輸國之賦，食用當儉，賦稅當輕。要是統治者

〔註7〕 《老子》第七十四章。
〔註8〕 《老子》第七十五章。

横征暴斂、賦稅過苛，必然加重人民的負擔，使人民陷於飢餓困苦。所以賦稅太高太多，即是奪民衣食，上多取則下貧，故有「上之庫藏，民之怨府也。庫藏之物，民之膏血也」之說。從某種意義上講，任何社會的物質財富的總量都是一定的，統治階級徵收的賦稅過多，必然要影響到人民所擁有的財富總量。統治階級貴生厚養，使得人民生活難以爲繼，於是不得不鋌而走險並視死如歸，這樣不僅會影響到整個國家的財稅收入，還會禍及統治階級的政治統治。由此可見輕賦稅是與民休息的重要內容，也是統治階級鞏固自己的政權使其長治久安的重要因素。

不僅如此，道家還認爲，與民休養生息需要拋棄仁義禮文的說教與束縛。老子說：「失道而后德，失德而後仁，失仁而後義，失義而後禮。夫禮者忠信之薄而亂之首」﹝註9﹞。老子認爲，無形無迹的「道」顯現於物或作用於物是爲「德」，「德」有「上德」和「下德」，「上德」是無心的流露，「下德」則有了居心，「上德不失德，是以有德；下德不失德，是以無德」。「仁義」是從「下德」中產生的，屬於有心的作爲，已經不是自然的流露或自然之道的表現了。到了「禮」，就更注入了勉強和虛僞的成分，所以「禮」是忠信的不足和禍亂的開始。在老莊所處的時代，「禮」已演化爲繁文縟節，拘鎖人心，同時成爲統治階級剽竊名位的工具。「禮」的特點是講究文飾，過分的文飾必然會使人變得虛僞淺薄，華而不實，使人民內心不悅而又要勉強應付、逢場作戲，既浪費時間、精力和感情，又敗壞社會風氣，造成整個社會道德和官場道德的墮落。道家一方面批評禮文對人性的拘束和對人心的壓迫，認爲「禮」是忠信之薄而亂之首，另一方面力倡「處其厚，不居其薄；處其實，不居其華」，向往人性自然流露而不受外在制約的真正的道德的境地。

寬政務是指革除政務苛繁之弊，簡化爲政環節和手續。老子講「其政悶悶，其民淳淳；其政察察，其民缺缺」，﹝註10﹞莊子講「君子不得已而臨蒞天下，莫若無爲。無爲也，而後安其性命之情。故貴以身爲天下，則可以託天下；愛以身爲天下，則可以寄天下。故君子苟能無解其五藏，無擢其聰明。尸居而龍見，淵默而雷聲，神動而天隨，從容無爲而萬物炊累焉。吾又何暇治天下哉！」﹝註11﹞在老莊看來，只有以尊重生命的態度去爲天下，才可以

﹝註 9﹞《老子》第三十八章。
﹝註10﹞《老子》第五十八章。
﹝註11﹞《莊子・在宥》。

把天下寄付給他；只有以珍愛生命的態度去爲天下，才可以把天下託交給他。尊重生命、珍愛生命的最好表現是與民休養生息，使其各安性命之情，千萬不能好大喜功，過分追求所謂的治績，成天忙於事務性工作和文書案牘的處理，弄得上下疲於奔命。

老莊道家與民休息的治政方略的具體內容除以上四個方面外，還包括廉潔奉公、寬厚謙讓等方面。總的來說，道家主張簡刑罰、薄賦稅、去禮文、寬政務，表達了國家的政務活動必須圍繞人民的休養生息而運轉的觀念，體現了其尊德隆民、以人爲本的基本思想，既是對統治階級諸種治政行爲的批判、揭露與抨擊，也爲統治階級擺脫深重的政治危機、緩解統治階級與庶民百姓的矛盾衝突提供了一種較爲明智的治政模式。不僅如此，道家簡刑罰、薄賦稅、去禮文、寬政務的主張，實質是一種改革政治體制的弊端以更好地服務於庶民百姓的學說，中國歷史上許多革故鼎新、去舊布新的政治活動家，常常自覺不自覺地從道家思想中去尋找根據，足以說明道家這種政治倫理思想的價值。

三、衆皆平等的價值意識

道家從道通爲一及道本身周流無礙、公平無私的觀點出發，提出人人平等的價值主張，要求善待每一個人，並將此作爲治國安邦的重要內容。

先秦諸家，儒家講貴賤有別、尊卑有序的禮治，故強調等級服從。法家講法治，雖有「明於公私之分」和強調一斷於法的一面，但法家更重視宗法等級秩序的維護。韓非說：「臣事君，子事父，妻事夫，三者順則天下治，三者逆則天下亂，此天下之常道也。明王賢臣而弗易也，則人主雖不肖，臣不敢侵也」〔註12〕。法家所主張的法治其基本用意就是要維護「臣事君，子事父，妻事夫」的等級統治，故法家與儒家均把人嚴格地按等級分類，要求人們永遠固守自己的社會等級，不能犯分亂理。墨家講無差等的兼愛，強調相互間的義務和人格平等，講究尚賢與尚同，體現了下層手工藝人要求平等的思想，但墨家並不反對等級制度，主張「尚同於天子」，指出「上之所是，必皆是之；上之所非，必皆非之」〔註13〕。墨家雖然用「尚賢」否定了世卿世祿的貴族制，但卻又用一個富於理想色彩的「兼君」來拯救萬民。從表面看

〔註12〕《韓非子·忠孝》。
〔註13〕《墨子·尚同上》。

來,「尚同」是實現「兼愛」的途徑,但實際上,「尚同」的實現恰好是對「兼愛」本身的否定。讓天子統一天下思想,治國如治一家,使民如使一人,眾人以天子之是非為是非,哪裏還有「兼愛」可言?

只有道家才在尊道貴德的基礎上闡發了人的自然平等問題,只有道家才敢於抨擊權貴、笑傲王侯,視君主為真正的大盜大賊。在道家看來,物有萬殊,「道」歸一本。蓋一本通乎萬殊,萬殊由於一體。「道」生長萬物,養育萬物,使萬物各得其所,各適其性,而絲毫不加以主宰。人作為自然界的一部分,天生既是自由的也是平等的。自然並沒有使一部分人富貴使另一部分人貧賤的道理。老子說:「天子道其猶張弓也,高者抑之,下者舉之,有餘者損之,不足者補之。天之道,損有餘而補不足。」〔註14〕自然的規律如同拉開弓弦一樣,弦位高了,就把它壓低,弦位低了就把它升高;有餘的加以減少,不足的加以補充。自然的規律,減少有餘,用來補充不足,說明自然的規律是均平調和、公正持平的。也就是說眾物平等、眾人平等是自然之道的內在本性和要求。老子崇尚不分親疏貴賤的自然之道,主張「不可得而親,不可得而疏;不可得而利,不可得而害;不可得而貴,不可得而賤」〔註15〕。聖人治國應當體察自然之道,追求「玄同」的境界,不分親疏利害貴賤,心超物表,與群合一。「天得一以清,地得一以寧,神得一以靈,谷得一以盈,萬物得一以生,侯王得一以為天下正。」〔註16〕一指道,得一即指得道,道通為一,道是渾然一體,不分親疏貴賤,也不論高低上下,更不論利害榮辱的。天地萬物作為「道」的產物均是與道為一、天然平等的,人也不例外。老子實質上表述了「在自然之道面前人人平等」和「人人平等是自然之道的內在要求」的思想,在中國倫理思想上第一次提出並論證了「人天生平等」的理論,並以此作為反抗專制政治、抨擊和抵制社會不平等現象的理論武器。

莊子繼承並發展了老子「在自然面前人人平等」的思想,公然提出君主不能有超越社會之上的特權的主張,認為「天地之養也一,登高不可以為長,居下不可以為短。」〔註17〕君主和人民完全是一樣的,君主是人民中的一員,並沒有也不應該有凌駕於人民之上的權力。君主的權力是人民給的,理應為

〔註14〕《老子》第七十七章。
〔註15〕《老子》第五十六章。
〔註16〕《老子》第三十九章。
〔註17〕《莊子‧徐無鬼》。

人民服務，以百姓之心爲心。在莊子看來，人人都是自由平等的，自由平等的權利是天賦的，因而也是神聖不可侵犯的。「與天爲徒者，知天子之與己，皆天之所子」〔註18〕。不僅天子是天的兒子，每一個人都是天的兒子，因此可以說任何人都是天子。人人都是自然的兒女，在自然面前眾皆平等。如果有人只承認君主是天子而不承認自己是天子，那就是在作賤自己或自甘墮落，同時也是在違背自然、辜負天意。

從在自然面前人人平等的原則出發，道家把批判的矛頭指向君主制，對之表示極大的輕蔑和否定。在道家看來，儼儼然的君臣之分，惶惶然的君主統治，如同荒誕、短暫的夢境，在「大覺」者的眼裏是很醜陋，也很不合理的。莊子借虛擬的一個道家人物長梧子教育一個虛擬的儒家後學瞿鵲子的話說：「夢飲酒者，旦而哭泣；夢哭泣者，旦而田獵，方其夢也，不知其夢也。夢之中又占其夢焉，覺而後知其夢也。且有大覺而後知此其大夢也，而愚者自以爲覺，竊竊然知之。君乎，牧乎，固哉！丘也與女，皆夢也。」〔註19〕夢裏飲酒作樂的人，醒來或許哭泣；夢裏哭泣的人，白天醒來或許有一場打獵的快樂。當人在夢中，卻不知道是在做夢。有時夢中還有夢，醒了以後才知道是做夢。只有非常清醒的人才知道一切都是夢。愚蠢的人自以爲清醒，自以爲什麼都知道，什麼君呀、臣呀，眞是淺陋極了！我看孔丘和你，都在做夢。孟子說，「孔子三月無君則皇皇如也」〔註20〕，可莊子則正好相反，認爲君主和貴賤等級制度完全是不必要的，多餘的。人類在其自然本性上，如同鳥、鼠之類自知逃避傷害一樣，是完全有能力自己保護自己、治理自己的，是根本不需要「君人者」以「經式義度」的規範制約的。因此，君主制和等級制是違反自然的，無君無臣、無上無下的生活才是最快樂和合符自然的。從在自然面前人人平等的原則出發，道家對「維齊非齊」的觀點進行了駁斥，指出：「以不平平，以其平也不平」〔註21〕，以不平的方式去平等人物，這種所謂的平等仍然是不平等。眞正的平等是不能指望通過不平等的方式來實現的，因此只有粉碎不平等的制度及種種方式，才有可能獲得自然的平等。只有效法自然才能保持和實現人與人之間的平等。平等是自然的產物而不是人爲的產物。

〔註18〕 《莊子·人間世》。
〔註19〕 《莊子·齊物論》。
〔註20〕 《孟子·滕文公下》。
〔註21〕 《莊子·列禦寇》。

　　老莊道家眾皆平等的價值意識是中國政治倫理思想的精華，對抑制封建專制主義和社會不平等現象的蔓延，對促進人的價值覺醒，弘揚人道主義均具有一定的積極意義和進步意義。他們對人人自然平等的論述以及對社會不平等根源的探尋，完全可以同 18 世紀法國啓蒙思想家盧梭的觀點相媲美。盧梭在法國大革命前夕，以自然法和社會契約論爲武器，響亮地提出「人是生而自由的」，「平等是天賦予的」以及「按照自然而生活」、「自然的道路就是幸福的道路」等口號，認爲人們最初生活在自然狀態，其行爲受自然法支配，自然狀態是一種和平的、人人自由平等的狀態。在自然狀態下，人們除了年齡、體質和力量上的差別外，沒有任何其它方面的不平等。可是當人們力求生活完善化，爭取科學技術和文化發展時，人類歷史就產生了進化與落後的內在矛盾，文明向前進一步，不平等也就向前進一步，特別是私有制和專制統治使人類的不平等日益擴展和深化，世態炎涼伴隨著疑慮、猜忌、恐怖、冷酷、戒懼、仇恨、奸詐、邪惡等罪惡現象與日俱生，人類的心靈、行爲和相互關係日趨腐敗和墮落。盧梭認爲，「人是生而自由但卻無往不在枷鎖之中」，人是自然平等的，但卻在充滿不平等的社會制度中生存。因此，束縛必須打破，不平等必須推翻。放棄自由，放棄平等就是放棄做人的資格和權利。針對封建制度和等級特權，盧梭提出了爭取自由和平等的戰鬥口號，並認爲大革命是爭取自由和平等的唯一辦法，建立資產階級的民主共和國勢在必行。盧梭的自由平等思想對法國大革命和美國革命均產生了深刻的影響，法國革命的《人權宣言》和美國革命的《獨立宣言》以及兩國的憲法，在很大程度上都直接繼承和體現了盧梭的政治倫理思想。誠然，老莊道家的政治倫理思想不具有盧梭思想的革命性，但爲人的自由吶喊，爲人的平等作論證，主張清除通往自由和平等道路上的種種障礙，卻是一致的。老莊道家和盧梭都意識到了私有觀念、君主專制的罪惡，意識到私有觀念、專制制度對人類道德的摧殘，從而深入探討了社會發展與道德的二律背反問題，提出了重建自由平等的道德理想問題。這不僅是深刻的，充滿著辯證法的思想光芒，而且也是極富戰鬥性的，表達著人類對自身價值理想的認同與追求。

　　老莊道家眾皆平等的價值意識一方面爲後人從思想觀念上批判社會現實和專制政治提供了理論借鑒，如王充、鮑敬言等；另一方面爲歷次農民起義推翻不平等的社會制度提供了道義支持和價值辯護，如黃巾起義，鍾相、楊么起義等。它是中國歷史上抨擊君主專制制度的戰鬥檄文和反對等級秩序的

精神炮彈，也是人民群眾奮起捍衛自身生存權益、謀求自身解放的精神動力，其意義是深遠的，其作用是進步的。

（原載《中國文化月刊》1999 年 11 月號，總第 234 期）

道家生態倫理的現代價值

　　生態倫理學誕生在 20 世紀，但生態倫理的思想卻是源遠流長的。在中國，老莊道家早就致力於對人與自然關係的思考，提出了一系列熱愛自然、尊重自然和保護自然的思想，主張道法自然，對萬物有情，無以人滅天，強調人與自然須臾不可分離的聯繫，力倡循依自然的規律來安排人類的生產和生活，把開發自然與保護自然有機地結合起來，使自然環境更好地爲人類服務，同時也使人類更好地美化生活於其中的大自然。道家的生態倫理思想幽深邃密，博大宏遠，包含著十分豐富的內容。概括說來，最能體現道家生態倫理思想基本精神和價值旨趣的，莫過於物我爲一的整體觀念，知常知和的平衡思想，知止知足的開發原則，熱愛自然的倫理情趣幾個方面，它們集中地顯現出道家生態倫理的獨特神韻，昭揭出道家生態倫理的宏闊智慧。

一、物我爲一的整體觀念

　　道家生態倫理理論是建立在天人合一、物我一體的整體觀之上的，是以道生萬物、人天同源爲其基本特徵的。將天地人視爲一個有機的統一整體，認爲人與自然萬物有著共同的本源和共同的法則，這是道家在生態倫理領域的突出貢獻。道家認爲，法自然的道既是萬物的本源母體，亦是支配制約天地萬物的總規律和總法則。道貫穿天地人物之中，它既是一，又是一切。「天得一以清，地得一以寧，神得一以靈，谷得一以盈，萬物得一以生，侯王得一以爲天下正。」〔註1〕道生一。一也可以代表道。這種推崇一或強調人與自然統一的觀點同現代西方生態倫理學的自然觀是完全一致的。

〔註 1〕《老子》第三十九章。

　　現代生態倫理學的創始人利奧波德在所著的《大地倫理學》一書中提出，生態倫理學首先必須確立人與自然的關係觀念，因此必須重新確定人類在自然界中的地位。在利奧波德看來，人類不是也不應該是自然界的統治者和征服者，只能是大自然家庭中的一員，人類應該成為這個大家庭中平等的成員，因此，人與自然界的關係，不是統治者與被統治者，征服者與被征服者的關係，而是一種特別親密相互平等的關係。美國生態學家德沃爾在《深刻的生態學運動》一文中也說：「人既不在自然界之上，也不在自然界之外，人是不斷創造的一部分。人關心自然，尊重自然，熱愛並生活於自然之中，是地球家庭中的一員，要聽任自然的發展，讓非人的自然沿著與人不同的進化過程發展吧。」〔註2〕應該說，利奧波德和德沃爾這種視人為自然界一部分的觀點，並非他們的首創或專利。早在二千多年前，中國的老子和莊子就已經相當完整地表達了同他們（指利奧波德和德沃爾）十分相近而又相通的思想。老子突破了中國古代以政治和倫理為軸心的哲學體系，把思考的範圍擴展到了整個宇宙，並建立起了自己博大嚴謹的宇宙論體系。在老子看來，天地萬物是一個有機的整體。從天地萬物發生的本原來看，它們都來自同一個「道」。「道」在老子那裡，首先被看作生育天地萬物的本原或本體。《老子》第一章「無名天地之始，有名萬物之母」，這裡的「無名」、「有名」就是「道」的代名詞，它們分別為「天地之始」與「萬物之母」。這實際上是把「道」看作天地萬物的始祖或母體。第四章「道沖而用之或不盈，淵兮似萬物之宗」。第六章說：「谷神（即道）不死，是謂玄牝。玄牝之門，是謂天地根。」不難看出，這裡說的「萬物之宗」，「天地之根」同第一章所說的「天地之始」、「萬物之母」意義相同，都是把「道」看作生育天地萬物的母體或本原。《老子》第二十五章更說：「有物混成，先天地生，寂兮寥兮，獨立而不改，周行而不殆，可以為天下母，吾不知其名，字之曰道。」「有物混成」，說明「道」並不是不同分子或部分組合而成的混合體，「道」本身是一個圓滿自足的和諧體，對於現象界的雜、多而言，它是無限的完滿，無限的整全。「道」這個圓滿自足的和諧體在天地形成之前就存在，聽不見它的聲音也看不著它的形體，它獨立長存而永不衰竭，循環運行而生生不息，可以為天地萬物的根源。「道」是一個變體，周流不息地運轉著，但它本身不會隨著運轉變動而消失。在老子

────────────

〔註2〕轉引自（美）諾蘭：《倫理學與現實生活》，北京：華夏出版社1988年版，第454頁。

看來，可以作爲「天地之母」的東西，不是別的什麼，而是先於天地而生的「道」。「道」是天地萬物的母體或本原，宇宙間的一切自然之物，都是以「道」爲其根源和本體的。基於這一思想，老子提出了「天下萬物生於有，有生於無」〔註3〕和「道生一，一生二，二生三，三生萬物」〔註4〕的觀點，闡發了自己對宇宙生成的看法。

在老子看來，天地萬物都是以「道」爲其最大的共性和最初的本原的有機統一的整體，人也是天地萬物的一部分。「域中有四大，而人居其一焉。」〔註5〕道化生產育了大地萬物，天地人與道同源，天爲道所包涵，並且覆蓋著大地；地爲天所覆蓋，同時又孕育長養著萬物與人類；人爲天地萬物進化發展的產物，因而也是道的作用的結晶。基於此種認識，老子提出了「人法地，地法天，天法道，道法自然」〔註6〕的理論，認爲「道」是自然而然的，本來如此的，「道」以本身自然之理爲依歸。人是天地自然的一部分，人應當法地則天。又由於天地因道而生，天地均以「道」爲法則，師法自然，所以人法地則天的實質也就是師法自然，以大自然爲自己效法的對象和行爲的法則。人是自然界的一部分，他的生存發展均取決於天地萬物的饋贈給予，他也只有遵循自然法則而行爲，才能夠使自己合乎自然的要求，爲自然界所接納和認可。

老子關於人是自然界即天地萬物一部分的思想，被莊子所繼承和發展。莊子認爲，「天地一指也」，「道通爲一，」「唯達者知通爲一」，天地萬物是一個有機的整體，人並不是獨立於自然界之外的抽象存在物。「天地與我並生，而萬物與我爲一，」〔註7〕天地與我一同生存，而萬物與我合而爲一，人既離不開天地，也離不開萬物。把自己與天地萬物隔離開來，只能是自取其辱或自取滅亡。在莊子看來，人類生活的至德之世就是「同與禽獸居，族與萬物並」的與大自然和睦相處的時期。在這一時期，萬物眾生，比鄰而居，鳥獸成群，草木滋長，「禽獸可繫羈而遊，鳥鵲之巢可攀援而窺」。〔註8〕這是人與自然渾然一體的美好無間時期。莊子向往和肯定這樣的「至德之世，反對用人力去破壞人與自然之間的和諧，更反對虐待和掠奪自然。莊子強調

〔註3〕《老子》第四十章。
〔註4〕《老子》第四十二章。
〔註5〕《老子》第二十五章。
〔註6〕《老子》第二十五章。
〔註7〕《莊子・齊物論》。
〔註8〕《莊子・馬蹄》。

「旁日月，挾宇宙，爲其吻合」〔註9〕，主張人應當「參萬歲而一成純」〔註10〕。懷抱宇宙，與萬物合爲一體，與日月並放光明。人並不是自然界的支配者和主宰者。面對廣大無垠的宇宙，人不過像小石塊、小樹枝在大山之中一樣渺小，因此人理應謙卑自知，萬不可妄自尊大，以自我爲宇宙萬象的主宰和中心，應當學會感激自然，擁戴自然。莊子的這一論述，同現代英國著名哲學家伯特蘭・羅素所說的「我所知道對付人類那種常常流露出來的自高自大、自以爲是的心理的唯一方式則是提醒我們自己：地球這顆小小行星在宇宙中只不過是滄海一粟；而在這顆小行星的生命過程中，人類只不過是一個轉瞬即逝的過客。還要提醒我們自己：在宇宙的其他角落也許還存在比我們優越得多的某種生物，他們優於我們可能像我們優越於水母一樣」〔註11〕可謂異曲同工，不謀而合。差別在於一個是在春秋戰國時期所說，一個是在20世紀所說。莊子和羅素均提倡謙卑以克服人類的自高自大或妄自尊大，希望人類在謙卑的心態驅使下樹立起尊重自然和與自然爲友的意識，樹立起宇宙一體的整體觀念，而這正是生態倫理的最重要的觀念，捨此就可能走向非生態倫理和反生態倫理的道路上去。

在中國歷史上，道家和儒家都有推崇「天人合一」的思想傾向。但比較而言，儒家強調「制天命而用之」和「人定勝天」，推崇人化自然，帶有人是自然的主人和支配者的因素；道家則強調「道法自然」，高度重視自然的作用和力量，反對以人役天，無疑帶有人是自然的一部分，理應以尊重和保護自然爲貴的思想因素。就此而論，道家在生態倫理方面的建樹和貢獻似比儒家要大，且更符合當代生態倫理學的基本精神。如果說儒家置重是自然的人化，用自然來比擬人爲，並力圖使自然向著人爲的方向發展，使自然與人合一；那麼，道家置重的則是人的自然化，要求人捨棄妄作非爲來與自然合一。在儒家那裡，人是中心和支配者，天人合一只能是天跟人合一；而在道家那裡，自然是一個整體，人是自然的一部分，天人合一只能是人跟天合一。道家的這種理論同現代生態倫理學的價值取向頗多相似之處，同時「對於那些想擴大西方科學範圍和意義的哲學家和科學家來說，始終是個啓迪的源泉。」〔註12〕

〔註 9〕《莊子・齊物論》。

〔註10〕同上註。

〔註11〕Bertrand Russell, How to Avoid Foolish Opinions, from Unpopular Essays. New York, Simon and Shuster 1950, p175.

〔註12〕（比）普里戈金、（法）斯唐熱：《從混沌到有序——人與自然的新對話》，曾慶宏等譯，上海譯文出版社 1987 年版，第 1 頁。

二、知常知和的平衡思想

　　道家從物我為一的整體觀念出發，強調天地人的有機統一和維護生態平衡，把知常知和提到生態倫理的核心地位。

　　現代生態倫理學十分講求人與自然的和諧，置重生態平衡。所謂生態平衡是指生物與生物、生物與環境之間憑藉生態系統的結構和功能的作用，實現相對平衡與動態演進。其機理在於，通過生態系統所有的循環機制和反饋機制，保持能量和物質的輸出與輸入平衡及結構和功能處於最佳狀態。人作為生態系統的一部分或生物鏈上的一環，同其他部分或環節存在著密不可分的聯繫。生態平衡受到破壞，自然會殃及人類的生存和發展。

　　在置重生態平衡和環境保護方面，道家提供了至今仍令人深受啟發的偉大智慧。亦如當代著名的人文主義物理學家 F‧卡普拉所說：「在偉大的諸傳統中，據我看，道家提供了最深刻並且是最完善的生態智慧，它強調在自然的循環過程中，個人和社會的一切現象和潛在兩者的基本一致」。〔註13〕道家認為，天地萬物是一個有機關聯的整體，自然界有其自身發生發展的內在規律。人作為大自然的一部分和「道」的化生物，法地則天，效法自然，理應遵循自然的規律和法則。天道自然而無為，聖人無為故無敗。「自然」，是依事物的本性自由伸展的狀態；「無為」，是順其自然則不含有人力之強加妄為的意思。自然無為，並不一般地排斥人為，所排斥的只是違反自然而隨意地強加妄為的那種人為。可以說，人為既有遵循自然規律的作為，又有違背自然規律的作為。遵循自然規律的作為即是自然無為，違背自然規律的作為則是非自然的妄作非為。老子強調「為無為」，即用人類自己的作為去實現自然的和諧和生態的平衡。人應該尊道貴德，像「道」那樣「生而不有，為而不恃，長而不宰」，像「道」那樣「功成不名有，衣養萬物而不為主」。亦如莊子所說「無以人滅天」。莊子認為，自然界本來是和諧美滿的，禽獸在歡快地追逐，草木在茂盛地生長，藍天白雲，碧水青山，一切是那麼自然而自由自在，充滿著詩情畫意。可是後來由於人為的干預和一味地索取，穿牛鼻，套馬鞍，伐山木，射鳥獸，開道路，興舟輿，貴珠寶，尚財貨，自然界的和諧美滿狀態被破壞了，鳥獸驚恐，牛馬異性，河水乾涸而山谷空虛。人類本身也陷入了無休止的爭奪競進、爾虞我詐、互相殘殺，賢者隱居大山深岩之下

〔註13〕Fritj of Capra, Uncommon Wisdom, Conversations with Remarkable People, Simon & Schuster edition Published, January, 1988.

以求避禍，萬乘之君也在廟堂之上日夜憂慮顫慄。《莊子‧在宥》篇載黃帝往空洞山去向廣成子問道，說他想攝取天地的精華來助成五穀，又想控制陰陽來順應萬物。廣成子回答他說：「你所想問的，乃是事物的原質；你所要控制的乃是事物的殘渣。自從你治天下時起，雲氣未及凝聚就下雨了，草木未及枯黃就凋零了，日月的光輝更加失色了。你這佞人的心境這般淺陋，那裡有資格談至道呢？」黃帝悻悻而退，後築一間土屋以茅草爲席，困居了三個月後再前往請教。《在宥》篇還載有雲將與鴻蒙的對話，雲將說：「天氣不和，地氣鬱結，六氣不調，四時不節，現在我想融合六氣的精華來養育萬物，您說我該怎麼做？」鴻蒙說：「我不知道，我不知道！」三年之後，雲將反覆叩拜，希望鴻蒙指點他。鴻蒙說：「擾亂了天的常道，悖逆了萬物的常情，自然的狀態不能保全，群獸離散，飛鳥夜裏驚鳴，殃及草木，禍及昆蟲。唉！這就是治理人民的過錯啊？」雲將說：「那麼，我該怎麼辦呢？」鴻蒙說：「你只要純任自然，無爲無欲，萬物就會自生自化。忘掉你的形體，拋棄你的聰明，與外物渾然合一，和自然元氣混同，解放你的心神無所計較。讓紛紜的萬物各返歸其本根，各自返歸本根而不知所以然；渾渾沌沌，終身不離本根。如果使用心智，就會離失本根。不必追問它的名稱，不必探究它的真相，萬物本來就是自生自滅。」雲將說：「天施給我恩德，示我以靜默，親身求道，現在才有所收穫。」叩頭揖拜後告辭而去。在莊子看來，弓箭、網羅、捕獵器之類的智巧多了，天上的鳥兒就要遭殃了；鉤餌、魚網、竹簍之類的智巧多了，水底的魚兒就要遭難了；木柵、獸檻、兔網之類的智巧多了，山澤的野獸就要被攪亂了；欺詐、詭辯、狡點、曲辭、堅白同異之類的言談多了，則世間風俗就會被詭辯所迷惑。所以天下每每大亂，罪因在於好智巧。天下之人都會知道追求其所不知道的而不知探索他已經知道的，都知道非難他所不喜歡的而不知非難他認爲好的，所以天下才會大亂，以致對上掩蔽了日月的光明，對下斫喪了山川的精華，中則破壞了四時的運行，使得無足的小爬蟲，微小的飛蟲，無不喪失本性。莊子力倡「不以心捐道，不以人助天，主張「常因自然而不益生」〔註14〕。

道家強調「知常」亦即認識自然規律。老子說：「夫物芸芸，各復歸其根，歸根曰靜，靜曰復命。復命曰常，知常曰明。不知常，妄作，凶」。〔註15〕萬

〔註14〕 《莊子‧胠篋》。
〔註15〕 《老子》第十六章。

物紛紛芸芸，各自均有自己的盛衰消長之理，到頭來均返回到自己的本根。返回本根亦即樹高千丈，葉落歸根。昌盛的萬物都生於大地最後又歸還於大地，此所謂「靜」。「靜」也可叫做「復命」，「復命」就是復其性命之本眞，返歸到自身的本然狀態。正是在「靜」的境界中再孕育著新的生命，此即所謂「靜曰復命。」「復命曰常」，「常」即是萬物運動與變化發展過程中的不變之律則，是決定和制約萬事萬物消長盛衰的內在規律。「知常曰明」，是指認識和瞭解了決定和制約萬事萬物消長盛衰的內在規律，就是人生的大智慧或明智之態度。不認識和把握自然規律，胡作非為，恣意妄為，必然會招致兇險或災難性的後果。莊子發展了老子的思想，認為宇宙間的萬事萬物都有自己的常規。他說：「天地固有常矣，日月固有明矣，星辰固有列矣，禽獸固有群矣，樹木固有立矣」。〔註16〕天地固有常規在，日月固有光明在，星辰固有排列次序在，禽獸固有群居的生活，樹木固有生長的規律，這些都是事物固有的，不是人為附加的。天地日月都有自身存在和發展的規律。至陰寒冷，至陽炎熱，寒冷出於天，炎熱出於地，陰陽兩者互相交融化合而生成萬物，成為萬物的規律卻不見其形。死生盛衰，時隱時現，日遷月移，天天有所作為，但看不見它的功效。在莊子看來，天地日月，山川草木，鳥獸蟲魚，都順應自然之道，無為而自化。倘若用外力或人為去促使它們運行變化，勢必會打破自然的平衡，造成「雲氣不待族而雨，草木不待黃而落，日月之光蓋以荒」的災難性後果，造成「災及草木，禍及止蟲」〔註17〕的生態危機。莊子說：「道者萬物之所由也，庶物失之者死，得之者生；為事，逆之則敗，順之則成。故道之所在，聖人尊之。」〔註18〕自然界存在著不依人們意志為轉移的客觀規律，天地萬物擁有它就能生存，失去它就會滅亡。對人來說，遵循自然規律就會順暢通達，違背它會自取敗辱。所以眞正有道德的人莫不尊重和順應自然規律。

　　道家不僅強調「知常」，而且也強調「知和」，並把「知常」與「知和」統一起來，提出了「知和曰常」的命題。在老子看來，「道」作為天地萬物生存發展的規律，就是陰陽之和諧。陰陽二氣相互作用而形成了「沖氣」、「和氣」或「中和之氣」。「沖氣」、「中和之氣」即是一種平衡、和諧的自然狀態。

〔註16〕 《莊子・天道》。
〔註17〕 《莊子・在宥》。
〔註18〕 《莊子・漁父》。

正是由於這種狀態的形成和維持，萬物才得以生存發展；失去這種狀態，萬物就會終止其生存發展。從這個意義上說，和諧是根本的規律，「道」之本即是和。自然本身是和諧的，道法自然也就是「道」以和諧爲自己的根本存在形式。知道和諧也就是理解和把握了「道」，因此崇尚自然也就是崇尚和諧。莊子認爲，「道」的本質是「陰陽和靜」。「陰陽和靜，鬼神不擾，四時得節，萬物不傷，群生不夭」。〔註19〕莊子指出：「夫明白於天地之德者，此之謂大本大宗，與天和者也，所以均調天下，……與天和者，謂之天樂。……知天樂者，其生也天行，其死也物化。靜而與陰同德，動而與陽同波。故知天樂者，無天怨，無人非，無物累，無鬼責，其魂不疲，一心定而萬物服。言以虛靜推於天地，通於萬物，此之謂天樂。天樂者，聖人之心以畜天下也」。〔註20〕天樂，就是與天地萬物融洽渾合的一種快樂自在的狀態。懂得天樂的人，才算懂得「道」。明白了天地之德，便是明白了大本大宗。體會天樂的，他生存時順天而行，死時與外物化爲一體；靜時與陰同隱寂，動時與陽同波流。所以體會天樂的，不怨天，不尤人，沒有外物牽累，沒有鬼神責罰。莊子倡導「知天樂」，亦即用心去體會天地萬物的和諧與自在，用寧靜虛寂的心靈去和天地萬物對話，以便推於天地，達於萬物，實現人類與自然之間的融洽和諧。

道家知常知和的平衡觀念是古代生態倫理的偉大智慧，它強調了尊重自然規律，保持生態平衡的重要性，同時也向人類敲起了「不知常，妄作，凶」的警鐘，其用意深刻，其視境高遠。雖然道家這種生態倫理大智慧在古代並未受到應有的重視和關注，但這並不意味著它對現代生態倫理學的建構毫無意義，對現代環境保護和綠色和平運動毫無助益。事實上，現當代西方一些著名的生態倫理學家和科學家都十分推崇道家的智慧，如卡普拉、布朗、賴特、李約瑟等人均高度認同道家的生態倫理思想。有些人雖然並未直接研讀過老莊的著作，但他們卻用自己特有的語言，表達著如同老莊道家一樣的思想。羅馬俱樂部主席奧爾利歐・佩奇（Aurelio Peccei）認爲，人類盲目的自大和過分地追求經濟速度造成了人與自然關係的緊張和生態失衡，「失去了平衡就意味著大難臨頭」。現代社會首先應恢復的是人與自然和諧的觀念，尊重自然規律，維持生態平衡是我們必須時刻記住的。在《人的質量》一書

〔註19〕 《莊子・繕性》。
〔註20〕 《莊子・天道》。

中，佩奇指出，人類的問題是人自己造成的，也要靠人自己去解決，未來是否和平幸福，要靠我們人自己去理智地選擇。我們只有在大自然中重新定位，把人與自然的對抗狀態轉變爲和諧狀態，我們才能拯救自己。美國學者威廉‧福格特在《生存之路》一書中強調，必須使全人類都認識到目前整個世界所陷入的困境，必須認識到保護資源、維持生態平衡的緊迫性和重要性。他說：「最大的危險是來不及懸崖勒馬，最大的禍害是肆意妄爲，違背自然規律。」〔註21〕1980 年，聯合國發佈的《世界自然資源保護大綱》指出：「如果要保證達到資源保護的目的，就必須根本改變整個社會對生物圈的態度，人類社會若要和他們得以生存和得到幸福的自然界融合地共存，就需要有新的合乎道德規範的、相互接受的動植物和人。」當今世界，主張尊重自然規律，要求保護自然環境，維持生態平衡的呼聲日益高漲，這也從一個方面確證了道家生態倫理的偉大智慧。

三、知足知止的開發原則

道家不僅強調認識和把握自然規律，維護自然界的生態平衡，而且也強調適度地開發和利用自然資源，把開發自然資源同保護自然資源有機地結合起來。

生態倫理學認爲，人來自於自然界，自然界是人類生命的搖籃。人類衣食住行的原材料都取之於自然界。爲了生存，人不得不利用和開發自然界。但是，利用和開發自然界應有一定的限度，應當適可而止。應當把利用開發自然和保護自然有機地結合起來。如果人們一味地向自然索取，一個勁地改造自然，那麼勢必破壞生態平衡，從而使開發利用自然成爲泡影。生態倫理學的這一基本思想和基本原則，在道家倫理思想中亦有生動深刻的反映。

老子認爲，和諧是天地萬物生存發展的一大法則，也是人類行爲應當遵循的一大準則，對於人類來說，不僅要「知常」、「知和」，而且還要「知足」、「知止」，即認清事物自身所固有的限度，適可而止，自我滿足，以限制或禁止自己貪得無厭、竭澤而漁、殺雞取卵式的對自然界的開發利用。老子說：「禍莫大於不知足，咎莫大於欲得，故知足之足，常足矣」。〔註22〕

〔註21〕（美）福格特：《生存之路》，張子美譯，北京：商務印書館 1981 年版，第 145
　　　　頁。
〔註22〕《老子》第四十六章。

　　世界上最人的禍患莫過於不知道自我滿足、適可而止，最大的罪過莫過於貪得無厭、永不滿足，凡事都有一個度，所以只有知足知止這種知道滿足的滿足，才是眞正永遠的滿足。老子又說：「甚愛必大費，多藏必厚亡。知足不辱，知止不殆，可以長久」。〔註23〕貪得無厭、過分地愛取某種東西必然招致重大的花費與損耗，過多的貯藏、聚天下之財盡歸己有也必然招致更多的亡失。知道滿足就不會受到屈辱，知道適可而止就不會帶來危險，這樣就可以保持長久。「夫亦將知止，知止所以不殆」。〔註24〕知道適可而止，才能遠離危險，避免禍患。在老子看來，「知足」和「知止」是密切相關的。「知足」含有適可而止的因素，「知止」也包有知道滿足的內容。既然天地萬物都有自己的限度，人的行爲就應當有所「禁止」；既然人的行爲應當有所「禁止」，人的欲望就應當有所滿足、有所克制。

　　老子認爲，「道」本身既是和諧的，也是不盈的。「道沖，而用之或不盈」〔註25〕。「保此道者不欲盈，夫唯不盈，故能蔽而新成」。〔註26〕「不盈」含有不過分追求圓滿和完全的因素，此即所謂「大成若缺」，「廣德若不足」，同時也含有反對目空一切、妄自尊大、驕傲自滿的因素。眞正有道德的人正因爲不驕傲自滿，所以能夠去故更新。老子進而反對逞強，主張「柔弱」、「不爭」。老子說：「持而盈之，不如其已；揣而銳之，不可長保。」〔註27〕保持盈滿，不如適可而止；鋒芒畢露，銳勢難保長久。老子更認爲，「弱者道之用」〔註28〕。柔弱不爭是「道」的作用形式或表現方式。天下最柔弱的東西，能駕御天下最堅硬的東西。如果說堅強、強硬是死亡或毀滅的象徵，那麼柔弱不爭則是自下而上或興盛的表現。只有保持柔弱不爭的品性，才能夠生聚藩焉，生生不息。

　　莊子繼承和發展了老子的思想，強調順其自然、適可而止，認爲「達生之情者，不務生之所無以爲；達命之情者，不務知之所無奈何。」〔註29〕洞悉生命眞實意義的人，不追求生命所不必要的東西。人保存生命的最好辦法

〔註23〕《老子》第四十四章。
〔註24〕《老子》第三十二章。
〔註25〕《老子》第四章。
〔註26〕《老子》第一十五章。
〔註27〕《老子》第九章。
〔註28〕《老子》第四十章。
〔註29〕《莊子·達生》。

是能順應自然的變化而更新，精而又精，反過來輔助自然。莊子說：「凡有貌象聲色者，皆物也，物與物何以相遠？夫奚足以至乎先？是色而已。則物之造乎不形，而止乎無所化，夫得是而窮之者，物焉得而止焉。彼將處乎不淫之度，而藏乎無端之紀，遊乎萬物之所終始，一其性，養其氣，合其德，以通乎物之所造」。〔註30〕法天則天的人應該懂得人是自然界的一部分，作為生命載體的個人是絕對沒有能力去改變自然固有的規定性的，人所能做且應該做的就是盡量使自己「形全精復，與天為一」。也就是盡量使自己更充分地保持自然的原狀，更充分地與天地萬物渾合一體，老老實實地安居於自然的隊列中，不要異想天開脫離自然。順其自然，就是要安於所得的，身處不過當的限度，藏心於循環變化的境地，神遊於萬物終始之境，專一其本性，涵養其精氣，融合其德性，以通向自然。莊子倡導不要在天然狀態中開發人的智慧，而要在天然狀態中發揮天然狀態。發揮天然狀態的產生德性，開發人智的產生禍害。永遠發揮天然而不厭煩，人應該發揮的作用也不忽略，老百姓差不多可以保全真性了。

　　基於「不開人之天，而開天之天」的思想，莊子主張以自然的方式對待自然，為豬打算就應該讓它吃酒糟米糠而養在圈裏，為鳥打算應該讓它自由自在地在藍天飛翔，為魚打算就應該讓它天然自適地在江河裏游泳。《莊子·達生》篇講敘了幾個順其自然的故事，寓意深遠，頗多啟迪。一個是魯君養鳥的故事。從前有隻鳥落到魯國郊外。魯君喜歡它，殺牛宰羊來喂它，演奏九韶的樂曲來使它快樂。鳥開始頭暈眼花憂慮悲傷，不肯吃東西。這叫作用養自己的辦法養鳥。莊子公開反對「以己養養鳥」，主張「以鳥養養鳥。他說：「若夫以鳥養養鳥者，宜棲之深林，浮之江湖，食之以委蛇，則平陸而已矣」。如果用養鳥的辦法養鳥，應該讓它住進深林，或在江湖上飄遊，給它吃小魚泥鰍，讓它隨著鳥群止息，自由自在地居處，那樣的話，平常的一塊陸地就能使它安居。鳥，害怕的就是聽到人聲，《九韶》、《咸池》這些音樂只會使它感到恐怖和不自在。這些音樂假如在曠野上演奏，鳥聽到就會高飛。魚，只有在水裏才能生存。河水乾涸，魚兒們被困在陸地上，互相吹著濕氣，用涎沫互相滋潤，不如它們在江湖裏互相忘卻。莊子還說，沼澤裏的野雞，十步一啄食，百步一飲水，它不希望被養在籠子裏。在籠子裏雖然神氣，但不舒服。莊子主張以順乎自然的方式去開發利用自然。他把事物的作用區分為對

〔註30〕《莊子·達生》。

人的作用和事物對自己的作用，認為並不見得對人沒有作用的事物對自己就沒有作用。沒有一件事物沒有自己的道理，沒有一件事物沒有自己的根據。真正有道德的人不是以它們對人類有用而論有用，而是以它們對自己有用而論有用。事實上，事物對自己有用與對人類有用，總體上又是相通的。從長遠的觀點看來，凡是對自己有用的事物終究會對人類有用。莊子依據這一思想，提出了「緣督以爲經」的開發利用自然的原則。「庖丁解牛」說的就是以順應自然的方式去開發利用自然。屠師庖丁爲文惠君宰牛，手碰到的，肩扛住的，腳踩著的，膝抵壓的，嚓嚓揮刀，沙沙有聲，莫不合於音節，簡直像在跳桑林之舞，又合於經首的節拍。在莊子看來，大千世界，芸芸眾生，紛繁複雜，人應當如庖丁運用解牛之刀，善於「依乎天理」，「因其固然」地生存，盡量減少與自然其他事物的衝突磨擦，「遊刃有餘」地生活於「枝徑肯綮」的世界。只有「緣督以爲經」才可以保護人類自己的生命，保全人類自己的天性，才可以養滋身體，可以享盡天年。莊子以愛馬的人爲馬打蚊虻爲例來說明：愛馬的人，用竹筐給馬盛糞，用水桶爲馬接尿。正好飛來一群蚊虻，養馬的人打得不是時候，使馬受驚。於是馬咬斷了嚼子，踢破了養馬人的腦袋，踏碎了養馬人的胸膛。本意在於愛馬，結果卻遭受禍害，能不謹慎嗎？莊子強調，開發利用自然必須順其自然，必須懂得適可而止。他說：「無遷令，無勸成，過度益也。遷令勸成殆事，善成在久，惡成不及改，可不慎與！」〔註31〕此處「益」，本訓爲「溢」，含有溢惡，妄作之意。人們不要隨意改變所受的使命，不要強求事情的成功。凡是過分過度的，都必然帶來禍害。在莊子看來，強求事物成功是危險的。成就一件好事需要很多的時間，但過錯只要一鑄成就後悔莫及了。對此人們必須三思而後行啊！人倫物理莫不如此。「獸死不擇音，氣息弗然，於是並生心厲。克核大聖，則必有不肖之心應之，而不知其然也」。〔註32〕猛獸被逼入死路就會尖聲亂叫，勃然發怒，進而產生吃人的惡念。人被逼得過分而走投無路時，也會產生惡念和報復心理，而逼人過甚的人自己卻還不知道是什麼緣故。莊子主張「乘物以遊心，託不得已以養中，至矣。何作爲報也？莫若爲致命。」〔註33〕無論碰到什麼都要使自己的心悠然自得，寄託不得已來培養中和平靜的心態，這就是最好的境界。

〔註31〕《莊子·人間世》。
〔註32〕同上註。
〔註33〕同上註。

　　老莊道家知足知止的開發觀念，對於當代環境保護意識的建立，對於合理而有節制地開發利用自然資源，對於建立從粗放型向集約型過渡的經營機制，都具有十分重大的現實意義。當代世界性環境破壞、資源枯竭諸問題的產生，都同人們強烈的佔有欲望、貪得欲望密切相關。反省當代人類所處的自然環境不斷惡化、生態危機日漸加劇的局面，有識之士無不深深地感受到，一個十分明顯的原因在於人們不懂得把開發利用自然資源與保護再造自然資源有機地結合起來，在於人們只顧眼前的利益而無節制亂伐樹木，破壞森林，過度地使用地力，過度地開採礦藏和地下水，過度地捕撈水產，過度地施放污染物，過度地毀林開荒，圍湖造田、攔江築壩，過度地建立新工廠、發展新項目，片面地追求經濟效益與經濟速度，以為只要有了工業、有了技術就可以對大自然為所欲為，把大自然完全當作大索取、高消費的對象和大排泄、大破壞的對象，以致竭澤而漁、殺雞取卵，無所不用其極。羅馬俱樂部在《世界的未來——關於未來問題一百頁》的報告中指出：「人之初，步子小，以後逐漸加快，最後向權力奔跑，建立了自己的統治，但往往是建立在『大自然的灰燼』上的。而且不顧自己是否已經超越極限，是否正在自掘墳墓」〔註34〕。在該俱樂部科學家看來，經濟和自然資源的增長都有一定的極限，因此不能夠盲目追求經濟指數，為發展而發展，應當樹立增長的觀念，不能夠對自然資源實行掠奪式的開採開發。英國著名經濟學家 E・F・舒馬赫在《小的是美好的》一書中認為，我們時代最重大的錯誤之一是「現代人沒有感到自己是自然的一部分，而感到自己命定是支配和征服自然的一種外來力量。他甚至談到要向自然開戰，忘卻：設若他贏得了這場戰爭，他自己也處於戰敗一方」〔註35〕。舒馬赫在該書中揭露了發達國家資源密集型產業的許多弊病，指出西方資源密集型產業大量消耗著自然資源。認為，如果我們濫用化石燃料一類不可再生的資源，就會威脅文明；如果我們糟踏周圍的自然環境，就會威脅人類生存。在農業生產方面，舒馬赫主張合理利用土地，倡導使用一種既能提高土壤的生產率、又能保持土地長期完好無損的生產方法。在工業生產方面，舒馬赫主張發展一種能夠適應生態學規律的具有人性的技術。舒馬赫認為，現代工業投入很大，產出卻很小，所以是低效率的。以美國的人口占

〔註34〕《世界的未來——關於未來問題一百頁》，北京：中國對外翻譯出版公司1985 年版，第 51 頁。

〔註35〕（英）舒馬赫：《小的是美好的》，北京：商務印書館 1985 年版，第 1～2 頁。

世界總人口的 5.6%，卻消耗了世界礦物資源的 40%。舒馬赫在該書中一再強調，地球是有限的，資源消耗不可能無限增長。他提倡深思熟慮和自找兌制，並說「所謂自我克制，是知足，自我克制爲美」〔註 36〕。美國自然科學家、著名的生態學家巴巴拉・沃德和雷內・杜博斯在其合著的《只有一個地球》一書中嚴厲譴責了在開發自然資源中竭澤而漁、殺雞取卵的掠奪性行爲，指出，人類必須自覺地控制自己活動的範圍，達到既有利於人類的共同生活，又有促進自然環境正常發展的目的。當我們將這些理論同老莊道家知足知止的觀點加以比較的時候，就會看到它們之間存在著驚人的相似，在基本精神和總體取向上是完全一致的，由此也可看出道家生態倫理思想的現代價值。

四、熱愛自然的倫理情趣

道家的生態倫理思想，除了物我爲一的整體意識、知常知和的平衡觀念、知止知足的開發原則以外，還有一個重要的方面，那就是熱愛和鍾情大自然，以大自然爲眞善美的源泉，謳歌和讚美大自然，在自然中尋求安慰和精神寄託，實現人與自然之間的心靈和情感溝通。

莊子繼承和發展了老子「道法自然」的思想，認爲自然的不僅是眞的善的，而且更是美的。人只有投身於大自然的懷抱，與大自然融爲一體，才能夠眞正體會到自然的奧妙與善美，生發起熱愛自然進而熱愛生活的壯志豪情。在莊子看來，「天地有大美而不言。」〔註 37〕大自然的美是一種至高至大而又不自我表現的美。《莊子・秋水》描繪了「天地有大美而不言」的景狀，「秋水時至，百川灌河。涇流之大，兩矣渚崖之間，不辯牛馬。於是焉河伯欣然自喜，以天下之美爲盡在己。順流而東行，至於北海，東面而視，不見水端。於是焉河伯始旋其面目，望洋向若而歎」。「千里之遠，不足以舉其大，千仞之高，不足以極其深。」〔註 38〕大禹時十年九潦，洪水泛濫，而大海的水不爲之增加；商湯之時八年七旱，可是海岸並不淺露。不因爲時間的長短而有所改變，不因爲雨水的多少而有所增減，這就是海洋的大樂。海若對河神的談話發人深省，它啓迪人超越自身的局限，去認識宇宙或自然的永恆和無限，不要以管窺物、坐井觀天、夜郎自大。在莊子看來，一個人只有善於

〔註 36〕 （英）舒馬赫：《小的是美好的》，北京：商務印書館 1985 年版，第 210 頁。
〔註 37〕 《莊子・知北遊》。
〔註 38〕 《莊子・秋水》。

向大自然學習，熱愛和鍾情大自然，與自然同一，才可以獲得「天樂」。天樂，就是與天地萬物融洽渾合的一種快樂自在的狀態，亦即能夠與天同樂，是自然之道在人心中的遷延與充實。體會天樂或與天同樂的人，他生存時順天而行，死時便與外物化爲一體，靜時與陰同隱寂，動時與陽同波流。所以體會天樂的，不怨天，不尤人，沒有外物牽累，沒有鬼神責罰。只有完全忘掉自己的現實存在，忘掉一切耳目心意的感受計慮，才有可能與萬物一體而遨遊天地，獲得天樂。《莊子・秋水》描敘了莊子與惠施在濠上觀魚的一段對話。莊子說：「白魚悠哉遊哉地在水面上游來遊去，多麼快樂啊！」惠施說：「你又不是魚，怎麼知道魚兒快樂？」莊子說：「你又不是我，怎麼知道我不知魚的快樂？」惠施說：「我不是你，因而不知道你是不是眞知魚的快樂；而你本來不是魚，所以你不知魚的快樂，便是毫無疑義的了。」莊子與惠施的辯論以一種與天合德的自由精神賦予了自然物以眞善美的意義。在莊子看來，自然界的山川草木，鳥獸蟲魚各以其自然的本性持續和生存，裝點著自然界並使其生機盎然，妙趣無窮，它們完全能夠給人許多溫馨和啓迪，許多安慰和感染，成爲人生快樂和幸福的源泉。

莊子的天樂和鍾情自然爲魏晉玄學家所發展。經過魏晉玄學，自然山水、花木鳥獸被賦予更多的情感和倫理意義，終成以形媚道的暢神之物。官場失意、仕途不濟或家庭多難的人們，可以在與大自然的接觸中發現一個嶄新的天地，尋找到一個可以與之對話和溝通、可以寄託人生理想和願望的對象物，於是松、竹、梅、菊、蓮花、青鳥、大雁、藍天、白雲、小橋、流水、楓葉、紅豆、明月、白鷺、芙蓉、杜鵑等均成了人們託物言志的化身。「託好老莊」，主張「越名教而任自然」的竹林學派的代表人物阮籍、嵇康從天地合德、物我一體的思想出發，醉心於自然山水的流連之中，採取了「願登太華山，上與松子游。漁父知世患，乘流泛輕舟」的人生態度，主動地在山水中去體悟玄學之道。山水與玄理在他們的意念上達成了同構，景觀物象變成了他們領悟大道、探求生命本源的媒體。「所說者莊老」的東晉大詩人陶淵明在經歷了仕途坎坷、官場失意的挫頓之後毅然棄官歸田，流連於自然山水之中，「採菊東籬下，悠然見南山」，美好的自然風物和田園景色，喚醒他對生活的熱愛，和對未來的追求，在榆柳和桃李環繞的家園小居中，他感到了一種少有的愜意與清新。

陶淵明之後，道家道法自然，鍾情山水的審美情趣推動了謝靈運、謝朓

等文人對於自然山水的摯愛，形成了以自然風光爲詠贊對象的山水詩。南北朝時山水詩的興盛，影響了整整幾代文人，流波所及，當時的散文，駢文，如酈道元的《水經注》，吳均、陶弘景等人的書信，也都注重自然風光的描寫，極盡形容之能事。自然山水、鳥獸蟲魚的氣韻清麗、流暢自在給作者心靈以無盡的舒慰和愉悅，使其忘記了世俗人生的爭逐之心、功利之念和貪欲之情，達到一種與自然純然合一的自然眞趣的境界。唐代以王維、孟浩然、李白、白居易等爲代表的文人士大夫，推崇老莊道家寄意山水、酷愛自然的精神觀念，「一生好作名山遊」，在與自然景物的交融互參中，發掘著宇宙的奧秘、人生的眞理，傾吐著對大自然的無比思念，尋找一個不同於世俗和政治的人生，在自然中體察著宇宙的本心和人生的情趣。宋代蘇東坡、辛棄疾、陸游等文人更以自然爲師爲友，從自然中吸取人生的力量。他們熱愛和崇尚大自然，投向自然的懷抱猶如投向友人的懷抱。蘇東坡仕途坎坷，數度流放，第一次發落在黃州，第二次貶到了嶺南惠州，第三次再遠貶到海南島儋縣，但他官場失意，人生不失情和志，原因在於他以自然爲尚，以自適爲佳，從自然山水中獲得了深湛的覺悟，故能以一種相對超脫、曠達的態度面對人生，面對世界。在辛棄疾看來，人與自然是可以互吐衷腸的好朋友，自然安慰著人，人也關心著自然，「一松一竹眞朋友，山鳥山花好兄弟」（《鷓鴣天》）。「青山意氣崢嶸，似爲我歸來嫵媚生。解頻教花鳥。前歌後舞，更催雲水，暮送朝迎」（《沁園春》）。青山含情，並能頻教花鳥爲人唱歌跳舞，同時使喚雲水來對人的出歸表示迎送，眞是友情堅執而深沉，人類中的同事同道又有幾個能做到這樣？！這是一幅詩化、神化、聖化了的天人合一、物我一體圖畫。總之，老莊道家酷愛自然、鍾情山水並以自然爲師爲友的精神觀念，深刻地影響了一代又一代中國知識分子的心靈，使他們投向大自然的懷抱，去和自然萬物溝通對話，由此激發起熱愛自然、熱愛生活的熱情，並澆鑄著他們的品性人格，使他們創作出不少謳歌自然景物、讚美祖國大好河山的作品，從而大大拓展了中國倫理文化的精神空間，提高和升化著中華民族的人文精神。道家的生態倫理猶如一股永不涸竭的智慧之泉，滋潤著中華民族的精神之花。同時也給現當代外國人以暢飲後的無比清新和甘甜。亦如卡普拉所說：道家提供的生態智慧是最深刻也是最完美的偉大智慧。

（原載《湖南科技大學學報》（社會科學版）2000 年第 1 期）

後　記

　　本著收錄了我關於中國倫理思想研究的若干論文，大致可分為中國傳統道德生活史研究，中國傳統德育思想研究，中華民族愛國主義發展史研究，中國傳統義利思想研究，中庸之道研究，道家倫理思想研究六個方面。近現代中國倫理思想史的論文未被收入，主要考慮是篇幅問題。還有關於王夫之倫理思想研究的論文也未及收入，因為我在「中國倫理思想研究文叢」第一批書中已經專門推出了《辨義利以盡人道：王船山倫理思想研究》（上下冊），其中除了《船山倫理與西方近代倫理比論》一書外，還收集了 8 篇關於王船山倫理思想研究的論文。

　　我自在北京大學哲學系攻讀倫理學專業碩士學位時起，就對中國倫理思想感興趣，覺得中國哲學史和中國思想史本質上是一部倫理思想史。不瞭解倫理思想史，就無法真正把握中國傳統文化。中國文化本質上是一種趨善求治的倫理型文化。李澤厚在《試談中國的智慧》一文中指出：「先秦各家為尋求當時社會大變動的前景出路而授徒立說，使得從商周巫史文化中解放出來的理性，沒有走向閒暇從容的抽象思辨之路（如希臘），也沒有沉入厭棄人世的追求解脫之途（如印度），而是執著人間世道的實用探求。以氏族血緣為社會紐帶，使人際關係（社會倫理和人事實際）異常突出，佔據了思想考慮的首要地位。」〔註 1〕中國古代哲學是倫理性的哲學，「中國古代的辯證思想雖然非常豐富而成熟，但它是處理人生的辯證法而不是精確概念的辯證法」，「中國也講認識論，但它是從屬於倫理學的。它強調的主要是倫理責任的自覺意

〔註 1〕 李澤厚：《試談中國的智慧》，《中國思想史論》上，合肥：安徽文藝出版社1999 年版，第 307～308 頁。

識。」〔註2〕馮天瑜在《中國古文化的倫理型特徵》一文中也談到，在中國文化系統中，政治原則往往是從道德原則中推導出來的，反過來，倫理學說又為政治作論證，以致倫理學說與政治學說融為一體。從總體上看，倫理型文化是維繫社會秩序的精神支柱和各類觀念文化的核心，它主張入世，重政務、輕自然、斥技藝，養育了素樸的整體觀念和注重直覺體悟的思維方式。〔註3〕從遙遠的古代開始，中華民族的無數優秀分子、一大批傑出的政治家和思想家就十分重視倫理道德和價值觀對國家強盛、文化繁榮的關係，在某種意義上彰顯了對道德軟實力的重視。中國傳統的道德觀主張人與人應當仁愛和諧，崇尚「己欲立而欲人，己欲達而達人」，「己所不欲，勿施於人」。孟子提出了「老吾老以及人之老，幼吾幼及人之幼」的觀點，這對培養中華民族的人道精神，曾經起過重要的作用。我國古代許多仁人志士，在儒家仁愛思想的影響下，關心國家和民間的疾苦，生發了「先人後己」的價值取向，奉行「先天下之憂而憂，後天下之樂而樂」的做人原則，增強了「天下興亡，匹夫有責」和「位卑未敢忘憂國」的責任心和使命感。在悠悠的歷史長河中，無論歷經多少滄桑巨變，我們的民族總是堅守著一份對於真善美的崇高而純粹的追求，孜孜不倦地實踐道德生活的價值目標和行為原則，有一種道德的韌性和不屈的志節，充溢著「雖九死其尤未悔」的價值堅執和視死如歸的民族正氣，不僅成為凝聚中華民族的精神紐帶，而且對世界文明作出了重大貢獻。

基於對中國倫理思想史和中華民族道德生活史研究的興趣，我先後對儒家、道家倫理思想的某些重大問題進行了研究，涉及道德生活史和倫理思想史等領域或方面。其中關於道德生活史的 4 篇，關於傳統德育思想的 4 篇，關於中華民族愛國主義的 3 篇，關於義利之辨的 4 篇，關於中庸之道的 3 篇，關於道家倫理思想的 4 篇。其中《論中國傳統德育思想的基本特徵》和《道家倫理思想的精神實質論》2 篇文章被《新華文摘》全文轉載，《論東亞地區經濟發展的倫理動因》同時收入兩部研究文集並被中國人民大學書報複印資料全文複印。上述論文雖發表的年代不同，刊物級別也不盡一樣，但我自認為是花了心思或下了功夫的，屬於自己的心得之作。故此我不揣淺陋，將其收集出版，懇望得到方家的批評指正。

〔註 2〕 李澤厚：《試談中國的智慧》，《中國思想史論》上，合肥：安徽文藝出版社
　　　　 1999 年版，第 308～309 頁。
〔註 3〕 馮天瑜：《中國古文化的倫理型特徵》，《江海學刊》1986 年第 3 期。

　　中國倫理思想博大精深，卓爾不群，構成世界倫理思想的重要一脈。全面開掘並弘揚中華民族倫理思想的優秀傳統和精神，對於我們在新的歷史時期提升倫理文化的軟實力，建設中華民族共有精神家園，無疑具有重大的理論意義和現實價值。我渴望有更多的同仁獻身於中國倫理思想史的研究，將中華民族悠久、高明、博厚的倫理思想精華重新光耀於世，為世界進和平，為人類造幸福……

王澤應
2014 年 4 月 1 日於湖南師範大學嶽麓山下景德樓